犯罪被害者救済便覧

インターネット犯罪被害者の民事的救済等

須藤純正 著

商事法務

はじめに

　法的制裁のうちで代表的なものは、民事責任として課される損害賠償と、刑事責任として課される刑罰である。民事責任は損害を受けた被害者の救済を目的としており、一方、刑事責任は犯罪を抑止するため一般市民に警鐘を鳴らして犯罪を予防するとともに犯罪者個人が再び犯罪を行わないように予防するために追及される。

　本書は近時の民刑分化の見直しの潮流の中で、新たにつくられた制度とその運用の実態を多くの裁判例とともに解説し、ネット犯罪を中心にした弁護活動についても考察するものである。なお、テーマによっては被害者救済のための弁護活動と加害者弁護人としての弁護活動を分けて論じている。ネット社会において生ずる新しい様々の複雑困難な法律紛争に立ち向かう弁護士など法律実務家が、現実にそれぞれの問題に直面したときに役立つことを目指して執筆している。

　本論では、第1部において、犯罪被害者のみならず名誉・プライバシー侵害など私法上の不法行為であるネット被害の対象者を含めて、その救済に係る一般的な仕組みを総論として論じている。第1章においてはⅠで、その人身被害についての財産的回復に係る新しい仕組みである損害賠償命令、刑事和解などにつき数多くの裁判例を解説する。Ⅱでは、多数の大衆消費者が被害に遭う特殊詐欺などを規制する組織犯罪処罰法における財産刑と損害賠償請求権との調整の仕組みなどについて実証的に検討している。Ⅲでは、名誉・プライバシー侵害に対応する弁護活動について、種々の刑事・民事裁判例を解説する。

　第2章においてはⅠで、刑事手続における被害者の関与・保護の仕組みを近時の頻繁な法改正を踏まえて論じ、Ⅱ、Ⅲでは、同じような仕組みが少年

審判手続と民事手続においても制度化されていることに加えて、いじめ問題についても類型別に裁判例を解説する。Ⅳでは、サイバー犯罪の捜査手法について近時の刑訴法の改正を基に解説し、Ⅴではサイバー犯罪の実体法を刑法上のサイバー犯罪、不正アクセス禁止法違反につき犯罪類型ごとに判例を紹介する。これらは実務家に対し、こうした問題解決の糸口を示そうとしている。

第2部は、犯罪被害者等の救済についての各論であり、第1章においてネットワーク利用犯罪に対応する弁護活動を犯罪類型ごとに解説している。ⅠからⅥまで順次、ストーカー規制法、DV防止法、児童虐待防止法、児童買春・ポルノ処罰法、リベンジポルノ被害防止法及び出会い系サイト規制法の各違反など新たに設けられた犯罪類型や民事救済の仕組みを近時の多数裁判例を通して紹介している。Ⅶでは財産権のうち、ことに知的財産権の侵害につき著作権法違反、商標法違反のほかパブリシティ権の侵害などについて裁判例の解説をしている。

第2章では精神障害者による犯罪被害等をめぐる弁護活動がテーマである。Ⅰでは、自閉症スペクトラムやパーソナリティ障害など一般に責任無能力とはならない行為者の刑事事件や少年保護事件を扱い、これに関連する精神保健福祉法上の入院措置と医療観察法について、関係裁判例を紹介し、最後にⅡでは、精神障害者による加害に係る民事救済をめぐる問題について、監督保護者の責任、主治医や精神科病院の責任、本人の責任といった類型ごとに、関係裁判例を基に実証的に検討を試みるほか、労災給付をめぐる精神障害発症の業務起因性などについての裁判例を解説している。

顧客が弁護士に持ち込む相談ごとは初めからその内容が民事か刑事かがはっきりしているわけではない。弁護士としてはその内容を民事的視点から検討すると同時に刑事的視点からも検討しベストな解決策を見出す必要がある。本書が、インデックスや便覧として種々のネット被害への対応を迫られる弁護士をはじめとして実務家の方々にとって、少しでもお役に立つものとなれば幸いである。

　最後に、本書の出版を快くお引き受けいただき、懇切丁寧な助言をしてくださり本書の出版を支えて下さった株式会社商事法務の石川雅規社長をはじめとして総務企画部の樋口久隆さん、コンテンツ制作部の棚沢智広さんに心から感謝申し上げる。

2022 年 11 月 19 日

須　藤　純　正

目　　次

はじめに　……………………………………………………………………　i

第 1 部　犯罪被害者等の救済（総論）　……………………………　1

第 1 章　被害者等救済・保護のための新たな取組み　……………　3

　Ⅰ　人身被害の場合　……………………………………………………　4
　　１　財産的回復　………………………………………………………　4
　　２　修復的司法　………………………………………………………　16
　Ⅱ　財産犯の場合　………………………………………………………　26
　　１　財産刑と損害賠償請求権との調整　……………………………　26
　　２　被害回復分配金支払制度　………………………………………　33
　　３　日本投資者保護基金　……………………………………………　34
　　４　まとめ　……………………………………………………………　35
　Ⅲ　名誉・プライバシー侵害の場合　…………………………………　37
　　１　名誉回復措置　……………………………………………………　37
　　２　ヘイト・スピーチ　………………………………………………　40
　　３　侮辱罪の成否　……………………………………………………　48
　　４　インターネット上の名誉毀損・信用毀損など　………………　50
　　５　個人情報・プライバシーの保護　………………………………　74
　　６　企業の情報管理責任と営業秘密の保護　………………………　116

第 2 章　救済場面における被害者等の保護　……………………　129

　Ⅰ　刑事手続における被害者の関与・保護　…………………………　130
　　１　被害の法律相談　…………………………………………………　130
　　２　捜査段階　…………………………………………………………　134
　　３　公判段階における被害者の関与　………………………………　137

　　④　矯正・更生保護段階等における被害者等の関与 ……………… 138
　　⑤　刑事手続における被害者特定事項の秘匿 ……………… 139
　Ⅱ　少年審判事件における被害者への配慮 ……………… 142
　Ⅲ　民事手続における被害者の救済 ……………… 143
　　①　情報公開・開示制度 ……………… 143
　　②　紛争早期解決のための債務不存在確認訴訟 ……………… 144
　　③　民事介入暴力への対応 ……………… 148
　　④　いじめ問題 ……………… 152
　　⑤　民事裁判手続における被害者への配慮 ……………… 175
　　⑥　まとめ ……………… 179
　Ⅳ　サイバー犯罪の捜査手法 ……………… 182
　　①　デジタルデータの取得・保全 ……………… 182
　　②　リモート・アクセス（刑訴法 218 条 2 項） ……………… 184
　　③　記録命令付差押え（刑訴法 218 条 1 項） ……………… 185
　　④　検証 ……………… 187
　　⑤　協力要請・保全要請（刑訴法 197 条 3〜5 項） ……………… 189
　　⑥　まとめ ……………… 191
　Ⅴ　サイバー犯罪の実体法 ……………… 193
　　①　刑法上のサイバー犯罪 ……………… 193
　　②　不正アクセス禁止法違反 ……………… 259

第 2 部　犯罪被害者等の救済（各論） ……………… 265

第 1 章　ネットワーク利用犯罪と弁護活動 ……………… 267
　Ⅰ　ストーカー規制法 ……………… 268
　　①　公的援助の措置 ……………… 268
　　②　被害者への公的支援 ……………… 271
　　③　罰則 ……………… 272
　　④　民事救済 ……………… 275
　　⑤　行為類型と弁護活動 ……………… 276
　　⑥　まとめ ……………… 280

Ⅱ　DV 防止法 ……………………………………………… 282
　　１　総説 ……………………………………………… 282
　　２　公的援助 ………………………………………… 282
　　３　保護命令 ………………………………………… 284
　　４　DV からの避難場所 …………………………… 286
　　５　離婚後の DV …………………………………… 287
　　６　まとめ …………………………………………… 289
Ⅲ　児童虐待防止法 ………………………………………… 291
　　１　総説 ……………………………………………… 291
　　２　児童虐待の発見とその安全確認 ……………… 292
　　３　被虐待児の保護 ………………………………… 292
　　４　虐待を行った親に対する指導 ………………… 295
　　５　まとめ …………………………………………… 296
Ⅳ　児童買春・児童ポルノ処罰法 ………………………… 298
　　１　児童ポルノ製造罪 ……………………………… 298
　　２　児童買春罪 ……………………………………… 298
　　３　児童ポルノ単純所持の罪 ……………………… 301
Ⅴ　リベンジポルノ被害防止法 …………………………… 303
Ⅵ　出会い系サイト規制法違反 …………………………… 305
Ⅶ　知的財産権の侵害 ……………………………………… 307
　　１　著作権法違反 …………………………………… 307
　　２　パブリシティ権の侵害 ………………………… 314
　　３　商標法違反 ……………………………………… 317
Ⅷ　不正競争防止法違反 …………………………………… 320

第 2 章　精神障害者による犯罪被害等 ……………………… 323
Ⅰ　精神障害 ………………………………………………… 324
　　１　刑事事件・少年保護事件 ……………………… 324
　　２　入院措置 ………………………………………… 328
　　３　医療観察法 ……………………………………… 335
Ⅱ　精神障害と民事救済 …………………………………… 339

　　1　心神喪失者等に対する民事責任等 ……………………………… 339
　　2　患者の自殺を防止すべき診療契約上の債務不履行 ………… 345
　　3　精神障害者の監督義務者等の損害賠償責任 ……………… 346
　　4　民法713条ただし書に基づく本人の責任 ………………… 351

索引

　判例索引 ………………………………………………………… 353
　事項索引 ………………………………………………………… 363

細 目 次

はじめに …………………………………………………………………………………… i

第1部　犯罪被害者等の救済（総論） ………………………… 1

第1章　被害者等救済・保護のための新たな取組み ……………… 3

　Ⅰ　人身被害の場合 ……………………………………………………… 4

　　① 財産的回復 …………………………………………………… 4

　　　(1) 損害賠償命令　4

　　　(2) 刑事和解　10

　　　(3) 犯罪被害者等給付金　12

　　　(4) 国外犯罪被害弔慰金等の支給制度　14

　　　(5) 地方公共団体による見舞金制度　15

　　　(6) まとめ　15

　　② 修復的司法 ……………………………………………………… 16

　　　(1) 総説　16

　　　(2) 刑事事件や少年保護事件における示談　17

　　　(3) 被害者の宥恕・被害者への謝罪　19

　　　(4) 告訴事件の場合　20

　　　(5) PTSD（心的外傷後ストレス障害）の被害者への対応　20

　　　(6) 死刑事件と被害者遺族　22

　　　　(A) 応報と死刑　22

　　　　(B) 被害者遺族の犯罪克服過程　23

　　　(7) まとめ　24

　Ⅱ　財産犯の場合 ………………………………………………………… 26

　　① 財産刑と損害賠償請求権との調整 ………………………… 26

　　　(1) 組織犯罪処罰法にいう犯罪被害財産　26

　　　(2) 組織犯罪処罰法にいう没収保全　29

(3) 組織犯罪処罰法にいう追徴保全　30

(4) 被害回復給付金　32

2 被害回復分配金支払制度 ……………………………………… 33

3 日本投資者保護基金 …………………………………………… 34

4 まとめ …………………………………………………………… 35

Ⅲ　名誉・プライバシー侵害の場合 ……………………………… 37

1 名誉回復措置 …………………………………………………… 37

(1) 総説　37

(2) 取消広告・謝罪広告　38

(3) 訂正広告　39

2 ヘイト・スピーチ ……………………………………………… 40

(1) 総説　40

(2) 国際条約　41

(3) わが国における規制措置　42

(4) 比較法　43

(A) ドイツ　43

(B) アメリカ　44

(5) ヘイト・スピーチ禁止の功罪　44

＜事例＞街頭デモ（京都地判平成 23・4・21 LEX/DB25471643）　45

(6) まとめ　47

3 侮辱罪の成否 …………………………………………………… 48

＜事例＞法人に対する侮辱（最一決昭和 58・11・1 刑集 37 巻 9 号 1341 頁）　49

4 インターネット上の名誉毀損・信用毀損など ……………… 50

(1) 諸類型　50

(A) 匿名掲示板を利用した名誉毀損　50

(B) ウェブページ上での名誉毀損　51

(C) 迷惑メールの取扱い　53

(D) 高額「口封じ」訴訟　53

(E) 弁護士に対する懲戒請求と不法行為責任（信用毀損）の存否　56

(F) 職場における誹謗中傷　56

(2) 民事救済のための具体的対応手法　57

(A) 送信防止措置請求　57

　　　(B) 発信者情報開示請求　58

　　(3) 名誉棄損の成立事例の検討　63

　　　(A) 真実性の立証における公益目的の欠缺　63

　　　(B) 対抗言論の法理の不成立　64

　　＜事例＞刑事事件の場合（東京高判平成 21・1・30 判タ 1309 号 91 頁）　65

　　(4) 名誉棄損の不成立事例の検討　68

　　　(A) 公共利害該当性　68

　　＜事例＞公人のプライバシー（最一判昭和 56・4・16 刑集 35 巻 3 号 84 頁）　68

　　　(B) 意見ないし論評の範囲を逸脱していないとした事例　69

　　　(C) 真実性の誤信の相当性が認められた事例　70

　　＜事例＞夕刊和歌山時事事件（最大判昭和 44・6・25 刑集 23 巻 7 号 975 頁）　70

⑤　個人情報・プライバシーの保護 ……………………………………… 74

　　(1) 総説　74

　　(2) 保護される個人情報　76

　　　(A) 戸籍謄本・戸籍の附票・住民票　76

　　　(B) 患者個人の医療情報　81

　　　(C) 前科・前歴　82

　　　(D) 刑事確定記録　86

　　　(E) いわゆるセンシティブ情報以外の情報開示によるプライバシー侵害　87

　　　(F) 少年の仮名・実名報道　91

　　　(G) 少年以外の者の実名・写真報道　93

　　　(H) 盗撮　98

　　(3) 秘密漏示罪　100

　　＜事例 1 ＞精神科医のフリージャーナリストへの情報開示（最二決平成 24・2・
　　　13 刑集 66 巻 4 号 405 頁）　101

　　＜事例 2 ＞医師の司法協力（最一決平成 17・7・19 判時 1905 号 144 頁）　107

　　(4) 公務員の職権濫用及び守秘義務違反による犯罪　111

　　(5) 肖像権の侵害と民事救済　114

　　(6) まとめ　116

⑥　企業の情報管理責任と営業秘密の保護 …………………………… 116

　　(1) 電子署名・認証の制度　116

　　　(A) 総説　116

　　　(B) 暗号技術　117

　　　(C) 電子署名　118

　　　(D) 電子認証制度　118

　　　(E) 電子署名及び認証業務に関する法律　119

　　　(F) 商業登記に基礎を置く電子認証　119

　　(2) 情報流出と企業の責任　120

　　　(A) 総説　120

　　　(B) 顧客情報の流出に対する損害賠償　121

　　　(C) 監督官庁の処分　121

　　(3) 秘密保持契約・競業避止義務　122

　　(4) 会社における電子メールの私的利用と監視　124

　　＜事例＞F社Z事業部電子メール事件（東京地判平成13・12・3労判826号76
　　頁）　124

第2章　救済場面における被害者等の保護 ………………………… 129

　I　刑事手続における被害者の関与・保護 …………………… 130

　　① 被害の法律相談 ………………………………………… 130

　　(1) 法テラスによる被害者等に対する支援　130

　　　(A) 総説　130

　　　(B) 被害者参加人のための国選弁護制度　130

　　　(C) 被害者参加旅費等支給制度　131

　　　(D) 犯罪被害者法律援助（日弁連委託援助）　131

　　　(E) DV等被害者法律相談援助制度　132

　　(2) 被害申告及び告訴　132

　　　(A) 総説　132

　　　(B) 被害申告か告訴か　133

　　(3) 地方公共団体における被害者支援に向けた取組み　133

　　② 捜査段階 ……………………………………………… 134

　　(1) 起訴・不起訴に関する被害者への通知　134

　　(2) 不起訴処分に対する不服申立て　135

　　(3) 司法面接　136

　　③ 公判段階における被害者の関与 ……………………… 137

　　(1) 被害者参加制度　137

　　(2) 被害者等・証人に配慮した制度　138

④ 矯正・更生保護段階等における被害者等の関与 ‥‥‥‥‥‥ 138

⑤ 刑事手続における被害者特定事項の秘匿 ‥‥‥‥‥‥‥‥‥ 139

Ⅱ 少年審判事件における被害者への配慮 ‥‥‥‥‥‥‥‥‥‥‥ 142

Ⅲ 民事手続における被害者の救済 ‥‥‥‥‥‥‥‥‥‥‥‥‥‥ 143

① 情報公開・開示制度 ‥‥‥‥‥‥‥‥‥‥‥‥‥‥‥‥‥‥ 143

② 紛争早期解決のための債務不存在確認訴訟 ‥‥‥‥‥‥‥‥ 144

③ 民事介入暴力への対応 ‥‥‥‥‥‥‥‥‥‥‥‥‥‥‥‥‥ 148

　(1) 暴力団犯罪　148

　　(A) 組織の動向　148

　　(B) 検挙の歴史　149

　　(C) 特徴　150

　(2) 対策と対応　151

④ いじめ問題 ‥‥‥‥‥‥‥‥‥‥‥‥‥‥‥‥‥‥‥‥‥‥ 152

　(1) 件数の推移　152

　(2) いじめの構造　153

　(3) いじめ由来の犯罪　154

　(4) 被害者の自殺　154

　　(A) 小学校　154

　　(B) 中学校　156

　　(C) 高校　159

　　(D) 大学　163

　　(E) 職場　169

⑤ 民事裁判手続における被害者への配慮 ‥‥‥‥‥‥‥‥‥‥ 175

　(1) 提訴の準備　175

　　(A) 公判記録の閲覧謄写　175

　　(B) 不起訴記録　176

　(2) 証拠調べにおける証人への配慮　177

　(3) 人事訴訟における当事者尋問等の公開停止　178

⑥ まとめ ‥‥‥‥‥‥‥‥‥‥‥‥‥‥‥‥‥‥‥‥‥‥‥‥ 179

Ⅳ サイバー犯罪の捜査手法 ‥‥‥‥‥‥‥‥‥‥‥‥‥‥‥‥‥ 182

① デジタルデータの取得・保全 ‥‥‥‥‥‥‥‥‥‥‥‥‥‥ 182

② リモート・アクセス（刑訴法 218 条 2 項）‥‥‥‥‥‥‥‥ 184

③ 記録命令付差押え（刑訴法 218 条 1 項）‥‥‥‥‥‥‥‥‥‥‥‥‥ 185
 (1) 総説 185
 (2) 電磁的記録に係る記録媒体の差押えに代わる処分 185
 (3) 通信履歴の電磁的記録の保全要請 186
④ 検証 ‥‥‥‥‥‥‥‥‥‥‥‥‥‥‥‥‥‥‥‥‥‥‥‥‥‥‥‥ 187
 (1) 電話検証 187
 (2) 携帯電話等の移動体端末の位置探索 188
⑤ 協力要請・保全要請（刑訴法 197 条 3～5 項）‥‥‥‥‥‥‥‥‥ 189
⑥ まとめ ‥‥‥‥‥‥‥‥‥‥‥‥‥‥‥‥‥‥‥‥‥‥‥‥‥‥ 191
Ｖ サイバー犯罪の実体法 ‥‥‥‥‥‥‥‥‥‥‥‥‥‥‥‥‥‥‥ 193
 ① 刑法上のサイバー犯罪 ‥‥‥‥‥‥‥‥‥‥‥‥‥‥‥‥‥‥‥ 193
  (1) 不正指令電磁的記録に関する罪 193
  (2) 電磁的記録不正作出・供用の罪 198
  (3) 電磁的記録毀棄の罪 201
  (4) 電子計算機損壊等業務妨害の罪 202
  (5) 支払用カード電磁的記録に関する罪 204
   (A) 総説 204
   (B) 支払用カード電磁的記録不正作出・供用・譲り渡し等の罪 205
   (C) 不正電磁的記録カード所持罪 207
   (D) 支払用カード電磁的記録不正作出準備罪 208
  (6) 電磁的公正証書原本不実記録・同供用罪 209
   (A) 総説 209
   (B) 自動車登録ファイル 209
   (C) 商業・法人登記 210
   (D) 不動産登記 213
   (E) 戸籍事項 215
  (7) わいせつ電磁的記録記録媒体頒布罪等 217
  (8) 電子計算機使用詐欺罪 223
   (A) 総説 223
   (B) テレ為替の悪用による銀行口座への不正入金 224
  ＜事例＞不正の振込送金による預金残高の水増しと払戻し（名古屋地判平成 9・
  1・10 判時 1627 号 158 頁） 229

　　　（C）電子マネーの不正取得　231

　＜事例＞電子マネーの不正取得が虚偽の情報を与えて不実の電磁的記録を作った

　　といえるかが問題となった事例（最一決平成 18・2・14 刑集 60 巻 2 号 165 頁）

　　231

　　　（D）暗号資産の不正取得　233

　　　（E）国際通話料金の不正免脱　234

　　　（F）自動改札機に対するキセル乗車　234

　　（9）詐欺罪の成否が問題となるネット犯罪等　236

　　　（A）オークション詐欺　236

　　　（B）無断譲渡目的での携帯電話機の購入　238

　　　（C）ネットワークビジネスとしての投資詐欺　240

　　　（D）テレ為替の下での誤振込の払戻し　241

　　（10）横領罪の成否が問題となるネット犯罪　244

　　　（A）預金の占有　244

　　　（B）預金の占有と横領罪の成否　246

　　　（C）預金の払戻し　248

　　（11）インターネットバンキングシステムを利用した背任　249

　　（12）インターネットと恐喝　249

　　（13）インターネットの自殺サイトを巡る犯罪　253

　　（14）オンラインカジノ　256

　　　（A）グローバル経済の下での賭博規制　256

　　　（B）わが国の賭博取締りの実情　257

　　（15）まとめ　258

　　② 不正アクセス禁止法違反 ……………………………………… 259

第 2 部　犯罪被害者等の救済（各論） ……………………… 265

第 1 章　ネットワーク利用犯罪と弁護活動 ……………………… 267

Ⅰ　ストーカー規制法 ………………………………………… 268

　① 公的援助の措置 ………………………………………… 268

　　（1）行政措置　268

　　　（A）警告　268

　　　（B）禁止命令　269

　　　(C) 仮の命令　270

　　2　被害者への公的支援 ……………………………………… 271
　　　(1) 警察本部長等の援助　271
　　　(2) 国、地方公共団体等による支援　272

　　3　罰則 ……………………………………………………… 272
　　　(1) ストーカー行為罪　272
　　　(2) 禁止命令等違反罪　274

　　4　民事救済 ………………………………………………… 275
　　　(1) 面会等禁止の仮処分　275
　　　(2) 家事調停　275

　　5　行為類型と弁護活動 …………………………………… 276
　　　(1) 離婚後のストーカー行為　276
　　　(2) 一方的ストーカー行為　278
　　　(3) 別れの意思表示後のストーカー行為　279

　　6　まとめ …………………………………………………… 280

II　DV 防止法 ………………………………………………… 282
　　1　総説 ……………………………………………………… 282
　　2　公的援助 ………………………………………………… 282
　　　(1) 警察の援助　282
　　　(2) 配偶者暴力相談支援センターの設置　283
　　　(3) 生活保護　284

　　3　保護命令 ………………………………………………… 284
　　4　DV からの避難場所 …………………………………… 286
　　　(1) 緊急避難場所　286
　　　(2) 長期的な避難場所　287

　　5　離婚後の DV …………………………………………… 287
　　6　まとめ …………………………………………………… 289

III　児童虐待防止法 ………………………………………… 291
　　1　総説 ……………………………………………………… 291
　　2　児童虐待の発見とその安全確認 …………………… 292
　　3　被虐待児の保護 ………………………………………… 292

    ④ 虐待を行った親に対する指導 ……………………………… 295

    ⑤ まとめ ……………………………………………………… 296

 Ⅳ 児童買春・児童ポルノ処罰法 ………………………………… 298

    ① 児童ポルノ製造罪 ………………………………………… 298

    ② 児童買春罪 ………………………………………………… 298

    ③ 児童ポルノ単純所持の罪 ………………………………… 301

 Ⅴ リベンジポルノ被害防止法 …………………………………… 303

 Ⅵ 出会い系サイト規制法違反 …………………………………… 305

 Ⅶ 知的財産権の侵害 ……………………………………………… 307

    ① 著作権法違反 ……………………………………………… 307

      (1) 総説　307

      (2) インターネットと著作権　307

      ＜事例＞ウィニー事件（最三決平成23・12・19刑集65巻9号1380頁）　310

    ② パブリシティ権の侵害 …………………………………… 314

    ③ 商標法違反 ………………………………………………… 317

      (1) 商標権の侵害　317

      (2) 商標権のみなし侵害　318

      (3) 商標権侵害等を理由とする提訴に対する対抗訴訟　319

 Ⅷ 不正競争防止法違反 …………………………………………… 320

第2章　精神障害者による犯罪被害等 ………………………………… 323

 Ⅰ 精神障害 ………………………………………………………… 324

    ① 刑事事件・少年保護事件 ………………………………… 324

      (1) 自閉症スペクトラム　324

      (2) パーソナリティ障害　327

    ② 入院措置 …………………………………………………… 328

      (1) 措置入院　328

      (2) 緊急入院措置・応急入院　329

      (3) 医療保護入院　331

      (4) 任意入院　331

      (5) 退院請求　331

      (6) 入院患者の代理人弁護士との面会の拒絶・制限の当否　333

   (7) まとめ　333
  ③ 医療観察法 ……………………………………………… 335
 Ⅱ　**精神障害と民事救済** ……………………………………… 339
  ① 心神喪失者等に対する民事責任等 …………………………… 339
   (1) 捜査の違法　339
   (2) 労災給付と業務起因性　340
  ② 患者の自殺を防止すべき診療契約上の債務不履行 ………… 345
  ③ 精神障害者の監督義務者等の損害賠償責任 ………………… 346
   (1) 民法714条1項に基づく責任　346
   (2) 民法415条に基づく責任（安全配慮義務違反）　350
  ④ 民法713条ただし書に基づく本人の責任 …………………… 351

索引
 判例索引 ………………………………………………… 353
 事項索引 ………………………………………………… 363

第1部

犯罪被害者等の救済

（総論）

第1章

被害者等救済・保護のための新たな取組み

Ⅰ　人身被害の場合

1——財産的回復

(1) 損害賠償命令

　「故意又は過失によって他人の権利又は法律上保護される利益を侵害した者は、これによって生じた損害を賠償する責任を負う」（民法709条）。損害賠償とは、その損害をてん補して損害がなかったのと同じ状態にすることをいう。したがって、犯罪により他人に人身被害を与えた者は、刑事上の責任として刑罰を科されるとともに、犯罪という不法行為により被害者に損害が生じた場合には、あわせて民事上の責任としてその損害を賠償する責任を負う。被害者が民事上の救済を求めて、加害者に損害賠償を請求するには、一般に、自ら原告となって、加害者を被告（請求の相手方）とし、加害者の住所地又は不法行為があった地を管轄する裁判所に、不法行為に基づく損害賠償請求の訴えを提起する必要がある。すなわち民刑手続は分離されているので、同じ事件であっても、刑事裁判と民事裁判は併合されるようなことはなく、別々に行われる。

　民刑手続の分離という制度の下で、犯罪被害者にとって損害賠償を求めて自ら民事裁判を起こすことは、精神的にも経済的にも大きな負担となる。そこで、犯罪被害者等の権利利益の保護を図るための刑事手続に付随する措置に関する法律（以下、「犯罪被害者保護法」という。）23条は平成19年改正によって、一定の事件について刑事手続の成果を利用して被害者等による損害

＜損害賠償命令に係る裁判手続＞ 犯罪被害者保護法の参照条文付記

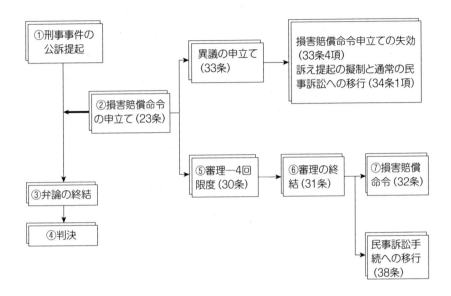

賠償請求を簡易迅速に判断するための損害賠償命令制度を創設した。対象犯罪は、故意の犯罪行為により人を死傷させた罪又はその未遂罪、刑法176条（強制わいせつ）から179条（監護者わいせつ等）までの罪、刑法220条の罪（逮捕・監禁）、刑法224条（未成年者拐取）から227条（被略取者引渡し等）までの罪等である。

　この制度を利用する利点としては、申立手数料が非常に安いこと（1訴因につき2,000円）、判決など主な刑事訴訟記録がそのまま証拠として引き継がれること、比較的短期間で命令書（債務名義となる）を取得できることなどがある。申立人は、被害者本人又は被害者が死亡した場合の相続人となる。相手方は対象犯罪に係る刑事被告事件の被告人に限られ、起訴されていない共犯者などは相手方とすることができない。

　この申立てがなされた場合、刑事裁判における有罪判決の言渡し後、同一の裁判所において、自動的にそのための審理が開始される。他方でこの制度

1 財産的回復

は、簡易迅速な手続によって処理できる事件に対象を絞っており、審理は原則として4回を限度とし（令和4年改正前犯罪被害者保護法30条3項）、形式も必ずしも口頭弁論を経る必要はなく、審尋の形式をとることも可能とされている（同法29条）。審理の結果、裁判所によって損害賠償の命令がなされ、それに対する異議の申立てがないときは、損害賠償を命じた裁判は、確定判決と同一の効力を有する（同法33条5項）。

　被告人が損害賠償命令事件の審理においても起訴事実を徹底的に争い、新たな証拠を提出するような事件や、そうでなくとも、複雑な民事上の問題を含む事件については、損害賠償命令の申立てがなされたとしても、被告側から適法な異議の申立てがされ（犯罪被害者保護法33条1項）、通常の民事訴訟に移行する可能性が高い（同法34条1項）。

　損害賠償命令事件の当事者又は利害関係を疎明した第三者は、損害賠償命令事件の記録について、当該記録の保存や裁判所の執務に支障がある場合を除き、閲覧・謄写、その正本、謄本、抄本等の交付を請求することができる（犯罪被害者保護法39条1項）。ただし、刑事関係記録の閲覧・謄写等の請求については、裁判所の許可が必要とされ（同条3項）、裁判所は、閲覧・謄写等の目的ないし理由、関係者の名誉又は生活の平穏を害するおそれの有無、捜査又は公判に支障を及ぼすおそれの有無等を考慮して許否を決定するところ、当事者からの申立てについては、原則として許可しなければならないこととされている（同条4項、5項）。

　①**大阪地裁堺支決平成31・2・22**（LEX/DB25566680）は、殺人を公訴事実として起訴されて有罪となり、被害者Cの母親が申し立てた刑事損害賠償命令事件について、相手方は申立人に対し金1億1683万余円と遅延損害金を支払えとする損害賠償命令（仮執行宣言付き）を決定している。理由として、「相手方は公訴事実を争っているものの、関係各証拠により相手方が公訴事実記載の不法行為を行ったと認められる……、Cに生じた損害は治療費、逸失利益、慰謝料、物損であるところ、相続については、Cが死亡し相続人は父と申立人である母であって、遺産分割協議で本件損害賠償請求

権は申立人がすべて相続する」とされた。申立人固有の損害として、葬儀関係費150万円、死亡慰謝料500万円が認められ、弁護士費用は1085万余円が認められている。本件の殺人被告事件の発生は平成30年7月2日と思われるところ（裁判書で申立人は同日からの遅延損害金の請求が認められている）、起訴は同月23日である。本決定日は事件発生から7ヵ月余後であり、簡易迅速に審理が終結し決定に至っていることが分かる。なお、不法行為に基づく損害賠償請求が民事訴訟において認容される場合、一般に認容額の1割程度の弁護士費用が認められているところ、本件刑事損害賠償命令事件においても同様の扱いとされている。もちろん賠償命令がなされ、それが確定判決と同一の効力を有するとしても、相手方に資力がないなどの理由により任意の支払に応じてもらえない場合には、その実現には一般原則により強制執行という法的措置を必要とする。

②**東京地判平成27・9・25**（LEX/DB25531264、2015WLJPCA09258007）の事案は、傷害致死被告事件の一審刑事裁判において、被害者側が犯罪被害者保護法に基づいてした損害賠償命令の申立てが、同法38条1項、同条4項及び同法34条1項により民事訴訟手続に移行したものである。本件不法行為に基づく損害賠償請求事件の被告（刑事事件の被告人）は本件刑事事件の一審において、被告に傷害致死罪が成立することは争わないものの、被害者Cの死亡の最大の原因となった暴行は主としてDが加えたものであり、被告の責任は相対的に小さいなどと主張したものの、被告の主張は排斥されて平成25年12月25日、傷害致死罪により懲役9年の実刑判決を受けたものであって、被告はこれを不服として控訴したところ、平成26年9月2日、控訴棄却とされたものである。本件民事訴訟における争点は損害の額と過失相殺の点であった。過失相殺については、本件不法行為が故意によるものであることからして、公平の観点から亡Cの落ち度を過失相殺（民法722条2項参照）の事情として斟酌すべきではないとされた。3500万円の請求の一部認容により2850万円の請求が認められた。なお、被告とDとの関係が共同不法行為であれば、各自が連帯して損害賠償責任を負うから（民法719条1項）、

主たる暴行がＤによるものであるとしても、一般に損害賠償の額には影響
しないことになる。この事案において刑事事件で損害賠償命令の申立てをし
たことは、その手続が民事訴訟手続に移行したとしても、損害賠償命令事件
の記録が原則として移行先の裁判所に送付されて引き継がれること（犯罪被
害者保護法 35 条）などからしても、損害賠償命令の申立てをせずに一から民
事裁判（不法行為に基づく損害賠償請求事件）を提起することに比して、被害
者にとって民事救済のための過程の省力化がある程度図られ、それなりに有
意味であったといえよう。

　③**津地決平成 27・6・5**（LEX/DB25540587）は、刑事損害賠償命令事件と
して審理され、強制わいせつ致死被告事件の被害者亡Ｃの相続人である申
立人ら（亡Ｃの父及び母）が不法行為に基づく損害賠償を求めた事案であ
り、損害の額が争点とされた。損害の填補として申立人らは各 160 万円の犯
罪被害者等給付金[1]の支給を受けているところ、損害額から各控除すべきも
のと認定されている。犯罪被害者等給付金について公平の見地から損益相
殺[2]が認められた事案といえよう。この種の事案では被害弁償や示談の成否
が刑事事件の被告人の量刑に大きな影響を及ぼす。示談について、被告人・
弁護人側がこれを求めず、むしろ被害者側が積極的にこれを求めたとすれば
珍しいケースかも知れない。被告人側に全く資力がなければやむを得ないか
もしれないが、これが多少ともあれば、被告人・弁護人としては、情状立証
として、裁判外での示談や後述の刑事和解を求めるのが通常のケースと思わ
れる。

　④**東京地判平成 27・1・20**（LEX/DB25524074、2015WLJPCA01208006）の
事案は、原告と被告は平成 23 年 8 月ころ知り合って交際を開始し、被告の

---

1 「犯罪被害者等給付金の支給等による犯罪被害者等の支援に関する法律」に基づいて受
　けられる公的給付である（川出敏廣＝金光旭『刑事政策（第 2 版）』（成文堂、2018）
　333 頁）。
2 　不法行為の被害者が同じ不法行為により利益を受けた場合、その利益を控除して損害
　額を算定することをいう（吉村良一『不法行為法（第 5 版）』（有斐閣、2021）178 頁）
　参照。

Ⅰ　人身被害の場合

自宅で同居していたところ、被告は平成24年4月10日、原告に対し、多数回頭突きをするなどの暴行を加えて傷害を負わせたことにより、同年11月6日、傷害罪で東京地裁に起訴され、同年12月27日、執行猶予付きの有罪判決を受けたというものである。原告は同月21日、同裁判所に、上記刑事事件に伴う損害賠償命令の申立てをし、同月27日、平成25年1月28日及び同年3月11日に審理期日が開かれたが、上記損害賠償命令事件の終了決定がされ（犯罪被害者保護法31条）、通常の民事訴訟に移行して本訴が係属したものである。本件訴訟では、上記傷害事件のほか、被告の原告に対する以前の3件の暴行－ａ平成24年2月12日の暴行（全治1週間の頸椎捻挫、右前腕挫傷、両下腿挫傷の傷害を負った）、ｂ同年2月29日の暴行（2ヵ月の通院加療を要する左小指PIP関節尺側靱帯損傷の傷害を負った）、ｃ同年3月12日の暴行の各事実についても審理の対象とされ、原告の請求は1524万円余であったところ、損害の額が争われ、逸失利益については、医師への相談内容や頻度から、原告の精神障害も一因となっているのでその損害すべてを被告に負担させるのは相当ではないとされ、慰謝料も減額され、原告の請求は211万円余の限度で一部認容されている。請求原因事実が拡張されているので通常の民事訴訟への移行はやむを得ないが、刑事被告事件の訴訟記録を移行に伴う記録送付により証拠として取り調べてもらえたり、刑事裁判における心証を損害賠償命令事件の審理に引き継いでもらえるなどの利点に照らせば、損害賠償命令の申立ては有意義であったと思われる。

⑤東京地判平成26・9・2（LEX/DB25521735、2014WLJPCA09028018）は、被告人が平成25年1月18日甲に暴行を加えて傷害を負わせたという傷害被告事件について同年4月26日起訴されたところ、被害者甲は、同手続において、同年6月5日、損害賠償命令の申立てをし、同月19日、被告人に対し、懲役3年、執行猶予4年、保護観察付きの判決が言い渡され、同日、損害賠償命令申立事件が開始されたところ、同年7月9日の第2回審尋期日において同事件は終了し、民事訴訟手続に移行した。損害の額が争われたが、1年余の審理を経てほぼ請求額と同額が認容されている。犯罪被害者保護法

30条1項は、刑事被告事件について有罪の言渡しがあった場合には、裁判所は、原則として直ちに、損害賠償命令の申立てについての審理のための期日を開かなければならないこととしている。したがって、本件でも刑事事件の判決宣告と同じ日に損害賠償命令の申立ての審理が開始されている。したがって、本件でも、当初から民事訴訟を提起するより、損害賠償命令の申立てを経ることによって、より迅速な民事的解決が図られたといってよいであろう。

（2）刑事和解

　加害者と被害者との間の示談は、法律上はあくまで裁判外の和解でしかないから、仮に、示談が成立しただけでは示談書は債務名義とはならず執行力をもたない。債務名義とするには従来から、簡易裁判所においてする即決和解（起訴前の和解。民訴法275条）や文書を公証役場に持ち込んで公正証書にすることが考えられていたところ、平成12年施行の犯罪被害者保護法は、新たに刑事和解制度を導入した。これは、被告人に対する公判係属中に、被告人と被害者との間で、当該犯罪に係る被害を含む民事上の争いについて合意が成立した場合、両者が共同して刑事裁判所に対して、合意内容を公判調書に記載するように求めることができ、それが記載された場合には、その記載に裁判上の和解と同一の効力を認めるというものである（犯罪被害者保護法19条1項）。

　なお、第三者が公判期日に出頭可能な場合、その者に保証させることもできる（同法19条2項、3項）。刑事和解は、判決前に被害者と被告人との間で、示談の話がついているものの、すぐに支払がされないような場合に、債務名義[3]とするために有効である。

　①**東京高判平成27・9・24**（LEX/DB25549325、2015WLJPCA09246008）は、当時18歳のXが無免許運転幇助で保護観察中に、親に無断で乗用車を買っ

3　金子宏ほか編集代表『法律学小辞典（第4版補訂版）』（有斐閣、2008）460頁。

てこれを無免許で乗り回す中、別車両を運転していた被害者と交通トラブル
となり、被害者が車外から運転席のXの胸ぐらをつかんできたことから、そ
の場からの逃走を企てて自車を後退させ、更に急加速したことにより、被害
者を路上に転倒させ、頭蓋内損傷により死亡させたという事件について、家
庭裁判所への移送の是非が争われ、原審（地裁）がこれを認めなかったこと
から、弁護人が家庭裁判所への移送決定を求めて、量刑不当で控訴した事案
であるところ、弁護人は原審で被告人及び両親と被害者遺族との間で3050万
円を分割払いする旨の刑事和解が成立し、内730万円が支払われていること
も指摘したところ、「刑事和解の成立及び被害弁償によっても、被害者遺族は
被告人を宥恕などしていない」として保護処分のための家裁移送決定ではな
く刑事処分とした原判決は不合理とはいえないとし、控訴棄却としている。
刑事和解は、刑事処分として刑の量定をする上で、刑責軽減の方向での被告
人にとって有利な情状の1つとなるものの、一般には家裁が少年非行事件に
ついて保護処分を決定する上ではさほど有効性は持ち得ないであろう。刑事
裁判の場合、公判での審理の対象は、訴因に記載された犯罪事実であるのに
対し、家庭裁判所における少年審判の対象には、非行事実だけではなく、そ
の少年の要保護性が含まれる。要保護性の内容については、a少年が、その
環境、性格に照らして、将来、再び犯罪を行う危険性があること（累非行性）、
b保護処分による矯正教育を施すことによって、少年の犯罪的危険性を除去
し得る可能性があること（矯正可能性）、c少年の処遇にとって保護処分が最
も有効、適切な手段であること（保護相当性）からなるとの見解がある[4]。結
局、被害弁償や刑事和解（示談）の成立は、一般に、要保護性の内容とは関
連性を有しないといえる。したがって、被害弁償や示談の成立は、一般に保
護処分を相当として刑事処分を不相当とする判断材料とはなり得ないであろ
う。被害弁償や示談は、刑事処分における刑事責任を軽減する量刑事情であ
る。原判決（さいたま地判平成27・4・28 LEX/DB25540491）は、被告人Xを

4　川出＝金・前掲注（1）366頁。

懲役3年以上5年以下の実刑に処している（少年法52条1項）。保護処分に付するのが相当であるといえる特段の事情はないとして、原則どおり刑事処分を科すのが相当であるとした。裁判所が執行猶予ではなく実刑としたのは、量刑事情として被害者宥恕が得られなかったことを考慮していると思われる。

　なお、弁護人が被害者遺族に対し「被告人を宥恕すること」を条件として金銭支払いによる示談成立を求めてくるような場合、厳密にみて両者は別問題であるから交渉を拒否することは可能である。また、示談を成立させた場合でも被告人を宥恕すべき法的義務などは発生しない。本件はその一例といえよう。しかし、被告人・弁護人にとっては、被害者宥恕が得られなくとも、示談成立はそれなりに被告人に有利な量刑事情であることは間違いない。

　②那覇地判平成26・7・25（LEX/DB25504624）は、爆発物取締罰則違反、殺人未遂被告事件であって検察官が懲役18年を求刑した事案であるところ、被害者らとの間で損害賠償金3000万円を被告人の父親と連帯して支払う旨の刑事和解が成立し、既に500万円が支払われていることが量刑理由として被告人に有利に考慮され、懲役13年（求刑の約7割）とされている。

　刑事和解の成否は実刑か執行猶予かが問題となる事案では大きな判断要素であるが、履行の有無も判断要素である。示談金の一部の支払もされておらず、10年以上の長期分割払となっていたり、支払済み金額が想定される損害賠償額に比して相当低額であったりすると、実質的な損害回復とはいい難いとして実刑とされた裁判例がある（**広島高裁岡山支判平成18・3・22**　LEX/DB28115209）。

（3）犯罪被害者等給付金

　被害者は、犯罪によって生命を奪われ、身体を傷つけられるなどの多大な被害を受けるだけではなく、働き手を失ったことによる収入の途絶や、長期の療養の費用負担などのため、被害者やその家族が経済的困窮に陥ることも少なくない。その一方で、加害者側には通常資力がないために、十分な損害

賠償を受けられることはまれである。そのような場合に、社会連帯共助の精神に基づき、被害者等に対して精神的・経済的損害からの回復への支援を行うことによって、法秩序への不信感を除去するというのが、公的資金による給付の制度である[5]。すなわち、犯罪行為により不慮の死を遂げた者の遺族又は重傷病を負い若しくは障害が残った者に対しては、「犯罪被害者等給付金の支給等による犯罪被害者等の支援に関する法律」（以下、「犯給法」という。）に基づき、犯罪被害者等給付金が支給される。緊急避難や行為者が責任無能力であったために犯罪が成立しない場合も含まれる（犯給法 2 条 1 項）。

　給付金には、死亡した者の遺族に対する「遺族給付金」、重傷病を負った者に対する「重傷病給付金」、障害が残った者に対する「障害給付金」がある（同法 4 条）。遺族給付金と障害給付金の給付額は、政令で定めるところにより算定する給付基礎額に、政令で定める倍数を乗じて算定される。給付基礎額及び倍数は徐々に引き上げられ、現在は、遺族給費金の最高支給額は 2964 万 5000 円、障害給付金のそれは 3974 万 4000 円となっている。重傷病給付金の上限は 120 万円とされている。

　①**鳥取地判令和 2・5・15**（LEX/DB25566186、2020WLJPCA05156007）は、加害者 A の犯罪行為（殺人）により死亡した被害者 B の妻である原告が、鳥取県公安委員会に対し、犯給法 10 条 1 項に基づき、遺族給付金の支給裁定を申請したところ、鳥取県公安委員会から、平成 28 年 2 月 4 日付けで、被害者に暴行、脅迫、侮辱等当該犯罪行為を誘発する行為があったとして、遺族給付金を 3 分の 2 減額し、774 万 7073 円とする裁定を受けたことに関し、被害者 B は上記誘発行為をしていないから本件処分は違法であるなどと主張して、被告に対し本件処分の取消しを求めた事案であるところ、原告の請求が棄却されている。加害者 A は、平成 25 年 12 月 13 日、本件犯罪行為につき殺人罪等で鳥取地裁に起訴され、平成 26 年 12 月 3 日有罪で懲役 13 年の刑に処せられ、同月 18 日に刑が確定している。原告並びに B の子 3

5　川出＝金・前掲注（1）333 頁。

名は、上記刑事被告事件において、損害賠償命令の申立てをし、鳥取地裁刑事部は決定で申立ての一部が認容された。原告は鳥取県公安委員会の支給裁定につき不服であるとして、国家公安委員会に対し、平成28年3月23日審査請求をしたが、平成29年12月21日、原告の審査請求を棄却する旨の裁決がされた。

　次いで原告は、平成30年3月28日、本件訴訟を提起したところ、裁判所は、犯給法に規定する「当該犯罪行為を誘発する行為」が存在することを認定した上、原告の「殺された夫に3分の2の非があるということに納得できない」旨の主張に対しては、裁判所の「認定は、被害者には殺されたことの3分の2の非があることを認めるものでも、加害者の損害賠償義務につき被害者側に過失相殺が肯定されるべきとしているものでもなく、……法令の要件によると本件では3分の2が減額されて支給されることになると認定説示しているに過ぎない」旨を付言して請求棄却としている。

　②**大阪地判平成29・9・28**（LEX/DB25570118、2020WLJPCA05156007）は、加害者が被害者Aを殺害した行為を含む13の犯罪行為をしたとして無期懲役の有罪判決を受けたことに対し、被害者Aの母親であって犯給法4条1号にいう第一順位遺族に該当する原告が、遺族給付金支給裁定の申請をしたところ不支給裁定がされたことから、同裁定の取消しを求めた事案である。裁定通知書の「犯罪被害者は、加害者との覚醒剤の精製方法の伝授を巡ったトラブルにより犯罪行為を受けた者と認められる」、「犯罪被害者の覚醒剤精製行為は、当該犯罪行為に関連する著しく不正な行為と認められる」とされていることにつき、裁定には理由提示の不備の違法はないとし、犯給法6条2号、犯給法施行規則4条3号の不支給事由が認められるとして、原告の請求を棄却している。

（4）国外犯罪被害弔慰金等の支給制度

　平成28年11月から施行された国外犯罪被害弔慰金等の支給に関する法律（犯給法）に基づき、日本国外において行われた人の生命又は身体を害する

故意の犯罪行為により死亡した日本国籍を有する国外犯罪被害者（日本国外
の永住者は除く）の第一順位遺族（日本国籍を有せず、かつ、日本国内に住所を
有しない者を除く）に国外犯罪被害弔慰金として国外犯罪被害者一人当たり
200 万円を、同犯罪の行為により障害等級第 1 級相当の障害が残った国外犯
罪被害者に国外犯罪被害者障害見舞金として一人当たり 100 万円を、それぞ
れ支給する国外犯罪被害弔慰金等支給制度が運用されており、令和 2 年度中
における支給裁定金額は総額 300 万円であった[6]。

(5) 地方公共団体による見舞金制度

　一部の地方公共団体は、犯罪被害者等に対する見舞金支給制度や生活資金
の貸付け制度を導入している[7]。令和 3 年 4 月現在、犯罪被害者等を対象と
し得る見舞金の制度を導入しているのは、8 都県、9 政令指定都市、377 市
町村であり、貸付金の制度を導入しているのは、3 県、10 市区町である[8]。

(6) まとめ

　民刑手続の分離という制度の下で、犯罪被害者にとって損害賠償を求めて
自ら民事訴訟を提起することは精神的にも経済的にも大きな負担となる。そ
こで犯罪被害者保護法は平成 19 年改正によって、故意の犯罪行為により人
を死傷させた罪など一定の事件について刑事手続の成果を利用して被害者等
による損害賠償請求を簡易迅速に判断するため損害賠償命令制度を創設した
（犯罪被害者保護法 23 条以下）。また、加害者と被害者との間の示談は、裁判
外の和解にすぎず、これが成立しただけでは示談書は債務名義とはならず執
行力をもたない。従来から、債務名義とするには、被害者側が簡易裁判所に
即決和解を申し立てるか文書を公証役場に持ち込んで公正証書にすることを

6　国家公安委員会・警察庁編『令和 3 年版犯罪被害者白書』27 頁。
7　国家公安委員会ほか編・前掲注（6）添付の犯罪被害者等被害に関する基礎資料 7-4 参
　照。
8　国家公安委員会ほか編・前掲注（6）27 頁。

要した。この点についても被害者の保護を手厚くするため犯罪被害者保護法は、平成12年改正により、刑事和解制度を導入した（犯罪被害者保護法19条）。これにより、被告人に対する公判係属中に、被告人と被害者との間で、当該犯罪に係る被害を含む民事上の争いについて合意が成立した場合、両者が共同して刑事裁判所に対して、合意内容を公判調書に記載するように求めることができ、それが記載された場合には、その記載に裁判上の和解と同一の効力（債務名義としての執行力）が認められることになった。

　また、公的資金による給付の制度として、犯給法に基づき、犯罪行為により不慮の死を遂げた者の遺族又は重傷病を負い若しくは障害が残った者に対して、犯罪被害者等給付金が支給される。さらに日本国外において行われた人の生命又は身体を害する故意の犯罪行為により死亡した日本国籍を有する国外犯罪被害者の第一順位遺族に国外犯罪被害弔慰金が、上記犯罪行為により障害等級第1級相当の障害が残った国外犯罪被害者に国外犯罪被害者障害見舞金がそれぞれ支給されるほか、一部の地方公共団体は、犯罪被害者等に対する見舞金支給制度や生活資金の貸付制度を導入している。

2 ── 修復的司法

（1）総説

　わが国の刑事司法システムは、従来、国対加害者という2者関係で構成されており、そこでは加害者と被害者は切り離され、国による加害者に対する刑罰の賦課が問題とされている。このシステムの中で加害者は、仮に懲役刑が科され、刑務所に収容され、刑期を終えて出所した場合、加害者はコミュニティに復帰することになるが、そのコミュニティの受け入れ態勢はできているのかが問題となる。もし、復帰するコミュニティの側について何らの措置もされていないままの状態であるとすれば、被害者・加害者・コミュニ

ティの 3 者間の修復は行われず、これでは一件落着とはいえないとして、このような 3 者間の修復に向かうシステムを構築しようとする修復的司法の考え方が近時世界的に提唱されている[9]。

　わが国では、刑事手続における正規の制度としての加害者と被害者との和解のプログラムは存在していない。いくつかの弁護士会や NPO が、被害者と加害者の対話を仲介するプログラムを実施しているようであるが、これらは刑事手続や少年保護手続の外で行われているものであり、その結果は、公的な事件処理には結びついてはいない[10]。しかし、以下述べるように、わが国においては刑事事件の弁護人や少年保護事件の付添人による活動として、修復的司法のような機能を発揮するものがある。

（2）刑事事件や少年保護事件における示談

　刑事事件の弁護人や少年保護事件の付添人が被害者に対して示談の申入れをすることがあるが、修復的司法としての機能を果たしているともいえる。

　被害者は加害者の代理人弁護士から示談の申入れがあった場合これに応ずるべきか否かが問題となる。被害者からする不法行為に基づく損害賠償請求（民法 709 条）は権利であり、自ら訴えを提起する負担を考慮すれば、必要であれば弁護士に法律相談をした上で、示談交渉に応じ、金額的に不満がないのであれば示談を成立させてもよいであろう。ただ、示談は互いに譲歩したものであれば和解（民法 695 条）であるから、その効力として当事者間の法律関係は確定し、この点は示談成立後に反対の確証が現れても同様であり、被害者はそれに反する主張（紛争の蒸返し）をすることができなくなることに注意すべきである（民法 696 条）。

　示談書を交わす場合には、被害者保護のための付帯条項として、加害者が今後被害者に対し、面会を求めたり、手紙、メールなどの通信手段によって連絡を一切しないことを確約させた上で、不履行の場合の違約金を定めるこ

9　高橋則夫『対話による犯罪解決―修復的司法の展開』（成文堂、2007）2 頁。
10　川出＝金・前掲注（1）347 頁。

とが考えられる。事件が強制わいせつ（刑法176条）など被害者の性的自由を侵害する事案である場合には、加害者に事件内容を他言しないことを確約させることも考えられる。他言行為は名誉棄損ないし被害者のプライバシー侵害という新たな不法行為を構成することにもなり得る。逆に、こうした付帯条項の遵守義務を加害者に課すことは、被害者の将来の不安の幾分かの解消にもつながるであろう。

　和解は、裁判外においてすることができる（私法上の和解）ほか、前述のとおり、簡易裁判所における即決和解（起訴前の和解。民訴法275条）という方式によってすることもできる。加害者が起訴されている場合は前述した刑事和解を利用することもできる。

　もっとも示談の成立は、捜査段階の被疑者を検察官が起訴するか不起訴（起訴猶予）とするかを決するに当たっての重要な判断材料となることがある。被害者が財産的損害及び精神的損害の回復という民事救済よりも加害者の厳重処罰を望む場合は加害者代理人弁護士からの示談の申入れを断固拒否するという対応も考えられる。この場面では、3つの対応が想定される。すなわち、①示談をすべて拒否して厳重処罰を求める対応、②示談成立させ、犯人の謝罪を受け入れて犯人を宥恕する対応（告訴があれば取り消す。嘆願書を作成する）、③以上の2つの対応と対比した場合の中間的な対応として、損害賠償に関して示談を成立させるものの、犯人は宥恕しない（告訴を維持して、嘆願書は作成しない）という3つが考えられる。

　①の対応の場合、弁護人にとって被害者対応によって、示談成立、被害弁償済み、被害者宥恕という情状立証はできなかったことになる。情状立証としては被告人作成の謝罪文を、検察官を介して（直接送りつけるのは相当ではない）、被害者宛に送付し、これを反省の情を示す証拠とすることは考えられる（もっとも、被害者としては受領を拒否することは可能であろう）。この対応を採った上で、被害者が損害賠償を求める場合には、刑事裁判とは別個に自ら損害賠償請求の訴えを提起するか、刑事裁判の場で、損害賠償命令の申立てをすることになろう。この対応では、被害者・加害者・コミュニティの

3者間の修復は行われる機会がなかったことになる。

　②の対応の場合、修復的司法が最も実現されたといえるだろう。修復的司法は、実質においても、被害者、加害者双方にとって利点のあるものといえる。すなわち、被害者からいえば、これによって物質的な損害が回復されるというだけではなく、犯人の謝罪を受けることで、精神的な満足と安定が得られる。他方、加害者（被疑者・被告人）についても、自己の行為が非難されるべきものであることを認識して被害者に謝罪し、自己が引き起こした結果に対する損害賠償責任を受容することは、その改善更生を促す効果も期待できるであろう。③の対応の場合、犯罪によって生じた損害の修復・回復という側面に限れば、修復的司法が一定程度実現されたということができる。

　ここで被害者側にとって、①と②の対応の違いはどこから生ずるのであろうか。重大事件を想定すれば明らかなように、加害者と被害者は必ず分かりあえるものであって、その利益は常に調和され得ると考えるのは、あまりに非現実的かもしれない。示談交渉の成否を決するのは、加害者側の誠意だけの問題ではない。

(3) 被害者の宥恕・被害者への謝罪

　示談交渉に当たって加害者代理人が付帯条項ないし条件として、被害者に対し加害者を宥恕すること、裁判所への嘆願書を作成することを求めることがある。被害者は感情の問題としてこうした申入れに納得ができないのであれば示談に応じる必要はない。

　加害者及びその代理人はできる限りの誠意を見せることによって被害者の感情の変化を期待するしかない。一方的にできることとしては被害者宛に謝罪文を書くことくらいであろうか。被害者の住所等が秘匿されている場合（刑訴法299条の3）は、謝罪文を検察官に託して被害者に送るしかない。もちろん被害者は受取りを拒否することもできよう。

　起訴前弁護にあっては、示談成立と被害者宥恕は、検察段階における起訴猶予処分が得られる大きなポイントとなる。

（4）告訴事件の場合

　公訴の提起に告訴があることを必要とする犯罪を親告罪という。親告罪であるかどうかは、当該犯罪ごとに明文で規定されている。例えば、名誉毀損（刑法230条）、侮辱（同法231条）は親告罪である（同法232条）。なお、強制わいせつなど性的自由に対する罪及びその未遂罪については従来親告罪とされていたが、平成29年改正により、これらの罪を親告罪とする旨の規定（旧刑法180条）は削除された。もっとも、これらの罪についても従来と同様に告訴するケースは少なくない。こうした場合でも起訴前弁護にあっては、被害者宥恕を得て告訴を取り消してもらうことにより、一般に不起訴処分が得られる。従来と異なるのは、不起訴理由が、「親告罪の告訴の取消し」から「起訴猶予」になるという点である。

　器物損壊罪（刑法261条、264条）など親告罪であって被害者が告訴している場合は、起訴前弁護として告訴の取消しを目標とすることになるところ、示談成立とともに被害者宥恕が得られれば、告訴取消しが得られることになり、それが公訴提起前であれば（刑訴法237条）、「親告罪の告訴の取消し」という理由により不起訴処分が得られる。

　親告罪に限らず被害者が被害届に加えて告訴しているような場合は、起訴前弁護として、被害者宥恕を得て、告訴を取り消してもらうことは不起訴処分を獲得するにつき重要である。

（5）PTSD（心的外傷後ストレス障害）の被害者への 対応

　PTSD（心的外傷後ストレス障害）とは、生死にかかわるような体験をし、強い衝撃を受けた後に生ずる精神疾患をいう。症状として、①時間の拡張＝時間感覚失われる、②視野の狭まり＝物事を大きな視点から考えられない、③身体遊離＝自分が自分であって自分でないような感覚があるという。もっとも、こうした症状が常に現れているわけではなく、四六時中暗い表情を浮

＜告訴事件と示談の流れの例＞

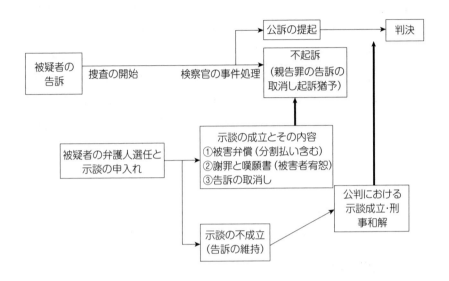

　かべたり、びくびくしているわけではない。むしろ、多くの対象者は、できるだけ外傷体験を忘れようと無理にでも明るく振る舞う傾向にあり、傍から見てPTSDを発症しているとは分からない場合も多い。なお、PTSDは症状の一部が診断基準と適合しない場合には適応障害と診断されることが多いという。また、外傷体験に起因する精神疾患は、PTSDだけではなく、ASD（自閉症スペクトラム障害）、抑うつ状態、パニック障害、解離性障害、全般的不安障害など、多岐にわたる障害が発症、併発することがある[11]。

　このような犯罪被害者に対する対応としては、「できなかったこと」に眼を向けるのではなく、「できたこと」を評価するように接するのがよいとされる。不用意に「あなたの気持ちは分かります」などといってはならず、「あなたが悪いのではない」、「本当に大変でしたね」という共感をもって、

11　大阪弁護士会・犯罪被害者支援委員会編『犯罪被害者支援マニュアル』（2019）8頁。

味方になれる人がいるのだというメッセージを与えながら、被害者が安心して相談できる雰囲気を作ることが大切である[12]。被害者に二次被害を与えないために、被害者を支える会話を心掛け、被害者を傷つける会話を避けるよう気を付けなければならない。

　なお、**最二決平成24・7・24**（刑集66巻8号709頁、判時2172号143頁、LEX/DB25444757、2012WLJPCA07249001）は、被告人が本件各被害者を不法に監禁し、その結果、各被害者について、監禁行為やその手段等として加えられた暴行・脅迫により、精神疾患の一種である心的外傷後ストレス障害の発症が認められたという事案であるところ、弁護人がPTSDのような精神的障害は刑法上の傷害の概念に含まれないと主張したのに対し、「上記認定のような精神的機能の傷害を惹起した場合も刑法にいう傷害に当たる」旨判示して、監禁致傷罪の成立を認めた原判決を正当としている。

（6）死刑事件と被害者遺族

（A）応報と死刑

　応報刑として死刑を支持する理由として、①犯人に対する道義的非難として死刑が必要であること、②死刑がなければ被害者感情がおさまらないことが挙げられる。他方、応報刑として死刑を支持し得ない理由として、①私的復讐の禁止は国家による死刑をも禁止しているとみること（国民は正当な理由があっても他人を殺せないのに、国民から負託を受けた国家は正当な理由があれば国民を殺せるというのは不合理とみる）、②被害者遺族の感情的回復の方法は、報復憎情の満足だけではないこと（被害者遺族にとって忌まわしい過去を引きずることは賢明ではなく、過去にとらわれず、「自分の愛する人を幸せにしたい」と未来志向で現在の自分の時間とエネルギーを注ぐべきと考える）などが挙げられる。

12　東京弁護士会・両性の平等に関する委員会編『相談対応マニュアル　ドメスティック・バイオレンス　セクシュアル・ハラスメント』（商事法務研究会、2001）20頁。

　後者の立場は、個人（被害者遺族）が他人（犯人）を憎むのは勝手だが、国家はそれを正当であると認知して増幅させるべきではなく、むしろ被害者遺族の救済（精神面と経済面）に力を注ぐべきであると主張する。すなわち、復讐・憎悪感情の増幅、社会的蔓延は人類滅亡への道であり、受刑者は刑務所において一生かかって、被害者（遺族）の再生・回復に向けて償うことが義務付けられると考えるのである。ちなみにドイツでは、死刑を執行することによって殺人事件の被害者の遺族が抱く報復感情を実現することは、国家の任務ではないと考えられている。また、加害者の親族に被害者遺族と同じ苦痛を味あわせるのが死刑の機能ではないとする（加害者家族は刑罰主体とすべきではない）。

（B）被害者遺族の犯罪克服過程

　被害者遺族は、犯罪者に対する憎しみ、怒りに支配されていては、自由になれない。赦しとは、被害者が怒りを捨て去り、犯罪と犯罪者によってもはや生活を支配されないということを意味する。被害者がこの赦しの経験をもたないと、外傷はいつまでも疼き、被害者の良心、生活を心配し続けるという見解がある。

　死刑が廃止されたあかつきには、はっきりと被害者の救済は社会的な関心事でさえあって、放置しておけないことになるのではないかとの見解がある。すなわち、死刑廃止により一種の社会連帯の観念が生まれるとする[13]。

　イギリスでは、被害者の最善の利益は、判決手続に直接参加したり、被告の刑罰の軽重に影響を与えることを希望したりすることではないとの考えがある。こうしたイギリスと比較し、アメリカでは、刑罰賛成の被害者運動が大衆と政治家の大きな支持を引きつけている。

13　団藤重光『死刑廃止論（第 6 版）』（有斐閣、2000）123 頁。

（7）まとめ

　わが国の刑事司法システムにおいて、刑事事件の弁護人や少年保護事件の付添人がする被害者との示談交渉は修復的司法のような機能を発揮している。

　被害者は加害者の代理人弁護士から示談の申入れがあった場合、示談交渉に応じ、金額的に不満がないのであれば示談を成立させてよい。ただ、示談の効力として当事者間の法律関係は確定し、被害者はそれに反する主張をすることができなくなることに注意すべきである（民法 696 条）。

　示談の成立は、捜査段階の被疑者を検察官が起訴するか不起訴（起訴猶予）とするかを決するに当たっての重要な判断材料となることがある。加害者側からの示談の申入れに対する被害者の対処の仕方としては、3 つの対応が想定される。すなわち、①示談をすべて拒否して厳重処罰を求める対応、②示談を成立させ、犯人の謝罪を受け入れて犯人を宥恕する対応（告訴があれば取り消す。嘆願書を作成する）、③中間的な対応として、損害賠償に関して示談を成立させるものの、犯人は宥恕しない（告訴を維持して、嘆願書は作成しない）という 3 つが考えられる。②の対応の場合、修復的司法が最も実現されたといえる。すなわち、被害者からいえば、これによって物質的な損害が回復されるというだけではなく、犯人の謝罪を受けることで、精神的な満足と安定が得られる。他方、加害者（被疑者・被告人）についても、自己の行為が非難されるべきものであることを認識して被害者に謝罪し、自己が引き起こした結果に対する損害賠償責任を受容することは、その改善更生を促す効果も期待できるであろう。③の対応の場合、犯罪によって生じた損害の修復・回復という側面に限れば、修復的司法が一定程度実現されたということができる。

　示談交渉に当たって加害者代理人が付帯条項ないし条件として、被害者に対し加害者を宥恕すること、裁判所への嘆願書を作成することを求めることがあるが、被害者は感情の問題としてこうした申入れに納得ができないので

あれば示談に応じる必要はない。起訴前弁護にあっては、示談成立と被害者宥恕は、検察段階における起訴猶予処分が得られる大きなポイントとなる。親告罪に限らず被害者が被害届に加えて告訴しているような場合は、起訴前弁護として、被害者宥恕を得て、告訴を取り消してもらうことは不起訴処分を獲得するにつき重要である。

2　修復的司法

Ⅱ 財産犯の場合

1 ── 財産刑と損害賠償請求権との調整

（1）組織犯罪処罰法にいう犯罪被害財産

　組織的な犯罪の処罰及び犯罪収益の規制等に関する法律（以下、「組織犯罪処罰法」という。）13条2項は、同項に掲げる罪の犯罪行為によりその被害を受けた者から得た財産又は当該財産の保有若しくは処分に基づき得た財産を犯罪被害財産と定義した上で、犯罪被害財産はこれを没収することができないこととしている。

　犯罪収益は、本来、犯人からはく奪すべきものであるところ、被害者がその財産について正当な権利を有し没収ができない場合又はこれに準ずる場合で、犯人からこれを没収することによって、被害者の犯人に対する損害賠償請求権などの私法上の請求権の実現を困難にすることが被害者保護の観点から適当でないと認められる場合には、没収・追徴を控えるべきであると考えられる。また、財産罪に限らず、犯罪収益が被害者から犯人に財産や価値が移転することによって生じたものである場合にも、被害者は、その保有する財産を現に失い、犯罪収益について正当な権利又はこれに準ずるような密接な利益を有し、その原状回復を求め得るのであるから、その原状回復を優先させるために、没収・追徴を控えるべきものと考えられる。そこで、組織犯罪処罰法はこのような場合には、当該財産を没収することができないことと

したものである[14]。

　もっとも、組織犯罪処罰法 13 条 3 項 1 号から 3 号に該当する場合は除かれる。裁判所は、同項の規定により犯罪被害財産を例外的に没収するときは、その言渡しと同時に、没収すべき財産が犯罪被害財産である旨を示さなければならないこととしている（同法 18 条の 2 第 1 項）。ちなみに、**名古屋高判平成 29・12・4**（LEX/DB25549390）は、原判決が組織犯罪処罰法 13 条 2 項 1 号の犯罪被害財産を没収するに当たり、同法 18 条の 2 第 1 項によりその旨を示す必要があったところ、これを主文で示していないとして、判決に影響を及ぼす法令適用の誤りとしてこれを破棄自判としている。当該没収については、「被告人が b 信用金庫に対して有する c 名義の普通預金債権……の残高のうち 2797 万 4000 円に相当する部分（略。起訴前の没収保全請求事件で没収保全に係るもの。うち 14 万 9151 円は犯罪被害財産）、……愛知県一宮警察署で保管中の現金 500 万円（略。起訴前の没収保全請求事件で没収保全に係るもの）のうち 400 万円（うち 4 万 6103 円は犯罪被害財産）をいずれも没収する」旨判示している。

　上述のとおり組織犯罪処罰法 13 条 3 項は犯罪被害財産について没収できる場合を 1 号から 3 号に列挙しているところ、同項の 2 号は、「当該犯罪被害財産について、その取得若しくは処分若しくは発生の原因につき事実を仮装し、又は当該犯罪被害財産を隠匿する行為が行われたとき」と規定している。これが適用された没収事例として、**広島高判平成 29・1・11**（LEX/DB25448472）は、原判決が、被告人において a 信用金庫に対して有する b 名義の普通預金債権金 2014 万 5684 円のうち金 241 万 8000 円は犯罪収益に当たるとして組織犯罪処罰法 13 条 1 項によりこれを没収することとしたのに対し、「これは被告人が業として高金利を受領する形態の無登録貸金業を営むことによって得た財産等が仮装された財産である」（その中に出資法違反（高金利受領）に該当する犯罪行為の被害者が振り込んだ金額が含まれる）から、

14　矢澤健三郎＝加藤俊治『Q&A 組織的犯罪対策三法』（立花書房、2001）70 頁。

1 　**財産刑と損害賠償請求権との調整**

全体として犯罪被害財産と認められる。「上記財産は組織犯罪処罰法13条3項2号によって没収することができるものとなり、これを没収する時には同法18条の2により犯罪被害財産である旨を示さなければならない」旨を判示して、これを示さなかった原判決を破棄自判とし、没収の言渡しにつき「被告人がa信用金庫に対して有するb名義の普通預金債権金2014万5684円のうち金241万8000円（略。没収保全請求事件で没収保全に係るもの、当該金241万8000円は犯罪被害財産）を没収する」と改めている。

　福岡高判平成22・8・5（LEX/DB25470055）は、「追徴すべき価額が犯罪被害財産の価額である旨をその主文において明示していない1審判決は組織犯罪処罰法18条の2第1項の解釈、適用を誤っている」として原判決を破棄し、自判によりその部分は「被告人から金147万3105円（当該金147万3105円は犯罪被害財産の価額）を追徴する」とした。その理由について、組織犯罪処罰法「18条の2第1項が定められた趣旨は、犯罪被害財産を没収し、又はその価格を追徴するときは、犯罪被害財産以外の財産を没収又は追徴するときとは異なり、その執行等により得られた金銭を、国の一般的な政策目標を実現するための支出に充てるための歳入に編入することなく、被害回復給付金に充てるための給付資金として検察官において保管しなければならないこと……を明らかにするために、没収すべき財産が犯罪被害財産である旨又は追徴すべき価額が犯罪被害財産の価額である旨を、当該判決の主文において明示しなければならないことを規定したものと解するのが相当である」としている。

　なお、**大阪高判平成28・7・13**（LEX/DB25448433）は、電子計算機使用詐欺等被告事件につき、被告人Xを懲役5年6月に処するとともに、Xから金3630万6321円（当該金員は犯罪被害財産の価額）を追徴することとしている。なお、被告人Xの弁護人が、「追徴は犯罪行為によって得た利益を剥奪することが目的であるから、報酬分配割合が明らかな本件ではその割合に限られるべきであるし、被告人Xは報酬分を上回る被害弁償金を既に拠出しているから追徴の必要性は存しない」と主張したのに対し、組織犯罪処罰

法にいう「没収・追徴は、不法な収益の循環を断ち切り、不法な収益を全面的に剥奪することにより、経済面から組織犯罪を禁圧する趣旨に出たものであるから、共同正犯が成立する以上、没収・追徴という付加刑についても、原則として全部の責任を負うべきであるが、同法に基づく没収・追徴は任意的なものであるから、科すか否か、科すとしてどの範囲で科すかについて、裁判所の裁量を認める趣旨と解される。……被告人両名及び共犯者においてなされた被害弁償についても、一連の行為の被害者を含めて公平に実施されたとは認められず、被害弁償により追徴の目的が達成されたとはいえない。……被告人両名にそれぞれ被害金額全額を追徴することで超過追徴が生ずるおそれがあるというが、超過追徴は執行の段階で調整されるので理由とならない。……追徴することとした原判決の判断には裁量の逸脱はない」旨を判示している。

（2）組織犯罪処罰法にいう没収保全

　組織犯罪処罰法22条は没収保全について規定している。すなわち没収保全とは、同法別表の罪等に関し、同法その他の法令の規定により没収することができる不法財産（同法13条1項各号又は同条3項各号に掲げる財産をいう）を没収するため、裁判所又は裁判官が没収保全命令を発してその処分を一時的に禁止する処分である[15]。

　これに関連する制度として、附帯保全の制度がある（組織犯罪処罰法22条2項）。これは、地上権、抵当権その他の権利がその上に存在する財産について没収保全命令を発した場合又は発しようとする場合において、裁判所又は裁判官が附帯保全命令を別に発して、当該権利の処分を禁止するものである。

　没収保全命令又は附帯保全命令は起訴前でも発することができ、この場合には、検察官と並んで司法警察員も、これらを請求することができる（同法

15　矢澤＝加藤・前掲注（14）81頁。

23条1項)。

（3）組織犯罪処罰法にいう追徴保全

　組織犯罪処罰法42条は追徴保全について規定している。これは、同法又はその他の法令の規定により追徴すべき場合における追徴の裁判の執行を確保するため、裁判所又は裁判官が追徴保全命令を発して被告人又は被疑者の財産の処分を一時的に禁止する処分である。なお、没収保全とは異なり、起訴前の追徴保全命令ができるのは組織犯罪処罰法16条2項の追徴の規定により必要的追徴をすべき場合に限られており、その場合の請求権者も検察官に限られている[16]。

　大阪高判平成23・2・16（LEX/DB25500015）は、大阪地方検察庁検察官がした追徴保全命令の執行命令に基づき、国がその執行として不動産の仮差押執行命令の発令を求めた事案であるところ、原判決が「裁判所は追徴保全執行としての仮差押命令を発する余地はない」として申立てを却下したのに対し、「追徴保全命令については、検察官の命令によって執行するが、この命令は、民事保全法の規定による仮差押命令と同一の効力を有するものとし（組織犯罪処罰法44条1項）、執行は、民事保全法その他仮差押えの執行の手続に関する規定に従ってする旨を定める（組織犯罪処罰法44条3項）。……民事保全法2条2項は、当事者に申立権を認めているのであるから、組織犯罪処罰法及び民事執行法が予定している不動産仮差押えの追徴保全命令の執行は、検察官が発する追徴保全執行命令を債務名義として、管轄裁判所に保全執行の申立てをし、裁判所が申立てを相当と認める場合は、仮差押えをする旨を宣言する裁判（保全執行の開始決定ともいうべきもの。民事執行法45条1項参照）を行い、それに基づいて裁判所書記官が登記の嘱託をするという手続が予定されていると解するのが相当……不動産仮差押えにおいては、保全命令申立てと保全執行申立てが別々にされることは予定されていないため、

16　矢澤＝加藤・前掲注（14）85頁。

不服申立てとして保全命令申立却下の裁判に対する即時抗告を認めれば足りるのであるが、追徴保全にあっては、保全執行裁判所に対し、保全執行の申立てのみがされるのであるから、不動産競売の申立てを却下した場合における執行抗告の規定（民事執行法45条3項）を準用して、保全執行申立てを却下する裁判に対して執行抗告をすることが許される」旨判示して、原判決を破棄自判とし、国が請求する不動産の仮差押えを認めた。

　大阪地決平成25・9・3（訟務月報60巻7号1436頁、LEX/DB25505383）では、前提事実として大阪地検検察官が平成25年5月31日大阪地裁に対し、組織犯罪処罰法違反被告事件の被告人である債務者の第三債務者らに対する本件各預金債権につき、追徴保全の請求をしている。同裁判所（刑事部裁判官）は同日、債務者に対し、追徴保全額2600万円として追徴裁判の執行を保全するために本件各預金債権の処分を禁止する旨の追徴保全命令を発したところ、本件各預金債権における仮に差し押さえるべき額の記載がなく、このため追徴保全解放金の額も本件命令の命令書中で明らかでないものであった。これを受けて、債権者（国）は大阪地裁に対し、組織犯罪処罰法44条に基づき、本件各預金債権につき追徴保全執行としての仮差押執行命令の発令を求める旨を申し立てたのが本件事案であるところ、「本件命令は追徴保全の対象である本件各預金債権の額が記載されておらず債権の特定がされていないと評価せざるを得ないところ、組織犯罪処罰法42条2項で特定の財産について発しなければならないとされ、目的物の特定は重要な事項であることから、本件命令は無効といわざるを得ない」として債権者（国）の申立てを却下している。これに対し国が執行抗告したところ、**大阪高決平成25・10・9**（LEX/DB25505378）は、本件追徴保全命令において、対象財産の上限額の記載がないものの、「大阪地方裁判所（刑事部裁判官）は、本件追徴保全額2600万円の執行保全のためには、別紙（略）の各預金債権全部の処分を禁止する必要性があると判断して、本件追徴保全命令を発令したのであるから、……別紙（略）の各預金債権の特定がなされている以上、本件追徴保全命令は特定の財産について発令されているものといえる。……本件追徴保全

1　**財産刑と損害賠償請求権との調整**

命令は、追徴保全解放金を、対象財産額である『別紙（略）記載の各預金債権及びその利息債権に満つる額』と記載されているところ、……上記金額は本件追徴保全金額を下回っており、追徴保全解放金は上記金額となるから、上記記載は相当である。……以上によれば、本件追徴保全命令が無効であるものとは認められない。……追徴保全命令の執行は民事保全法その他仮差押えの執行の手続に関する法令の手続に従ってすることになる（組織犯罪処罰法44条3項）から、超過差押え禁止の規定（民事執行法146条2項）が準用される（民事保全法50条）。しかし、共犯者の各債務者間の関係を不真正連帯と解するとしても、その性質からすれば、各債務者ごとに執行債権額全額について差押えをすることができると解するのが相当である。したがって、本件保全執行申立てが超過仮差押えの執行禁止に反するものとはいえない。……本件保全執行の申立ては相当であり、原審裁判所は別紙第1『仮差押債権目録』〈略〉記載の各債権の仮差押執行命令を発令すべきである」旨判示し、本件保全執行申立てについての発令手続を行わせるために、本件を原審に差し戻す旨の決定をしている。

(4) 被害回復給付金

　上述のとおり、組織犯罪処罰法は、犯罪収益につき、広範な没収・追徴制度を定めているところ、犯罪収益等が犯罪被害財産の場合には、原則としてその没収・追徴を認めていない（組織犯罪処罰法13条2項、16条1項）。犯罪被害財産を没収・追徴の対象から除外する制度は、元々は被害者の保護を意図したものであるが、半面で、被害者が訴訟を提起しないと、結局、犯罪収益が犯人の手元に残ってしまうという結果になる。そこで、犯罪の性質に照らして、犯人に対する損害賠償請求権の行使が困難であるときなどには、犯罪被害財産を没収することを認め（同法13条3項、16条2項）、その上で、没収・追徴した犯罪被害財産は、「犯罪被害財産等による被害回復給付金の支給に関する法律」に基づき、被害回復給付金として被害者に支給することとしている（組織犯罪処罰法18条の2第2項）。

Ⅱ　財産犯の場合

　給付金は、没収・追徴された財産を原資として国家が被害者に支給するものであって、国家が被害者に代わって被害額に相当する金銭を加害者から取り立ててそれを被害者に支払うというものではない。申出があった被害総額が没収・追徴した総額を上回る場合には、被害額に応じた原資を配分するという形がとられるから、支給額は被害額を下回ることもあり得る。また、この制度の対象犯罪は、組織的犯罪処罰法が適用される財産犯等に限られている。

　東京地判平成24・1・16（LEX/DB25490890、2012WLJPCA0168009）は、法に基づく被害回復給付金の支給の申請をした原告が、東京地検検察官から原告は被害回復給付金の支給を受ける者に該当しない旨の本件裁定を受け、その後、東京地検検事正から本件審査申立てを棄却する旨の本件裁決を受けたことにつき、本件裁定の取消し（第1事件）及び本件裁決の取消し（第2事件）をそれぞれ求めた事案である。前提事実として、東京地検検察官は、平成20年7月25日、いわゆる五稜会ヤミ金融事件につき、支給対象犯罪行為の範囲を定めた上で、本件支給手続の開始を決定し、その旨その他の法所定の事項を官報に掲載して公告をした。原告の主張は客観的な裏付けを欠く推測の域を出るものではないとされ、いずれの請求も理由がないものとして、却下されている。

２ ── 被害回復分配金支払制度

　「犯罪利用預金口座等に係る資金による被害回復分配金の支払等に関する法律」（以下、「振り込め詐欺救済法」という。）は、預金口座等への振込みを利用して行われた詐欺等の犯罪行為の被害者等に対する被害回復分配金の支払等のため、口座凍結、預金等債権の消滅手続及び被害回復分配金の支払手続等を定めている。すなわち、銀行等の金融機関は、預金口座につき、犯罪利用預金口座である疑いがあると認めるときは、取引の停止等の措置を適切

に講ずるものとしている（振り込め詐欺救済法 3 条 1 項）。さらに当該預金口座等に係る資金を移転する目的で利用される疑いがある他の金融機関の預金口座等があると認めるときは、当該他の金融機関に対し必要な情報を提供するものとしている（同条 2 項）。預金保険機構は、金融機関が犯罪利用預金口座等であると疑うに足りる相当な理由があると認める口座についての公告の求め（同法 4 条 1 項）があったときは、その口座の金融機関、支店、種別及び口座番号、名義人名並びに権利行使届出期間を公告する（同法 5 条 1 項）。権利行使届出期間は、60 日以上とされ（同条 2 項）、権利行使届出期間内に届出がなく、かつ金融機関からの犯罪利用預金口座でないことが明らかになった旨の通知（同法 6 条 2 項）もない場合は、その口座の預金債権は消滅し、預金保険機構はその旨を公告しなければならない（同法 7 条）。金融機関は、7 条の規定により消滅した債権の額に相当する額の金銭を原資として、その口座を利用してなされた振り込め詐欺の被害者に対し、被害回復分配金を支払わなければならない（同法 8 条 1 項）。この支払を受けるためには、その金融機関に対し、被害者であることを示す事実や被害金額などを疎明して申請しなければならない（同法 12 条 1 項）。

　これにより振り込め詐欺（特殊詐欺）やいわゆるヤミ金融等による財産的被害の迅速な回復が図られている。令和元年に金融機関から被害者に対して支払われた被害回復分配金の総額は、約 10 億 9768 万円であった[17]。

3 ── 日本投資者保護基金

　日本投資者保護基金は、金融商品取引法（以下、「金商法」という。）の下で、投資者保護を目的として、非営利の会員制の法人として 1998 年 12 月に設立された。同基金は、証券会社が破たんやそれ以外の財政的な困難のため

17　法務省法務総合研究所編『令和 3 年版犯罪白書』第 6 編第 2 章第 2 節 4。

に、分別管理の義務に違反したことによって、顧客の金銭や有価証券を返還することができない場合、各顧客に対し、上限 1000 万円までの補償の支払をする。

　東京地判平成 16・9・28（LEX/DB28105188・南証券事件）は、X が、他の共犯者と共謀の上、実体のない株式会社を優良企業のように装った上、顧客から社債購入代金又は投資信託の投資金名下に金員合計 8000 万円を詐取するとともに、自己が代表取締役社長を務めていた南証券㈱において、顧客らから委託を受けて業務上預かり保管中の有価証券（時価合計 28 億円余）を着服して横領し、かつ、インターネットを利用してダイレクトメール配信料又は登録サービス料名下に金員を詐取したという事案について、X を懲役 11 年に処している。

　ちなみに、南証券は 2000 年に破産し、本来、証券会社は投資者の財産と証券会社自身の財産を分別管理する義務を負うところ、南証券のこの義務の不履行により多数の顧客の財産に損害が生じたことにより、「日本投資者保護基金」から総額約 35 億円の補償金が支払われている。

4 ── まとめ

　組織的犯罪処罰法は、同法 13 条 2 項に掲げる罪の犯罪行為によりその被害を受けた者から得た財産又は当該財産の保有若しくは処分に基づき得た財産を犯罪被害財産と定義した上で、犯罪被害財産はこれを没収することができないこととしている。犯罪被害財産を没収・追徴の対象から除外する制度は、元々は被害者の保護を意図したものであるが、半面で、被害者が訴訟を提起しないと、結局、犯罪収益が犯人の手元に残ってしまうという結果になる。そこで、犯罪の性質に照らして、犯人に対する損害賠償請求権の行使が困難であるときなどには、犯罪被害財産を没収することを認め、その上で、没収・追徴した犯罪被害財産は、「犯罪被害財産等による被害回復給付金の

支給に関する法律」に基づき、被害回復給付金として被害者に支給すること
としている。

　給付金は、没収・追徴された財産を原資として国家が被害者に支給するも
のであって、国家が被害者に代わって被害額に相当する金銭を加害者から取
り立ててそれを被害者に支払うというものではない。申出があった被害総額
が没収・追徴した総額を上回る場合には、被害額に応じた原資を配分すると
いう形がとられるから、支給額は被害額を下回ることもあり得る。

　「振り込め詐欺救済法」は、預金口座等への振込みを利用して行われた詐
欺等の犯罪行為の被害者等に対する被害回復分配金の支払等のため、口座凍
結、預金等債権の消滅手続及び被害回復分配金の支払手続等を定めている。
すなわち、銀行等の金融機関は、預金口座につき、犯罪利用預金口座である
疑いがあると認めるときは、取引の停止等の措置を適切に講ずるものとして
いる。金融機関は、その口座を利用してなされた振り込め詐欺の被害者に対
し、被害回復分配金を支払わなければならない。この支払を受けるために
は、その金融機関に対し、被害者であることを示す事実や被害金額などを疎
明して申請する必要がある。これにより振り込め詐欺（特殊詐欺）やいわゆ
るヤミ金融等による財産的被害の迅速な回復が図られている。

　日本投資者保護基金は、証券会社が破たんやそれ以外の財政的な困難のた
めに、分別管理の義務に違反したことによって、顧客の金銭や有価証券を返
還することができない場合、各顧客に対し、上限 1000 万円までの補償の支
払をする。

Ⅱ　財産犯の場合

Ⅲ　名誉・プライバシー侵害の場合

1──名誉回復措置

(1) 総説

　わが国の民法は不法行為による損害賠償について金銭賠償を原則としている（民法 722 条 1 項による 417 条の準用）。しかし、法令に明文の定めがある場合及び当事者に特約がある場合（通常は不法行為後の特約）には、狭義の原状回復によることが認められている[18]。民法 723 条は、名誉棄損における原状回復として、特に他人の名誉を毀損した者に対しては、裁判所は、被害者の請求により、損害賠償に代えて、又は損害賠償とともに、名誉を回復するのに適当な処分を命ずることができる旨を規定する。例えば、新聞や雑誌の記事により名誉が毀損された場合に、その記事の取消広告や謝罪広告を掲載させるなどの方法である。

　原状回復のうち謝罪広告については、謝罪という倫理的な判断を賠償義務者に強いることになり良心の自由を保障する憲法 19 条に違反するのではないかという議論があるが、最高裁は、単に事実の真相を告白し陳謝の意を表明する程度のものは被告の倫理的な意思、良心の自由を侵害するものではなく、憲法 19 条に反するものではないとする（**最大判昭和 31・7・4** 民集 10 巻 7 号 785 頁、LEX/DB27002906）。学説においては、謝罪・陳謝の意思の表明

18　吉村・前掲注（2）119 頁。

を命ずることは違憲ないし違憲の疑いありとする見解も多い[19]。

(2) 取消広告・謝罪広告

　東京地判令和2・12・21（LEX/DB25571264、2020WLJPCA12216001）は、芸能人である原告が、出版社である被告株式会社新潮社において、①原告が私立大学に裏口入学をしたこと等を内容とする記事をインターネットウェブサイト上で配信し、②同趣旨の内容の記事を掲載した週刊誌を発行し、③同週刊誌に係る電車の中吊り広告において、原告を被写体とする写真を添えて上記記事の見出し等を掲載したことに対し、①ないし③については原告の名誉を毀損し、③については原告のパブリシティ権を侵害したとして、被告に対し、損害賠償を請求するとともに、週刊誌の誌面及びインターネットウェブサイト上への謝罪広告の掲載並びにインターネットウェブサイト上の記事の削除を求めた事案であるところ、「本件各記事等の内容は、原告の社会的評価を看過できない程度に低下させるものというべきであって、原告の名誉を毀損する」、本件各記事等に記載された内容は本件雑誌の編集部のA編集長が旧知の経営コンサルタントから聴取した内容に依拠しているところ、同経営コンサルタントについては「その特定が必ずしも十分であるとはいえず、同コンサルタントの陳述の信用性を具体的に認めるに足りる客観的な証拠も見当たらない」から、「陳述を真実であると信ずるにつき相当な理由があったとは認められない」……原告の受けた精神的損害を慰藉する額としては400万円と認定するのが相当である旨を判示している。記事の削除については、本件ウェブページ上の原告の名誉権を違法に侵害するから、原告は人格権としての名誉権に基づく侵害差止請求として、同記事の削除を請求することができるとしたものの、謝罪広告については、「原告が記事の削除を請求できること、……原告は各種メディアを通じて自ら被害の回復を図ることが一定程度可能であること」などからして、「原告の名誉を回復する手段と

19　吉村・前掲注（2）122頁。

しては、前記認定の金銭賠償をもって足り、それに加えて原告が主張する各謝罪広告の掲載を求める必要性までは認められない」旨を判示した。

東京地判令和元・10・18（LEX/DB25580339、2019WLJPCA10188020）も、「損害を回復するためには、金銭賠償及び本件各記事の削除に加えて、謝罪広告の掲載まで命ずることが適当であるとは認められない」とする。結局、インターネット上の名誉棄損事件では、一般に上記裁判例のように、名誉棄損記事の削除を命ずることに加えて謝罪広告の掲載を認めるまでの必要性はないと判断されている。名誉回復措置として謝罪広告の掲載を命ずる判決が下された裁判例として、次に述べる**東京高判令和元・11・27**（LEX/DB25565386）の原判決があるも、控訴審で謝罪広告ではなく、代わりに訂正広告の掲載に変更されている。裁判所としても、謝罪広告は違憲の疑いが強いという学説を踏まえ、損害賠償に代えて、名誉を回復するのに適当な処分として、謝罪広告を命ずることには慎重な姿勢を示しているものといえよう。

（3）訂正広告

東京高判令和元・11・27（LEX/DB25565386）は、被控訴人が、控訴人らによって、控訴会社が運営するウェブサイト「東洋経済ONLINE」上に、被控訴人が偽装工作で新たに開園する保育園の設置認可を取得したなどの虚偽事実が記載された記事を公開され、被控訴人の社会的地位が低下したと主張して当該記載の削除、謝罪広告と損害賠償を求めた事案であるところ、名誉棄損の成立を認めた上で記載の削除及び謝罪広告については、「本件記事が、本件サイト上で公開されたことによって不特定多数の者に広く伝播し、……被控訴人の業務に種々の支障や弊害が生じたことが認められる」……そうすると被控訴人の名誉を回復するためには、「本件各記載の削除を命ずるとともに、金銭賠償だけにとどまらず、本件記事が掲載されたのと同じ本件サイトに、本件各記載が削除された理由を説明する文章を掲載して公開することが、最も有効かつ適切な方法である」……「もっともそれは必要かつ相

当な限度にとどめるべきである」……これらを踏まえると別紙1「訂正記事」記載の訂正記事を、別紙2「訂正記事掲載要領」記載の要領で掲載することが相当である控訴会社に対し、本件訂正記事を超えて謝罪文書等を含む内容の記事の掲載を命ずるのは、その必要性を認めがたく、相当でないと判示し、謝罪広告に代えて訂正記事の掲載を命じている。ちなみに別紙1「訂正記事」は、「社会福祉法人Xに関する記事の一部の削除・訂正について」との表題で、本文は「本記事は、『業界4位『Z保育園』の不都合な真実―『偽装工作』で認可を取得していたことが判明』との見出しで、社会福祉法人Xについて、新規開園の設置認可取得の手続における問題点、保育の問題点、現場の過重労働、園児に事故が起きたときの不誠実な対応などを指摘したものでしたが、見出しを含め、事実と異なる部分がありましたので、その部分を削除・訂正しました。株式会社東洋経済新報社」というものとされている。

2──ヘイト・スピーチ

(1) 総説

　ヘイト・スピーチとは、人種、皮膚の色、国籍、民族などある属性を有する集団に対して貶めたり暴力や差別的行為を煽動したりするような侮辱的表現を行うことをいう。ある属性を有する集団に対する侮辱的発言等により、属する個々の人々の社会構成員としての地位を貶め、社会における平等性を毀損する。

　名誉棄損罪（刑法230条1項）や侮辱罪（刑法231条）は、一般に特定の具体的な個人に向けられていない場合は保護の対象にならない。ヘイト・スピーチは、特定の具体的な個人ではない一定の属性を有する集団に向けられた名誉棄損行為ともいえる。

(2) 国際条約

　国際自由権規約 20 条 1 項は、「戦争のためのいかなる宣伝も、法律で禁止する」と規定しつつ、同条 2 項で、「差別、敵意又は暴力の扇動となる国民的、人種的又は宗教的憎悪の唱道は、法律で禁止する」と定める。これは 1966 年に国連総会で採択されたが、当時から表現の自由を侵すおそれがあるとしてかなりの反対意見が存在した。

　また、人種差別撤廃条約が、1965 年国連総会で採択されているが、わが国の同条約加入は遅れて、採択から約 30 年経た 1995 年に加入した。

　同条約 4 条は、「締約国は、一人種又は一つの皮膚の色若しくは種族的出身からなる人々の集団の優越性に関する観念又は理論に基づく、又はいかなる形態の人種的憎悪及び差別をも正当化し若しくは助長しようとするすべての宣伝及びすべての団体を非難し、かつ、そのような差別のあらゆる扇動又は行為を根絶することを目的とする即時のかつ積極的な措置をとることを約束する。またこのため、締約国は、世界人権宣言に具体化された原則及びこの条約 5 条に明記される権利に妥当な考慮を払って、特に次のことを行う」とし、「(a) 人種的優越又は憎悪に基づく観念のあらゆる流布、人種差別の扇動、異人種・集団に対する援助の供与を処罰すべき犯罪とする、(b) 人種差別を助長・扇動する団体並びに組織的宣伝活動等が違法であることを宣言・禁止し、及びそれらの団体又は活動への参加を処罰すべき犯罪とする、(c) 国又は地方の公の当局・機関が人種差別を助長・扇動することを許さない」旨を定める。

　日本は、自国憲法における表現・結社の自由の保障を理由に、自国の憲法の枠内において同条約 4 条を実施し、自国の憲法と抵触する限りにおいて条約 4 条の実施義務を免れるとする趣旨の留保を付している。このような日本の見解について、委員会は、「そのような解釈が、本条約 4 条に基づく締約国の義務と抵触する」という。委員会の懸念・勧告に対し、日本政府は、「わが国の現状が、既存の法制度では差別行為を効果的に抑制することがで

きず、かつ、立法以外の措置によってもそれを行うことができないほど明白な人種差別行為が行われている情況にあるとは認識しておらず、人種差別禁止法等の立法措置が必要であるとは考えていない」と主張している。

（3）わが国における規制措置

　わが国では、「本邦外出身者に対する不当な差別的言動の解消に向けた取組の推進に関する法律」（ヘイト・スピーチ解消法）が平成28年6月公布された。この法律は、基本理念、国・地方公共団体の責務を規定し、国・地方公共団体の教育活動・啓発活動の実施を内容としている。刑事制裁は含まない。

　地方公共団体レベルでは、「大阪市ヘイトスピーチへの対処に関する条例」が平成28年1月に成立している。同条例は、大阪市の区域内等で行われた表現活動がヘイト・スピーチに該当すると認めるときは、防止のための必要な措置をとり、行為者の氏名・名称を公表するとしている。続いて川崎市でも、令和元年12月「川崎市差別のない人権尊重の街づくり条例」が成立している。同条例は全国で初めて刑事罰則付きのヘイト・スピーチ禁止条例である。すなわち、同条例に掲げる本邦外出身者に対する不当な差別的言動を行い、又は行わせた者が、再び「同一理由差別的言動」（同条例13条参照）を行い、又は行わせる明らかなおそれがあると認めるに足る十分な理由があるときは、市長がその者に対し、地域を定めて、勧告の日から6ヵ月間、同一理由差別的言動を行い、又は行わせてはならない旨を勧告できることとし（13条1項）、さらに市長は、13条の勧告に従わなかった者が、再び同一理由差別的言動を行い、又は行わせる明らかなおそれがあると認めるに足りる十分な理由があるときは、その者に対し、地域を定めて、命令の日から6ヵ月間、同一理由差別的言動を行い、又は行わせてはならない旨を命ずることができることとした上で（14条1項）、市長の14条1項の規定による中止命令に違反した者は、50万円以下の罰金に処する旨を規定する（23条）。差別的言動に対し直接刑事罰を科すのではなく、差別的言動をする行

為者に対し前段階として市長の中止命令を発することとした上、その命令違反に刑罰を科すという法形式をとることにより、ヘイト・スピーチを刑事規制している。

　わが国はアメリカと同様、表現の自由を重視して、ヘイトスピーチそのものを処罰する国レベルの法律は制定されていない。民事判例として、**東京地判平成 29・9・26**（LEX/DB25539598）は、参議院議員である被告は、ツイッター上で原告の「存在がヘイトスピーチ＝差別扇動そのもの」であり、原告が「差別に寄生して生活を営んでいる」のであるから論外であるという発言をしたことが名誉棄損に当たるとして、500 万円の損害賠償を請求した事案に対し、公共性と公益目的は認められるものの、本件発言が「原告の社会的評価を客観的に低下させるものであったとしても、本件投稿は、公正な論評ないし意見の表明として違法性を欠く」として、原告の請求を棄却した事例がある。

(4) 比較法

(A) ドイツ

　ドイツ刑法 130 条 1 項は、「住民の一部を冒涜し、悪意で侮辱し若しくは中傷することで、他の者の人間としての尊厳を害した者は 3 月以上 5 年以下の自由刑に処する」旨を規定する。

　1960 年に当時の反ユダヤ運動やネオナチ運動に対処するために制定され、時を経て 1994 年、ドイツ再統一後、激しい外国人排斥運動が行われたことへの対応として改正が行われ、その際、かつてのナチス政権の下で行われたユダヤ人の大虐殺という歴史的真実に対して、これを否定する言論行為、いわゆる「アウシュビッツの嘘」を処罰する規定が新たに設けられた。保護法益は社会のマイノリティに属する人々の社会参加の機会（社会的法益）であるとされている。

（B）アメリカ

　人種、民族、宗教、性的指向などに係る特定の属性を持つ個人や集団に対する偏見や憎悪を動機として引き起こされる嫌がらせ、脅迫、暴行等の犯罪行為をヘイト・クライム（憎悪犯罪）という。アメリカではヘイト・クライムは重く処罰される[20]が、ヘイト・スピーチは表現の自由として保護され、規制・処罰されていない。これは日本と同様である。

（5）ヘイト・スピーチ禁止の功罪

　ヘイト・スピーチを禁止する場合の保護法益は人々の尊厳であるところ、これが表現の自由を上回る法益といえるかどうかが問題である。積極論者は、人々が人種差別的、宗教的憎悪を支持しているならば、社会は秩序あるものではありえないのではなかろうかと主張する。

　在日コリアンなどに対するヘイト・スピーチによる極端な非難は、通常であれば国家主義的で相当に右寄りとみなされるような政治家のコメントを解毒する作用もある。このような意味で、右寄りの政治家たちとヘイト・スピーチを口にする者たちとの間には、意識的ではないにせよ相互依存的な関係が形作られている感があるともいえる[21]。

　わが国において、立法によって狭義のネット右翼の言説が止むことは絶対にないという見方がある。彼らは「普遍的な大衆」ではなく、「ノイジーマイノリティ」だという見解もある。この立場からはヘイト・スピーチに対しては、毅然と、保守側がNOといわなくてはならないとされる[22]。

---

[20]　アメリカのヘイト・クライム重罰化法（1994）は、行為者が、被害者の人種、宗教、皮膚の色、国民的出自、民族、ジェンダー、障害又は性的志向に対する偏見によって犯行を行ったことが証明された場合には、量刑を30％重くすることができるとしている。動機に焦点を合わせた観念であって、例えば、傷害や殺人のような違法行為に関して、一定の動機を心に抱いていることを、犯罪を識別する要素又は刑罰を加重する要素として扱うものである。

[21]　岡本真一郎著『悪意の心理学』（中公新書、2016）244頁。

[22]　古谷経衡『ネット右翼の終わり』（晶文社、2015）。

＜事例＞　街頭デモ（京都地判平成 23・4・21 LEX/DB25471643）

［1］ 事案の概要

　被告人 4 名は、平成 21 年 12 月 4 日午後 1 時ころから約 46 分間にわたり、学校法人 a 学園が設置する京都市 b 学校南側路上及び α 橋公園において、被告ら 11 名が集合し、日本国旗や「在日特権を許さない市民の会」及び「主権回復を目指す会」などと書かれた各のぼり旗を掲げ、同学校校長らに向かってこもごも怒号を張り上げ、拡声器を用いるなどして、「日本人を拉致した……朝鮮学校、こんなもんは学校でない。」「都市公園法、京都市公園条例に違反して 50 年余り、朝鮮学校はサッカーゴール、朝礼台、スピーカーなどなどなどのものを不法に設置している。こんなことは許すことできない。」「北朝鮮のスパイ養成機関、朝鮮学校を日本から叩き出せ。」「門を開けてくれて、設置したもんを運び届けたら我々は帰るんだよ。そもそもこの学校の土地不法占拠なんですよ。」「戦争中、男手がいないところ、女の人レイプして虐殺して奪ったのがこの土地。」「ろくでなしの朝鮮学校を日本から叩き出せ。なめとったらあかんぞ。叩き出せ。」「わしらはね、今までの団体のように甘くないぞ。」「早く門を開けろ。」「戦後焼け野原になった日本人につけ込んで、民族学校、民族教育闘争ですか。こういった形で、至るところで土地の収奪が行われている。」「朝鮮ヤクザ。」「不法占拠したとこやないかここは。」「お前らがな、日本人ぶち殺してここの土地奪ったんやないか。」などと怒号し、同公園内に置かれていた朝礼台を校門前に移動させて門扉に打ち当て、同公園内に置かれていたサッカーゴールを倒すなどして、これらの引取りを執拗に要求して喧騒を生じさせ、もって威力を用いて同校の業務を妨害するとともに、公然と同校を侮辱した。

　被告人 C は、そのころ同公園内において、同学校法人が所有管理するスピーカー及びコントロールパネルをつなぐ配線コードをニッパーで切断して損壊した。

　被告人 A、B、C は、平成 22 年 4 月 14 日午後 1 時 15 分ころ、徳島市 f

会館2階d組合事務所内に、「反日教育で日本の子供たちから自尊心を奪い、異常な性教育で日本の子供たちを蝕む変態集団、それが○○」などと記した横断幕などを携帯して、怒号しながら侵入した上、そのころから約13分間にわたり、同事務所において、同組合の業務に係る事務をしていた同組合書記長M及び書記Nの2名を取り囲み、同人らに対し、横断幕などを掲げながら、「朝鮮の犬」「売国奴」「国賊」「非国民」「腹切れ、お前ら、こら」などといいながら両名の両腕や手首をつかむなどし、机上の書類等を放り投げるなどし、同事務所内を喧騒状態に陥れて同組合の正常な業務を不能ならしめ、もって同事務所に正当な理由がないのに侵入した上、威力を用いて同組合の業務を妨害した。

[2] 争点

正当な政治的抗議活動か否か。

[3] 結論

威力業務妨害、侮辱、器物損壊、建造物侵入につき有罪（懲役1年ないし2年。いずれも執行猶予4年）

[4] 理由

いずれも正当な政治的表現の限度を逸脱した違法な行為である。

[5] 量刑理由

在日朝鮮人の特権廃止を目的に掲げる団体の活動として敢行され、不穏当な行為で、児童が多数いる学校の授業が妨害されたほか、児童ら被害者がこの間に抱いた恐怖感や屈辱感は大きかった。

一方、被告人らは公判廷において反省の態度は見られないものの、本件が違法とされればその活動手法を改めると述べている。

Ⅲ　名誉・プライバシー侵害の場合

［6］　検討

　上記一審判決の控訴審（**大阪高判平成 23・10・28**　LEX/DB25480227）は、「憲法 21 条 1 項に定める表現の自由に当たる行為であっても無制限に許容されるものではなく、公共の福祉や他の人権との抵触による合理的な制限を受けるものであるところ、……本件について侮辱罪を適用することが憲法違反になるとはいえない。……学校については、長年の教育、文化、芸術活動を通じて社会から一定の評価を受け、このような活動、評価に対し、現に在校する生徒、教職員のみならず、卒業生等も強い関心を持つものであるから、侮辱罪の保護法益たる名誉の帰属主体となる集団に当たる」との理由により、弁護人の控訴を棄却している。上告審（**最一決平成 24・2・23**　LEX/DB 25480570）も上告棄却となり一審判決が確定している。本件の行為態様は、わが国で刑事責任を問われないヘイト・スピーチという範疇を超えた業務妨害（刑法 234 条）、侮辱罪[23]（同法 231 条）、器物損壊（同法 261 条）、建造物侵入（同法 130 条）に該当する明白な犯罪行為であり、正当な政治的表現の限度を逸脱したヘイト・クライムの域に達しているとしてその違法性を認めたのは、相当であろう。

(6)　まとめ

　ヘイト・スピーチとは、人種、皮膚の色、国籍、民族などある属性を有する集団に対して貶めたり暴力や差別的行為を煽動したりするような侮辱的表現を行うことをいう。ヘイト・スピーチは、特定の具体的な個人に向けられたものではないから、一般に名誉棄損罪（刑法 230 条 1 項）や侮辱罪（刑法 231 条）の処罰対象とはならない。

23　アメリカでは日本より一層表現の自由が保障されており、各州が制定する刑法は個人的法益に対する罪として侮辱罪を設けていない。脅迫（Assault）さえ、今にも暴行を受けかねないという合理的脅威（reasonable fear or apprehension of an immediate battery）を人に抱かせる程度のものである必要がある（BRYAN A. GARNER editor in chief, BLACK'S LAW DICTIONARY [Fourth Pocket Edition], West 49 (2011).

　自由権規約20条1項は、「戦争のためのいかなる宣伝も、法律で禁止する」と規定しつつ、同条2項で、「差別、敵意又は暴力の扇動となる国民的、人種的又は宗教的憎悪の唱道は、法律で禁止する」と定める。

　また、人種差別撤廃条約4条は、「締約国は、一人種又は一つの皮膚の色若しくは種族的出身からなる人々の集団の優越性に関する観念又は理論に基づく、又はいかなる形態の人種的憎悪及び差別をも正当化し若しくは助長しようとするすべての宣伝及びすべての団体を非難し、かつ、そのような差別のあらゆる扇動又は行為を根絶することを目的とする即時のかつ積極的な措置をとることを約束する。またこのため、締約国は、世界人権宣言に具体化された原則及びこの条約5条に明記される権利に妥当な考慮を払って、特に次のことを行う」とし、「(a)　人種的優越又は憎悪に基づく観念のあらゆる流布、人種差別の扇動、異人種・集団に対する援助の供与を処罰すべき犯罪とする、(b)　人種差別を助長・扇動する団体並びに組織的宣伝活動等が違法であることを宣言・禁止し、及びそれらの団体又は活動への参加を処罰すべき犯罪とする、(c)　国又は地方の公の当局・機関が人種差別を助長・扇動することを許さない」旨を定める。

　わが国は米国と同様、表現の自由を重視して、ヘイトスピーチそのものを処罰する国レベルの法律は制定されていない。

3 ── 侮辱罪の成否

　侮辱罪の保護法益は名誉毀損罪と同じく人の社会的評価すなわち事実的名誉・外部的名誉とされている（通説）[24]。名誉を外部的名誉と名誉感情（自己が自己に対して有する価値評価）に分けて侮辱罪の保護法益は主観的名誉・名誉感情とする見解も有力であるが、この立場からは、幼児、法人などに侮辱

24　西田典之（橋爪隆補訂）『刑法各論〔第7版〕』（弘文堂、2018）134頁。

罪が成立しなくなる。判例は通説と同じ立場から、法人に対する侮辱罪の成立を認める。そうすると名誉毀損罪との差異は、具体的事実の摘示の有無にあることになる。

＜事例＞　法人に対する侮辱（最一決昭和 58・11・1 刑集 37 巻 9 号 1341 頁、LEX/DB24005920、1983WLJPCA11010005）

[1]　事案の概要

　N 損保会社の顧問弁護士 I と知人の交通事故に関して交渉していた X が、交渉を有利に進めようとして、数名と共謀し、昭和 57 年 7 月 30 日午前 2 時 30 分ころから午前 3 時 30 分ころまでの間、S ビル玄関柱に「T 海上の関連会社である N 火災は悪徳 I 弁護士と結託して被害者を弾圧している、両社は責任を取れ」と記載したビラ 12 枚を糊ではり、公然 N 火災と I を侮辱するとともに他人の工作物に貼り札をした。

[2]　結論

　上告棄却（侮辱と軽犯罪法違反で有罪、拘留 25 日[25]）

[3]　理由

　侮辱罪の人には法人も含まれる。

25　令和 4 年の刑法改正により、侮辱罪の法定刑を引き上げ、従前は「拘留若しくは科料」であったところ、「1 年以下の懲役若しくは禁錮若しくは 30 万円以下の罰金又は拘留若しくは科料」とされた。

4 ── インターネット上の名誉毀損・信用毀損など

(1) 諸類型

(A) 匿名掲示板を利用した名誉毀損

匿名掲示板とは、ほとんどの投稿者が本名を名乗らず、意見や感想を投稿する電子掲示板のことをいう。

民事判例であるが、①**東京地判平成 13・8・27**（判時 1778 号 90 頁、LEX/DB28062355、2001WLJPCA08270008）は、X は Y が提供するニフティサーブの会員として、会員相互が対等に議論する場である「本と雑誌フォーラム」に加入し、匿名で意見表明をしていたところ、A の第三者あてコメントに対し、「私に対する個人的侮辱だ」と発言したのに対し、A が「やれ、やれ、妄想系ばっかりかい、この会議室」と応じたことから、XA 間で合わせて 20 通に及ぶ書き込みの応酬が平成 10 年 3 月、同年 12 月、翌 11 年 2 月に展開され、例えば X の「SM やったり全員合意の上でスワッピングでもしている方々の方が変態度は遥に低い」、「ご職業は名乗れないような恥ずかしいものなんだね」という発言に対し、A は「あなたの妄想特急の勢いには、ほとほと感服いたします。……精神的文盲というものが存在するのではないかと思い始めた今日この頃です」などと応じている中で、X が Y に対し、Y が A の不法行為に対し適切な措置をとらなかったため精神的損害を受けたとして 100 万円の損害賠償を請求した事案について、「言論による侵害に対しては、言論で対抗するというのが表現の自由（憲法 21 条 1 項）の基本原理であるから、被害者が、加害者に対し、十分な反論を行い、それが功を奏した場合は、被害者の社会的評価は低下していないと評価することが可能であるから、このような場合にも、一部の表現を殊更取出して表現者に不法行為

責任を認めることは、表現の自由を委縮させるおそれがあり、相当とはいえない」。したがって「被害者の反論が十分な効果を挙げているとみられる場合には、社会的評価が低下する危険性が認められず、名誉ないし名誉感情棄損は成立しないと解するのが相当である」旨判示して、Yへの請求は理由がないとしている。

　②**大阪高判平成 30・6・28**（LEX/DB25566672、2018WLJPCA06286003）は、控訴人がインターネット上に被控訴人（在日朝鮮人女性フリーライター）に関する投稿の内容をまとめたブログ記事を掲載したことは被控訴人に対する名誉毀損等に当たり多大な精神的苦痛を被ったとして 2200 万円の損害賠償を請求したのに対し、原判決が 200 万円の限度で請求を認容した事案であるところ（本件不法行為は人種差別と女性差別の複合差別に根差すものとして悪質であると判示した。）、控訴人が「本件各ブログ記事は複数の第三者による複数のレス（レスポンス、応答）で構成されており、各ブログ記事単位で名誉棄損に当たるとしても、ブログ記事全体が名誉棄損に当たるわけではない」旨主張したのに対し、「本件各ブログ記事は、控訴人が一定の意図に基づき新たに作成した 1 本 1 本の記事（文書）であり、引用元のスレッド等から独立した別個の表現行為である」旨を認定した。また、本件は意見論評の範囲内であると控訴人が主張するのに対し、「本件各ブログ記事が、ブログ記事全体において侮辱的な表現や不穏当な表現を多数用いて、被控訴人の精神状態、知的能力、人種、容姿等を揶揄するものであり、被控訴人の言動を批判するにとどまらず、被控訴人の人格そのものを攻撃するに至っているから、公正な論評と呼ぶことはできない」として、控訴を棄却とした。特定個人に向けたヘイト・スピーチは名誉毀損となるとして不法行為に基づく損害賠償を認めたものであり、相当であろう。

(B)　ウェブページ上での名誉毀損

　①**東京地判平成 27・1・29**（LEX/DB25524664）は、原告らが、被告がインターネット上に開設するブログ及びホームページ上に原告らの名誉を毀損

する記事を掲載したとして、損害賠償を請求した事案であって、本件記事
は、「原告会社 A 又は原告 B が、デート商法等不正な営業を行って」おり、
「その不正な営業に関し警察や消費生活センターからの捜査を受けたが M な
る人物に依頼してもみ消した」などという内容であったところ、「本件記事
は、原告らの社会的評価を低下させる記事で」あって、「意見ないし論評に
とどまらず、事実を適示したものである」本件記事は公共の利害に関するも
のではあるものの、「真実とは認められないか、あるいは真実と認めるに足
りる相当な理由があるともいえない」などとし、原告会社 A には信用を毀
損されたことによる無形の損害が生じており、その損害は 80 万円と評価す
るのが相当で、原告 B には精神的損害が生じており、その損害を慰藉する
ための金額は 50 万円とするのか相当であるとし、弁護士費用 1 割を加算し
た請求が認められた。もし真実ではないことについて被告に故意が認められ
るような場合は、刑法上、虚偽の風説を流布して、人の信用を毀損したこと
になり、名誉毀損罪（刑法 230 条）ではなく、信用棄損罪（同法 233 条前段）
に該当し得る事案である。

　②東京地判平成 27・9・17（LEX/DB25531594）は、リカオンと称する防
犯用の顔認証システム機器を開発、販売している原告が、日刊紙「読売新
聞」及びウェブサイト「YOMIURI　ONLINE」に本件製品に関する記事
を掲載した被告である株式会社読売新聞に対し、当該記事は原告の名誉、信
用を毀損するものであるとして損害賠償と名誉回復措置として謝罪広告の掲
載を求めた事案であるところ、本件記事の内容は、「スーパーやコンビニな
どの防犯カメラで自動的に撮影された客の顔が顔認証で解析され、客の知ら
ないまま、顔データが首都圏などの 115 店舗で共有されていることが 4 日分
かった。万引き防犯対策のためだが、顔データを無断で第三者に提供するこ
とはプライバシー侵害につながりかねず」、「顔データを共有すると、第三者
への無断提供を禁じた個人情報保護法に抵触する恐れがある」「提供された
顔データが犯歴や購入履歴などと結びついて個人が特定されれば、プライバ
シー侵害につながりかねない」などというものであって、「本件記事におい

て指摘されている製品が原告の販売する本件製品であると認められ」、本件記事は原告の社会的評価を低下させるが、「本件記事に係る報道は、公共の利害に関する事実に係り、かつ、その目的が専ら公益を図ることにあったということができ」、「本件摘示事実は真実であると認められ」、「本件記事は、意見ないし論評としての域を逸脱するものでもない」として不法行為責任を認めず、原告の請求を棄却している。相当な結論であろう。

(C) 迷惑メールの取扱い

　法律的には、電子メールの送信を受けること自体は、社会生活上受忍限度の範囲内と考えられる。ただ、受信者を不当に誹謗中傷するメールや受信者に著しい嫌悪感を与える過激なわいせつビデオのダイレクトメールが繰り返し送信されるような場合は、受忍限度を超えていると考えられる。

　東京地判平成 15・3・25（判時 1831 号 132 頁、LEX/DB28081782、2003WLJ PCA03250007）は、X（NTT ドコモ）が Y（X と特定接続サービス契約を締結するプロバイダー）に対し、利用停止措置をとるまで i モードで計約 405 万通の宛先不明メール（090 に続く 8 桁の数字部分にランダムな数字を当てはめる方法による）を送信したことにつき、債務不履行に基づく損害賠償（正常メールの場合に課金しうる通信料×宛先不明送信メール数）を請求した事案につき、656 万余円の支払を命じている。

(D) 高額「口封じ」訴訟

　アメリカでは以前から名誉棄損訴訟で高額な損害賠償請求が問題とされていたが、近年、企業や公人が批判的発言を抑え込むため、武器として訴訟を使っていることが指摘され、こうした訴訟をスラップ訴訟（strategic lawsuit against public participation）という。「市民参加に対する戦略的訴訟」と訳される。公的問題に対する個人や団体を委縮させるため、経済的に力のある企業や公人が名誉棄損などで提訴するものであって、原告の狙いは「口封じ」にある。スラップ訴訟においては、原告よりも経済力の劣る個人

4　インターネット上の名誉毀損・信用毀損など

が標的になるが、あえて批判するメディアを訴えず、取材対象者である市民
を訴える例もある。裁判所はこうした訴訟の多くを斥けているが、すぐ却下
されない訴訟では、被告にとって時間的・金銭的負担が重く、提訴者の意図
どおり将来の発言を控えさせ反対勢力を沈黙させる目的を達しているといわ
れる。米国カリフォルニア州では、「反 SLAPP 法」と言う州法に基づき、
被告側が原告側の提訴をスラップであると反論して認められれば原告の訴え
は棄却され、訴訟費用の負担義務は原告側に課される。

　スラップ訴訟としての不法行為が認められた事例として、①**東京高判令和
2・3・18**（LEX/DB25566555、2020WLJPCA03186007）は、被控訴人らが、控
訴人らによる名誉棄損に基づく損害賠償等請求訴訟（前件訴訟）の提起及び
その訴えの変更申立てが、不当訴訟ないしスラップ訴訟であるとして被控訴
人に対する不法行為を構成すると主張し、控訴人らに対し、前件訴訟に応訴
するための弁護士費用 500 万円、慰謝料 500 万円及び本件提訴のための弁護
士費用 100 万円を合わせた損害賠償金合計 1100 万円のうち一部請求として
660 万円等の支払を求めた事案であるところ、前件訴訟における被控訴人の
ブログに係る意見・論評は、「公正な論評として名誉棄損に該当しないこと
は控訴人らにおいて容易に認識可能であったと認められること、それにも関
わらず控訴人らが、被控訴人に対し前件訴訟を提起し、その請求額が」後に
「拡張され、合計 6000 万円と、通常人にとっては意見の表明を委縮させかね
ない高額なものであったこと」、「控訴人らが、それに対し、言論という方法
で対抗せず、直ちに訴訟による高額の損害賠償請求という手段で臨んでいる
こと」「控訴人らの損害賠償請求が認められずに確定していることからすれ
ば、前件訴訟等の提起前に控訴人会社の担当者と弁護士との間で訴訟提起等
に関する相談がされたことなどを考慮しても、前件訴訟等の提起等は、控訴
人らが自己に対する批判の言論の萎縮の効果等を意図して行ったものと推認
するのが合理的であり、不法行為と捉えたとしても、控訴人らの裁判を受け
る権利を不当に侵害することにはならないと解すべきである」旨を判示し、
被控訴人の請求（附帯控訴）を 165 万円及び遅延損害金の連帯支払を求める

Ⅲ　名誉・プライバシー侵害の場合

＜スラップ訴訟＞

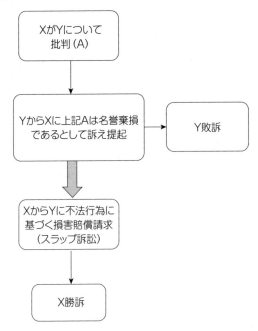

限度で認容している。

　逆にスラップ訴訟の主張が排斥された事例として、**②大阪高判令和2・6・23**（LEX/DB25570987、2020WLJPCA06239004）は、被控訴人が、ツイッターにおいて控訴人がした被控訴人に関する投稿（以下、「本件投稿」という。）が被控訴人の名誉を毀損するとして慰謝料等として合計110万円を請求した本訴請求と、控訴人が被控訴人による本件提訴は訴権の濫用である「スラップ」に当たると主張して被控訴人に対し、不法行為に基づく損害賠償として300万円を請求した反訴請求の事案であるところ、本件投稿の指摘部分は被控訴人の社会的評価を低下させるものであり、控訴人が本件投稿を行ったことについて、違法性がないとはいえないとして本訴請求を33万円の限度で認容し、反訴請求については、控訴人の本件投稿行為が被控訴人に対する名誉を毀損する不法行為を構成すると認められる被害者において「当該表現行

4　インターネット上の名誉毀損・信用毀損など

為に対し言論をもって反論することが十分に可能であるとしても、……その一事をもって不法行為による損害賠償を求める方法によってその損害の回復を図るみちが閉ざされるものでもないことは明らかというべきである」、「本件提訴が裁判制度の趣旨目的に照らして著しく相当性を欠くとして、訴権の濫用に当たるとも、控訴人に対する不法行為を構成するとも、いうことはできない」として控訴人の反訴請求に係る本件控訴を棄却している。

（E）　弁護士に対する懲戒請求と不法行為責任（信用毀損）の存否

　東京地判令和元・7・3（LEX/DB25581802、2019WLJPCA07038003）は、原告たる弁護士 A 及び B が、東京弁護士会会長が平成 28 年 4 月「朝鮮学校への適正な補助金交付を求める会長声明」を発出したことが違法であってこれに賛同した弁護士 A 及び B の懲戒を求める申立てをさきに行った被告（選定当事者）らを相手方として、「仮に原告 A が上記関与や活動をしていたとしても、朝鮮学校に通う在日朝鮮人に対して様々な差別が行われてきた歴史的経緯に鑑みれば、かかる行為は基本的人権の擁護と社会正義を実現することを使命とする一弁護士個人の活動として許容され……本件各懲戒請求①が事実上又は法律上の根拠を欠く」として損害賠償を請求したのに対し、「選定者らは本件各懲戒請求について不法行為責任を負う」……「原告らは弁護士としての業務上又は社会的な信用を害されるなどして精神的苦痛を被った」として各選定者による懲戒請求 1 件当たり 10 万円の慰謝料請求を認めている。

（F）　職場における誹謗中傷

　大阪地判平成 30・12・20（LEX/DB25562205、2018WLJPCA12208001）は、機械器具の製造を行う A 会社の従業員である原告が同じく従業員である B 及び C から就労時間中にインターネットを通じて業務上の情報共有を行うサービスである「チャットワーク」のチャット機能を用い、B、C が原告を「コシツ星人」あるいは「コシツさん」と言及する書き込みを行い、これを

閲覧した原告が誹謗中傷されたと判断し、Ａ会社、Ｂ及びＣを相手方として損害賠償を請求した事案であるところ、「本件書き込みは原告が内容を閲覧する一定の可能性があったというべきである。かかる事情の下では、チャットワーク上への書き込みによって、個人の人格を傷つけることがないよう注意すべき義務があるというべきであり、それにもかかわらず本件書き込みのように個人の人格を傷つける内容の表現を行うことは、過失による違法行為である」とし、慰謝料として連帯して６万円の支払を命じた。

(2) 民事救済のための具体的対応手法

(A) 送信防止措置請求

「特定電気通信役務提供者の損害賠償責任の制限及び発信者情報の開示に関する法律」（以下、「プロバイダ責任制限法」という。）は、インターネット上で運営されるホームページや掲示板等で行われた情報の流通により、名誉毀損や権利侵害があった場合に、その損害に対してサービスプロバイダが負う責任の範囲を制限する代わりに、被害者等は、プロバイダが保有する発信者情報の開示を請求する権利と送信防止措置を請求する権利があることなどを定めている。多くの掲示板システムでは送信防止措置を採りうるシステムが採用されており、プロバイダ責任制限法３条２項２号は、送信防止措置をプロバイダが採るにあたっての手続の枠組みを明らかにしている。

送信防止措置請求の相手方は、特定電気通信役務提供者である（プロバイダ責任制限法２条３号）。特定電気通信役務提供者とは、不特定の者によって受信されることを目的とする電気通信の送信を用いて他人の通信を媒介し、その特定電気通信設備を他人の通信の用に供する者である。具体的には、回線をインターネットと繋げる役割を担うプロバイダのほか、ウェブページの開設者、掲示板運営者、サーバ管理者などが含まれる。

送信防止措置請求権は、裁判上・裁判外のいずれでも行使することができる。これを行う場合、まず、任意の交渉ベースにより送信防止措置を講ずる

ことを依頼することになる。プロバイダ等は、送信防止措置請求に応じて
ウェブサーバから情報を削除するなどした場合、①送信防止措置が、当該情
報の不特定の者に対する送信防止に必要な限度で行われたものであること
（プロバイダ責任法 3 条 2 項柱書）、及び②プロバイダ等が情報の流通によって
他人の権利が不当に侵害されていると信じるに足りる相当の理由があったと
き（同項 1 号）、又はプロバイダ等から発信者に対し、送信防止措置の同意
の照会をした場合において、発信者が当該照会を受けた日から 7 日を経過し
ても不同意の申出がなかったとき（同項 2 号）という 2 つの要件を満たす場
合に限り、発信者に対する損害賠償責任を負わない。

　なお、検索エンジンが提供するサービスは、インターネット利用者が検索
エンジンのウェブサイトに任意のキーワードを入力すると、インターネット
上の無数のウェブサイトの中から、当該キーワードに関連するウェブサイト
を選び出してくれるというものであり、インターネット上の情報流通の中継
点として重要な存在といえる。

　検索エンジンのこのような性質から、送信防止措置請求によって名誉棄損
情報の削除が実現できても、検索エンジンで検索すると依然として削除前の
名誉棄損情報の存在やその内容を知ることができる場合がある。このような
場合、検索エンジンに対して送信防止措置請求を行えば、実務上、検索エン
ジンは情報を削除している。そればかりか、本来の情報発信者が当該情報を
削除しない場合でも、検索エンジンからは交渉ベースにより情報を削除して
もらうことが可能である。

（B）発信者情報開示請求

　発信者情報開示請求の相手方は、プロバイダ等である。接続プロバイダ
も、特定電気通信役務提供者に当たり、発信者情報開示請求の相手方とする
ことができる。この請求は裁判上・裁判外のいずれでも行使することができ
る。裁判外で行使する場合、権利侵害を受けたと主張する者は、プロバイダ
等に対し、発信者情報の開示依頼を行う。

Ⅲ　名誉・プライバシー侵害の場合

　プロバイダ責任制限法は、令和３年改正（令和４年10月１日施行）により、開示請求を行うことのできる範囲の見直しを行うとともに、発信者情報の開示請求に係る新たな裁判手続（非訟手続）を創設した。

　発信者情報開示請求については、改正前は、①侵害情報の流通によって開示請求者の権利が侵害されたことが明らかであること、及び②開示請求者が発信者情報の開示を受けるべき正当な事由があること（損害賠償請求権行使のために必要であるなど）の２つの要件が満たされた場合に、発信者情報（氏名、住所その他の侵害情報の発信者の特定に資する情報であって総務省令で定めるもの）の開示のみが認められていたところ、令和３年改正により、従来からの発信者情報開示請求権に加えて、SNSサービス等にログインした際のIPアドレス等を開示の対象とすることを念頭に、特定発信者情報の開示請求権が追加された（プロバイダ責任制限法５条１項柱書）。すなわち、近年普及しているSNSでは、そのシステム上、投稿時のIPアドレス等を保存していないものがあり、投稿時のIPアドレスから、通信経路を辿ることにより発信者を特定することができないという課題があり、ログイン時等の通信に付随する発信者情報の開示を通じて被害者を救済する必要性が高まっている状況にあることに対応したものといえる。

　発信者情報開示請求権は、権利侵害情報の流通による被害回復の手段として、加害者を特定して損害賠償請求等を行うため、第三者であるプロバイダ等に対して発信者情報の開示を請求することを可能とするものである。

　このうち追加された特定発信者情報の開示請求権は、具体的には、SNS等の①アカウント作成の際の通信、②アカウントへのログインの際の通信、③アカウントからログアウト時の通信、④アカウント削除時の通信を構成するIPアドレスやタイムスタンプなどの情報をも開示対象としている。なお、特定発信者情報の開示請求については、上記発信者情報開示請求について必要とされる２要件（同法５条１項１・２号）に加えて、プロバイダ等が権利侵害投稿に付随する発信者情報を保有していないことなど、特定発信者情報の開示を要することについての補充的な要件を満たすことが必要となる

　④　インターネット上の名誉毀損・信用毀損など

（同項 3 号）。

　開示関係役務提供者（同法 2 条 7 号）は、発信者情報開示請求を受けた場合、原則として開示するかどうかについて発信者の意見を聴かなければならない。もっとも、発信者と連絡することができない場合その他特別の事情がある場合は、その限りではない（同法 6 条 1 項）。ここでの意見聴取義務は発信者にとっての手続保障のためであることからすれば、開示関係役務提供者は、発信者の意見に拘束されるものではないが、意見聴取に対して提出された発信者の意見は可能な限り尊重し、裁判外又は裁判上の開示請求に対応することが求められる。プロバイダ等の開示関係役務提供者は、開示の請求に応じないことにより当該開示の請求をした者に生じた損害については、故意又は重大な過失がある場合でなければ、賠償の責任を負わない（同法 6 条 4 項）。ただし、プロバイダ等自身が発信者に当たる場合は免責されない（同項ただし書）。

　令和 3 年改正前はプロバイダ等が任意交渉に応じない場合や、任意交渉をしている時間的余裕がない場合には、発信者情報開示請求訴訟を本案として、これに先立ち、あるいはこれと平行して、プロバイダ等が保有する発信者情報の消去禁止の仮処分を申し立てることが有用であった。発信者情報のうち IP アドレス及びタイムスタンプについて、開示を命ずる仮処分が認められる傾向にあった。

　①**東京地判令和元・7・18**（LEX/DB25581082）は、原告が、本件発信者たる氏名不詳者において名誉を毀損する記事をインターネット上に投稿したのに対し、さきに各記事の管理運営者である訴外 N を相手方として、東京地裁に本件各記事に係る IP アドレスの開示を求める仮処分の申立てをしたところ、これが認められて本件発信者が被告を経由プロバイダとして本件各記事を投稿したことが判明したことを踏まえ、被告に対し、（令和 3 年改正前）プロバイダ責任制限法 4 条 1 項に基づき、発信者情報の開示を求めた事案であって、被告に対する当該各記事に係る接続日時ころ、各 IP アドレスを割り当てられた者に関する a 氏名又は名称、b 住所、c 電子メールアドレスの

各情報の開示請求が認められている。

　②**東京地判令和元・7・17**（LEX/DB25570434、2019WLJPCA07179002）も同旨であり、仮処分決定により管理会社から当該投稿に係る IP アドレス並びに送信年月日及び時刻の開示を受けた上での提訴により発信者情報開示請求が認められている。

　発信者情報開示請求事件では、プロバイダ責任制限法 5 条 1 項 1 号が、「侵害情報によって当該開示の請求をする者の権利が侵害されたことが明らかであるとき」を請求の要件と規定していることから、権利侵害の明白性が争われることがある。③**東京地判令和 3・7・14**（LEX/DB25571694、2021WLJPCA07149001）は、本件各商標権を有する原告が、被告が運営するインターネットオークションサイト内のウェブページに本件各商標権と同一又は類似である本件各商標を付した画像が表示されたことにより、上記各商標権を侵害されたことが明らかであるなどとして、被告に対し、プロバイダ責任制限法 5 条 1 項に基づき、本件発信者情報の開示を求めた事案であるところ、本件出品者が本件ページ上に本件各商標を含む本件出品画像を表示した本件各表示行為によって、原告の有する本件各商標権が「侵害されたことが明らかである」と認められるとして、本件発信者情報の開示が命ぜられている。④**東京地判平成 28・12・20**（LEX/DB25550313、2016WLJPCA12209006）も同旨である。

　平成 3 年改正は、発信者情報の開示を 1 つの手続で行うことを可能とする新たな裁判手続を創設した（同法 8 条以下）。なお、改正法は、従来からある発信者情報開示請求権を存置した上で、新たな裁判手続を創設するものであって、改正法施行後も、既存の手続である発信者情報の開示請求訴訟を提起することもできるし、当然ながら裁判外での開示請求も可能である。

　改正前は、権利を侵害されたとする者は、発信者の氏名・住所等を保有する経由プロバイダ（通信事業者等）を特定するために必要である IP アドレス等がコンテンツプロバイダ（SNS 事業者等）から開示されないと、当該経由プロバイダを特定することができないことから、一般に、コンテンツプロバイダに対する発信者情報仮処分の決定を得ることにより IP アドレス等の開

　　　　　　　　　　　　　　　4　インターネット上の名誉毀損・信用毀損など

示を受けた後、別途、経由プロバイダに対する発信者情報開示訴訟を提起する必要があった。改正法の下における発信者情報開示命令事件では、裁判所が、開示命令の申立てを受けて、開示命令より緩やかな要件により、コンテンツプロバイダに対し、（当該コンテンツプロバイダが自らの保有するIPアドレス等により特定した）経由プロバイダの名称等を被害者に提供することを命ずること（提供命令）ができることとしている（同法15条）。

　提供命令は、開示関係役務提供者（コンテンツプロバイダ等）に対する開示命令が発令される前の段階において、開示命令の申立人による申立てを受けた裁判所の命令により、①他の開示関係役務提供者（経由プロバイダ等）の氏名等の情報を申立人に提供するとともに、②開示関係役務提供者（コンテンツプロバイダ等）が保有するIPアドレス及びタイムスタンプ等を、申立人には秘密にしたまま、他の開示関係役務提供者に提供することができる制度を創設することで、当該他の開示関係役務提供者において、あらかじめ保有する発信者情報（発信者の氏名及び住所等）を特定・保全しておくことができるようにしたものである。

　これにより、提供命令の申立人は、コンテンツプロバイダに対する開示命令の発令を待たずに、経由プロバイダに対する開示命令の申立てができることになる。提供命令の申立人が、提供命令によりその名称等が提供された経由プロバイダに対する発信者情報開示命令の申立てを行った場合、既に裁判所に係属しているコンテンツプロバイダに対する開示命令事件の手続と、新たに申立てをした経由プロバイダに対する開示命令事件の手続が併合されることにより、一体的な審理を受けることが可能になっている。

　また、プロバイダ責任制限法16条1項は、裁判所は、発信者情報開示命令事件の審理中に発信者情報が消去されるのを防ぐため、申立てにより、発信者情報開示命令事件（以後の訴えが提起された場合にはその訴訟）が終了するまでの間、開示関係役務提供者が保有する情報の消去禁止を命ずることができることとしている（消去禁止命令）。

　開示請求事案には、開示要件の判断困難性や争いがことから、こうした事

案の審理を簡易迅速に行うことができるようにするために発信者情報開示命令事件が創設された（同法8条）。他方、事前にプロバイダから強く争う姿勢を示されたケースなどについては、開示命令手続を選択することなく、従来どおり、発信者情報開示請求訴訟が利用されることとなろうか。発信者情報開示命令の申立ては、地方裁判所に対してすることとなる（同法10条）。

(3) 名誉棄損の成立事例の検討

(A) 真実性の立証における公益目的の欠缺

東京地判平成29・11・27（LEX/DB25550762、2017WLJPCA11278016）は本訴反訴事件である。本件本訴は、芸能人である原告が、被告は週刊誌の取材に対して、原告が被告の母の葬儀において非常識で非礼な行動をとったという虚偽の話をし、その内容が記事になった結果（以下、「本件記事」という。）、原告の社会的評価が低下したと主張して、被告に対し、名誉毀損、名誉感情侵害を理由とする各不法行為に基づき、損害賠償と謝罪広告の掲載を求めた事案であり、他方本件反訴は、被告が、原告は上記週刊誌の記事を受けて、自らのブログ上に被告を誹謗中傷する記事（以下、「本件ブログ記事」という。）を投稿し、被告の社会的評価を低下させたとして、また、本件本訴提起は不当訴訟であるとして、原告に対し、名誉毀損、名誉感情侵害、不当訴訟を理由とする各不法行為に基づき、損害賠償と当該記事の削除等を求めた事案であるところ、本訴請求については名誉毀損を理由とする不法行為の成立が認められ88万円の損害賠償が認容されている。反訴請求については、本件ブログ記事が被告の社会的評価を低下させるものと認められ、まず対抗言論を理由とする違法性阻却の成否が争点とされたところ、「原告の社会的評価を低下させる違法な名誉毀損表現であるから、これに反論するために行われた本件ブログ記事の投稿は、本件記事の内容が真実でないことを主張するという、その限りでは自己の正当な利益を擁護するためにやむを得ず行われたものと認められる。」他方、本件ブログ記事は一部「侮辱的な表現を用いて否定的評

価を与えているところ、このような表現は、本件記事によって毀損された原告の名誉を回復させようとするものではなく、自己の名誉が毀損されたことを契機として、本件記事とはまた別の事項を取り上げて、単に被告の人格を攻撃するもの」として、一部を除いて違法性阻却を否定している。また、真実性の法理による違法性阻却については、仮に真実であったとしても、「その投稿の主な目的は、被告の人格攻撃をすることにあったと推認されるから、専ら公益を図る目的であったとは認められない」とした。なお、原告による本訴提起が不当訴訟であるか否かについては、「本訴請求において、本件記事記載の事実が真実であると認められず、原告の主張が虚偽であるとは認められない」として不当訴訟を理由とする不法行為の成立は否定されている。以上により反訴請求についても一部認容がされ、金 33 万円の損害賠償が認められている。

（B）対抗言論の法理の不成立

　対抗言論の法理とは、言論により棄損された名誉は言論により回復が可能であるから、被害者が加害者と同等のメディアにアクセスが可能であり、かつ、被害者に反論に係る負担を課しても衡平を失しないという事情が認められる場合、例えば、被害者がパソコン通信上のフォーラムなどによる対等な議論の場で発言したところ、加害者から批判を浴びせられたというような場合、両者いずれの言い分が正当であるかは聴衆の判断に委ね、国家の介入を回避すべきであるという理論である。ちなみに、ドイツ憲法裁判所（バイヤー社株主事件）は、「価値判断」と「事実の主張」との区別は個々の場合には困難な場合があるとして、当該事案については意見表明であるとして表現の自由を優先している。すなわち、事実と意見がないまぜになっている表現は、その基調が態度決定などである場合には意見として保護されるが、事実的要素が決定的である場合には、表現の自由による保護は本質的に縮減されるとしている。

　上記、**東京地判平成 29・11・27**（LEX/DB25550762、2017WLJPCA11278016）

は、被告の名誉棄損行為に対する原告の反論が、原告の社会的評価を回復さ
せるための正当な対抗言論であるというにはその限度を超えており違法性が
阻却されないとして反訴請求を一部認めている事例としても参考となる。

＜事例＞　刑事事件の場合（東京高判平成 21・1・30 判タ 1309 号 91 頁、LEX/
DB25450859、2009WLJPCA01307001）（最一決平成 22・3・15 刑集 64 巻 2 号 1
頁、LEX/DB25441889）

［1］ 公訴事実の要旨

　X はフランチャイズによる飲食店 B の加盟店等の募集及び経営指導等を
業とする株式会社 D の名誉を棄損しようと企て、平成 14 年 10 月 18 日ころ
から同年 11 月 12 日ころまでの間、大田区内の X 方において、パソコンを
使用し、インターネットを介して、株式会社 G から提供されたサーバーの
ディスクスペースを用いて開設した「H 観察会逝き逝きて H」と題するホー
ムページ内のトップページにおいて、「インチキ FCB 粉砕！」、「貴方が『B』
で食事をすると、飲食代の 4～5％がカルト集団の収入になります」などと
株式会社 D がカルト集団である旨の虚偽の内容を記載した文章を、同ホー
ムページの同社の会社説明会の広告を引用したページにおいて、その下段
に、「おいおい、まともな企業のふりしてんじゃねえよ。この手の就職情報
誌には、給料のサバ読みはよくあることですが、ここまで実態とかけ離れて
いるのも珍しい。教祖が宗教法人のブローカーをやっていた右翼系カルト
『H』が母体だということも、FC 店を開くときに、自宅を無理矢理担保に入
れられるなんてことも、この広告には全く書かれず、『店が持てる、店長に
なれる』と調子のいいことばかり。」と同社が虚偽の広告をしているがごと
き内容を記載した文章等を、それぞれ掲載し続け、これらを不特定多数の者
に閲覧させ、もって、公然と事実を摘示して株式会社 D の名誉を棄損した。

［2］ 一審が無罪とした理由

　本件表現は公共の利害に関する事実に係るもので、主として公益目的でな
されたが、その重要部分が真実であるとの証明がされておらず、刑法 230 条
の 2 第 1 項には該当しない。Ｘの真実性の誤信に相当性はないものの、新た
な基準を定立し、Ｄには本件表現に対する反論を要求しても不当ではない。

　Ｘはインターネットの個人利用者に対して要求される程度の情報収集をし
た上で、摘示した事実がいずれも真実であると誤信して本件表現に及んだも
のである。

　本件表現は、一般人に対して飲食店の FC システムを広く展開する株式会
社Ｄの問題点を指摘し、注意を呼び掛ける目的でなされ、主として公益を
図る目的でなされた。

［3］ 結論

破棄自判（有罪。罰金 30 万円）

［4］ 理由

　被害者の反論可能性について、自己の名誉を棄損する内容の表現が存在す
ることを知らない被害者に対しては、反論を要求することが不可能である。

　反論可能な被害者においても、現実に反論するまで名誉を棄損する内容の
表現がインターネット上に放置された状態が続くことになるところ、被害者
の中には更なる社会的評価の低下を恐れてやむなく反論を差し控える者も生
じる。

　被害者が反論したとしても、これを被害者の名誉を棄損する内容の表現を
閲覧した第三者が閲覧するとは限らないから、新たな基準の定立は是認でき
ない。

［5］ 検討

　「対抗言論の法理」とは、言論により棄損された名誉は言論により回復が可
能であるから、被害者が加害者と同等のメディアにアクセスが可能であり、

かつ、被害者に反論に係る負担を課しても衡平を失しないという事情が認められる場合、例えば、被害者がパソコン通信上のフォーラムなどによる対等な議論の場で発言したところ、加害者から批判を浴びせられたというような場合、両者いずれの言い分が正当であるかは聴衆の判断に委ね、国家の介入を回避すべきであるという理論である[26]。一審はこの考え方を採用したが、控訴審はこれを破棄し、弁護人からの上告に対し、**最一決平成 22・3・15**（刑集 64 巻 2 号 1 頁、判時 2075 号 160 頁、LEX/DB25441889、2010WLJPCA03159001）は、「インターネットの個人利用者による表現行為の場合においても、他の場合と同様に、行為者が摘示した事実を真実であると誤信したことについて、確実な資料、根拠に照らして相当の理由があると認められるときに限り、名誉棄損罪は成立しない」旨を判示し、上告棄却とした。

　対抗言論の法理を認めなかった民事判例として、**東京地判平成 30・8・8**（LEX/DB25557078、2018WLJPCA08088019）は、人種差別や排外主義に反対する市民運動に参加していた原告 A において、被告がツイッター上に人種差別的な投稿をしたことについて損害賠償を請求し、この本訴請求については、「原告 A の社会的評価を低下させ、名誉を棄損すると認められる」と判示して認容し、一方で被告は、原告がフェイスブック上に「醜悪なレイシスト」「醜悪なネトウヨ」などの表現を用いて被告の思想信条やインターネット上での言動が醜悪で差別的なものであるという意見、論評を表明した投稿について損害賠償の反訴請求をしたところ、この反訴請求についても、「被告の言動を批判するにとどまらず、被告の人格を攻撃するに至っているとして名誉毀損が認められる」とし、いずれの請求についても対抗言論の法理ないし公正な論評の法理による違法性阻却を認めず、意見・論評としての域を逸脱しているとして認容した。被告は原告 A に慰謝料等として 77 万円、原告 A は被告に慰謝料等として 16 万 5000 円をそれぞれ支払うよう判決を言い渡している。このように刑事判例ではインターネット上での名誉棄損に対

26　園田寿『情報社会と刑法』（成文堂、2011）86 頁以下参照。

4　インターネット上の名誉毀損・信用毀損など

する格別の判断基準として認められていない対抗言論の法理は、民事裁判に
おいてはよく持ち出される主張といえよう。本事例では、民法509条（相殺
の禁止）が適用される不法行為により生じた債権であるとみたためか、当事
者から相殺の主張はなされなかったようである。

（4）名誉棄損の不成立事例の検討

（A）公共利害該当性

名誉毀損に該当し得る行為であっても、その行為が公共の利害に関する事
実に係り、かつ、その目的が専ら公益を図ることにあった場合には、事実の真
実性の証明により名誉毀損は犯罪として成立しない（刑法230条の2第1項）。

＜事例＞　公人のプライバシー（最一判昭和56・4・16刑集35巻3号84頁、
LEX/DB27761143、1981WLJPCA04160010）

［1］事案の概要

月刊ペンの編集局長Xが、昭和51年3月号及び4月号の誌上に「宗教法
人創価学会のA会長は「金脈もさることながら、とくに女性関係において、
彼がきわめて華やかで、しかも、その雑多な関係が病的であり色情狂的でさ
えあるという情報が、有力消息筋から執拗に流れてくる」「彼にはれつきと
した芸者のめかけC子が赤坂にいる。……そもそもA好みの女性のタイプ
というのは……」などと記載した記事を掲載した上、同雑誌各約3万部を多
数の者に販売・頒布した事実について、公然Aら及び創価学会の名誉を毀
損したとして起訴され、一審は刑法230条の2の適用を否定して名誉棄損罪
の成立を認め、控訴審も本件記事は「公共の利害に関する事実」には当たら
ないとしたのに対し、被告人Xが上告した。

［2］結論

原審の有罪認定に対し、破棄差戻し。

[3] 理由

　私人の私生活上の行状でもその携わる社会的活動の性質及び社会に及ぼす影響力の程度いかんにより「公共の利害に関する事実」にあたる場合があるところ、本件記事は、創価学会の教義ないしあり方を批判しその誤りを指摘するにあたり、例証として事実を摘示したものである。

　A会長は、会の教義を身をもって実践すべき信仰上のほぼ絶対的な指導者であって、公私を問わずその言動が信徒の精神生活等に重大な影響を与える立場にあったから、A会長らの行状は、「公共の利害に関する事実」に当たる。

　「公共の利害に関する事実」に当たるか否かは、摘示された事実自体の内容・性質に照らして客観的に判断されるべきものであり、これを摘示する際の表現の際の表現方法や事実調査の程度などは、公益目的の有無の認定に関して考慮されるべき事柄であって、「公共の利害に関する事実」であるか否かの判断を左右するものではない。

[4] 検討

　本件はインターネットによる名誉棄損の事案ではないが、公共利害該当性に関する重要な最高裁判例である。差戻し後の1、2審は公共利害該当性及び公益目的を認定したが、真実性の証明がないとして、名誉棄損罪の成立を認めたものの、被告人Xが上告中に死亡したため、公訴棄却となっている。

(B) 意見ないし論評の範囲を逸脱していないとした事例

　東京地判令和2・8・25（LEX/DB25585890、2020WLJPCA08258002）は、原告が、令和元年10月に開催された日本OTC医薬品協会（以下、「本件協会」という。）の理事会（以下、「本件理事会」という。）において、被告の発言により原告の名誉権が侵害されたとして、被告に謝罪広告と損害賠償を求めた事案であるところ、前提事実として、「原告は医薬品の製造、販売等を業とする

4　インターネット上の名誉毀損・信用毀損など

b 株式会社の執行役員であって、本件協会の総務委員会委員を務めており、個人名でブログを開設していたところ、原告が、同ブログに本件協会総務委員会の審議内容につき、予算規模や人件費等の具体的な数値にまで言及する記事を書き込んだ（以下、「本件ブログ記載」という。）ことから、本件協会が、原告に対し、第三者に公開が予定されていないものとして本件ブログ記載の該当箇所の削除を求めたのに対し、原告がこれに応じない態度を示し、次いで、本件理事会が開催されて、本件ブログ記載が問題とされ、議長が本件ブログ記載の該当箇所の削除を要請したのに対し、原告がこれを拒否したことに関連し、本件協会の副会長の一人である被告が議長から意見を求められ、原告について『この人はとてもじゃないけど b を代表するような人ではないし、それから個人としても人間としても認められない。要するに我々の仲間として、というふうに思います』などと発言したこと」を認定している。原告は被告の同発言について名誉権を侵害されたとして本訴提起に及んだところ、「原告は本件協会における内部情報を本件協会における立場と個人としての立場とを使い分けて本件ブログ記載において外部に発信したものであり、本件協会の役員からすればそのような人物を本件協会において共に活動する者として信頼することができなくなるのは当然のことであり……本件発言は、意見ないし論評の範囲を逸脱するとまでいうことはできない……原告の社会的評価を低下させるものであるとしても、違法性を欠く」旨判示して請求をいずれも棄却している。

（C）真実性の誤信の相当性が認められた事例

＜事例＞ 夕刊和歌山時事事件（最大判昭和44・6・25刑集23巻7号975頁、判時559号25頁、LEX/DB24004915、1969WLJPCA06250008）

［1］事案の概要

和歌山時事新聞社を経営していた X は、昭和38年2月18日付け夕刊に、①「吸血鬼坂口得一郎の罪業」と題し、同人の指示のもと同人経営の和歌山

特だね新聞の記者が市役所土木部の某課長にむかい「出すものを出せば目を
つむってやるんだが」と捨て台詞をはき、②今度は上層の某主幹に「しかし
魚心あれば水心、お前にも汚職の疑いがあるが席を代えて一杯やりながら話
をつけるか」とすごんだとの記事を掲載、頒布した。

　第一審判決は①の事実は真実性の証明十分として無罪とし、②の事実につ
いては名誉棄損罪の成立を認めたところ、②の事実の有罪判断について控訴
した弁護人からの「証明可能な程度の資料、根拠をもって事実を真実と確信
したから犯罪は成立しない」旨の主張に対し、原判決はこれを排斥した。

　弁護人は公判廷でXに記事の情報を提供したという部下の取材記者Yを
証人申請し、「記事内容に関する情報を和歌山市役所職員から聞き込んでX
に提供した」旨の証言が得られたものの、その内容は伝聞証拠[27]であると検
察官が主張し証拠排除決定がされたほか、2通のメモが証拠物として取り調
べられている。

[2] 結論

　原審の有罪認定に対し、破棄差戻し。

[3] 理由

　刑法230条の2第1項にいう事実が真実であることの証明がない場合で
も、行為者がその事実を真実であると誤信し、その誤信したことに、確実な
資料、根拠に照らし相当の理由があるときは、犯罪の故意がなく、名誉毀損
罪は成立しない。

[4] 検討

27　反対当事者の反対尋問の機会にさらされていない供述証拠のことをいう。わが国も伝
　聞証拠排除の原則を採用しており（刑訴法320条1項）、検察官が伝聞供述であるとし
　て異議を申し立てた場合（刑訴法309条1項）、裁判所が伝聞の例外に当たらないと判
　断すれば、伝聞証拠は決定により証拠から排除される（刑訴規則207条）。

4　インターネット上の名誉毀損・信用毀損など

　本件はインターネットによる名誉棄損事件ではないが、「およそ事実が真実であることの証明がない以上名誉棄損の罪責を免れることがない」とした従来の**最一判昭和 34・5・7**（刑集 13 巻 5 号 641 頁、LEX/DB27760646、1959WLJPCA05070007）を変更すべきとしたものであり、重要な最高裁判例といえる。②の摘示事実は、「起訴前の恐喝の犯罪行為に関する事実」であって、刑法 230 条の 2 第 1 項に規定する公共利害に関する事実とみなされ（同条 2 項）、真実性の立証が許される。

　新判例の立場からは、「記事内容に関する情報を和歌山市役所職員から聞き込んで X に提供した」旨の Y 証言は、記事内容の真実性を立証しようとするわけではなく、X の真実性の誤信の相当性の有無が要証事実となるから、証拠排除されるべき伝聞証拠とはいえなくなる。伝聞証拠でないものを伝聞証拠と誤って証拠排除したことが審理不尽につながっている。取材（風評事実）の裏づけの立証（当事者への直接取材、当事者の言動の直接の目撃者の有無、当事者の言動の伝聞・再伝聞）について参考となる事例である。

　東京高判令和 2・3・3（LEX/DB25570907、2020WLJPCA03039002）は、朝日新聞の記者であった控訴人（原告）X が、平成 3 年当時、いわゆる従軍慰安婦問題に関する新聞記事（以下、「原告記事」という。）を執筆、掲載したのに対し、被控訴人 Y が平成 24 年 12 月ころから平成 26 年 11 月頃までの間に、同記事の内容がねつ造であるなどとする論文等を執筆しウェブサイトに投稿するなどしたことから、X が同論文の投稿等により X の名誉が毀損されたなどと主張して、損害賠償等を請求した事案である。同論文の記述の 1 つは、「X は、Z が経済的困窮のためキーセンに身売りされたという経歴を有していることを知っていたが、このことを記事にすると権力による強制連行との前提にとって都合が悪いため、あえてこれを記事に記載しなかった」という事実を摘示するところ、被控訴人 Y は、同論文を執筆するに当たって閲読した各資料の内容に加え、控訴人の記事執筆当時、朝日新聞社は後に虚偽と判明した吉田供述を紹介する記事を掲載し続け、これに依拠して強制連行があったとの立場を明確にして報道していたこと、国会でも当時強制連

行の有無が大きな争点とされていたこと、Ｚの経歴につき、キーセン学校に
通っていたとかキーセンに身売りされたなどの韓国各紙の報道等もあったこ
となどからすると、被控訴人Ｙが、控訴人Ｘは、Ｚが経済的困窮のため
キーセンに身売りされたという経歴を有していることを知っていたが、この
ことを記事にすると権力による強制連行との前提にとって都合が悪いため、
あえてこれを記事にしなかったと考えたことは推論として相応の合理性があ
り、被控訴人Ｙが上記摘示事実を真実と信じたことについて相当の理由が
あるとし、①原告記事は『事実と異なる記事』ではないこと、②Ｚは名乗
り出た当初からキーセンの検番に売られたという事実を一貫して述べていた
わけではないこと、③控訴人に『事実と異なる記事を書く』意図がないこと
の３つが立証されたから、相当性は認められないとのＸの主張に対し、「被
控訴人Ｙの当該論文の摘示事実については、真実相当性が認められる」と
し、投稿論文の削除を求める点については、「本件ウェブサイトへの掲載は
１回的な行為であり、当初の執筆・投稿で終了している上、被控訴人Ｙが本
件ウェブサイトから容易に記事を削除できる立場にあるとも認められない、
本件ウェブサイト上から当該論文が削除されていないことをもって、被控訴
人が継続的に掲載行為を行っているとは認めがたい」とし、控訴はいずれも
理由がないものとして棄却している。

　なお、特定の事実を基礎としての意見ないし論評の表明による名誉棄損に
ついては、その行為が公共の利害に関する事実に係り、かつ、その目的が
もっぱら公益を図ることにあったと認められる場合には、当該意見ないし論
評の前提としている事実が重要な部分について真実であるか、又は真実と信
ずるについて相当の理由があったか否かが問題となるとして、当該事案につ
いて真実相当性を認めた消極裁判例がある（**京都地判令和元・12・10**LEX/
DB25564827、2019WLJPCA12106004）。

4　インターネット上の名誉毀損・信用毀損など

5 ── 個人情報・プライバシーの保護

（1）総説

　個人情報の保護に関する法律（以下、「個人情報保護法」という。）は、個人情報の定義を「生存する個人に関する情報であって、この情報に含まれる氏名、生年月日その他の記述等により特定の個人を識別することができるもの」としている。個人情報保護法及び同法施行令によって、取扱件数に関係なく個人情報を個人情報データベース等として所持し事業に用いている事業者は個人情報取扱事業者とされ、個人情報取扱事業者が主務大臣への報告やそれに伴う改善措置に従わない等の適切な対処を行わなかった場合は、事業者に対して刑事罰が科される。

　高松高判令和元・11・22（LEX/DB25564675）の原告Ⅹは、鳴門市職員で平成19年健康福祉部人権推進課に配属され、係長として「ぱぁとなー」の設置・運営業務に従事し、平成28年4月1日教育委員会学校給食センター所長に異動している。P4は平成24年「ぱぁとなー」所属の臨時職員に採用され、同28年3月31日退職した。P4は退職に際し、鳴門市に無断で「相談等情報」が記載された書類を段ボール箱に入れて持ち出し、「特定非営利法人あたたかい手コラボ」の事務所内に持ち込んだ。Ⅹは給食センターに異動するに当たり、相談記録等が保存されたⅩ個人所有のUSBメモリを持ち出し、学校給食センターの業務用PCに保存していた。鳴門市教育委員会は平成28年7月20日、Ⅹに対し、懲戒処分として6ヵ月停職とする処分をしたところ、Ⅹは平成28年9月1日鳴門市公平委員会に上記処分につき審査請求を申し立てた。鳴門市公平委員会は平成29年8月23日、28年8月1日から4ヵ月の停職処分に修正する旨の裁決をした。Ⅹは29年9月5日、本件訴訟（懲戒処分取消請求事件）を提起したところ、裁判所は、P4の「相

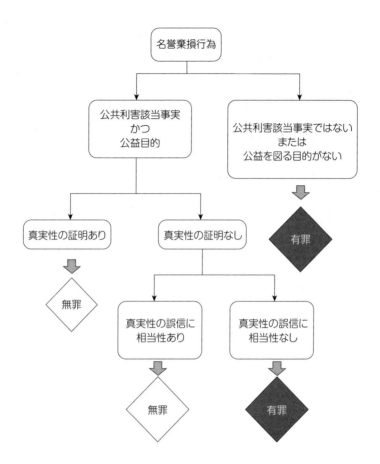

談等情報」無断持ち出しを黙認したという処分事実①については、P4 の非
違行為を認識していたことを認定するに足りる証拠はないとし、相談記録等
が保存された X 個人所有の USB メモリを持ち出して学校給食センターの業
務用 PC に保存したという処分事実②については、「極めて秘匿性の高い個
人情報であるといえ、このような相談等情報が被控訴人（鳴門市）に無断で
持ち出されるという事態は、被控訴人（市）内部の遵守事項であるセキュリ
ティポリシーに違反する」ものの、「こうした持ち出しは他の職員も一般的

5　個人情報・プライバシーの保護

に行っていたものであり、X も持ち出した情報を他に漏洩したり、悪用したりしたわけではないことからすれば、それほど重大な違反とまではいえない……減給を超える懲戒処分をすることは鳴門市に認められている裁量権を逸脱するもの」として本件停職処分の取消しを認めなかった原判決を取り消して、本件懲戒処分を取り消している。

（2）保護される個人情報

（A）戸籍謄本・戸籍の附票・住民票

　戸籍の記載の全部を謄写したものを戸籍謄本、戸籍の記載のうち請求者の指定した部分だけを抜き写したものを戸籍抄本という。なお、平成 6 年の戸籍法改正により、戸籍事務をコンピュータ・システムにより行う市町村は、戸籍謄本・抄本に代えて記録事項を証明した書面を交付することになった（戸籍法 120 条）。

　戸籍に記載されている者又はその配偶者・直系尊属・直系卑属は、戸籍謄本等を請求することができるが、市町村長は請求が不当な目的によることが明らかなときは、請求を拒むことができる（同法 10 条）。

　戸籍謄本等は本人が直接役所に出向いて請求することができる。本人がやむを得ず役場に出向くことができない場合は、一般原則により、委任状を書いて代理人に請求してもらうことはできる。また、本籍地が遠方の場合など、直接役所に出向くことが困難な場合は、郵便により請求・取り寄せが可能である（戸籍法 10 条 3 項）。なお、コンビニ交付を導入している市区町村であれば、マイナンバーカード・住民基本台帳カードを用いて、コンビニのマルチコピー機で戸籍記載事項証明書を取得することができる。

　戸籍記載者等以外の場合は、原則として戸籍謄本等の交付を請求することができないが、例外として、次の 3 つの場合に限って、理由等を明らかにして請求することができる。すなわち、①自己の権利を行使し、又は自己の義務を履行するために戸籍の記載事項を確認する必要がある場合は、権利又は

義務の発生原因及び内容並びに当該権利を行使し、又は当該義務を履行する
ために戸籍の記載事項の確認を必要とする理由を明らかにする（同法10条の
2第1項1号）。②国又は地方公共団体の機関に提出する必要がある場合は、
戸籍謄本等を提出すべき国又は地方公共団体の機関及び当該機関への提出を
必要とする理由を明らかにする（同項2号）、③戸籍の記載事項を利用する
正当な理由がある場合は、戸籍の記載事項の利用の目的及び方法並びにその
利用を必要とする理由を明らかにする（同項3号）。国又は地方公共団体の
機関は、法令の定める事務を遂行するために必要がある場合は、戸籍謄本等
の交付の請求をすることができる（同法10条の2第2項）。

　弁護士、司法書士、土地家屋調査士、税理士、社会保険労務士、弁理士、
海事代理士又は行政書士（以上の者に係る○○士法人を含む。）は、受任して
いる事件又は事務に関する業務を遂行するために必要がある場合には、戸籍
謄本等の交付を請求することができるところ、この場合において、当該請求
をする者は、その有する資格、当該業務の種類、当該事件又は事務の依頼者
の氏名又は名称及び当該依頼者についての第1項各号に定める事項を明らか
にして請求しなければならない（同条3項）。弁護士、司法書士、土地家屋
調査士、税理士、社会保険労務士、弁理士（以上の者に係る○○士法人を含
む。）は、受任している事件について、次の6つの業務、すなわち、①弁護
士にあっては、裁判手続又は裁判外における民事上若しくは行政上の紛争処
理の手続についての代理業務、②司法書士にあっては、司法書士法3条1項
3号及び6号から8号までに規定する代理業務、③土地家屋調査士にあって
は、一定の代理業務、④税理士にあっては、税理士法2条1項1号に規定す
る不服申立て及びこれに関する主張又は陳述についての代理業務、⑤社会保
険労務士にあっては、一定の代理業務、⑥弁理士にあっては、一定の代理業
務を遂行するために必要がある場合にも、戸籍謄本等の交付を請求すること
ができるところ、この場合において、当該請求をする者は、その有する資
格、当該事件の種類、その業務として代理し又は代理しようとする手続及び
戸籍の記載事項の利用の目的を明らかにして請求しなければならない（戸籍

5　個人情報・プライバシーの保護

法10条の2第4項）。

　弁護士は、刑事に関する事件における弁護人としての業務、少年の保護事件若しくは心神喪失等の状態で重大な他害行為を行った者の医療及び観察等に関する法律（以下、「医療観察法」という。）3条に規定する処遇事件における付添人としての業務などを遂行するために必要がある場合には、戸籍謄本等の交付を請求することができるところ、この場合において、当該請求をする者は、弁護士の資格、これらの業務の別及び戸籍の記載事項の利用の目的を明らかにして請求しなければならない（戸籍法10条の2第5項）。なお、同条各項の請求については郵便による請求が認められる（同条6項による戸籍法10条3項の準用）。

　上記の戸籍謄本等の交付請求についての規定は、除籍謄本等を請求する場合についても準用されている（戸籍法12条の2）。除籍謄本とは戸籍に載っている者全員が、転籍・婚姻・死亡などの理由で除籍になったことを証明するものである。

　市町村長は、その市町村の区域内に本籍を有する者につき、その戸籍を単位として、戸籍の附票を作成すべきこととされており（住民基本台帳法16条1項）、戸籍の附票には、戸籍の表示のほか、氏名、住所、住居を定めた年月日が記載される（同法17条）。戸籍の附票の写しについても、上述した戸籍謄本の交付請求の場合と同様に請求できる者について厳格に制限している（同法20条）。

　市町村が備える住民基本台帳に記録されている者は、当該市町村の市町村長に対し、自己又は自己と同一の世帯に属する者に係る住民票の写し又は住民票記載事項証明書の交付を請求することができる。本人等以外の者の申出による住民票の写し等の交付についても、上述した戸籍謄本の交付請求の場合と同様に、請求できる者について厳格に制限している（同法12条の3）。

　①さいたま地判平成31・1・23（LEX/DB25565874、2019WLJPCA01236017）は、Xが住民基本台帳法20条1項に基づいて行田市長に対し次女の戸籍の附票の写しの交付を請求したところ、拒否されたのでその取消しを求めた事

III　名誉・プライバシー侵害の場合

案であるところ、行田市は事務処理要領に基づき、「市町村長は、DV、ス
トーカー行為等、児童虐待及びこれに準ずる行為の加害者が、住民基本台帳
の一部の写しの閲覧及び住民票の写し等の交付並びに戸籍の附票の写しの交
付……の制度を不当に利用してそれらの行為の被害者の住所を探索すること
を防止し、もって被害者の保護を図ることを目的として、法20条1項から
4項までの規定並びに5項において準用する法12条2項から4項まで及び6
項の規定に基づき次の措置を講ずるものとする」として、上記交付を拒否し
た。

　行田市長がした平成29年5月24日の交付拒否処分に対し、原告は平成
29年6月7日付け取消しを求める審査請求をし、同年12月14日付け審査
請求の棄却を経て、平成30年2月17日付けで本件訴訟の提起に至った。原
告は次女が実家を出て連絡が取れなくなったことから裁判をして次女を呼び
出すこととし、家庭裁判所において次女を相手方として親である原告に対
し、扶養料毎月5万円を支払うよう求める調停を申し立てているところ、
「本件において原告が戸籍の附票の写しの交付を受けられなかったことが本
件調停申立事件の進行を著しく妨げるものとはならなかった」旨判示して、
結論として請求棄却としている。

　②神戸地裁姫路支判令和2・3・24（LEX/DB25570896、2020WLJPCA03249
011）は、兵庫県警の警察官が平成30年9月、被疑者Xが本件各押収物を
不正に入手しようと企て、A名義の委任状を2通偽造し、本件各押収物の
各交付元の地方自治体の職員に対し提出・行使したとの有印私文書偽造・同
行使被疑事件について、同月〇日に発付されたB方における捜索差押許可
状に基づき、同所において被差押人をB、所有者を申立人Xとして、本件
各押収物（Aに係る住民票の写し、戸籍の全部事項証明書及び戸籍の附票の写し）
を差し押さえた後、Xは同年10月、前記有印私文書偽造、同行使に住民基
本台帳法違反及び戸籍法違反を加えた公訴事実により神戸地裁姫路支部に起
訴され、平成31年〇月、同事実等につき有罪判決を受け、判決が確定した
ので、Xは神戸地検検察官に対し本件各押収物の還付を請求したところ、拒

絶されたので、Xから令和2年2月、検察官がした押収物の還付に応じない処分に対する準抗告の申立てがされた事案である。裁判所は、「戸籍、住民票の写し及び戸籍の附票は、従前、何人でも謄本の交付申請ができたが、個人情報に対する配慮等を理由に、平成19年の法改正により、第三者が交付請求できる場合を制限し、不正の手段によって本件各押収物の交付を受けることを、刑事罰をもって禁止することとなった。……そうすると、本件各押収物について申立人Xに還付することは、戸籍法及び住民台帳法の趣旨を没却するから許されないというべきである。……本件各押収物は申立人Xが不正の手段によって得たことにより、少なくとも申立人が還付請求権を行使し得ない物として取り扱われるに至ったというべきである。……申立人に本件各押収物の還付請求権が認められるとしても、……申立人がこれを行使することは権利の濫用に当たる」旨判示して本件準抗告を棄却している。

　押収物で留置の必要がないものは、被告事件の終結を待たないで、決定でこれを還付することができるところ（刑訴法123条1項）、所有者、所持者、保管者又は差出人の請求により、決定で仮にこれを還付することもできる（同条2項）。押収物は、終局裁判で没収の言渡しがないときは、押収を解く言渡しがあったものとされ（同法346条）、当然に元の所持者に返還されるのが通常の扱いである。申立人Xは不正の手段によって本件各押収物（Aに係る住民票の写し等）を入手したのであるから、本件各押収物の所有者であってもその還付を受けることは権利の濫用（民法1条3項）として許されないのは当然であろう。実務の扱いとしては、Xから各押収物についての所有権放棄書を徴収してXへの還付をせず、無価物廃棄処分とするのが通常である。相当な結論といえよう。

　③名古屋高判平成24・8・23（LEX/DB25482690）は、探偵業を営んでいた被告人が、個人情報保護法が施行されたことにより、探偵業界において調査活動に必要な個人情報を入手することが困難になって探偵業務に支障をきたしていた実情に目をつけ、戸籍謄本や住民票の写し等を不正に入手して利益を得ることをもくろみ、東京司法書士会などの記名を冒用して住民票の写

Ⅲ　名誉・プライバシー侵害の場合

し等を不正請求した事案について、原審が偽造有印私文書行使、住民台帳法違反、戸籍法違反等で有罪として懲役2年6月の実刑判決を「不当であるとはいえない」として認容している。

　④**名古屋高判平成24・7・18**（LEX/DB25482442）は、司法書士及び行政書士の資格を有する被告人が、共犯者らと共謀の上、司法書士会作成名義の職務上請求書用紙等に架空の事件又は事務に関し業務を遂行するために必要である旨記載して市区町村長に住民票の写し等を請求し、不正にこれらの交付を受けた事案であるところ、住民基本台帳法違反、戸籍法違反の罪の成立を認めて罰金250万円に処した原判決を認容している。上述したとおり、司法書士、行政書士ら（以上の者に係る○○士法人を含む。）は、受任している事件又は事務に関する業務を遂行するために必要がある場合には、戸籍謄本等の交付を請求することができるところ、この場合において、当該請求をする者は、その有する資格、当該業務の種類、当該事件又は事務の依頼者の氏名又は名称及び当該依頼者についての第1項各号に定める事項を明らかにして請求しなければならないこととされている（戸籍法10条の2第3項）。また、司法書士（以上の者に係る○○士法人を含む。）は、受任している事件について、司法書士法3条1項3号及び6号から8号までに規定する代理業務を遂行するために必要がある場合にも、戸籍謄本等の交付を請求することができる（戸籍法10条の2第4項）。本件は司法書士及び行政書士の資格を有する被告人が、その特権を濫用し法が定める一定の請求事由がないにもかかわらず、これがあるものと偽って不正に住民票等の写しを請求した事案である。戸籍法135条は、偽りその他不正の手段により、第10条の2に規定する戸籍謄本等の交付を受けた者は、30万円以下の罰金に処する旨を定める。同様に住民基本台帳法46条2号は、偽りその他不正の手段により住民票の写し等の交付を受けた者は、30万円以下の罰金に処する旨を規定している。

（B）患者個人の医療情報

福岡地裁久留米支判平成26・8・8（LEX/DB25504586、2014WLJPCA08086

001）は、被告が経営するS病院の看護師であって久留米大学病院で受けた血液検査の結果によりHIV陽性と診断された原告が、同病院の医師から上記情報を取得したS病院の医師及び職員が原告の同意なくS病院の他の職員らに上記診断結果を伝達して情報を共有したことが個人情報保護法23条1項及び16条1項に違反し、原告のプライバシーを侵害する不法行為であるとして民法715条に基づいて損害賠償を請求した事案であるところ、「本件情報共有は労務管理を目的とするものであって、原告のプライバシーを侵害する不法行為に当たる」として慰謝料200万円を認めるのが相当とし、原告が学校法人久留米大学から和解金100万円を受領して同額の損害がてん補されていることなどを考慮して、115万円余の請求を認めている。なお控訴審である**福岡高判平成27・1・29**（LEX/DB25505686）は、慰謝料を50万円に減額した上、「学校法人久留米大学との間の和解は、控訴人（被告）の不法行為と関連共同性が認められる同学校法人の不法行為があったことを認めるに足りる証拠はないから、上記100万円は被控訴人の不法行為による損害にはてん補されない」旨判示して、原判決を変更し、請求の一部認容額を61万円余に減額している。申立人（控訴人）からの上告受理の申立ては不受理とされ（**最三決平成28・3・29**LEX/DB25542736）、控訴審判決が確定している。

（C）前科・前歴

　前科は、いわゆるセンシティブな個人情報の1つであり、原則として、そのプライバシー性を肯定することができる。問題は、他の法益との関係で、その開示・第三者提供等が正当化されるか否かである。

　①**最三判昭和56・4・14**（民集35巻3号620頁、LEX/DB27000139、1981WLJPCA04140001）の事案についてみると、A自動車教習所の技能指導員をしていたXが解雇され、その効力が京都地裁と中央労働委員会で争われていたところ、A社の代理人であるB弁護士が、弁護士法23条の2に基づ

き、京都弁護士会を介して京都市伏見区長に対し、「中央労働委員会、京都
地方裁判所に提出するため」との理由でＸの前科及び犯歴照会をし、同区
長は、中京区長に回付し、同区長は京都弁護士会に対し、Ｘには、道路交通
法違反11犯、業務上過失傷害1犯、暴行1犯の前科がある旨を回答した。
これによりＸの前科を知ったＡ社は、事件関係者らにＸの前科を摘示し、
また、経歴詐称を理由に予備的解雇の通告をした。これに対し、Ｘは、プラ
イバシー侵害等を理由にＹ（京都市）に対し、損害賠償と謝罪広告の掲載を
求めたというものである。1審は、弁護士法23条の2の照会制度に基づく
義務に応じたもので、本件報告に違法性はないとして、原告Ｘの請求を棄
却したが、原審は本件報告は違法であるとして慰謝料20万円と弁護士費用
5万円の限度でＸの請求を認容した。Ｙの上告に対し、本判決は、「前科及
び犯罪経歴は人の名誉、信用に直接かかわる事項であり、前科等のある者も
これをみだりに公開されないという法律上の保護に値する利益を有する……
前科等の有無が訴訟等の重要な争点となっていて、市区町村に照会して回答
を得るのでなければ他に立証方法がないような場合には、裁判所からの前科
等の照会を受けた市区町村長は、これに応じて回答することができる」と
し、本件のような申出理由により漫然と弁護士会の照会に応じ、「前科等の
すべてを報告することは、公権力の違法な行使に当たる」旨判示して上告を
棄却している。

　例えば、地方公務員法16条は、職員となるための欠格事由を定めてお
り、その中で、「禁錮以上の刑に処せられ、その執行を終わるまで又はその
執行を受けることがなくなるまでの者」を一事由としている。同様に弁護士
法7条は弁護士となる資格について、会社法331条1項は株式会社の取締役
となる資格について、資格制限の規定を設けている。市区町村が前科等の有
無の照会に応じて回答することができる典型的な場合は、こうした資格制限
の有無をチェックするための照会への回答であろう。

　②**さいたま地決平成27・6・25**（LEX/DB25542274）は、Ｘが、さきに児童
買春の罪で逮捕され、略式命令により罰金50万円の有罪判決を受け即時罰

金を納付済みであったところ、グーグル検索において、「X の住所」と「Xの氏名」の 2 つの文字列を入力して検索すると、X の逮捕歴を記載した記事の全部又は一部が表示されることに対し、人格権としての「更生を妨げられない利益」の侵害であるから上記検索結果の削除請求権を有するとして、民事保全法 23 条 2 項の仮の地位を定める仮処分命令を求めた事案である。裁判所は、罰金刑を受けてから 3 年余が過ぎた現在でも、X の逮捕歴を示す記事が表示されるのであり、「本件検索結果を全体として読めば、X の知人であれば、児童買春により X が逮捕されたという過去の逮捕歴を知ることができる……X は、以後、罪を犯すことなく、妻と幼い子らと共に平穏な生活を送っており、政治的、社会的な団体等に属するなど社会に特段の影響を与えるような活動はしていない」旨を事実として認定した上で、「X は更生を妨げられない利益が受忍限度を超えて侵害され、人格権に基づく妨害排除又は妨害予防の請求権に基づき、検索エンジンの管理者である債務者に対し、検索結果の削除を求めることができる」として、本件検索結果を仮に削除することを命ずる仮処分命令を発している。

　③東京高判平成 29・6・29（LEX/DB25448905、2017WLJPCA06296003）は、同様に検索結果の削除を求めた事案であるところ、「個人のプライバシーに属する事実を公表されない法的利益と当該 URL 等情報を検索結果として提供する理由に関する諸事情とを比較衡量して、当該事実を公表されない法的利益が優越することが明らかな場合には……、検索事業者に対し、当該 URL 等情報を検索結果から削除することを求めることができる……本件リンク先ウェブページに掲載されている X が振り込め詐欺の容疑で逮捕されたとの事実は、X の前科等にかかわる事実であり、他人にみだりに知られたくない X のプライバシーに属する事実ではあるが、……本件犯罪の性質及び内容、振り込め詐欺の事案において X が果たした役割、振り込め詐欺が今なお大きな社会問題となっており、強い社会的非難の対象となっていること、振り込め詐欺の取締り及び防犯に対する社会的関心の高さ等に照らすと、本件逮捕事実を記載した記事の必要性を否定することはできず、X が執行猶予期間満了

から約6年が経過し、有罪判決を受けてから約11年半にわたって一市民として日常生活を営んでいること等を考慮しても、本件は逮捕事実を公表されない法的利益が本件検索結果を提供する理由に関する諸事情に優越することが明らかであるとは認められない」旨判示して、Xの請求を棄却した原審判断を維持している（確定）。

　④**東京高判令和2・6・29**（LEX/DB25571010、2020WLJPCA06299001）は、インターネット上のウェブサイト（ツイッター）にXの実名入りで、Xが建造物（女湯脱衣場）に侵入して逮捕された旨の記事が複数投稿され公衆に閲覧可能になっていることに対し、Xがツイッターを管理運営するYに対し各投稿記事の削除を求めた事案であるところ、「当該事実を公表されない法的利益と各投稿記事を一般の閲覧に供し続ける理由に関する諸事情を比較衡量して判断すべきであり、投稿記事の削除を求めることができるのは、比較衡量の結果、当該事実を公表されない法的利益が優越することが明らかな場合に限られる……本件逮捕に係る被疑事実は、逮捕の前日に女性の裸をのぞき見る目的で旅館の女湯脱衣場に侵入したというものであり、決して軽微な犯罪ではなく、本件逮捕は、各種報道機関からインターネット上で実名報道されており、社会的に相応に高い関心を集めた事件であった……本件各投稿記事は、Xが社会的に非難されるべき行為をした事実を適示するものとして、公共の利害に関する事実に係り、公益を図る目的に出たものといえる……ツイッターの検索機能の利用頻度は、グーグルなど一般的な検索事業者の提供する検索機能ほどには高くないから、本件逮捕の事実が伝達される範囲はある程度限られ、かつXが具体的被害を受ける可能性も低下している……Xの罰金の納付から5年が経過して刑の消滅の効果（刑法34条の2）が発生し、その後更に3年近くが経過したこと」などを考慮しても、「本件各投稿記事を一般の閲覧に供する諸事情よりも本件逮捕の事実を公表されない法的利益が優越することが明らかであるとはいえない」としている。もっとも、原審はXの請求を全部認容していたところ、本件各投稿記事の一部が提訴後に閲覧不能になったことを理由にXは訴えを一部取り下げてその効

⑤　個人情報・プライバシーの保護

力が生じていた。

　⑤**東京地判平成 29・2・15**（LEX/DB25553745、2017WLJPCA02156012）は、証券取引法違反（旧法）及び金融商品取引法違反（インサイダー取引）の罪により刑事事件で有罪判決を受けた X が、投稿記事の削除等を求めた事案であるところ、「本件刑事事件の重大性、原告 X の社会的地位、社会的注目度及び本件各記事において実名を使用して前科等にかかわる事実を公表する必要性及び意義を考慮すると、X の逮捕・起訴の事実を公表し続ける利益はまだ大きい……現時点において、X の実名を使用して前科等にかかわる事実の記載を継続する必要性は失われていない……X の主張する不利益は、逮捕・起訴の事実を X の知人等に知られるかもしれないという抽象的不利益ないし不安であり、具体的なものではない」旨判示して、X の請求を棄却している。

　③、④、⑤の裁判例が削除請求を認めなかったことは、本人のプライバシー（公表されない利益）を逮捕・起訴の事実を公表する利益との比較衡量で判断し、後者の利益を優越するものとして判断している。これらの裁判例はいったん公表された記事等の扱いに関するものであって、表現の自由とも幾分関連するから、「前科及び犯罪経歴は人の名誉、信用に直接かかわる事項であり、前科等のある者もこれをみだりに公開されないという法律上の保護に値する利益を有する」とした①の最高裁判例とは、相矛盾しない別類型の事案とみるべきであろう。

（D）刑事確定記録

　刑訴法 53 条 1 項は、何人も、訴訟記録の保存又は裁判所若しくは検察庁の事務に支障のあるときを除き、被告事件の終結後、訴訟記録を閲覧することができる旨を規定する。これを受けて、刑事確定訴訟記録法が必要な事項を定めている。

　東京地決平成 31・4・23（LEX/DB25562806）は、ジャーナリスト X が東京地検検察官に対し刑事確定記録の閲覧を請求したところ不許可とされたので、閲覧不許可処分に対する準抗告がされた事案である。結論として閲覧不

許可処分の一部が取り消されているが、このうち死刑被執行者の実名については、Xが「執行済みの死刑囚の人名を今更閲覧させない必然性はない」と主張したのに対し、その「実名まで申立人に閲覧させることは、その親族等の関係者の名誉又は生活の平穏を著しく害するおそれがあるから、刑事確定訴訟記録法4条2項5号に該当する」とされた。同法4条2項5号は、保管検察官は保管記録を閲覧させることが犯人の改善及び更生を著しく妨げることとなるおそれがあると認められるときは保管記録を閲覧させないものとする旨規定する。なお、同条2項ただし書は、訴訟関係人又は閲覧につき正当な理由があると認められる者から請求があった場合については、この限りでないとしている。被告人供述調書の閲覧不許可部分については、「本件被告事件の性質及び内容、申立人の閲覧目的・想定される閲覧結果の利用方法などに照らせば、これを閲覧させることには、その親族等の関係者の名誉又は生活の平穏を著しく害するおそれがある」から同様とされた。同法4条2項ただし書の「正当な理由」の有無については、「ジャーナリストが通常の取材活動の一環として確定記録の閲覧を行うことは広く認められるべき正当な行為である」との主張は採用されなかった。もっとも、本件裁判の中で裁判所が双方に検討を促した結果として、検察官は閲覧不許可処分の再考を検討する意向が示され、検察官がした閲覧不許可処分の一部が取り消されている。本件裁判では、第3回公判前整理手続調書2頁13行目から3頁1行目までに関する閲覧不許可処分の取消しを求める限度で理由があり、その余は理由がないとされた。

(E) いわゆるセンシティブ情報以外の情報開示によるプライバシー侵害

　センシティブ情報とは、本人の身上や社会的身分、病歴など、漏洩した場合に犯罪に悪用されるか、又は重大な不利益を本人に及ぼす可能性のある情報のことをいう。

①**東京地判平成30・10・2**（LEX/DB25558031、2018WLJPCA10028006）の

原告は、ギター奏者であって被告（東京都）からヘブンアーティストとしてのライセンスを得て活動している訴外Dのファンであるところ、平成26年10月23日、都庁を訪れ、東京都情報公開条例6条1項に基づき、東京都が主催するイベントに出演したヘブンアーティストの出演料が分かる公文書等の開示を請求した。原告は同開示請求をした後に都の文化事業課を訪れ、対応した都職員であるF元係長に対し、Dが特定できる形で苦情（Dがライブ申込みに返信しない、DのマネージャーのEが原告に対し様々な嫌がらせをするといった苦情）を述べた。これを受けたF元係長は、Dに対し、原告の氏名を伏せた上で、公文書開示請求のため来庁した者だとして、その者が述べた上記苦情内容を伝え、改善を促す対応をした。原告は後日Eから「都庁に行って、情報開示請求したんだって」と言われたことから、Fが開示請求の事実をD又はDのマネージャーであるEに漏洩した点につき、「公文書開示請求を行った事実をみだりに第三者に開示されないという原告の期待はそれなりに保護されるべき」として、原告の被告東京都に対する慰謝料請求につき5000円の限度で請求を認容した。この判決に対しては被告が控訴し、控訴審である**②東京高判令和元・7・18**（LEX/DB25590487）は、「Fは、D及びEへの苦情を申し出た者が公文書開示請求をした事実をDに伝えたことが認められるものの、Fは、被控訴人（原告）の苦情申出をDに伝えて善処を求める際に、苦情を受けた際の状況をDに伝えるために、上記苦情は苦情者が公文書開示請求のため都庁を訪れた際に申し出られたものであることを苦情者の氏名及び本件開示請求の具体的内容を伏せて伝えたものに過ぎず、F元係長の上記伝達行為は被控訴人のプライバシーを侵害するものではない」旨判示して、被控訴人の請求を一部認容した原判決を取り消し、同部分に係る被控訴人（原告）の請求を棄却している。

　③仙台地判令和2・6・30（LEX/DB25566479、2020WLJPCA06306005）は、原告らが行政手続における特定の個人を識別するための番号の利用等に関する法律（以下、「番号利用法」という。）は、違憲であると主張し、プライバシー権に基づく妨害排除請求又は妨害予防請求として、番号利用法に定める

個人番号の収集等の差止め及び原告らの個人番号の削除を求めるとともに、国家賠償法による慰謝料等を請求した事案であるところ、「番号制度によって原告らの個人番号等が正当な目的の範囲を逸脱して収集等される具体的な危険（目的外利用の具体的な危険）及び原告らの個人番号等の収集等によって原告らの個人番号等が外部に漏洩する具体的な危険（情報漏えいの具体的な危険）があると認めることができない」旨判示して請求を棄却している。

　④**東京高判平成 13・7・18**（判時 1751 号 75 頁、LEX/DB28061690、2001WLJPCA07180001）は、乙社が自社発行の週刊誌 A に、公益法人 B 会（記事中、実名）前常勤理事 X（原告）についての記事（以下、「本件記事」という。）を掲載したところ、同記事には、X の 1 月の主な支出について、「家計・教育費」「住宅ローン返済」「カードローン返済」「生命保険料」「職業費」に分けられた項目別の金額を明らかにした記述、さらに X が収入不足をボーナスで補っていた等の記述が含まれており、これに対し X が、乙社と B 会の専務理事である Y を相手取って損害賠償を請求した事案である。本件記事における具体的な家計支出の記事内容は、B 会の内紛によって B 会から常勤を解かれた X が、地位保全の仮処分を申し立てて裁判所に提出した陳述書に依拠したものであり、乙社はこれを B 会の専務理事である Y から入手したものであった。原審は乙社と Y 両被告の共同不法行為の成立を認定したが、本判決は乙社の責任については否定しつつ、Y の責任については肯定し、「Y が本件陳述書の写しを乙社の記者に交付したのは、同社において X に対して批判的な記事が掲載されることを予見し、期待してのことであると推認できる……乙社の行為が違法性を欠くのは専ら報道の自由を保障するという観点によるものである」とした上で、「マスメディアに情報を提供する Y の行為についてまで、その結果他人の権利が侵害されることになるにもかかわらず、その自由が保障されているとは考えられない」と判示した。本判決では、違法ではないと評価された乙社の報道行為の素材を提供した Y の行為について、正反対の法的評価を与えて違法視した点において注目されよう。内部告発の許否にかかわる一つの事例判断といえよう。

　請求を認容した裁判例として、⑤**東京地判令和2・3・11**（LEX/DB255858
13）は、被告が原告ら複数の者の氏名、具体的な地番を含めた住所、電話番
号等の個人情報をインターネット上で公開して広く不特定多数の者に知らせ
た事実について、不法行為の成立を認め、精神的苦痛による慰謝料としてそ
れぞれ1万円の請求を認めている。

　⑥**東京高判令和2・3・25**（LEX/DB25566660、2020WLJPCA03259010）は、
一審原告らが通信教育事業を営む一審被告Aに個人情報を提供していたと
ころ、Aからその管理を委託されていた一審被告Bがさらに外部業者に再
委託し、そこからさらに業務委託を受けた先の会社従業員において、当該個
人情報を不正に取得して名簿業者に売却し、当該業者から相当多数の企業に
売却されたという事案について、一審被告らの共同不法行為の成立を認め、
連帯して原告らにそれぞれ慰謝料等として3300円及び遅延損害金を支払う
べきものとした。なお、一審被告Aは、本件漏えいの発覚後直ちに対応を
開始し、情報漏えいの被害拡大を防止する手段を講じ、監督官庁に対する報
告及び指示に基づく調査報告を行い、情報が漏えいしたと思われる顧客に対
しお詫びの文書を送るとともに、顧客の選択に応じて500円相当の謝罪品の
交付を申し出ている事実などを勘案して慰謝料が算定されている。

　本件漏えい事件について別の顧客から提訴された大阪高裁では、被告訴人
Aの持株会社が、本件漏えいの発覚後直ちに対応を開始し、情報漏えいの
被害拡大を防止する手段を講じ、監督官庁に対する報告及び指示に基づく調
査報告を行い、情報が漏えいしたと思われる顧客に対しお詫びの文書を送る
とともに、顧客の選択に応じて500円相当の金券を配布するなどしていた事
実をも考慮して控訴人に対する慰謝料が1000円と算定されている（**大阪高
判令和元・11・20**LEX/DB25570615、2019WLJPCA11209001）。なお、⑦**東京地
判平成30・6・20**（LEX/DB25564467、2018WLJPCA06206015）は、本件漏え
いにより原告らのプライバシーは侵害されたものの、民法上、慰謝料が発生
するほどの精神的苦痛があると認めることはできないとして請求を棄却して
いた。

Ⅲ　名誉・プライバシー侵害の場合

(F)　少年の仮名・実名報道

　少年法61条は、家庭裁判所の審判に付された少年又は少年のときに犯した罪により公訴を提起された者については、氏名、年齢、職業、住居、容ぼうなどによりその者が当該事件の本人であることを推知することができるような記事又は写真を新聞紙その他の出版物に掲載してはならない旨を規定する。一方、少年による犯罪が重大な社会的関心事となる中で、犯罪少年の匿名性の保護と報道の自由との関係の調整が問題となる。

　①**最二判平成15・3・14**（民集57巻3号229頁、判時1825号63頁、LEX/DB28080936、2003WLJPCA03140002）は、19歳の少年グループによる4府県にまたがる強盗殺人、殺人等の4つの事件が起き、そのうちの1つの「長良川リンチ殺人事件」の裁判が名古屋地裁係属中に、Y社が出版する週刊誌Aが「『少年犯』残虐、法廷メモ独占公開」などの見出しの下に、刑事裁判の様子を伝える記事を掲載したところ、記事中ではイニシアルや仮名が用いられていたものの、被告人らの法廷での様子、非行歴や職歴、交友関係等に触れていたことから被告人のうちの一人Xが、少年法61条の禁止する推知報道にあたる記事によって名誉を毀損され、プライバシーを侵害されたとしてY社に対し、慰謝料を請求した事案である。一審は、法廷メモ独占公開の見出しを付した記事は本人との同一性を推知できるもので少年法61条に反するとしてXの請求の一部を認容し、控訴審もYの控訴を棄却したので、Y社が上告したのに対し、「推知報道かどうかは、その記事等により、不特定多数の一般人がその者を当該事件の本人であると推知するかどうかを基準に判断すべき……本件記事は、Xと面識等がない不特定多数の一般人が、本件記事により、Xが当該事件の本人であることを推知することができない」として、本件記事は少年法61条に違反しないとした上で、名誉・プライバシー侵害による不法行為の成否については、「本件記事において当該情報を公表する必要性など、その事実を公表されない法的利益とこれを公表する理由に関する諸事情を個別具体的に審理し、これらを比較衡量して判断するこ

とが必要……原審の判断には、審理不尽の結果、判決に影響を及ぼすことが明らかな法令に違反がある」として破棄差戻しとした。

　②**大阪高判平成12・2・29**（判時1710号121頁、LEX/DB28051582、2000WLJPCA02290006）は、Xが事件当時未成年であったのにもかかわらず、Y_1社が発行する月刊誌Aに「ルポルタージュ『幼稚園児』虐殺犯人の起臥」と題する記事を掲載されたことに対し、プライバシー等の侵害を理由にY_1社とA誌の編集長Y_2及び記事の執筆者Y_3を相手取って損害賠償を請求した事案である。すなわち、Xは19歳当時、シンナー吸引による幻覚状態で、登校途中の女子高校生や幼稚園の送迎バスを待っていた母子らを襲い、幼女を殺害した上、母親と女子高校生に重傷を負わせて、現行犯逮捕されたところ、月刊誌Aに掲載された上記記事には、この事件に関し、Xの氏名、年齢、職業、住居、容貌等が記載されており、Xが事件の被疑者本人であることを特定するに十分な情報が記載されていた。原審は、Xの請求の一部を認容したのに対し、控訴審は「表現の自由とプライバシー権等の侵害との調整においては、表現行為が社会の正当な関心事であり、かつその表現内容・方法が不当なものでない場合には、その表現行為は違法性を欠き、違法なプライバシー権等の侵害にはならない……少年法61条は、少年の健全育成を図るという少年法の目的を達成するという公益目的と少年の社会復帰を容易にし、特別予防の実効性を確保するという刑事政策的配慮に根拠を置く規定である……同条が少年時に罪を犯した少年に対し実名で報道されない権利を付与していると解することはできないし、仮に実名で報道されない権利を付与していると解する余地があるとしても、少年法がその違反者に対して何らの罰則も規定していないことにもかんがみると、表現の自由との関係において、同条が当然に優先するものと解することもできない……犯罪事実の態様、程度及び被疑者ないし被告人の地位、特質、あるいは被害者側の心情等からみて、実名報道が許容されることはあり得る……少なくとも、凶悪重大な事件において、現行犯逮捕されたような場合には、実名報道も正当として是認される」としY_1らの敗訴部分を取り消し、取消しに係るXの請求を棄

却した。本判決は「実名で報道されない権利」を否定した点に特徴があり、推知報道禁止の例外の一事例が示されたものといえよう。禁止の例外を阻むには、実名報道が何ゆえに少年の更生の妨げになるかについて、少年側のより具体的詳細な立証が求められることとなる。

(G) 少年以外の者の実名・写真報道

①**最三判平成 6・2・8**（民集 48 巻 2 号 149 頁、LEX/DB27817761、1994WLJPCA02080001）の事案では、1964 年 8 月、当時合衆国支配下にあった沖縄・G 市において X を含む地元の若者 4 名と米軍兵 2 名とが殴り合い、兵士のうち 1 名がその夜死亡した。X は、仲間と共に傷害致死罪などで起訴され、合衆国琉球列島民政府高等裁判所から傷害罪で懲役 3 年の実刑判決を受けたところ、この裁判に陪審員として参加していた Y は、その体験を踏まえて、この事件及び裁判の経緯を描くノンフィクション作品『逆転』を著作し、1977 年 8 月に刊行し、この作品により第 9 回大宅壮一ノンフィクション賞を受賞したが、Y はこの作品の中で X の実名を事前の許諾を得ることなく使用していた。この事実を知った X は、『逆転』による前科の公表がプライバシー侵害に当たるとして Y に慰謝料 300 万円を請求したのに対し、1 審は X の請求の一部を認容し、2 審もこれを支持して Y の控訴を棄却したところ、本判決は、「ある者が、有罪判決を受けて服役したという事実は、その者の名誉あるいは信用に直接にかかわる事項であるから、みだりに前科等にかかわる事実を公表されないことにつき、法的保護に値する利益を有する……その者が、服役を終えた後は、一市民として社会に復帰することを期待されるのであるから、その者は、前科等にかかわる事実の公表によって、新しく形成している社会生活の平穏を害されその更生を妨げられない利益を有する……前科等にかかわる事実を実名を使用して著作物で公表したことが不法行為を構成するか否かは、その著作物の目的・性格等に照らした実名使用の意義及び必要性をも併せて判断すべき……本件著作が刊行された当時、X は、その前科にかかわる事実を公表されないことにつき法的保護に値する利

益を有していた」旨判示して、Yの上告を棄却とした。被害者の同意の存否
が問題となった事例といえよう。

　少年ではない成人の犯罪に係る逮捕事実の実名報道について、②**東京地判
平成28・8・4**（LEX/DB25537163、2016WLJPCA08048002）は、恐喝未遂容
疑で逮捕され脅迫罪で略式命令を受けたXが、新聞社であるY社によっ
て、実名と共に逮捕事実を報道されたことにより、プライバシー権や尊厳を
侵害され、精神的被害を被ったとして慰謝料等を請求した事案であるところ、
原告Xは平成23年11月キャバクラ店Sに行き、飲食後、代金8万数
千円をK社が発行するカードで支払ったものの、翌日同飲食料金が高すぎ
ると感じて、K社に電話をかけ、S店への支払を止めるよう求めたが、結局
Xのカード代金支払口座から引き落としがなされたこと、Xはこれに立腹し
てK社の株式100株を購入した上、K社に電話をかけ、「株主総会で大問題
にしてやるからな」などと強い調子で発言したことから、K社はXのこの
発言について被害届を出し、Xはこの発言により、Sへの代金支払を免れよ
うとして脅迫したとして恐喝未遂罪で逮捕されたこと、その後、Xは脅迫罪
により略式命令を受けた等の事実を認定した上、「Xにおいて本件逮捕され
たことが他の者に知られたくない情報であるとは認められるものの、K社と
示談したこともあって、債務を免れようとしたとの部分は取り上げられず、
最終的に脅迫罪で略式命令を受けている……実際に、K社担当者を脅迫した
事実が認められることをも考慮すると、本件逮捕について実名報道されて
も、自らの行為の結果であり、受忍の範囲内である」として、Xの請求を棄
却している。

　③**東京地判平成28・12・16**（LEX/DB25550153、2016WLJPCA12168018）は、
Xが被告の運営するインターネットサイト上で覚せい剤取締法違反で現行犯
逮捕された旨のニュースを報じられたことによりXの名誉が毀損されるなど
したとして不法行為に基づく損害賠償を請求した事案であるところ、本件記
事内容は、原告X及び訴外Cが自宅で覚せい剤とみられる薬物を所持してい
たという容疑で現行犯逮捕された旨を報ずるものであって、Xの肩書として

「指定暴力団関係者」と表示し、Xの氏名及び年齢、Xが訴外Cと同居していたこと、Xが当時居住していた地域が「東京都杉並区α」であることを記載したものであることなどを認定の上、「Xが自宅において覚せい剤とみられる薬物を所持していたとして現行犯逮捕されたことと、Xが指定暴力団関係者であることを摘示して、Xの社会的評価を低下させるものである……これらの事実は、公訴が提起されるに至っていない人の犯罪行為に関する事実であり、公共の利害に関する事実であり、本件記事は公益目的で掲載されたものと推認される……Xが指定暴力団関係者であることが真実であるとは認められないものの、警視庁による公式の記者発表により、被告は、Xが指定暴力団の関係者であるとの事実を信じたものであり、本件記者発表には、その内容につき疑問を生じさせるような特段の事情はなかったから、Xが指定暴力団の関係者であるとの事実を真実であると信じるにつき相当の理由があった……本件記事によってXのプライバシー権が侵害されたか否かについては、法益を比較衡量して判断する必要がある……本件記事によって報道する必要性は大きく、Xは自らの私的な情報を公表されることを一定程度受忍しなければならない……Xを特定するために、Xの氏名や居住地域を記載する必要がないとはいえず……本件記事は、Xのプライバシー権を違法に侵害するものとはいえない」としてXの請求を棄却した。

　④**横浜地判平成29・3・30**（LEX/DB25545633、2017WLJPCA03306009）は、神奈川県警山手署に窃盗容疑で逮捕されたXが、自己が精神障害者であることを意図的に隠し、また供述を歪曲するなどした山手署の報道発表とXが異常性癖者であるという間違った事実を強く印象付ける被告報道機関6社の報道により名誉を毀損されたとして、被告県に対し国家賠償法に基づき、各報道機関に対しては不法行為に基づき、損害賠償を請求した事案であるところ、原告Xは平成4年に統合失調症を発病し、本件当時薬物療法による治療を受けていたこと、山手署は平成25年8月、横浜市内の集合住宅駐輪場内において、電動自転車のサドル3個を窃取したという事件の被疑者としてXを逮捕したこと、山手署の広報担当者が、警察本部記者クラブに対し、本件窃盗事

件に関する X の逮捕について広報文を提供したこと、被告 T 社は情報番組○
○において X の実名を明かして本件を放送したこと、X は本件窃盗事件の被
疑事実で勾留されたが、処分保留で釈放され、検察官は同年 11 月、X を不起
訴処分としたことなどの各事実を認定の上、山手署のした本件広報の国家賠
償法上の違法性の有無については、「本件広報は、……通常、公共の利害に関
する事項に係るものであり、専ら公益を図る目的に出たものと推認される
……そうであれば……当該事実が真実であることが証明されたときは、その
行為に違法性がなく、仮に、真実の証明がされなくても、その行為者がその
事実を真実であると信じたことに相当の理由があるときは、その故意・過失
が否定され、国家賠償法上の違法はない」とし、精神障害を広報しなかった
ことの違法の有無については、事実と直接関係のない、病歴など、プライバ
シーに係わる情報は発表すべきではないと警察内部の執務資料であるガイド
ラインに定められており、「X のプライバシーに配慮して、X の病歴、通院歴
等を発表しなかったことが、不相当であるとはいえない」として本件広報は
国家賠償法上違法なものであったとは認められないとし、各報道機関の放送・
記事による名誉棄損の有無、例えば被告 6 社のうち T 社による放送について
は、「X が狙ったのは女性が使っている自転車のサドルだけであるという事実
の摘示は、X の社会的評価を低下させ、X の名誉を毀損する」……しかし「摘
示事実は公共の利害に関する事実で」、かつ、「公益を図る目的に出たもので」
あって、「摘示事実はその重要な部分につき真実であることが証明された」
……したがって、「T 社摘示事実の摘示行為による名誉毀損は、違法性がな
く、不法行為は成立しない」などとして、X の請求をいずれも棄却している。
　なお、行為者が精神障害によって心神喪失であるような場合は、責任能力
がないので犯罪は成立せず（刑法 39 条 1 項）、刑法 230 条の 2 第 2 項に規定
する「公訴が提起されるに至っていない人の犯罪行為に関する事項」とは認
められないので、心神喪失者の行為に係る事実の摘示には同条の適用がな
く、したがって一般に名誉毀損が成立すると解することができよう。
　実名と通称名とを使い分けている者についてのプライバシー侵害の成否が

III　名誉・プライバシー侵害の場合

問題となった事例として、⑤**東京地判平成 30・1・26**（LEX/DB25551881、2018WLJPCA01268012）は、過去の逮捕報道を契機として通称名を使用していた X が、その逮捕された際の実名報道に関する記事を Y が執筆した際に X の氏名を通称名で記載したことにより、通称名を無断で使用されない人格的利益及びプライバシーが侵害されたとして、Y に損害賠償を求めた事案である。原告 X は、株式会社 β が平成 25 年に発行した α と題する書籍（本件書籍）の中の記事（本件記事）において、実名犯罪報道による被害に遭った人物として紹介された者である。X は、偽造した経営委託契約書をあたかも真正に成立したもののように装って裁判所に提出して行使したという偽造有印私文書行使の被疑事実により、平成 22 年 2 月に逮捕され（本件逮捕）、引き続き勾留された後、不起訴となって釈放されたところ、逮捕の翌日、新聞社 3 社が、実名を用いて本件逮捕に関する実名報道をしたことから、X はこれを契機として平成 22 年 5 月頃から本件通称名を用いるようになった。裁判所は、前提事実として、同志社大学大学院社会学研究科の教授職にあった A は同研究科において被告 Y の指導を担当していたところ、平成 22 年 4 月、X と知り合って話を聞き、本件逮捕の報道に関する記事を執筆したことをきっかけとして X と交流するようになったこと、X は A が「自由と正義」に記事を執筆した平成 22 年〇月の時点では、本件逮捕の実名報道に関する活動において実名を明らかにすることを希望するようになっていたため、A は以後の執筆においては X の実名で記載したこと、本件書籍は憲法学の観点から実名報道主義の問題点について議論を深めるとともに報道被害の実例を紹介する書籍を作る目的で企画されたこと、Y は平成 24 年 12 月、X に対して原稿を見せて確認を求めたこと、Y は、本件書籍の編集会議において、あまり報道されていない事件に関しては氏名を出さなくてもいいのではないかという話が出ていたことなどから、同原稿においては、X の氏名を匿名として「男性」と表記していたこと、X は平成 25 年 2 月、A とともに Y と直接会い、「本件記事に『実名』を出してほしい」と述べたこと、Y は同年 3 月、β からゲラを受領していたところ、本件記事に『実名』を出して

ほしい旨のＸの上記希望を受け、Ｘの氏名の表記を本件通称名に変更する
などの修正を赤字で加えた原稿を作成したこと、ＡはＹからメールで送付
された上記各修正後の原稿を確認していたが、Ｘの氏名が本件通称名で記載
されていることについて問題にすることはなかったこと、ＹはＸに対して、
Ｘの氏名表記を本件通称名に変更した後の原稿を一切送付しなかったことなど
の各事実を認定の上、「Ｘが自らの実名と通称名とを使い分け、プライバ
シーに関する事実について通称名と結びつくような形での公表を望まない権
利は、法的保護に値するというべきであるから、本件記事に本件通称名を記
載することは、Ｘのプライバシーを侵害すると同時に、……通称名を無断で
使用されない利益を侵害するものとして、不法行為を構成する」旨を判示
し、次いで、本件記事に本件通称名が記載されたのはＹの過失によるもの
か否かについては、「Ａにおいても、Ｘによる氏名の使い分け及びその理由
を認識していなかったことがうかがわせるものである」……結局、「Ｘが、
Ｙに対し、本件記事において、本件通称名と明確に区別して本件実名を記載
して欲しい旨を要請していたとは認められないから、Ｙには、そのような明
確な要請に反した過失があるとはいえない」として、Ｘの請求を棄却してい
る。

　なお、前述の**東京高判平成 13・7・18**（判時 1751 号 75 頁、LEX/DB28061690、
2001WLJPCA07180001）は、センシティブ情報以外の情報についての仮名報道
の自由を認めている。

（H）盗撮

　最一判令和 2・10・1（刑集 74 巻 7 号 721 頁、LEX/DB25571088、2020WLJP
CA10019001）は、被告人が、共犯者と共謀の上、盗撮用の小型カメラを設
置する目的で、パチンコ店の女子トイレ内に、共犯者において侵入した上、
用便中の女性の姿態を同所に設置した小型カメラで撮影し、公共の場所にお
いて、人を著しく差恥させ、かつ、人に不安を覚えさせるような卑猥な行為
をしたとする事案について、建造物侵入罪と埼玉県迷惑行為防止条例 2 条 4

項（盗撮）違反の罪が成立し、両罪は刑法54条1項後段の牽連犯の関係にあるとしている。ただ、建造物侵入罪の法定刑は3年以下の懲役又は10万円以下の罰金であり、同条例違反の罪の法定刑は6月以下の懲役又は50万円以下の罰金であるところ、本件のように「数罪が科刑上一罪の関係にある場合において、各罪の主刑のうち重い刑種の刑のみを取出して軽重を比較対照した際の重い罪及び軽い罪のいずれにも選択刑として罰金刑の定めがあり、軽い罪の罰金刑の多額の方が重い罪の罰金刑の多額よりも多いときは、刑法54条1項の規定の趣旨に鑑み、罰金刑の多額は軽い罪のそれによるべきものと解するのが相当である」旨の最高裁としての新判断を示した。検察官の求刑は罰金40万円であったところ、この法令解釈を是認したものである。このような公の場における下着等の盗撮行為に対しては、各都道府県の迷惑条例において、一般に卑猥行為として処罰規定が設けられている。

　文理解釈によれば牽連犯と解する限り刑法54条1項後段を適用してその最も重い刑である建造物侵入罪の法定刑により処断すべきこととなろう。そうすると本件のようなご都合主義ともいわれかねない目的論的解釈による検察官の求刑は是認できるかについて疑問の余地がある。懲役刑で処断すれば問題はない。あるいは、どうしても罰金刑を選択して、かつ条例違反の罰金刑で処断したければ、よりましな1つの法解釈として、両罪の関係を牽連犯ではなく併合罪（刑法45条）と解釈する[28]ことにより、それぞれの罪について定めた罰金の多額の合計（つまり、10万円＋50万円＝60万円）以下で処断することが可能となる（同法48条2項）。あるいは、検察官の訴追裁量[29]に

28　牽連犯と併合罪との区別の基準はさほど明確ではなく、恐喝の手段として監禁が行われた場合、最高裁は従来の解釈を変更して、監禁罪と恐喝罪とは牽連犯の関係にはなく、併合罪であると解するに至っている（**最一判平成17・4・14**刑集59巻3号283頁、LEX/DB28105149）。

29　わが国の刑事訴訟法は、起訴便宜主義を採用し、起訴猶予とするか否かの裁量権を検察官に与えており（刑訴法248条）、これを検察官の訴追裁量と呼ぶ。この裁量権はある程度広汎なものであり、「公訴の提起を受けた裁判所は、……犯罪の成否を決するに当たり、……訴因外に事情に立ち入って審理判断すべきものではない」とした判例もある（**最大判平成15・4・23**刑集57巻4号467頁、2003WLJPCA04230001）。

より、本件についてあえて建造物侵入罪を訴因から落として条例違反のみを訴因として起訴し、条例違反の法定刑の範囲で同じ罰金 40 万円を求刑する場合には、罪数論にかかわる新たな法解釈を提示して争いの種を増やすことなく（したがって、法令適用の誤りのそしりを受けることもなく）、具体的妥当な求刑を導くことができたと思われる。本件判例は、こうした議論を経ることなく最高裁として検察官の法解釈を是認したことになるが、いわゆる救済判例[30] ではなかろうか。

　刑法の罪の法定罰金額についてみると、用語の平易化のための平成 7 年改正の時点から一度も改正がされていない刑法 130 条は「10 万円以下の罰金」とされたまま現在に至っている。これに対し、平成 18 年改正で公務執行妨害罪（95 条）と窃盗罪（235 条）への選択刑として新しく罰金刑が導入された際には、法定罰金額が「50 万円以下の罰金」とされ、平成 23 年改正で大きく改められた封印等破棄罪（96 条）～公契約関係競売等妨害罪（96 条の 6）については、合わせて法定刑の罰金額が「250 万円以下の罰金」と引き上げられている。刑法 130 条については条文の中身の改正の機会がなかったためか、その後にアップデートされた他の罪との比較において、罰金刑のアンバランスが生じていることは間違いない。

（3）秘密漏示罪

　刑法 134 条 1 項は、医師、薬剤師、医薬品販売業者、助産師、弁護士、弁護人、公証人又はこれらの職にあった者が、正当な理由がないのに、その業務上取り扱ったことについて知り得た人の秘密を洩らしたときは、6 月以下の懲役又は 10 万円以下の罰金に処する旨を規定し、同条 2 項は、宗教、祈祷若しくは祭祀の職にある者又はこれらの職にあった者が、正当な理由がな

30　検察官の法令適用につき、最高裁が、当該法令を違憲であると解釈することも可能であるところ、あえて違憲とせず、当該法令を違憲回避のための限定解釈（いわば法創造）をすることにより、検察官の事件処理を是認して救済する判断（最大判昭和 60・10・23 刑集 39 巻 6 号 413 頁、LEX/DB27803700 参照）のことを「救済判例」ということがある。

いのに、その業務上取り扱ったことについて知り得た人の秘密を洩らしたときも同様とする旨を規定する。本罪は親告罪である（刑法 135 条）。

　本罪の主体は、列挙された職業の者に限定される。その根拠は、職業の性質上人の秘密に接する機会が多いこと、及び被害者の側から個人的な秘密を告知しなければ、治療等のサービスを受けることが困難であることによる[31]。

　本罪にいう「秘密」とは、一般に知られていない非公知の事実であるところ、秘密にする利益と秘密にする意思とを必要とするかについて、学説上見解が分かれている。すなわち、①本人の秘密にする意思のみを基準とする主観説、②一般人からみて秘密にする利益を要するとする客観説、③秘密にする意思と秘密にする利益の双方を必要とする説とがある[32]。主観説では処罰が広がりすぎるので客観説が妥当であるとした上で、その場合でも処罰に値する程度の内容に関する秘密であることを要するとの見解がある[33]。

＜事例 1＞　精神科医のフリージャーナリストへの情報開示（最二決平成 24・2・13 刑集 66 巻 4 号 405 頁、2012WLJPCA02139002）

［1］争点

　①裁判所の命令により鑑定人[34]となった精神科医師は本罪（刑法 134 条）の主体たる「医師」に当たるか否か、②精神鑑定は「医師」の業務か否か、③取材協力行為は、「正当な理由」として違法性を阻却するか否かが争点とされた。

31　西田・前掲注（24）118 頁。
32　西田・前掲注（24）119 頁。前田雅英『刑法各論講義［第 7 版］』（東京大学出版会、2020）125 頁。
33　前田・前掲注（32）125 頁。
34　刑訴法 165 条は、裁判所は、学識経験のある者に鑑定を命ずることができる旨を規定する。少年保護事件の場合についても、家庭裁判所は、鑑定を命ずることができ（少年法 14 条 1 項）、この場合、刑事訴訟法中の鑑定に関する規定が、保護事件の性質に反しない限り準用される（同条 2 項）。

[2] 事案の概要

　被告人Ⅹは医師であり、少年Aに対する現住建造物等放火・殺人等保護事件に関し、家庭裁判所からAの精神鑑定を命じられ、鑑定資料としてAやその父らの供述調書などの写しが貸し出されていた。

　Yはフリージャーナリストとして広汎性発達障害を抱える少年が犯す犯罪に関心を持っていた。YはⅩに会って広汎性発達障害に関する記事を月刊誌に掲載し、最終的に1冊の本にしたいと話した。ⅩはYから「調書を見せてほしい」と頼まれると、「コピーはできない。調書を見ても大して役に立たないと思う」などといった。Yは10月4日にⅩ方を訪れ調書類を見ることが決まったが、5日に変更となった。

　Ⅹは、平成18年10月5日自宅でジャーナリストであるYに対し、少年の生育歴、実父の少年に対する教育状況などの秘密が記載された調書の写しを閲覧させ、翌6日、京都市内ホテル客室でYに、臨床心理士が作成した少年の心理状態等を表す心理検査の結果等の秘密が記載された書面を閲覧謄写させ、同月15日、京都市内ホテル客室でYに、自己が作成した少年の精神鑑定結果等の秘密が記載された書面を交付した。Yらは、調書を朗読してボイスレコーダーに録音したり、デジカメで調書を1枚ずつ接写したりした。Ⅹは閲覧は許したが、記録の写しが撮られていたことは知らなかった。

[3] 結論

　上告棄却（有罪。懲役4月、3年間執行猶予）。

[4] 理由

　鑑定医が対象者を患者として治療する立場にないことや、鑑定人として負う義務と医師が患者に対して負う義務の内容が異なることは、鑑定医が本罪の「医師」に当たるかどうかの判断に関係しない。

　本件のように、医師が、医師としての知識、経験に基づく診断を含む医学

的判断を内容とする鑑定を命じられた場合には、その鑑定の実施は、医師が
その業務として行うものといえる。

　手段の相当性を著しく欠くこと、その記録がA、Bのプライバシーにかか
わることなどからして、本件行為は、Yへの取材協力行為であり、刑法35
条の正当行為として違法性が阻却されることはない。

[5]　検討

ア　「業務上取り扱ったことについて知り得た人の秘密」の意義

　家庭裁判所が少年保護事件において鑑定を命ずる場合の手続等については
少年法14条2項により、原則として刑事訴訟法中の鑑定に関する規定が準
用される。鑑定人は、宣誓の義務がある（刑訴法166条）。鑑定人の宣誓は、
鑑定をする前に、これをさせなければならず（刑訴規則128条1項）、宣誓は
宣誓書によってする（同条2項）。宣誓書には、良心に従って誠実に鑑定を
することを誓う旨を記載しなければならない（同条3項）。鑑定の経過及び
結果は、鑑定書により、または口頭でこれを報告する（刑訴規則129条1
項）。もし虚偽の鑑定をすれば、虚偽鑑定罪により処罰される（刑法171条）。
他方、当然のことながら医師以外の学識経験のある者が鑑定人に選任される
ことがあるところ、鑑定人という身分のみでは刑法134条の秘密漏示罪の主
体には該当しない。

　そこで争点①の精神科医師であって鑑定人である被告人は本罪の主体たる
「医師」に当たるか否かについて検討する前提として、本件漏示行為の客体
たる少年の生育歴、実父の少年に対する教育状況などが記載された調書の写
し、臨床心理士が作成した少年の心理状態等を表す心理検査の結果等が記載
された書面および自己が作成した少年の精神鑑定結果等が記載された書面
が、刑法134条にいう「秘密」に当たるか否かを考えてみる。まずもって、
これらの書面はいずれも本件少年保護事件の記録に該当する。これらの記録
は、原則として、これを保管する裁判所の許可を受けた場合を除いては、閲
覧又は謄写することができないこととされている（少年審判規則7条1項）。

これは被告人のような鑑定人が閲覧・謄写の申出をする場合も同様であろう。もっとも付添人（少年法10条）は、刑事事件の弁護人と同様に、一般に審判開始の決定があった後は、保護事件の記録又は証拠物を閲覧することができる（同条2項）。ただし、裁判所は、保護事件の記録に、閲覧させることにより人の身体若しくは財産に害を加え、若しくは人を畏怖させ、若しくは困惑させる行為又は人の名誉若しくは社会生活の平穏を著しく害する行為がなされるおそれがある事項が記載され又は記録されている部分があると認めるときは、付添人と少年との関係その他の事情を考慮し、付添人が当該記録又は証拠物を閲覧するに当たり、付添人に対し、当該事項であって裁判所が指定するものについて、少年若しくは保護者に知らせてはならない旨の条件を付し、又は少年若しくは保護者に知らせる時期若しくは方法を指定することができる（同条3項本文）。さらに裁判所は、上記少年審判規則7条3項本文の場合において、同項本文の規定による措置によっては同項本文に想定する行為を防止できないおそれがあると認めるときは、付添人による審判の準備その他の審判の準備の上での支障を生ずるおそれがあるときを除き、付添人が閲覧するについて、裁判所が指定するものの閲覧を禁止することもできる（少年審判規則7条4項）。その主体が当該事件の鑑定人であっても、鑑定について必要がある場合に限り、裁判長の許可を受けて、書類及び証拠物を閲覧し、若しくは謄写することができる（刑訴規則134条1項）。

　結局、本件の漏示行為の客体は本件少年保護事件の記録であって、しかも、少年の生育歴、実父の少年に対する教育状況など、臨床心理士が作成した少年の心理状態等を表す心理検査の結果、あるいは被告人が作成した少年の精神鑑定結果等を記載したものであり、これらは少年Aにとっての非公知の事実であって、客観説の立場からは、一般人からみて保護に値するものであり、かつ、処罰に値する程度の内容に関する秘密であるといえるから、刑法134条にいう「秘密」に該当するといえよう[35]。本件漏示に含まれるA

35　前田・前掲注（32）125頁。

Ⅲ　名誉・プライバシー侵害の場合

の実父の供述調書は A の実父にとっての「秘密」であるともいえよう。

　次に、被告人が本罪の主体たる身分を有するかが問題となるが、被告人は精神科医師であるから、形式的には本罪の身分を有しているといえよう。そうすると本件秘密が、「被告人がその業務上取り扱ったことについて知り得た」ものか否かが問題となり、この点が積極であれば本件行為は、本罪の構成要件該当性を満たすものとなる。裁判所の命令により鑑定人となった精神科医は、少年 A ないしその実父との間に患者と治療を行う医師という関係はないが、上記理由を判示して最高裁はこの点を積極に判断したものであるところ、相当な判断といえよう。

イ　告訴権者

　原審では、弁護人が本罪における告訴権者は、業務の取り扱いを委託した奈良家庭裁判所であって、同裁判所の告訴を欠いた本件公訴提起は無効である旨を主張したところ、本罪は、「医師に秘密を洩らされた人が被害者となるのであり、医師に精神鑑定を命じた家庭裁判所が被害者となるのではない」旨判示して弁護人の主張を排斥している。原審の結論は相当であろう。なお、被害者少年 A は本件公訴提起時には 16 歳であったようである。刑訴法 230 条は、犯罪により被害を被った者は、告訴をすることができる旨を規定するところ、同法 231 条 1 項は、「被害者の法定代理人は、独立して告訴をすることができる」旨を規定する。そうすると少年 A にかかる秘密漏示については、A のほか、A の保護者である実父も A とは独立して告訴権を有することになる。

　仮に、未成年者である被害者には告訴の意思がなく、その法定代理人のみが告訴しているような場合は、刑訴法 231 条 1 項により訴訟法上、公訴提起は有効となるであろう。もっとも検察官としては、少年の自己決定権と保護者のパターナリズムのどちらを優先して考えるかなど訴追裁量権の行使は悩ましい判断となり、前者を優先して考えれば起訴猶予（刑訴法 248 条）もあり得よう。

　もっとも、このような場合の起訴事案であって、当該秘密について被害者

⑤　個人情報・プライバシーの保護

本人は秘密にすることを希望しておらず、その法定代理人（保護者）のみが秘密にすることを希望し、客観的には保護に値するものであるようなときは、実体法上、本罪の「秘密」の解釈について、客観説をとるか主観説をとるかによって結論が異なってくることも予想されよう。

ウ　フリージャーナリストYについての共犯の成否

　本件においてYは刑法134条の主体としての身分を有していないから、本件秘密を入手して執筆し、書籍として刊行した行為について、本罪の単独正犯は成立しない。また、被告人の本件所為については、手段の相当性を著しく欠くこと、その記録がA、Bのプライバシーにかかわることなどからして、本件Yへの取材協力行為であって、刑法35条の正当行為として違法性が阻却されることはないと判断された。

　そうするとYが被告人Xに本件秘密たる鑑定資料の閲覧を求めた行為につきXの共犯となるか否かが問題となる。ちなみに本件書籍についてはその出版後間もなくから、当時の法務大臣が法務省人権擁護局に調査を指示した旨を表明し、著者であるY及び出版社に対し、同書の出版が人権侵害に当たるとして被害回復等を求める勧告を行ったことに加えて、少年A及びその実父が弁護士を介して秘密漏示の事実でYをも告訴した事実が一審裁判所において認定されている。

　同種事案の裁判例として、**最一決昭和53・5・31**（刑集32巻3号457頁、LEX/DB27670854、1978WLJPCA05310015・外務省秘密漏えい事件）は、特別法である国家公務員法違反事件である。特別法において、職務上知り得た秘密の漏示を処罰する規定はかなりの数に上るところ、国家公務員法100条、109条12号はその1例である。上記最決は、外務省職員であるXが、外交全般に関する取材活動に従事していたYの依頼に応じ、沖縄返還交渉に関する書類を持ち出してリコピーを作成し、Yに交付した事案につき、X、Yともに起訴されたところ、Yについて、本件取材行為は、その態様において正当な取材活動の範囲を逸脱するものであって、国家公務員法111条、109条12号、100条1項の秘密漏えいの「そそのかし」罪の構成要件に当たる

ものとされている。一方で、報道機関が公務員に対し秘密を漏示するように
そそのかしたからといって、直ちに当該行為の違法性が推定されるものでは
なく、それが真に報道の目的から出たものであり、その手段・方法が法秩序
全体の精神に照らし相当なものとして社会通念上是認されるものである限り
は、実質的に違法性を欠き正当な業務行為となる旨をも判示する。

　そうすると上記昭和53年最決の判例の趣旨を踏まえて、外務省秘密漏え
い事件と本件事例とを対比して検討するに、秘密漏示を求める（そそのかす）
取材活動としての行為は、その手段・方法が法秩序全体の精神に照らし相当
なものとして社会通念上是認されるものである限りは刑法35条により違法
性を欠くこととなろう。本件事例では、当該Ｙによる取材行為は、その態
様において正当な取材活動の範囲を逸脱するものとまでは断じ難いとして不
起訴処分とされたのかもしれない。Ｙの行為については、Ｘの実行正犯の共
同正犯（刑法60条、65条1項）あるいは教唆犯（刑法61条1項）としての構
成要件該当性は認められるものの、正当業務行為として違法性が阻却される
から犯罪は成立しないと解されよう。一般には、例えば背任罪における不正
融資の借り手側の責任に係る裁判例では、借り手側が共同正犯（刑法60条）
とされる場合も少なくないのであるが（**最三決平成15・2・18**刑集57巻2号
161頁、判時1819号155頁、LEX/DB28085188、2003WLJPCA02180001）、本件
のようなジャーナリストの取材行為は憲法21条の表現の自由に含まれる行
為として違法性が認められる余地は限定的である。前述のとおり、ＸがＹ
の取材に応じる本件行為（取材協力行為）は違法性が阻却されず刑法134条
の秘密漏示罪が問題なく成立するが、その対向的行為となるＹの行為は、Ｘ
にとっての行為評価とは独立して刑法35条の成否が検討されるわけである。

＜事例2＞　医師の司法協力（最一決平成17・7・19判時1905号144頁、
LEX/DB28105290、2005WLJPCA07190003）

[1]　事案の概要

　医師甲は、出血が多く救急車で国立病院A医療センターに運ばれてきたXから治療目的で採尿したところ、薬物検査の結果、尿中に覚せい剤の含有が認められた。医師甲はXの両親に尿から覚せい剤反応があったことを告げ、国家公務員として警察に通報しなければならないと説明して通報した。

　臨場した警察は裁判官から差押許可状の発布を得た上で、同病院に保管されているXの尿を差し押さえて、覚せい剤含有の有無につき鑑定嘱託し、覚せい剤を含有する旨の鑑定結果が得られたことから、Xを覚せい剤取締法違反罪で起訴した。被告人Xの弁護人は、覚せい剤の鑑定結果は医師甲が秘密を漏示したことによって得られた違法収集証拠であり証拠能力を欠くからXは無罪であると主張した。

［2］結論

　上告棄却（有罪）

［3］理由

　本件のような場合、医師甲が警察官に通報することは、正当行為（刑法35条）として許容されるものであって、医師の守秘義務に違反しない。

［4］検討

ア　違法収集証拠排除法則・毒樹の果実論

　捜査機関によって刑訴法に違反する手続を伴って収集された証拠は、違法収集証拠として、公判において手続の公正性を担保するためなど真実発見以外の理由から証拠能力が否定され得る[36]。特に、捜査機関が刑事訴訟を規律する法規に違反して収集した証拠の証拠能力を否定すべきだとの考え方を、違法収集証拠排除法則と呼んでいる。ちなみに、**最一判昭和53・9・7**（刑集32巻6号1672頁、LEX/DB27682171）は、傍論ではあるが、「証拠物の押

36　吉開多一ほか『基本刑事訴訟法Ⅰ手続理解編』（日本評論社、2020）253頁。

Ⅲ　名誉・プライバシー侵害の場合

収等の手続に、憲法 35 条及びこれを受けた刑訴法 218 条 1 項等の所期する令状主義の精神を没却するような重大な違法があり、これを証拠として許容することが、将来における違法な捜査の抑制の見地からして相当でないと認められる場合においては、その証拠能力は否定されるものと解すべきである」旨を判示する。被告人 X の弁護人は、本件覚せい剤の鑑定結果は医師甲が秘密を漏示したことによって得られた違法収集証拠であり証拠能力を欠くから X は無罪であると主張した。確かに、X の尿の鑑定結果の証拠能力が否定されると、被告人が使用した薬物が覚せい剤である事実の証明ができないことになり、本罪の成立は否定される。

　問題は、本件において証拠物たる X の尿の押収手続に違法があるか否かである。本件 X の尿の獲得は裁判官の発した差押許可状に基づいて行われており（刑訴法 218 条 1 項）、証拠収集行為自体に違法性はない。ただ、証拠収集に先立って行われた医師甲の通報、警察官の臨場と尿差押えのための令状請求などの先行行為に違法があるかどうかが問題となるのである。すなわち、違法な捜査行為と獲得された証拠物との間の因果性の有無ないし程度を問題とするのが、毒樹の果実論である。毒樹とは、違法な捜査行為そのものを指す。果実とは、一次証拠であれ、一次証拠をもとにして発見された派生的証拠であれ、違法な捜査行為から派生して収集された証拠物を指す[37]。**最二判平成 15・2・14**（刑集 57 巻 2 号 121 頁、LEX/DB28085189）も「違法な逮捕に密接に関連する証拠を許容することは、将来における違法捜査抑制の見地からも相当でないと認められるから、その証拠能力を否定すべきである」と判示する。

　こうした毒樹の果実論や違法収集証拠排除法則を踏まえて、本件鑑定書の証拠能力の有無を検討する場合、収集された証拠物たる X の尿との間の因果性を問題とすべき先行行為をたどっていけば際限のないものとなってしまう。ここでの法目的は判例・学説によれば、「将来における違法な捜査の抑

制」であると解されるから、問題とすべき先行行為は捜査行為に限られることとなる。そうすると捜査機関と無関係に行われた私人の行為は、一般に問題とならないであろう。

　本件では、警察官が甲医師に漏示をそそのかしたわけでもなく、甲医師の通報はその任意の判断によって行われたとすれば、違法収集証拠排除の問題は生じず、鑑定結果は違法収集証拠であってその証拠能力を否定すべきとする弁護人の主張は、独自の見解であって失当ということになろう。甲医師の本件通報行為は毒樹の果実論によっても、捜査行為ではないから問題とすべき先行行為の範疇にはそもそも含まれない。本件通報行為が甲医師にとって秘密漏示に当たる違法な犯罪行為であるかどうかの点は、違法収集証拠として証拠能力が否定されるか否かの判断とは、関連性のない事実であって審理の必要性もないものであろう。

　私見によれば、裁判所としては弁護人の主張を排斥する理由として「本件警察捜査に関しては被告人の尿の鑑定結果の証拠能力を否定しなければならないような違法はない」という判断にとどめ、「甲医師が警察官に通報することは、正当行為として許容されるものであって、医師の守秘義務に違反しない」といった踏み込んだ理由判断は必要がなかったのではなかろうか。甲医師としてはＸの治療を優先して考えるべきであり、守秘義務を解除させてまで警察に通報する義務を負っているとは考えにくい。

イ　公務員の告発義務（刑訴法 239 条 2 項）

　刑訴法 239 条 2 項は、公務員がその職務を行うことにより犯罪があると思料するときは、告発をしなければならない旨を規定する。これは訓示規定[38]である。そうすると非公務員の医師にはここでいう告発義務はないが、国立病院に勤務する医師甲については、公務員という身分を併せ持つことから法の衝突が生じてしまい、刑訴法 239 条 2 項の告発義務と刑法 134 条 1 項の守

---

[38]　訓示規定とは、公の機関に義務を課している法令の規定で、これに違反しても、行為の効力には別段の影響がない場合に、その規定を指す法律学上の概念である（金子ほか編代・前掲注（3）274 頁）。

Ⅲ　名誉・プライバシー侵害の場合

秘義務との関係が問題となる。この点について私見によれば、一般には公務員である医師と非公務員である医師とで守秘義務の扱いを異にする合理的理由はないから、刑訴法239条2項が訓示規定であることも勘案し、医師甲について刑法134条1項の守秘義務は容易に解除されないと解すべきものと考える。

ウ　医師甲の本件通報行為と刑法35条該当性

その上で、医師甲の通報行為が秘密漏示罪を構成するかが問題となるのであるが、この点について傍論として正当行為であるとして秘密漏示罪の違法性を阻却すると判断したのが本件判例である。

〈事例1〉と〈事例2〉を比較対照してみると、直ちに一般化はできないかもしれないが、国家的法益（司法への協力）≧個人的法益（プライバシー）≧社会的法益（報道の自由への協力、取材協力）という図式が成立している。

（4）公務員の職権濫用及び守秘義務違反による犯罪

①福岡地判令和2・2・19（LEX/DB25565261、2020WLJPCA02196005）は、検察事務官であった被告人が、当時好意を抱いていたAと連絡を取りたいなどと思い、その住所等を知るために、2度の機会に、実際は捜査のための必要がないのに、これがある旨の内容虚偽の検察官名義の捜査関係事項照会書合計3通を作成し、そのうち2通をそれぞれ別の役所に提出して行使し、役所の担当者にAの住民票に関する調査、回答をさせたなどという事案であるところ、虚偽有印公文書作成（刑法156条）、同行使（刑法158条1項）、公務員職権濫用（刑法193条）等の罪の成立が認められ、被告人は懲役3年、執行猶予3年、保護観察付に処せられた。検察庁法36条は、法務大臣は、当分の間、検察官が足りないため必要と認めるときは、区検察庁の検察事務官にその庁の検察官の事務を取り扱わせることができる旨を規定する。この規定により、法務大臣から「検察官事務取扱」の辞令を受けた検察事務官のことを検察官事務取扱検察事務官という。おそらく被告人は検察官事務

取扱検察事務官であったため、検察官名義の捜査関係事項照会書の作成の点は、作成権限があると認められることから偽造罪（刑法155条1項）は適用されなかったのであろう。捜査のための必要がないのに、これがある旨内容虚偽の文書を作成した点をとらえて、虚偽有印公文書作成罪が適用されたものである。次に、刑法193条は、公務員がその職権を濫用して、人に義務のないことを行わせ、又は権利の行使を妨害したときは、2年以下の懲役又は禁錮に処する旨を規定する。ここで「濫用」とは、判例上「公務員が、その一般的職務権限に属する事項につき、職権の行使に仮託して実質的、具体的に違法、不当な行為をすること」をいうとされている（**最二決昭和57・1・28**刑集36巻1号1頁、判時1029号60頁、LEX/DB24005793、1982WLJPCA012800 24）。本件では上記捜査関係事項照会書を作成して複数の役所に提出し（虚偽有印公文書作成・同行使）、そのうち1度の機会に役所の担当者にAの住民票に関する調査、回答をさせた点について公務員職権濫用罪を構成することとされた。住民票はその情報開示が厳格に制限されている中で、被告人が公務員としての一般的職務権限に属する事項につき職権の行使に仮託して役所の担当者にAの住民票に関する調査、回答を照会したものであり、当該担当者としては被告人に騙されて本来回答すべきではない事項につき調査、回答させられ、結局、被告人が当該担当者に義務なきことを行わせたと評価することができるから、職権濫用罪の成立を認めたのは相当であろう。なお、裁判所は、虚偽有印公文書行使と職権濫用との罪数関係について、刑法54条1項前段の観念的競合（1個の行為が2個の罪名に触れる場合）であるとして、犯情の最も重い虚偽有印公文書行使罪の罪で処断することとしている。

②**水戸地判平成31・3・20**（LEX/DB25563067、2019WLJPCA03206007）は、A町長である被告人が、平成26年12月18日、茨城県内の自宅においてBに対し、Cには地方税の滞納額が二百数十万円ある旨を教示し、もって地方税の徴収に関する事務に関して知り得た秘密を漏らしたという事実について、「地方税の滞納情報が、一般に、プライバシー性の高く、保護の必要性が高い情報である」として地方税法22条の罪（秘密漏えいに関する罪）の成立

を認め、罰金 20 万円に処している。同条（一部略）は、地方税の徴収に関する事務に従事している者又は従事していた者は、これらの事務に関して知り得た秘密を洩らし、又は窃用した場合においては、2 年以下の懲役又は 100 万円以下の罰金に処する旨を規定する。なお、地方公務員法 34 条 1 項は、職員は、職務上知り得た秘密を漏らしてはならない旨を規定し、同法 60 条 2 号は、34 条 1 項の規定に違反して秘密を洩らした者は、1 年以下の懲役又は 50 万円以下の罰金に処する旨を規定する。A 町長である被告人には地方税法違反のほか、地方公務員法 34 条 1 項、60 条 2 号の罪が成立すると解される。両罪の罪数関係についてみると、両罪は一般法と特別法の関係にあると解されよう。そうすると特別法たる地方税法において法定刑が加重されているので、同法が優先適用されて特別法たる地方税法 22 条の罪のみが成立すると解される。

　③**福井地判平成 29・8・28**（LEX/DB25547036、2017WLJPCA08286005）は、A 市の施設に勤務し市の施設の庶務に関する職務に従事していた被告人が、自宅において携帯電話又はタブレット端末を使用し、インターネットを介して、不特定多数の者が閲覧可能な「したらば掲示板」と題するホームページ内に、自己が管理しており市の施設の職員データにより知った同僚職員 B の住所、電話番号及び生年月日を記載し、もって職務上知り得た秘密を洩らしたという事案について、地方公務員法 60 条 2 号の罪（同法 34 条 1 項違反）の成立を認める。被告人は犯人性を争ったものの有罪とされ、裁判所は、「同僚職員 B に対する不満や恨みの気持ちから本件犯行に及んだものと推察され、うつ病という被告人の精神的な不調が犯行を助長した部分がある可能性は否定できないが、酌量の余地はない」として、懲役 6 月、3 年間執行猶予に処している。

　④**新潟地判平成 18・5・11**（判時 1955 号 88 頁、LEX/DB28130802、2006WLJPCA05110005）は、原告が、防衛庁の職員は同庁に対して行政文書開示請求をした者のリストを組織的に作成・保有・配布していたが、同リストには原告の個人情報の記載があり、これの配布により原告のプライバシー、知る権

利等が侵害されたと主張して被告国に対し、国家賠償法 1 条 1 項に基づく損
害賠償を求めた事案であるところ、防衛庁職員である A 三等海佐による情
報公開業務に当たる他の防衛庁職員らへの本件リストの配布行為は、原告の
「氏名、職業、郵便番号、住所、電話などの個人識別を可能にする情報と、
原告が弁護士であり、オンブズマンであり、本件文書開示請求をしたという
情報が一体となったものであるが、このような個人情報について、原告が、
自己が欲しない他者にみだりにこれを開示されたくないと考えることは自然
なことであり、そのことへの期待は保護されるべきものであるから、これら
の個人情報は、原告のプライバシーに係る情報として法的保護の対象となる
……本件個人情報は内心の核心に触れる重大な秘匿情報とまではいえない
……本件不法行為により原告に具体的な不利益が生じておらず、今後も生じ
るおそれが認められないことに鑑みると……原告が被った精神的苦痛の慰謝
料は 10 万円とするのが相当であ」る旨を判示する。被告国は控訴したが控
訴棄却とされている（**東京高判平成 18・5・11**LEX/DB25480639）。国家公務員
法 100 条 1 項は、「職員は、職務上知ることのできた秘密を漏らしてはなら
ない。その職を退いた後といえども同様とする」旨を規定し、同法 109 条
12 号は、100 条 1 項の規定に違反して秘密を洩らした者は、1 年以下の懲役
又は 50 万円以下の罰金に処する旨を規定しているが、本件個人情報の漏え
いは刑事事件としては立件されていないようである。

(5) 肖像権の侵害と民事救済

　人の肖像も不法行為による保護の対象となり、したがって、他人の肖像の
無断使用も一般に不法行為となる[39]。

　東京地判令和 2・2・26（LEX/DB25585452、2020WLJPCA02268015）は、原
告が、「被告 B は自身の運営するブログ及び発行する新聞に掲載した記事に
より原告の名誉権、プライバシー及び肖像権を侵害し、被告 C 及び被告 D は

39　吉村・前掲注（2）48 頁。

記事の掲載を共同実行し、又は幇助した」と主張して被告らに対し、共同不法行為に基づいて慰謝料 3400 万円を、人格権に基づいて上記ブログ上の表現及び画像の削除などを各求めた事案であるところ、本件ブログ及び本件新聞による肖像権侵害の成否については、「人の肖像は、個人の人格の象徴であるから、当該個人は、人格権に由来するものとして、これをみだりに利用されない権利を有する……本件ブログ及び本件新聞は、原告が F の偽装破産に関与したこと、原告が α Ｘ丁目物件の転売禁止条項の潜脱行為をしたことなどを追及する一連の記事の中で、原告の容ぼうを撮影した画像を掲載したものである」ところ、「上記各事実は真実であるとは認められず、それらが真実であると信じたことについて相当な理由があるとも認められない……本件ブログ及び本件新聞における原告の肖像の使用は、社会通念上受忍すべき限度を超えて原告の人格的利益を侵害するものであり、不法行為に当たる……原告は人格権に基づき、当該画像の削除を求めることができる……被告 B は本件ブログの運営者であり、被告 D は、本件ブログに記事を掲載する作業を行っていた時期があり、現在も本件ブログが利用するサーバーの契約者であることを考慮すると、被告 B 及び D は、前記 (1) の表現等の削除義務を負う」旨判示して、請求に係る画像の削除を被告 B 及び D に命じている。

　こうした利益の侵害は、本件事案のように言論出版等の活動によって行われることが多く、言論の自由や表現の自由、さらには国民の知る権利との調整をどうするかが問題となる。このような利益の侵害の違法性判断に当たっては、侵害された利益の種類や程度に加えて、侵害行為の態様も重要な判断要素とならざるを得ない[40]。このような視点から、名誉毀損に関する刑法 230 条の 2 第 1 項にならって、これらの利益侵害に当たるとされる行為が公共の利害に関する事実にかかわること、その行為がもっぱら公益を図る目的によること、当該事実が真実であること、あるいは真実性が認められない場合に真実であると信じたことに相当な理由があることが証明された場合に

40　吉村・前掲注 (2) 53 頁。

⑤　個人情報・プライバシーの保護

は、民事上も違法性がないという考え方が判例上確立されている（**最一判昭和 41・6・23** 民集 20 巻 5 号 1118 頁、判時 453 号 29 頁、LEX/DB27001181、1966 WLJPCA06230001）。

（6）まとめ

　法的に保護される個人情報として、患者個人の医療情報や前科・前歴など本人の身上や社会的身分、病歴など漏えいした場合に犯罪に悪用されるか、または重大な不利益を本人に及ぼす可能性のあるセンシティブ情報がある。

　家庭裁判所の審判に付された少年又は少年のときに犯した罪により公訴を提起された者について、氏名など本人であることを推知させる記事や写真の掲載を禁止する少年法 61 条については少年による犯罪が重大な社会的関心事となる中で報道の自由との関係の調整が問題となる。刑事規制としては、刑法の秘密漏示罪や盗撮を処罰する都道府県条例違反罪があるほか、特別法において、職務上知り得た秘密の漏示を処罰する規定は国家公務員法、地方公務員法などかなりの数にのぼる。民事救済としてはプライバシーの侵害が一般に不法行為を構成するほか、人の肖像も不法行為による保護の対象となる。

6 ── 企業の情報管理責任と営業秘密の保護

（1）電子署名・認証の制度

（A）総説

　従来、紙ベースで契約を行う場合には、契約当事者同士が顔を合わせた上で契約を結んだり、又は電話により声を確認するなどして相手方を確認することが可能であった。しかしながら、インターネットを利用した電子取引に

おいては、当然のことながら、相手方の顔や声を確認することはできない。

　したがって、第1にいわゆる「なりすまし」というセキュリティ上の問題点が存在する。すなわち、データ上、作成者を表す記述があった場合でも、記述そのものは誰でも作成できるため、実際に作成名義人本人が作成したのか、それとも第三者が作成名義人になりすまして作成したのかが判別困難になってしまうのである。

　第2に、インターネット上の通信の場合は、通信経路上で、悪意のあるハッカーに盗聴され、さらにその内容が改ざんされる危険性がある。書面上の場合は、改ざんされてもその痕跡が残るため、改ざんの事実が判明することが多い。これに対して、ネットワーク上のデータでは、改ざんの痕跡が残らないため、事後的に改ざんの有無を検証することが困難となる。

　第3に、送信の事実の有無をめぐって、送受信後、相手方が送信の事実や内容の一部を否定する危険がある。この場合も、コンピュータ上では、同一の内容のメッセージは、だれもが作成可能であるため、その者が送信したという事実の証明が困難となる。

　こうしたコンピュータ・ネットワークで発生するセキュリティ上の問題を解決することを目的としたものが、電子署名及び電子認証技術である[41]。

（B）暗号技術

　電子署名には、様々な暗号技術が用いられている。暗号技術とは、だれにでも判読可能な文章である「平文（ひらぶん）」を一定の計算式に基づき変換すること（暗号化）、及びこの変換結果（暗号文）を元の平文に再変換する（復号）技術である。

　暗号技術の機能には、「守秘」及び「認証」の2つがある。このうち「守秘機能」は、情報内容を第三者に知られないように秘匿することであり、「認証機能」は、情報の作成者又は情報の内容の同一性を確認することであ

41　渡邉新矢ほか『電子署名・認証【法令の解説と実務】』（青林書院、2002）10頁。

る。この認証機能は、今日の電子取引の広がりに伴い、前述した「なりすまし」、改ざん、及び否認の問題の解決のために着目された機能である [42]。

　暗号技術には、①共通の鍵で暗号化、復号を行う「対称鍵暗号（共通鍵暗号）方式」と②暗号化と復号に使う鍵がそれぞれ異なる「非対称鍵暗号（公開鍵暗号）方式」とがある。最近広く知られている電子署名技術は、非対称鍵暗号方式である [43]。この方式によれば、公開鍵をあらかじめ公開しておけば、取引相手ごとに鍵を送付する必要がなく、オープンな不特定多数者間の取引に適しているという [44]。

（C）電子署名

　電子署名とは、様々な暗号技術に基づいた電子的に作成された識別子の総称である。この中でも、現在最も信頼され、広範囲に利用されている技術は、非対称鍵暗号（公開鍵暗号）方式を用いた電子署名であり、これは特に「デジタル署名」と呼ばれている [45]。

（D）電子認証制度

　電子認証制度とは、当該電子署名が本人のものであることを信頼される第三者としての認証機関が認証した電子証明書を発行するシステムである。そして、このような役割を果たす認証機関を中心としてデジタル署名を用い、インターネット上の安全性を構築するために考案されたのが公開鍵基盤（PKI）というシステムである。PKI は、機能の点からみると、本人性の確認、メッセージが改ざんされていないこと、メッセージの秘匿性及び否認不可を支援するシステムといえる [46]。

42　渡邉ほか・前掲注（41）11 頁。
43　渡邉ほか・前掲注（41）13 頁。
44　渡邉ほか・前掲注（41）16 頁。
45　渡邉ほか・前掲注（41）16 頁。
46　渡邉ほか・前掲注（41）21 頁。

Ⅲ　名誉・プライバシー侵害の場合

（E）電子署名及び認証業務に関する法律

　上述したコンピュータ・ネットワーク上で発生するセキュリティ上の問題を解決することを目的として、平成 13 年 4 月 1 日から「電子署名及び認証業務に関する法律」（以下、「電子署名・認証法」という。）が施行され、電子署名の法的位置づけ、特定認証業務[47] についての任意の認定制度の創設、電子署名及び認証制度の円滑な実施のための国の措置について定めている（同法 1 条参照）。

　同法は、電子署名とは、電磁的記録に記録可能な情報について行われる措置であって、①当該情報が当該措置を行った者の作成に係るものであることを示すためのものであること、及び②当該情報について改変が行われていないかどうかを確認できるものであることの 2 つの要件のいずれをも充たすものであると定義する（同法 2 条 1 項）。

　同法 3 条は、電磁的記録に記録された情報について、本人による電子署名が行われているときは、真正に成立したものと推定するとして、電子署名にも私文書における署名又は捺印と同等の推定効を認める。

（F）商業登記に基礎を置く電子認証

　わが国では、商業登記法の平成 12 年改正により、同年 10 月 10 日から商業登記に基礎を置く電子認証制度の運用が開始されている[48]。

　令和 4 年 3 月から、電子証明書の発行に加え、商業登記電子証明書の使用廃止、使用再開、識別符号変更及び再発行についてもオンラインによる届出等が可能となった[49]。商業登記に基づく電子認証制度は、登記所が管理する

47　特定認証業務とは、電子署名のうち、その方式に応じた本人だけが行うことができるものとして主務省令で定める基準に適合するものについて行われる認証業務をいう（電子署名・認証法 2 条 3 項）。
48　渡邉ほか・前掲注（41）109 頁。
49　www.moj.go.jp トップページ＞政策・審議会等＞国民の基本的な権利の実現＞商業登記に基づく電子認証制度＞オンラインによる商業登記電子証明書の請求等について

6　企業の情報管理責任と営業秘密の保護

登記情報に基づき、会社・法人の代表者等に対して、電子証明書を発行する制度である。

　登記所が発行する電子証明書を取得するためには、事前準備として法務省が提供する専用ソフトウェアを入手し、パソコンにインストールする必要がある。次に、発行申請に必要となる「鍵ペアファイル」と「証明書発行申請ファイル」を作成する必要がある。電子証明書の発行申請は書面で行う方法とオンラインで行う方法とがある。発行申請を書面で行う場合は、管轄登記所（会社・法人の本店・主たる事務所の所在地を管轄する登記所）に対して、電子証明書の発行申請を行う（商業登記法12条の2第1項参照）[50]。

（2）情報流出と企業の責任

（A）総説

　情報を記録する物体が、紙から電子媒体へと変化するとともに、センシティブ情報を含む個人情報を大量に保有することとなったことにより、大量のデータが簡単に流出するようになった。これらの情報について、企業が社員のみならず、派遣社員、アルバイトなどにも取り扱わせていることからも、情報流出が多発するようになった。

　情報流出の類型としては、故意によるものとして、①内部者による持ち出し、②外部からの不正アクセスがあり、過失によるものとして、③盗難・紛失、④メールの誤操作・誤廃棄等がある。情報が流出した場合、回収はほぼ不可能であり、ネット上で際限なく流通する場合もあり、ことにセンシティブ情報が流出した場合は被害者のプライバシー侵害は甚大であり、企業の責任は誠に重大である。

　企業は、多数の個人情報が流出した場合には、損害賠償責任が多額に上るほか、信用失墜が避けられず、営業停止や営業自粛を余儀なくされたり、極

50　www.moj.go.jp トップページ＞政策・審議会等＞国民の基本的な権利の実現＞商業登記に基づく電子認証制度＞電子証明書取得のご案内

めて大きなリスクを抱えることになる[51]。

（B）顧客情報の流出に対する損害賠償

東京地判平成 26・1・23（判時 2221 号 71 頁、LEX/DB25517637、2014WLJP CA01238001）は、原告が、被告との間で、原告のウェブサイトにおける商品の受注システムの設計、保守等の委託契約を締結したのに対し、被告が製作したアプリケーションが脆弱であったことにより上記ウェブサイトで商品の注文をした顧客のクレジットカード情報が流出し、原告による顧客対応等が必要になったために損害を被ったと主張して、債務不履行に基づく損害賠償を請求した事案であるところ、適切なセキュリティ対策が採られたアプリケーションを提供すべき債務の不履行を認め、損害として本件ウェブ受注システムに関連して支払った代金、顧客への謝罪関係費用（1636 万円余）、顧客からの問合せ等の対応費用（493 万円余）、調査費用（393 万円余）、売上損失（400 万円）などを認め、3 割の過失相殺をして、損害賠償金 2262 万円余の支払を命じた。民法 418 条は、債務の不履行又はこれによる損害の発生若しくは拡大に関して債権者に過失があったときは、裁判所は、これを考慮して、損害賠償の責任及びその額を定める旨を規定する。

（C）監督官庁の処分

　情報が流出した場合には、被害者に対する損害賠償責任を負うほか、監督官庁からの処分を受けるおそれがある。すなわち、情報を流出させた企業は、個別の業法、個人情報保護法に基づき、監督官庁から行政処分を受ける可能性がある。

　ちなみに、金融庁は平成 18 年 4 月、みずほ銀行に対して、行員が暴力団関係者に顧客情報を提供した事案について、銀行法に基づいて内部管理態勢強化を求める業務改善命令[52] と個人情報保護法に基づいて安全管理措置態勢

51　後藤啓二『企業不祥事対応の実務』（中央経済社、2008）114 頁。
52　銀行法 26 条 1 項は、「内閣総理大臣は、銀行の業務若しくは財産又は銀行及びその子

強化を求める勧告[53]を発している[54]。

(3) 秘密保持契約・競業避止義務

　秘密保持契約とは、ある取引を行う際などに取引の当事者間で締結する合意であり、営業秘密や個人情報など業務に関して知った秘密を第三者に開示しないことを約するものをいう。機密保持契約、守秘義務契約ともいう。労働者にとっても、労働契約における誠実義務として、使用者の営業秘密を保持する義務を負う[55]。ちなみに不正競争防止法2条1項7号は、「営業秘密を保有する事業者からその営業秘密を示された場合において、不正の利益を得る目的で、またはその営業秘密保有者に損害を加える目的で、その営業秘密を使用し、または開示する行為」を「不正競争」の1つと定義してこれを規制している。

　労働者にとっての競業避止義務とは、労働者が在職中ないし退職後に使用者と競争関係に立つ営業を自ら行ったり、同業他社に雇用されてはならない義務をいう[56]。

　①**知財高判平成24・7・4**（LEX/DB25444731、2012WLJPCA07049004）の事案の概要をみると、1審原告ネクストは不動産売買等を業とする株式会社であり、1審原告コミュニティはネクストの完全子会社であって、ネクストが販売した不動産の管理及び賃貸等を業とする株式会社であり、1審被告A

　会社等の財産の状況に照らして、当該銀行の業務の健全かつ適切な運営を確保するため必要があると認めるときは、当該銀行に対し、措置を講ずべき事項及び期限を示して、当該銀行の経営の健全性を確保するための改善計画の提出を求め、若しくは提出された改善計画の変更を命じ、又はその必要の限度において、期限を付して当該銀行の業務の全部若しくは一部の停止を命じ、若しくは当該銀行の財産の供託その他監督上必要な措置を命ずることができる」旨を規定する。

53　個人情報保護法148条1項は、個人情報保護委員会は、個人情報取扱事業者等が同法のいくつかの規定に違反した場合において個人の権利利益を保護するため必要があると認めるときは、当該個人情報取扱事業者等に対し、当該違反行為の中止その他違反を是正するために必要な措置をとるべき旨を勧告することができる旨を規定する。

54　www.fsa.go.jp/status/s_jirei

55　金子ほか編集代表・前掲注（3）1045頁。

56　金子ほか編集代表・前掲注（3）210頁。

は平成14年3月ネクストに営業社員として採用されて営業部に所属し、平成20年7月ネクストを退職した者であり、1審被告レントレックスは不動産の賃貸管理、仲介等を業とする株式会社であるところ、Aがネクストの営業秘密である顧客情報を不正に取得しこれを図利加害目的でネクストの顧客に連絡して使用し、賃貸管理の委託先を1審原告コミュニティから1審被告レントレックスに変更するよう勧誘して賃貸管理委託契約を締結するなどしたことを理由として不正競争防止法4条に基づく損害賠償を請求したというものである。裁判所は、「1審被告Aらは、1審被告レントレックスの業務として、不正の利益を得る目的又は1審原告コミュニティに損害を加える目的（図利加害目的）で、1審原告コミュニティから示され、あるいは1審原告コミュニティに対する秘密保持義務を負っている原告ネクストの元従業員から取得した、その営業秘密である本件顧客情報を使用したほか……故意により、1審原告らの顧客に対し、1審原告らの営業上の信用を害する虚偽の事実を告知した」として、1審原告ネクストの請求については1審被告らに対し連帯して損害賠償金110万円等の支払を命ずる限度で認容し、1審原告コミュニティの請求については1審被告らに対し連帯して475万円余等の支払を命ずる限度で認容した。不正競争防止法4条は、故意又は過失により不正競争（同法2条が定義する）を行って他人の営業上の利益を侵害した者は、これによって生じた損害を賠償すべき旨を規定する。本件1審被告Aらの行為は、不正競争防止法2条の不正競争に該当する（被告らのうちAの行為は同法2条7号に該当する）ことに異論はなかろう。

②**東京地判平成16・4・13**（判時1862号168頁、LEX/DB28091299、2004 WLJPCA04130002）は、イベントを実施する主催者ないしその元請からの依頼を受けて、登録アルバイト員を派遣する業務を日常業務の1つとしている原告が、原告の元従業員である被告Aにおいて、勤務中に特別に持ち出しを許諾されていた本件情報をプリントアウトした顧客リスト及び登録アルバイト員のリストを不正の利益を得る目的で使用し、被告会社、被告B、同C及び同Dにおいて、被告Aによる上記情報の開示が営業秘密の不正開示行

6　企業の情報管理責任と営業秘密の保護

為であることを知って上記情報を取得し、それを使用したと主張するなどして 1000 万円の損害賠償を請求した事案であって、本件各情報の営業秘密該当性が争点とされたところ、「本件情報については、そのデータが原告従業員全員が閲覧可能な原告所有のパソコンに保存され、そのパソコンにはパスワードの設定もなく、原告は、本件情報をプリントアウトした顧客リストを全従業員に配布しており、被告 A ら原告の従業員は、このリストを机の引き出しに保管していたかあるいはカバンに入れて持ち歩いており、原告代表者は、被告 A が自己所有のパソコン及び携帯電話に本件情報を保有することを許諾していたものである。他方、原告が、原告所有のパソコンにアクセスできる者を制限する措置を執ったり、各従業員に配布した顧客リスト……に関する情報あるいは被告 A が自己所有のパソコン及び携帯電話に入力した上記情報を第三者などに漏洩することを厳格に禁止するなどの措置を執ったことを認めるに足りる証拠はない……原告は、本件情報を客観的に秘密として管理していたとはいえない」旨判示して請求を棄却している。不正競争防止法 2 条 6 項は、同法における営業秘密について、「秘密として管理されている生産方法、販売方法その他の営業活動に有用な技術上または営業上の情報であって、公然と知られていないもの」と定義している。すなわち、a 秘密として管理されていること（秘密管理性）、b 事業活動に有用な技術上又は営業上の情報であること（有用性）、c 公然と知られていないこと（非公知性）の 3 要件を必要とする[57]。本件は仮に上記 3 要件のうち「有用性」と「非公知性」が認められるとしても、「秘密管理性」の要件を満たさないとして営業秘密該当性が否定された事案といえよう。

（4）会社における電子メールの私的利用と監視

＜事例＞　F 社 Z 事業部電子メール事件（東京地判平成 13・12・3 労判 826 号 76 頁、2001WLJPCA12030004）

57　経済産業省知的財産政策室編『逐条解説不正競争防止法』（商事法務、2016）40 頁。

［1］ 事案の概要

　X_1（本訴原告・反訴被告）は F 株式会社 Z 事業部に勤務し、同事業部営業部長 D の直属のアシスタントを務めており、X_2（本訴原告・反訴被告）は X_1 の夫で、同じく同社同事業部に勤務していた。

　Z 事業部の事業部長 Y（本訴被告・反訴原告）は、平成 12 年 2 月 29 日、X_1 に対し、「一度時間を割いて戴き X_1 さんから見た当事業部の問題点等を教えて載きたいと思っていますので宜しく」という電子メールを送った。仕事にかこつけての誘いであるという反感を持った X_1 は、同年 3 月 1 日「夫へ　日頃ストレスは新事業部長にある。細かい上に女性同士の人間関係にまで口を出す。いかに関わらずして仕事をするかが今後の課題。まったく、単なる呑みの誘いじゃんかねー。胸の痛い嫁」という X_2 宛の電子メールを、操作を誤り、Y 宛に送信してしまった。

　誤送信を読んだ Y は、平成 12 年 3 月 1 日から、X_1 のメール使用を監視し始め、X_1 が相談を持ちかけた P のメールも監視した。

　Y は、X_1 が、「スキャンダルでも探して何とかしましょうよ。このままじゃ許せん。絶対！！」というメールを P に送っていたこと、Y をセクシャルハラスメント行為で告発しようと動いていることを知り、警戒感を強めた。

　3 月 6 日ころ、X_1 がパスワードを変更したことからメール監視ができなくなると、Y は会社の IT 部に対し、X_1 及び P 宛のメールを Y 宛に自動転送するように依頼して、メール監視を継続した。

　X_1 及び X_2 は、Y に対し、① X_1 が Y からセクシャルハラスメントを受けたこと、② X_1 が F 社の社内コンピュータネットワークシステムを用いて送受信を行った私的なメールを Y が X_1 らの同意なく閲読したことを理由として不法行為に基づく損害賠償請求をした。

［2］ 結論

6　企業の情報管理責任と営業秘密の保護

Xらの本訴請求棄却（確定）。

[3] 理由（②の点について）

F社Z事業部においては、電子メールの私的使用の禁止が徹底されたこともなく、会社による私的電子メールの閲読の可能性等が社員に告知されたこともない。

こうした事実関係の下では、会社のネットワークシステムを用いた電子メールの私的使用に関する問題は、いわゆる私用電話の制限の問題とほぼ同様に考えることができる。日常の社会生活を営む上で通常必要な外部との連絡の着信先として会社の電話装置を用いることが許容されるのはもちろんのこと、さらに、会社における職務の遂行の妨げとならず、会社の経済的負担も極めて軽微なものである場合には、外部からの連絡に適宜即応するために必要かつ合理的な限度の範囲内において、会社の電話装置を発信に用いることも社会通念上許容されていると解すべきで、このことは私的電子メールの送受信に関しても基本的に該当する。

社員の電子メールの私的使用が上記範囲にとどまる限り、その使用について社員に一切のプライバシー権がないとはいえない。

しかしながら、通常の電話装置とは異なり、社内ネットワークシステムを用いた電子メールの送受信については、利用者において、通常の電話装置の場合と全く同程度のプライバシー保護を期待することはできず、合理的な範囲での保護を期待しうるに止まる。

Yの地位及び監視の必要性については、一応これを認めることができる。YがZ事業部の最高責任者であったことは確かであり、Yによる監視であることの一事をもって社会通念上相当でないと断じることはできない。

これに対し、X_1らによる電子メールの私的利用の程度は合理的な限度を超えている。

Yによる監視行為が社会通念上相当な範囲を逸脱したものであったとまではいえず、X_1らが法的保護に値する重大なプライバシー侵害を受けたとは

いえない。

[4] 検討

　本件は事前の明確な告知等がなされていない私用メールの監視・調査について、プライバシー権の侵害を認めることに消極判断を示した事例である。しかし、メール通信が日常化し、プライバシー保護への関心が高まっている今日、メール監視・調査についてのルールを事前に明定しておく必要性が高まっているといえようか[58]。

　なお、本件反訴は、Y が X₁ および X₂ に対し、原告らが存在しないセクシャルハラスメント行為をねつ造し、その内容を雑誌等に掲載させる意図で出版社の広告部に在籍する知人に対して電子メールで送信したこと、その内容を社内の同僚に電子メールで送信したことにより、被告 Y の所属する事業部以外の部署の者にまでそれが知られるようになったことを理由として、不法行為（名誉毀損）に基づく損害賠償を請求した事案であるところ、本件反訴についても、「被告によるセクシャルハラスメント行為の存在を認めるに足りる証拠はないが、逆に、原告らが事実無根のセクシャルハラスメント行為を意図的に捏造したと認定するに足りるだけの証拠もない……本件のような紛争になれば、会社内の相当程度の範囲に噂が広がるのは避けがたいことである。また、このような結果に対して名誉棄損の不法行為の成立を認めることは、一般論として、この種の問題（セクシャルハラスメント問題）の調査に対する過大な萎縮効果を招来するおそれがあるから慎重でなければならず、特に、セクシャルハラスメント行為を受けたと主張する者が、社内の同僚や、総務部の者に対してその旨を告げることが名誉毀損行為となるのは、明確な加害意図のもとに故意に虚偽の事実を捏造し、かつ、当該担当部署に通常の方法で申告するだけでなく、それ以外の不特定多数の者に広く了知されるような方法で殊更に告知されたような場合に限定されるべきである……

58　荒木尚志「電子メールの私的利用と監視・調査」堀部政男＝長谷部恭男編『メディア判例百選』（有斐閣、2005）235頁。

6　企業の情報管理責任と営業秘密の保護

本件においては、……原告らが、……社内においてことさらな風説流布行為を行ったとまでは認められない……さらに、Y自身が、早い時点から、工場の従業員らに対してまで、忘年会での抱きつき行為を見たかどうかの聴き取りをしているところ、Yのこのような行為から社内に噂が広がることも十分考えられる」などとして棄却されている。セクハラ問題について、加害者と訴えられている当事者自らが会社内で従業員に対し聴き取り調査をすることは、公平性の観点からしても、一般に相当ではなかろう。特にその者が会社内で本件のYのように部長職といった地位にあり、上司としての立場があればなおさらであろう。本件は会社内で起こるセクハラ問題についての興味深い一事例といえよう。

第2章

救済場面における被害者等の保護

Ⅰ　刑事手続における被害者の関与・保護

1 ── 被害の法律相談

(1) 法テラスによる被害者等に対する支援

(A) 総説

　日本司法支援センター（略称は「法テラス」）は、総合法律支援法に基づき、独立行政法人の枠組みに従って、日本国政府が設立した法務省所管の法人で、総合法律支援に関する事業を迅速かつ適切に行うことを目的としている。

　法テラスは民事事件についての法律相談にも広く応じているところ、犯罪被害者支援も 1 つの重要な事業である。

　法テラスは、被害者等に対する支援業務として、電話及び各地方事務所を通じて、刑事手続への適切な関与、損害や苦痛の回復・軽減を図るための制度に関する情報提供を行うほか、被害者等の支援を行っている機関・団体の支援内容や相談窓口を案内し、被害者等の支援について理解や経験のある弁護士の紹介等を行う。

(B) 被害者参加人のための国選弁護制度

　具体的な制度としてみていくと、まず、「被害者参加人のための国選弁護制度」がある。前提として刑事裁判における被害者参加制度がある（刑訴法

316 条の 33 以下）。これは、一定の犯罪の被害者等が、裁判所の決定により、公判期日に出席し、被告人に対する質問を行うなど、刑事裁判に直接参加することができる制度である。被害者参加人[59] が法テラスを経由して裁判所に国選被害者参加弁護士[60] の選定請求をするに当たり、法テラスと契約している弁護士を国選被害者参加弁護士の候補に指名して裁判所に通知するなどの業務を行っている。

（C）被害者参加旅費等支給制度

次に、「被害者参加旅費等支給制度」がある。被害者参加人が被害者参加制度を利用して刑事裁判に出席した場合、旅費（交通費）と日当が支払われる。また、出席する裁判所が自宅から遠いなどの理由で宿泊しなければならない者には、宿泊料も支払われる。

被害者参加旅費等を請求する場合は、検察庁・裁判所で配布される「被害者参加旅費等請求書」の用紙に必要事項を記載し、必要書類とともに、裁判の日に出席した裁判所へ提出する。旅費・日当などは、「被害者参加旅費等請求書」に記載した口座への振込により法テラスから支払われる。

（D）犯罪被害者法律援助（日弁連委託援助）

生命、身体、自由又は性的自由に対する犯罪及び配偶者暴力、ストーカー行為による被害を受けた者又はその親族若しくは遺族が、刑事裁判、少年審判等手続、行政手続に関する活動を希望する際に、弁護士費用を援助する制度である。この委託援助事業は、日本弁護士連合会が受けたしょく罪寄附と、同会が弁護士から集めた会費により運営されている。

本制度を利用するには、上記対象者の要件に該当するほか、申込者が一定

59　被害者参加人とは、一定の罪に係る被告事件の被害者等であって、裁判所から被告事件の手続への参加を許された者である。

60　被害者等から委託を受けた弁護士も被害者参加人となることができるところ、資力が十分でない被害者等に対して国選被害者参加弁護士制度が認められている（犯罪被害者保護法 11 条）。

の資力要件を満たし、事件について弁護士に依頼する必要性があり、かつ、相当性があることが必要となる。

（E）DV 等被害者法律相談援助制度

これは、特定侵害行為（DV、ストーカー、児童虐待）の被害を現に受けている者（現に受けている疑いがある者を含む。）に対し、資力にかかわらず、再被害の防止に必要な法律相談を行う制度である。

資産が一定の基準以下の場合は、相談は無料である。基準を超える資産を有する場合は、相談料（1件5500円）を負担しなければならない。相談できる内容は、再被害の防止に関する内容であれば、刑事・民事を問わない。弁護士費用については、その者の経済状況等に応じて、民事法律援助や日弁連委託法律援助の制度を利用することができる。

（2）被害申告及び告訴

（A）総説

名誉棄損罪（刑法230条1項）のように、公訴の提起に告訴のあることを要する犯罪を親告罪（同法、232条1項参照）という。親告罪の告訴は、原則、犯人を知った日から6ヵ月の期間の経過したときはすることができない（刑訴法235条1項本文）。ただし性犯罪については、平成12年刑訴法の改正により告訴期間の制限が撤廃され、次いで平成29年刑法改正により非親告罪化されている[61]。

なお、被告訴人不詳でも告訴自体は可能であるものの、証拠を十分に集めておぜん立てを整えて告訴した方が捜査官に受理してもらえる可能性は高いといえるので、調査を尽くした上なるべく加害者についても特定して告訴するに越したことはないといえよう。

---

[61]　法務省「令和元年度犯罪白書」第6編第2章第1節1。

（B）被害申告か告訴か

うその口コミの加害者に対しては、警察に信用毀損罪（刑法233条前段）の被害申告をして処罰を求めることが考えられる。信用棄損罪は名誉棄損罪とは異なり親告罪ではないので、警察は告訴がなくても被害届だけで捜査に着手することができる。被害届は、被害の事実を警察等の捜査機関に申告することをいい、告訴とは異なり、犯人の処罰の意思表示を含むものではない。

警察は、一般的に告訴の受理に慎重な傾向がないわけではない。警察には持ち込まれる事件の数が多く、中には証拠がほとんどないものや対人関係のもつれによる復讐目的と思われるような事案も少なくないことから、単なる私人間の争いとみられてしまうと、捜査に消極的態度をとられてしまうことが往々にしてある。告訴の場合、ときとして捜査機関に対する対立的な姿勢ととられ、警察の士気をくじいてしまう要因にもなりかねないことがある。

そうすると必要的告訴事件ではない信用棄損については、まず被害届を提出するほうがいいとも考えられる。一般に警察において、被害届に対しては、その内容が明白な虚偽又は著しく合理性を欠くものである場合を除き、迅速・確実に受理するよう努める旨警察庁長官からの通達が出ている。もちろん犯人の特定ができていなくても被害届は出すことができる。ちなみに、民事裁判で発信者情報開示請求を行って加害者を特定するには相当な時間と費用を要するのに対し、捜査機関にゆだねた場合には警察のノウハウと強制捜査の権限により迅速に発信者を特定してもらえるメリットも期待できよう。

（3）地方公共団体における被害者支援に向けた取組み

全国の検察庁に被害者支援員が配置され、被害者からの各種相談への対応、法廷への案内・付添い、事件記録閲覧や証拠品の返還等の各種手続の援助をするほか、被害者の状況に応じ、精神面、生活面、経済面等の支援を

行っている関係機関・団体等を紹介するなどの支援活動をしている。

　公益社団法人被害者支援都民センターは全国で初めて犯罪被害等の早期の軽減に資する事業を適正かつ確実に行うことができると認められる団体として都道府県公安委員会から指定を受けている。現在では全国で47団体がこの指定を受けており、被害直後から、病院、警察署に付き添うなどの支援事業を行っている。

　各都道府県には、地方公共団体が関与する性犯罪・性暴力被害者のためのワンストップ支援センターが設置されており、性犯罪・性暴力被害者のためのワンストップ支援センターでは、性犯罪被害者に対する専門の相談窓口機能を持ち、必要に応じ医師による心身の治療、警察等への同行支援をはじめとする支援を行っている。

　全国の法務局でも、犯罪被害者等に対する人権侵害について、相談に応じている[62]。

2 ── 捜査段階

（1）起訴・不起訴に関する被害者への通知

　検察庁では、平成11年4月から全国的に統一された被害者等通知制度が実施されている[63]。検察官等は、被害者が死亡した事件又はこれに準ずる重大な事件や検察官等が被害者等の取調べを実施した事件において、被害者等が希望する場合には、事件の処理結果、公判期日及び裁判結果に関する事項について通知を行っている。特に希望し相当と認めるときは、公訴事実の要旨、不起訴理由の骨子、公判経過等についても通知を行っている[64]。

62　犯罪白書・前掲注（17）第6編第2章第1節8。
63　川出＝金・前掲注（1）320頁。
64　犯罪白書・前掲注（17）第6編第2章第1節2。

＜不起訴処分と検察審査会の審査手続＞

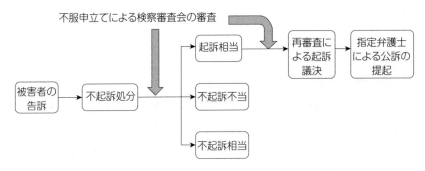

(2) 不起訴処分に対する不服申立て

　検察審査会は、選挙人名簿に基づきくじで選定された 11 人の検察審査委員により組織され、申立てにより又は職権で、検察官の不起訴処分について審査を行い、「起訴相当」、「不起訴不当」又は「不起訴相当」の議決を行う。平成 12 年の検察審査会法の改正により、それまで審査申立権を有する者が告訴人、告発人、請求人又は被害者に限られていたのが、被害者が死亡した場合においては、その配偶者、直系の親族又は兄弟姉妹が審査申立権を有する者とされたほか、審査申立人が検察審査会に意見書又は資料を提出することができるものとされた。また、同法の平成 16 年改正により、検察審査会が「起訴相当」の議決を行った事件につき、検察官が再度不起訴処分にした場合又は一定期間内に起訴しなかった場合には、検察審査会は、再審査を行わなければならず、その結果、「起訴すべき旨の議決」を行ったときは、公訴が提起されることになった。この場合、公訴の提起及びその維持に当たる弁護士（指定弁護士）が裁判所により指定され、この指定弁護士が起訴議決に係る事件について、検察官の職務を行う[65]。平成 21 年から 30 年までの間、検察審査会の起訴議決があり、公訴に提起がなされて裁判が確定し

65　川出＝金・前掲注（1）324 頁。

た事件の人員は10人（有罪2人、無罪（免訴及び公訴棄却を含む）8人）であった[66]。

(3) 司法面接

　近時捜査の現場では、「司法面接」という手法が取り入れられている。これは、虐待など犯罪被害に遭ったり、犯罪を目撃するなどした子どもの供述を、正しい質問方法で正確に聞き出し、これを音声とともに録画して正確に記録することにより、質問の繰り返しによる子どもの記憶の変遷や二次被害を防ごうとする手法とされている[67]。

　静岡地裁浜松支判令和2・2・21（LEX/DB25565260、2020WLJPCA0221600 6）の事案についてみると、A（当時7歳）、B（当時7歳）、C（当時8歳）の各被害者に対し、1回ないし2回の司法面接が行われている。この司法面接は、女性検察官と2人で個室に入り、同個室内のソファに座りながら行われ、その内容が録音録画された。このうちAの司法面接における供述要旨は、「小学校の授業中、担任の被告人から、太ももの前面の真ん中付近や付け根付近をもまれたことが複数回ある。私はいつもショートパンツを履いており、被告人が太ももの前面の真ん中付近を揉むときは、ショートパンツの中に手を入れてくる。被告人が太ももを揉んでいるときに、『気持ちいいですか。』と言ってくることがある。本件教室内で、先週の金曜日（平成30年7月6日）の算数と国語の授業中に、私が自分の席に座り、被告人が私の左側でしゃがんでいるときに、被告人から、太ももの前面の真ん中付近を20回くらい、付け根付近を10回くらい揉まれた。」などというものであった。当公判廷で被告人は「Aに対しては、太ももを触ったことはあるが、着衣の中に手を差し入れて太ももの付け根付近を揉んだことはない」旨供述して、Aに対する強制わいせつの事実（刑法176条後段）を否認して争ってい

66　犯罪白書・前掲注（17）第6編第2章第1節3。
67　稲川龍也「いわゆる「司法面接」に対する検察の取組」法と心理16巻1号（2016）
　　31頁。

るところ、A の証人尋問は、静岡県西部法律会館又は静岡県西部児童相談所で、女性の受命裁判官 1 名による所在尋問の形式で行われ、ほかに女性書記官 1 名、女性検察官 1 名、男性弁護人 1 名及び付添い親族 1 名が立ち会った。A の所在尋問[68] は、平成 31 年 3 月 22 日に行われたところ、A は、被告人の手がショートパンツの中に入ってきたかは忘れたなどと証言するほかは、前記司法面接での供述と同趣旨の証言をした。A の供述の細部の信用性については、「被告人の手が A のショートパンツの中に入ったことについては、A は、最初の被害申告、司法面接、所在尋問において、一貫して太ももの前面の付け根付近を触られたと供述しているところ、A が履いていたというショートパンツの形状に照らせば、被告人がショートパンツの中に手を入れないと同部分を触るのが困難であって、被告人の手が A のショートパンツの中に入ることは自然である……被告人の手がショートパンツの中に入ってきたかは忘れた旨の所在尋問での証言は、記憶の減退があったものと考えるのが自然である」として肯定している。この事案における司法面接は当時 7 歳の被害児童の被害状況を証拠として保全し、証人尋問における証言の信用性を吟味する上で、重要な役割を果たしているといえよう。

3 ── 公判段階における被害者の関与

(1) 被害者参加制度

　刑訴法の平成 19 年改正により、平成 20 年 12 月から、被害者参加制度が実施されている。この制度では、故意の犯罪行為により人を死傷させた罪等の一定の犯罪に係る被告事件の被害者等は、裁判所の決定により被害者参加人として刑事裁判に参加し、公判期日に出席できるほか、検察官の訴訟活動

68　所在尋問とは、証人の年齢、健康状態などを考慮して必要と認められる場合に、証人の現在場所で行われる尋問である（刑訴法 158 条 1 項）。

に意見を述べること、情状事項に関して証人を尋問すること、自らの意見陳述のために被告人に質問すること、事実・法律適用に関して意見を述べることなどができる。

　また、平成20年の犯罪被害者保護法及び総合法律支援法の各改正により、被害者参加人は、刑事裁判への参加を弁護士に委託する場合、資力に応じて、法テラスを経由して裁判所に国選被害者参加弁護士の選定を請求することができるようになった[69]。

(2) 被害者等・証人に配慮した制度

　刑事被告事件の係属する裁判所の裁判長は、被害者等から裁判の傍聴の申出があるときは、傍聴できるように配慮しなければならないこととされている（犯罪被害者保護法2条）。被害者等は、公判期日において、被害に関する心情その他の被告事件に関する意見を陳述し、又は、これに代え意見を記載した書面を提出することができる（刑訴法292条の2第1項、7項）。

4 ── 矯正・更生保護段階等における被害者等の関与

　判決後の矯正保護段階においても、加害者たる受刑者に関して、その自由刑の執行終了予定時期、仮釈放又は自由刑の執行終了による釈放及び釈放年月日を通知するものとされている[70]。また、犯罪の動機、態様及び加害者と被害者との関係、加害者の言動その他の言動に照らして、通知を行うのが相当と認められるときは、これに加えて、釈放予定と予定時期、釈放後の帰住予定地も通知の対象とされる。平成19年12月からは、この制度が更に拡充され、被害者等が希望する場合には、有罪裁判確定後の加害者の処遇状況等に関する事項についても、原則として通知が行われている。検察官は、刑事

69　犯罪白書・前掲注（17）第6編第2章第1節4。
70　川出＝金・前掲注（1）320頁。

施設からの連絡に基づき、懲役又は禁錮刑の執行終了予定時期、受刑中の刑事施設における処遇状況に関する事項、仮釈放又は刑の執行終了による釈放に関する事項等及び刑の執行猶予取消しに関する事項等について、地方更生保護委員会は、仮釈放審理の開始・結果に関する事項について、保護観察所の長は、保護観察の開始・処遇状況・終了に関する事項について通知を行っている。

　更生保護においては、地方更生保護委員会が、刑事施設からの仮釈放及び少年院からの仮退院の審理において、被害者等から仮釈放、仮退院に関する意見等を聴取する意見等聴取制度（更生保護法38条）、保護観察所が、被害者等から被害に関する心情を聴取し、保護観察中の加害者に伝達する心情等伝達制度（同法65条）、主に保護観察所が、被害者等からの相談に応じ、関係機関等の紹介等を行う相談・支援の制度が実施されている[71]。

5── 刑事手続における被害者特定事項の秘匿

　被害者等が証人として真相解明のための重要な役割を果たす場面は多いが、その際に被害者等が過重な負担を負うことがないよう保護の措置が講じられている。その概要について見ると、昭和28年には証人保護のための権利保釈の除外事由が認められ（刑訴法89条5号）、昭和33年には証人が被告人の面前で十分な供述をすることができない場合の被告人の退席・退廷が認められた（刑訴法281条の2、304条の2）。次いで、平成12年改正により、証人尋問において証人を保護するための付添い・遮蔽措置・ビデオリンク方式の証人尋問が認められ、平成28年改正によってその対象が拡大された（刑訴法157条の4~6）。さらに平成19年改正により、性犯罪等の一定の事件につき、公開の法廷で被害者の氏名、住所といった被害者特定事項の秘匿がで

71　犯罪白書・前掲注（17）第6編第2章第1節5。

きるようになり、平成28年改正によってその対象が拡大された（刑訴法290条の2・3）。

　一方、証人等の尋問を請求するには、あらかじめ相手方にその氏名・住居を知る機会を与えなければならず、証拠書類・証拠物の取調べを請求するには、あらかじめ相手方に閲覧する機会を与えなければならない（刑訴法299条1項）。しかし、平成11年の刑訴法改正により、証人等やその親族に対する加害行為等がなされるおそれがあるときは、検察官は弁護人に対し、被告人を含む関係者に知られないように配慮を求めることができるようになった（同法299条の2）。さらに平成19年改正では、被害者等の名誉や社会生活の平穏が著しく害されるか、加害行為等がなされるおそれがあるとき、被告人の防御権にも配慮しつつ、検察官から弁護人に対し、被害者特定事項（氏名・住居その他の被害者を特定させることになる事項。事案によっては勤務先や通学先、配偶者や父母の氏名等も含まれる）を被告人その他の者に知られないように要請できることとした（同法299条の3）。

　最一決平成20・3・5（判タ1266号149頁、LEX/DB28145307、2008WLJPCA03057001）は、5件の殺人及び1件の銃刀法違反事件の上告審において、被害者のうち2名については、その遺族からの申出を受けて刑訴法290条の2第1項により、他の被害者3名については、同条3項により、被害者特定事項を秘匿する決定を行った事案であるところ、「同決定は、裁判を非公開で行う旨のものではないことは明らかであって、公開裁判を受ける権利を侵害するものとはいえない」と判示した。

　広島高判平成22・12・15（LEX/DB25470943、2010WLJPCA12156006）は、児童買春・児童ポルノ等処罰法違反等で原審が有罪判決を言い渡したのに対し、弁護人が「原審弁護人が刑訴法40条に基づき裁判所の訴訟記録の閲覧を求めたのに対し、被害者特定事項秘匿申出書部分の閲覧を拒否し、原審弁護人が後日謄写申請をしたのに対し、上記申出書の申出人の氏名・住所の謄写を許さなかったため、早期の被害者A及びCに対する慰謝の措置が妨げられた」という訴訟手続の法令違反などを理由として控訴したのに対し、弁

護人の刑事事件記録等閲覧・謄写の申請に対して、「原審裁判所がその謄写を制限した部分は、被害者特定事項の秘匿申出通知3通のうち、被害者Aの連絡先、同B及びCの保護者氏名及びその連絡先の記載部分のみに止まる上、原審弁護人において、既に被害者Aとの示談交渉を始め、同B及び同Cの各母の氏名及び携帯電話番号を把握していたという事実に照らせば、原審裁判所の上記謄写制限が合理的裁量を逸脱したとは認められ」ない旨判示して、控訴棄却としている。

Ⅱ　少年審判事件における被害者への配慮

　家庭裁判所は、被害者等の申出があるときは、審判開始決定があり、被害者等の損害賠償請求権の行使のために必要があるなどの正当な理由があり、少年の健全な育成に対する影響、事件の性質又は審判の状況その他の事情を考慮して相当と認めるときは、事件の非行事実に係る部分の記録を被害者等に閲覧・謄写させることができる（少年法 5 条の 2）。被害者等から被害に関する心情その他の事件に関する意見の陳述の申出があるときは、家庭裁判所自ら意見を聴取し、又は家庭裁判所調査官に命じてこれを聴取させることができる（同法 9 条の 2）。被害者等から申出があるときは、家庭裁判所が、少年やその法定代理人の氏名及び住居、決定の年月日・主文・理由の要旨を通知することとされている（同法 31 条の 2）。さらに、平成 20 年の少年法改正により、一定の重大事件の被害者等が少年審判を傍聴することができる制度（同法 22 条の 4）及び家庭裁判所が被害者等に対して審判の状況を説明する制度（同法 22 条の 6）が実施されるとともに、少年事件記録の閲覧・謄写の要件の緩和及び範囲も拡大された[72]。

72　犯罪白書・前掲注（17）第 6 編第 2 章第 1 節 6。

Ⅲ　民事手続における被害者の救済

1 ── 情報公開・開示制度

「行政機関の保有する情報の公開に関する法律」（以下、「行政情報公開法」という。）は、「何人も、行政機関の長に対し、行政文書の開示を請求することができる」旨を規定する。文書の不開示を決定するには理由が必要であり、不開示にできる場合というのは文書が存在しないか、不開示理由に該当する場合だけである。不服申立てについて諮問される情報公開・個人情報保護審査会によって、行政機関による不開示決定が覆されてしまうことを避けたいという意識が行政機関側にはあるので、行政機関は不開示にすることにはそれなりに慎重である。総務省の統計によれば、全部開示又は一部開示の決定が出る割合は概ね9割を超えているようである。

　手続は、欲しい行政文書を保有する官庁の情報公開窓口に行き、行政文書を特定した開示請求書を提出する。この時、手数料を納付し、請求した官庁からは通常30日以内に開示又は不開示の決定が請求時に書いた住所あてに届く。不開示部分があって不服であればその官庁に不服申立てをして、情報公開・個人情報保護審査会の判断を仰ぐこともできるし、直ちに国を被告として行政訴訟を提起することもできる。

　すべての都道府県は、情報公開条例を制定済みである。対象も執行機関、公安委員会、警察本部長及び議会を含めたものになっている。市町村についても、情報公開条例の制定率は99％を超えている。

　情報開示請求は、ある分野についての一般的な情報をひとまず得て下調べ

するといった初期段階での情報収集に向いている。国の行政機関の保有する個人情報の開示を求める場合は、「行政機関個人情報保護法」に基づいて個人情報開示請求を行う。行政情報公開法に基づく情報公開請求とは異なる。請求権者は、後者は何人でもできるのに対し、前者は開示の対象となる個人情報の本人でなければできない。情報公開請求では、対象文書に個人情報が入っている場合は、原則として不開示となるが、個人情報開示請求では個人情報こそが開示されるのである。

東京地判平成25・2・7（LEX/DB25510707、2013WLJPCA02078003）は、原告が自ら運営するブログの中で、大阪市内の同和地区の場所を示す地図などを引用して「大阪府部落差別事象に係る調査等の規制等に関する条例」（以下、「本件条例」という。）の問題点などを指摘する2件の論評をしたところ、大阪法務局長が本件ブログを管理するプロバイダに対して人権侵害を理由として上記地図等の資料に係る情報の削除を求めたため、原告が行政機関個人情報保護法12条1項及び13条1項に基づき、本件削除要請に係る人権侵犯事件記録の開示請求をしたところ、大阪法務局長から、同法14条各号が定める不開示情報に該当することを理由として、開示を求めた保有個人情報の一部を不開示とし、その余を開示する部分開示決定を受けたため、本件処分（不開示決定）の取消しと開示することの義務付けを求めた事案であるところ、「本件情報のうち本件地区情報については、行政機関個人情報保護法14条2号及び7号柱書が定める不開示情報に該当するものと認められるが、その余の情報については不開示情報に該当しない……当該部分に係る本件義務付け請求は、いずれも理由がある」旨を判示した。

2 — 紛争早期解決のための債務不存在確認訴訟

東京地判令和元・6・6（LEX/DB25581529）は、原告ら（X₁医療法人、同代表者理事長X₂）と被告との間に被告が原告X₂から受けた医療行為（整形手術

等）に関し、原告らの被告に対する債務不履行又は不法行為に基づく損害賠償債務の存否につき争いがあるところから、原告らが本訴を提起して損害賠償債務が存在しないことの確認を求めた裁判で、勝訴した事案である。被告は、答弁書を提出するのみで、確認の対象となる権利関係の発生原因事実は被告が主張立証責任を負う抗弁事実であるのに、求められても何ら主張立証せず、第1回口頭弁論期日を欠席して第2回も欠席している。理不尽なクレーム（迷惑メールなど）への対応としての成功例といえよう。

　東京地判平成28・12・9（LEX/DB25550270、2016WLJPCA12098012）における原告と被告は同じ職種で働いている中国人同士であるところ、被告は平成24年10月25日以降、原告に対し電子メールを送信するなどして、100万円を支払うよう要求するようになった。原告は本件訴訟代理人であるA弁護士に委任し、Aは被告に対し、「別件送金に係る100万円が原告の被告に対する貸付けであり、本件送金に係る100万円がその返済であることを明示して説明した上、被告から原告への100万円の支払要求については、原告はこれに応じる義務も意思もない」旨を書面で通知した。以降は直接原告と連絡することは避けてA弁護士宛に連絡するように被告に申し入れていたのに、被告は引き続き直接原告に対して少なくとも14回、電子メールを送信するなどしたが、内容が原告を誹謗中傷したり脅迫するものであったため、Aは再通知書をもって、「被告の請求には法的根拠がないというだけではなく、法的手続によらずに害悪の告知を伴う金銭要求を行うことは違法行為であり、これ以上通知を無視してこれらの行為を継続した場合にはしかるべき対応をとらざるを得ない」旨警告した。被告はその後も少なくとも10回同じような行為を継続した。原告は当初、100万円の返還債務不存在確認を求めていたが、被告が反訴を提起したことに伴い、これを取り下げている。

　本件反訴において争点とされた被告の原告への100万円の貸付けについては、被告本人尋問によっても経緯が不自然であって、これを認めるに足りる証拠はないこととされた。なお、原告は併せて被告に対し、その支払要求が

＜医療行為を巡る債務不存在確認訴訟の例＞

　問題点：患者Yが整形手術の結果について医師が所属する病院Xに対し債務不履行ないし不法行為に基づく損害賠償を裁判外で執拗に請求する状況においていかにして紛争を解決するか？

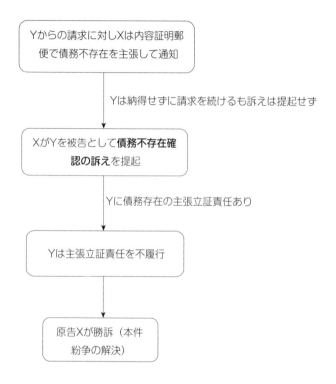

不法行為であって、原告は精神的負担を強いられ、また、社会的信用を毀損されたとして50万円の慰謝料請求をしたところ、30万円の限度でこれが認められている。

　結局、理不尽なクレームに対しては、弁護士が内容証明などによって相手方に警告を発し、それでも理不尽なクレームが継続する場合には、紛争処理の方法として、正攻法である債務不存在確認の訴えを提起するのが良いであろう。警告は単なる脅しに止まるものではなく、実際に警告が破られた場合

には、実際に予告してある法的手段として裁判所に提訴するのが肝要である。

　なお、債務不存在確認の訴えは、海外の裁判所に訴訟提起された場合に、わが国で反訴の意味合いで、債務不存在確認の訴えを起こすということが考えられる。ちなみに、**東京地中間判平成 19・3・20**（LEX/DB28132027・債務不存在確認請求事件）は、米国で、米国法人である被告らより損害賠償を求めて提訴された原告が、被告に対し、損害賠償債務の不存在確認を求めて提訴した事案において、本案前の主張として、日本の裁判所に裁判管轄があるかが争われたところ、被告がわが国に住所を有しない場合の国際裁判管轄については、「我が国の民訴法の規定する裁判籍のいずれかが我が国内にあるときは、原則として」国際裁判管轄を認め、「当事者間の公平、裁判の適正・迅速を期するという理念に反する特段の事情がある場合にはこれを否定すべき」であるところ、被告米国法人の営業所が日本にあること及び本件不法行為の実行地が東京と考えられること等から普通裁判籍が認められるとし、他に国際裁判管轄を否定する特段の事情はないとした上、本件訴えが国際的二重起訴とは認められない旨判示し、中間判決として被告らの本案前の主張はいずれも理由がないとされた。

　逆に敗訴した事例として、**東京地判昭和 62・7・28**（LEX/DB27801860）は、パナマ共和国法人である原告とわが国法人である原告がパナマ共和国法人である被告に対し債務不存在確認の訴えを提起したのに対し、わが国裁判所は裁判管轄権を有しないとして訴えが不適法であるとして却下されている。

　大阪地判平成 17・9・5（LEX/DB28101757、2005WLJPCA09050003）は、原告の商標権侵害行為によって被告が被った損害の額が争われたのに対し、原告が当該商標権侵害に基づき、190 万 8767 円を超える損害賠償債務を有しないことの確認を求めた事案であるところ、被告が反訴を提起して 1 億 6507 万円超の請求をしたのに対し、原告の訴えが却下され、被告の反訴が 267 万 2274 円の限度で認容されている。本件では、「本件本訴は、債務不存在確認

2　紛争早期解決のための債務不存在確認訴訟

請求訴訟であり、本件商標権侵害行為によって被告が被った損害の額に関する主張立証責任は、本件反訴を提起するか否かにかかわらず、当初から被告が負っていたものである。……したがって、主張立証責任を負う被告としては、訴訟の初期に必要な相応の準備期間を経過した後は、原告が主張する損害額を争うのであれば、早期に自らの主張とそのための立証方法を明らかにして訴訟活動を行うべき立場にあった」とした上、被告は明らかに訴訟進行に非協力であったとして、裁判所は弁論を終結させて原告勝訴の判決を宣告している。

3 ── 民事介入暴力への対応

（1）暴力団犯罪

（A）組織の動向

　令和 2 年 12 月 31 日現在の暴力団構成員及び準構成員（暴力団構成員以外の暴力団と関係を有する者であって、暴力団の威力を背景に暴力的不法行為を行うおそれがあるもの、又は暴力団若しくは暴力団構成員に対し資金、武器等の供給を行うなど暴力団の維持若しくは運営に協力し、若しくは関与するものをいう）の人数は、構成員が 13300 人であるのに対し、準構成員は 12700 人であり、総数は 25900 人であった[73]。

　暴力団対策法により、令和 2 年末現在、24 団体が指定暴力団として指定されており、6 代目山口組、神戸山口組、絆會（任侠山口組）、住吉会及び稲川会に所属する暴力団構成員は、同年末現在、約 9,900 人（前年末比約 800 人減）であり、全暴力団構成員の約 4 分の 3 を占めている[74]。

73　犯罪白書・前掲注（17）第 4 編第 3 章第 2 節 1（177 頁）。
74　犯罪白書・前掲注（17）第 4 編第 3 章第 2 節 1（177 頁）。

（B）検挙の歴史

　やくざの起源は、足利時代のかぶき者（傾く者、つまり異様な伊達風俗の者。足利政権に抵抗する下級武士集団）から発し、江戸中期から後期にかけ制度や組織が完成したといわれる。明治以降は広く職人集団を形成し、炭鉱、港湾などへの人材派遣とその資金搾取、あるいは飯場で行われる博打を主たる資金源としていた。他方、第二次大戦直後まで、組頭を頂点とする強固な親分・子分関係を維持していた。大戦直後、この集団は闇市の支配、ヒロポンの密売、売春、芸能興行、風俗店の営業などを行い、さらに土建業に手を広げた。この過程でなわばりの防衛・拡張をめぐり、組織間で対立抗争が繰り返されてきた。

　その間、地方のやくざから都市型の暴力団に変質し、上納金制度が確立し、伝統的な任侠道や仁義は形骸化し仮装されるようになっている。

　警察は昭和40年代から暴力団一掃のため徹底した取締りを行い、その結果、賭博、ノミ行為、売春などの伝統的な犯罪手口による資金獲得が困難となった。そこで警察に検挙される危険が少なく一層莫大な利益が得られる手口と資金源を模索し、債権取立て、交通事故の示談交渉、倒産整理などの民事事件に介入して市民や企業から不正に法外な利益を得ることを知るようになる。従来警察は「民事不介入の原則」からこの種の案件について消極的扱いをする傾向があったところ、暴力団はこれに乗じて警察には「民事事件」であることを強調しつつ、「暴力に弱い」市民・企業をターゲットとしてきた。

　そこで警察も1980年代から「民事不介入の原則」を見直し、民事介入暴力に対しても、犯罪である限り積極的に検挙（競売入札妨害など）するようになり現在に至っている。最近の特徴として、山口組による寡占化、系列化の進行、暴力団の不透明化（暴対法施行後の実態の隠ぺい、フロント企業の活用、同和運動や右翼団体の政治活動の仮装）や、資金源活動の巧妙化・国際化などが指摘されている。

③　民事介入暴力への対応

（C）　特徴

　一般的傾向として、直接的に暴力を行使する略奪的犯罪から非合法な商品やサービスを提供する犯罪への移行がみられる。相互に利益を得る種類、被害者なき犯罪であって、発覚しにくい反面、確実に社会の需要が見込まれる。

　活動における特徴として、①不透明化（組事務所から代紋、看板の撤収、組織名称入り名刺を使用しない。名簿に構成員氏名を記載しない）が認められる。これは、平成4年の暴対法施行を機とする暴力団取締りへの対抗措置である。その中で、フロント企業（暴力団が設立し、現にその経営に関与している企業又は暴力団構成員など暴力団と親交のある者が経営する企業で、暴力団に資金提供を行うなど暴力団組織の維持、運営に積極的に協力し、若しくは関与するもの）による活動や、えせ右翼・えせ同和（右翼団体あるいは右翼運動を標榜若しくは仮装して、団体又は個人に対し、不当な要求ないし違法な行為をし、それにより直接的若しくは間接的に利益を得若しくは得ようとすること）による活動がある、後者は形式的に憲法上の権利である結社の自由、表現の自由、政治活動の自由を盾に取った活動である。また、振り込め詐欺などの犯行にあっては、検挙逃れのため非行少年の利用などによる犯罪実行の下請化の傾向がみられる。

　次に、②経済的弱者を食い物とする手口が特徴的である。例えば、多重債務者やホームレスからの戸籍を買い取って、住民票を都内一定の場所に移した上で、社員として雇ったことにし（ペーパーカンパニーを利用して年収証明を作成する。）、その者の名義で銀行から個人ローン（勤務先や不動産について実地調査をしない5000万円までの住宅ローン）を借りまくる。続いて大手ノンバンク、消費者金融、街金からも借りまくる。1人から1億から2億円を引き出した後に（2、3回しかローンは払わない。）、会社を依願退職したことにし、あるいは破産させたり、行方不明にさせるという手口による大掛かりな詐欺も起きている。

Ⅲ　民事手続における被害者の救済

　さらに③資金獲得活動の多様化も特徴的である。すなわち、不動産取引への介入、大量の株取引、リゾート開発への介入（バブル経済期）から、現在では、建設業、産業廃棄物処理業、不動産業、貸金業など事業活動への進出、行政対象暴力（機関紙等購読要求、公共工事への下請参入要求）も資金稼ぎの1つとされている。

（2）対策と対応

　民事介入暴力に対しては、社会的取組の必要性が提唱される。この種の暴力は、平穏な市民生活や健全な企業活動を妨害して破壊するにとどまらず、被害者の人権自体を否定する悪質な人権侵害といえる。民事紛争について対等であるべき当事者の関係を暴力によって破壊させることにより他の一方を威迫し、実力により不当な利益の獲得という目的を達成し、あるいは、法的手続によらずに権利を実現しようとするものであり、権利救済のために機能すべき司法制度を積極的に否定し、国民の信頼を失わせるものといえる。

　民事介入暴力への対応は、基本的に正攻法によるのがよい。依頼者は一刻も早く不愉快な状況から脱却したい願いが強く、弁護士及び弁護士が採っている措置・方法に不安や不満を感じる場合が多い。その上、事件の相手方から、依頼者に対し、受任弁護士には事件解決能力がないとか、弁護士が入っていると話合いに応じられないとかの中傷が加えられ、弁護士の解任を迫られることも少なくない。しかし、民事介入暴力は、暴力を背景とした威嚇が全く通じない裁判所、検察庁、警察を一番恐れている。また、紛争を検察庁や裁判所に持ってゆく能力と資格を持つ弁護士をも非常に恐れているといえる。

　対応として、話合いの交渉をする場合は、リスクを考えて相手の事務所には行かないで、ホテルなど公共の場か、自社の応接室・会議室などを利用するのが良い。また、組織的対応が肝要であり、1人では相手方と会わないほうが良い。同時並行的に弁護士、警察などとの連携が望ましい。証拠保全のために録音、録画も活用すべきである。

3　民事介入暴力への対応

4 ── いじめ問題

（1）件数の推移

　「いじめは人権侵害を伴う違法行為であり、犯罪である」といわれる。いじめを苦とする自殺の相次ぐ報道もあるところ、いじめは、わが国特有の現象ではなく世界各国でも問題視されている。80 年代から社会問題化し、件数的にみると、1991 年には 3 万件を切ったが、その後増加し 1996 年に 6 万件、2012 年に急増して 19 万件、その後横ばいの後 2017 年度は全国の小・中・高校等で認知した件数は前年比 28％増の 41 万 4378 件とされる。文部科学省は、毎年「児童生徒の問題行動・不登校等生徒指導上の諸課題に関する調査」の結果を発表しているところ、2020 年 10 月 22 日に発表された 2019 年度調査結果によれば、いじめの認知件数は 61 万 2496 件となり 5 年連続で過去最多を更新した。

　警察において取り扱ったいじめに起因する事件数及び検挙・補導人員の推移を見ると、事件数及び検挙・補導人員は、昭和 60 年に 638 件、1950 人を記録して以降、63 年の 97 件、279 人まで大きく減少し、その後の増減を経て、令和元年の事件数は 203 件（前年比 33.6％増）、検挙・補導人員は 266 人（同 16.2％増）と、いずれも前年より増加した[75]。

　なお、いじめ防止対策推進法が平成 25 年 6 月に成立し、同年 9 月に施行された。同法は、いじめの防止等のための対策に関し、基本理念を定め、国及び地方公共団体等の責務を明らかにし、並びにいじめの防止等のための対策に関する基本的な方針の策定について定めるとともに、いじめの防止等のための対策の基本となる事項を定めることにより、いじめの防止等のための

75　法務省法務総合研究所編『令和 2 年版犯罪白書』第 3 編第 1 章第 5 節 3.

対策を総合的かつ効果的に推進することを目的としている。

(2) いじめの構造

　当初の特徴として、いじめは加害者と被害者に加え、かれらを取り巻く周囲の子供たちによって構成される。この周囲の子は、いじめを喜んで見ている者（観衆）と見て見ぬ振りをする者（傍観者）に分けられる。これは、いじめの4層構造といわれる。

　今日的特徴として、クラスの統一性が喪失し、数人での統一（＝島宇宙化）と、人間関係が狭くなってきていることが指摘されている。かつての4層構造のうち観衆層が消えて、無関心層は見て見ぬふりをする。多数の無関心層は被害を免れている点で恩恵を受けており、被害者を助けることなく見て見ぬふりをすることによって、ある意味秩序が安定しているという。

　市民的空間であれば友を選択して自由に生きられるのに、学校では友だちを選ぶ自由がない。いじめ空間では二者択一を迫られる。すなわち、①コンタクトをシャット・アウトして不登校で引きこもるか、②権力へ迎合して被害者がボスに「性格を直すから仲間に入れて」と懇請するかである。これでは、学校共同体はユートピアではなく、刑務所、軍隊と変わらないものになってしまう。

　いじめの構造は、善悪の理性判断ではなく、みんなのノリにかなうことが良いこととされ（群生秩序）、みんなのノリに反して弱者が正論をいうのはむかつく悪いこととされる。「人権」、「人間の尊厳」といった目に見えない概念に対する生理的嫌悪を覚える体質が醸成され、残念ながら学校教育は理性ある市民社会を作るための教育機関にはなっていない。戦後、憲法で各個人は自由を獲得したが、他方で理性が十分に備わっていないため自由から逃走し非合理的に集団同調する傾向があり、これがいじめ問題に直結している。日本では歴史的に市民社会が形成・定着しておらず、学校においても未成熟な群生秩序の社会（力が支配して秩序を形成する）にとどまっている。問題の解決は容易ではないが、大人たちが模範を示しつつ、子どもたちに「人

権」、「人間の尊厳」といった目に見えない概念の大切さを法教育などを通して体得させてゆくしかない。

（3）いじめ由来の犯罪

　福井地判平成16・9・7（LEX/DB28095610、2004WLJPCA09079002）の事案は、被告人が、高校時代の同級生の両親が住む居宅に、消火器内に黒色火薬を充てんし、起爆装置を接続した手製の爆発物を設置して爆発させてこれを使用したという爆発物使用の事案並びに同居宅付近路上に駐車中の普通貨物自動車及び被告人方において合計7個の爆発物を所持したという爆発物所持の事案であるところ、弁護人が本件の動機について、被告人が30歳を過ぎても定職につけず、被告人名義の預貯金を費消するだけで自宅に引きこもるという不遇な生活を送らなければならない羽目になったのは、高校時代の同級生らから深刻ないじめを受けたために高校中退を余儀なくされたことや、高校中退時を含めてこれまで両親が引きこもり生活を長期間継続させてしまったことが原因であり、被告人が本件各犯行によって上記同級生らに復讐するためである旨を主張したのに対し、仮に、それが原因であったとしても、「高校中退後、本件各犯行に至るまでには約16年もの長い年月が経過して、この間、被告人は上記同級生らとの間では何らの付き合いもなかったのであるから、被告人には、いくらでも自立して普通の生活を送ることができる機会があったというべき」などと判示して被告人を懲役12年に処することとしている。

（4）被害者の自殺

（A）小学校

　札幌地判平成25・6・3（判時2202号82頁、LEX/DB25445759、2013WLJPCA06036001）の事案は、原告らの子であるAが、被告B町の公務員であるC教諭による違法な指導により多大な精神的苦痛を被り、自殺行為に至って死

亡し、さらに真実解明調査・報告義務違反があったとして、被告 B 町に対し、国家賠償法 1 条 1 項又は民法 415 条に基づく安全配慮義務違反に基づき、被告北海道に対し、国家賠償法 3 条 1 項により、死亡による逸失利益、死亡慰謝料、原告ら固有の慰謝料及び弁護士費用を損害として請求したというものであるところ、原告 X₁ は A の父であり、原告 X₂ は A の母であり、A は平成 15 年 4 月、B 町立小学校（本件小学校）に入学し、平成 20 年 4 月 4 日に死亡している。裁判所は関係証拠により、A は平成 19 年当時本件小学校の 5 年生であり、同校の 5 年生は 13 名の 1 クラスしかなく C 教諭が担任だったこと、C 教諭は、A が 5 年生の夏休みの宿題ドリル（本件ドリル）で、図形の作成を 1 ヵ所間違えたことに対して、できるようになるまでやり直すよう、図形の作成を繰り返し指導したこと、A は夏休み後に、C 教諭に対し、夏休み後に毎日本件ドリルの再提出をしたが、C は平成 19 年 11 月初旬ころまで繰り返し訂正と再提出を求めたこと、A は、平成 20 年 4 月 3 日午前 9 時 40 分、自宅トイレのブラインドについている紐によって縊首している状態で発見され（本件事件）、翌 4 日午後 4 時 52 分、縊首を原因として死亡したこと、本件小学校の D 校長は、同月 7 日、原告らに対して、電話で同月 13 日開催予定の PTA 総会において、A の死因は自殺ではなく、不慮の事故である旨説明を行うようにと発言したこと、D 校長は、同月 7 日、原告らに対し、C 教諭が辞意を表明している旨を伝え、A の死因は不慮の事故であって C 教諭に責任はないとして、C に辞意を撤回するよう原告らから C 教諭に慰留を求める依頼をしたこと、原告らは平成 22 年 7 月 9 日付けで、B 町の教育長に対し、死体検案書を提出し、A の死亡が事故という報告で処理されているが、自殺である旨異議を述べたこと、D 校長の後任の E 校長は、同月 23 日付けで、B 町教育委員会に対し、平成 20 年 4 月 7 日付け一般事故報告書において、死亡の原因を「多臓器不全」としていた点を、原告らが死体検案書を提出したことにより、「自殺」と変更する旨報告すると共に、死亡の原因を自殺と記載した平成 22 年 7 月 23 日付け一般事故報告書を提出したこと、C 教諭は、平成 23 年 3 月 31 日、教員を辞職した

4　いじめ問題

ことを各認定した上、争点である C 教諭の指導の違法性の有無については、
C 教諭の指導方法は、正当な指導として許容されるものであって、その指
導に違法性は認められないとした。次の争点である本件事件後の対応の違法
性の有無については、「本件小学校関係者及び B 町教育委員会は、本件事故
に関して適切な調査を行ったとは認められず、本件調査義務を果たしたとは
いえない……原告らから報告を求められた後も、調査を尽くさないまま、そ
の認識や C 教諭に対する指導内容とは異なる評価を原告らに伝えており、
また、両者に齟齬があることにつき合理的な説明をしておらず、本件報告義
務を適正、誠実に履行したとは認められない……本件小学校及び B 町教育
委員会教育長以下委員らは、本件報告義務に違反した……被告 C 町の公務
員による一連の職務上の行為の過程をもって、本件報告義務違反が認められ
るのであり、個々の教員、委員の各行為が本件報告義務に違反したというこ
とはできない」とし、本件事故後の対応に関する被告らの責任については、
「本件小学校関係者らは、公務員としての職務を行うについて本件報告義務
に違反したものであるから、被告 B 町は、国家賠償法1条1項に基づき、
原告らが被った損害を賠償する責任を負う……被告北海道は、本件小学校関
係者の給料その他の給与等を負担しており、本件報告義務違反が本件小学校
関係者らによる一連の職務上の行為の過程をもって認められるものであり、
本件小学校関係者らの義務違反は不可分一体となったものであるから、被告
北海道は、国家賠償法3条1項に基づき、原告らが被った損害を賠償する責
任を負う」と判示し、結論として、本件報告義務違反による原告らの精神的
苦痛に対する慰藉料の額をそれぞれ50万円と認めた。被告 B 町の責任と被
告北海道の責任とは、連帯債務となる。

（B）中学校

さいたま地判平成29・7・19（LEX/DB25546806、2017WLJPCA07196008）
の事案は、原告らの子である A が自殺したことに関し、①被告が A に対し
て送ったメールにより A が精神的苦痛を受けて自殺し、原告らが A の損害

賠償請求権を相続したとし、また、②被告がＡの自殺の原因について、原告らに対し虚偽の事実を述べるなどの暴言を吐き、Ａの友人に対して虚偽の事実を流布したことにより、原告らが精神的苦痛を受けたとして、被告に対し、不法行為に基づき損害賠償を請求したものであるところ、前提事実として、亡Ａと被告の子であるＢは、平成 22 年 4 月、共に H 中学校に入学し、中学 3 年生であった平成 24 年 11 月頃から交際を開始し、平成 25 年 4 月、それぞれ別の県立高校に進学したこと、ＡとＢは同年 6 月 16 日、Ｂの申入れにより交際を終了させたこと、被告は、同月 19 日午後 3 時 10 分、Ａに対し、「連絡するのは止めようと思っていました。……愛情一杯に育ててきた娘（Ｂ）を傷つけて！そんなに冷たくできるのだからあんたこそ、Ｂを騙していたんじゃないの！……受験の時だって成績が下がったのはあんたのせいだから！……そこまでしてＢを傷つけて嬉しい！男らしくないよね！……Ｂと別れたら死ぬとか嘘をついて騙して！……私とＢはあんたに騙されたという気持ちなので！これからもＢのように平気で傷つけるのはやめた方がいいよ！家の大事な娘を傷つけて、ろくでなし！」と書いたメールを送り、Ａは同日、部活を休んで帰宅したこと、Ａは同日午後 5 時 33 分、被告に対し、返信として、「違う！好きだという気持ちは嘘じゃない！……確かに……Ｂさんを何回も傷つけ泣かせるような事をしてしまいました……でもいつだってＢさんに対する気持ちには本気でした！……貴方様にお付き合いを否定されても……絶対に諦めない！そんな気持ちで臨んでいました！……全てＢさんのためにやってきました！……結果としてＢさんや貴方様やご家族の方々には騙すことになってしまいました。本当に申し訳ありませんでした。……口を挟むようですが……受験のときＢさんの成績が伸びなかったのは……貴方様にも原因があったと思います！……家族なら何でＢさんの味方にならないんですか！……」と書いて送り、次いで同日午後 5 時 35 分、被告に対し、「借りたシャーペンだけを返すのも含めて今日伺わせて頂きます」とのメールを送ったこと、被告は、同日午後 5 時 57 分、Ａに対し、「あんたに家のやり方をとやかく言われる筋合いはない！ふざけるな！

……Bが……あんたが邪魔だった事にはかわりません。シャープペンは結構です。……BもM高の子と昨日の夜からメールをしたりして良い感じなのでもう姿を見せないで……」というメールを送ったこと、Aは、同日午後6時すぎころ、「絶対にI家を責めないで下さい」「I家に自殺した事を知らせないで下さい」などの手書きのメモ及びスマートフォンを自室に置いたまま自宅を出たこと、Aは同日6時55分ころ、自宅近くのマンションの10階から飛び降り、同日午後7時48分、搬送先の病院において死亡したこと、被告及びBの祖母が、翌20日、花をもって原告らの自宅を訪れ、その際、原告らとの間で口論となったことが、各認められる。裁判所は、被告が本件各メールを送信したことが不法行為に当たるかについて、関係証拠を総合し、「亡Aからすれば、本件各メール受信当時、被告の意に沿ってやむなくBとの交際を終わらせた以上、今更被告から激しく罵倒されることは思いもよらなかったはずである。……被告が本件各メールを送信したことは、社会通念上許される受忍限度を超えて名誉感情を侵害する行為であり、亡Aの人格権を侵害するものとして不法行為に当たる」とし、本件各メールと本件Aの自殺との間の因果関係及び被告の過失が認められるかについては、両者の間に事実的因果関係があるとしても「Aの自殺はメールのやりとりから通常生ずべきものではないから、特別の事情による損害というべきであり、被告がその事情を予見し、又は予見することができたことを要する」ところ、「本件全証拠に照らしても、Aが本件自殺のほかに、リストカットといった自傷や自殺を試みたことがあるなど、自殺企図の傾向を窺わせるような事情も認められない……被告において、本件各メールを送信すればAが自殺することについて、予見し、又は予見することができたとまではいえないから、本件各メールと本件自殺との間に相当因果関係があるとは認められず、本件自殺について被告に過失があるとは認めることもできない」とした上で、本件各メールによるAの精神的苦痛は重大であり、これに対する慰謝料は200万円とするのが相当とした。また、本件訪問時の被告の発言が不法行為に該当するか及び本件自殺について虚偽の事実を流布したかについて

は、「被告が本件自殺の日の翌日に原告らの自宅を訪れ、原告らに対し暴言
を吐いたことは、原告らの置かれている状況に一切配慮しない自己中心的な
ものであり、その程度は常軌を逸している……被告の発言の内容、時期、場
所及び時間の長さからすれば、被告の発言は、……社会通念上許される受忍
限度を超えて名誉感情を侵害する行為であるから、人格権を侵害するものと
して、不法行為に当たる……被告が（本件自殺について虚偽の事実）を流布し
た事実を認めるに足りる証拠はない」として、これに対する原告らの精神的
苦痛に対する慰謝料各 100 万円（合計 200 万円）を認容している。

（C）高校

　刑事事件として、**名古屋地判平成 26・4・14**（LEX/DB25503668）は、被
告人は、①平成 25 年 9 月 21 日ころ、小牧市内の集合住宅敷地内で、V（当
時 17 歳）に対し、その顔面を拳で殴打し、さらに膝で蹴り上げるなどの暴
行を加え、②同月 24 日から同月 26 日までの間、V が被告人を恐れている
のに乗じ、V から現金を脅し取ろうと考え、アプリケーションソフト
「LINE」を利用し、「全部で 20 万！」「明日までに金用意しろよ」「また殴ら
れてぇんかて　調子のんなよ」などのメッセージを送信して要求し、同人か
ら現金を脅し取ろうとしたが、同人が同月 27 日に自殺したことから、その
目的を遂げなかった旨の事実につき、暴行・恐喝未遂の成立を認めて、懲役
2 年、執行猶予 5 年に処している。本件は被告人による遊び仲間の高校生の
V に対する犯行であり、弁護人は V が自殺したことに関し、V が在学してい
た高校でいじめを受け、思い詰めていたことも強く影響していると主張した
のに対して、被害者の自殺の主たる原因は被告人の恐喝行為であることを認
定して量刑理由として指摘している。本件刑事裁判は、被害者の死亡につい
て被告人の刑事責任を問うものではなく、本件犯行によって被害者が受けた
精神的苦痛が自殺に追い込まれるほど甚大であったという情状が量刑の理由
として考慮されるにとどまる。

　民事事件として、**福岡高判令和 2・7・14**（判時 2495 号 36 頁、LEX/DB25566460、

2020WLJPCA07146001）の事案は、P 高校に在学しこれに付設された学生寮に
入寮していた亡 A の相続人である控訴人らが、本件高校を設置する被控訴人
に対し、A が本件高校在学中に自殺したのは、同級生である寮生から違法な
権利侵害行為（いじめ）を受けていた A に対する本件高校の教職員の安全配
慮義務違反行為によるものであり、それによって A が被控訴人に対し国家賠
償法 1 条 1 項に基づく死亡逸失利益等の損害賠償請求権を取得し、これを控
訴人らが相続したなどとして損害賠償を請求し、原審が本件高校の教職員の
安全配慮義務違反行為と A の自殺との間に因果関係が認められないなどと
して控訴人らの請求をいずれも棄却したところ、控訴人らはこれを不服とし
て控訴するとともに、予備的に、「仮に上記因果関係が認められないとして
も、A が上記安全配慮義務違反行為によって生前に精神的苦痛を被ったこと
により被控訴人に対して取得した国家賠償法 1 条 1 項に基づく慰謝料等の損
害賠償請求権を控訴人が相続した」旨の主張を追加した。裁判所は、安全配
慮義務違反があったかどうかの点については、「平成 25 年 7 月当時の『いじ
め』の定義やいじめ対応に関する知見においては、『いじめ』該当性の判断に
ついては、表面的・形式的にこれを行うのではなく、いじめられた児童生徒
の立場に立って行うべきものとされていたのであり、また、いじめの被害を
受けた児童生徒が加害側の児童生徒にやり返す場合もあることを当然の前提
として、それに目を奪われて対応することの危険性の指摘もされていた」

　本件寮の同級生である B が亡 A に対して行った各行為は亡 A に相応の精
神的苦痛を感じさせるものであるから、当時の「いじめ」の定義に照らして、
いずれも原則として「いじめ」に該当するというべきところ、その中に被控
訴人がいう「双方向性」を有するものがあるとしても、それによって直ちに
「けんか等」にあたるとすることはできないのであり、他に上記各行為が「い
じめ」に当たらないと解すべき根拠もない。平成 25 年 1 学期当時の本件寮の
環境は、1 年生を中心とした下級生に心理的負荷を与えるものであった。舎
監長である M その他の舎監は、裏寮則や 3 年生の規律違反行為も把握してい
たのであるから、寮生間のトラブルについては、それがいじめに当たる可能

性を考慮しながら、その発見に努め、いじめを発見した場合には、その当時のいじめ対応の知見に基づいて、適切に対応すべき職務上の義務を負っていた M の対応は、当時の「いじめ」の理解やいじめへの対応についての知見に沿わない不適切なものであって、亡 A に対して、重大な精神的苦痛を与えるものであったといわざるを得ず、公立高校の設置者である被控訴人がその生徒である亡 A に対して負う安全配慮義務に違反するものであった、として控訴人らの予備的請求を認め、被控訴人の安全配慮義務違反と A の自殺との間に相当因果関係があるかについては、「予見可能性があったとはいえない」として控訴人らの主位的請求を理由がないものとした。

佐賀地判平成 29・4・28（LEX/DB25545856、2017WLJPCA04286002）の事案は、亡 A の実母である原告が、高校 3 年生として在籍する B 高校を開設する被告学園、被告 Y_1（B 高校の 3 年の学年主任）と被告 Y_2（同校の教師）に対して不法行為、使用者責任等に基づき、損害賠償を求めたというものである。A は平成 26 年 7 月 31 日に失踪し、平成 27 年 3 月 31 日、白骨死体として発見された。裁判所が認定した事実経過をみると、「A は熊本市内に居住していたところ、中学校在学時に不登校となり、平成 23 年 10 月から福岡のフリースクールに通い、その後、平成 24 年 4 月に本件 B 高校に入学し、本件寮に入寮した。……A は高校 2 年生時、同じく寮生である C 及び D から、現金 1 万円や目覚まし時計等を盗まれたり、右手の甲にタバコの火を押し付けられたりするなどのいじめに遭い、A は平成 26 年 3 月 9 日、「家出します」との書置きを残して本件寮を抜け出し、熊本の原告宅に帰省するなどした。……高校 2 年時の学年指導の E 教諭は、C 及び D を指導して A に対して謝罪させ、その旨を A の母である原告らに報告した。……A は平成 26 年 7 月 31 日、午前中の課外授業に出席した後、午後 1 時ころ、本件寮を出たまま帰宅せず、そのまま行方不明となった。……A の死亡日時は、死体検案の結果、失踪当日であると推定される」というものである。不法行為の成否については、「他の寮生 2 名による A に対するいじめ行為の存在が認められるものの、被告学園が同寮生らに対し指導を行い、これに従って同寮

生らが A に謝罪したことが認められ、その後、A が失踪するまで 4 か月が
経過しており、その間に、同寮生との間に何らかのトラブルが再発生したこ
とを認めるに足りる証拠はない」。その後 A は同年 9 月開催予定の体育祭準
備のためマスコット（パネル）作成作業を担当していたが、パネル作成の作
業負担が A にとって加重な負担となっていたとは認められない、とし、被
告学園の在学・在寮契約上の債務不履行責任の成否については、原告はすで
に A の父 F と離婚しており、A の親権者は父 F とされていたので、原告が
本件在学・在寮契約の当事者であることを認めるに足りる証拠はない。被告
学園が A が自殺する可能性を推知し得る徴表を知り、又は知り得たことを
認めるに足りる証拠はなく、A 失踪後の調査報告と A の死亡との間に相当
因果関係は存しない、などとして、原告の請求を棄却している。

　札幌高判令和 2・11・13（判例地方自治 475 号 57 頁、LEX/DB25568158、
2020WLJPCA11136002）の事案は、被控訴人（北海道）の設置する S 高校（本
件高校）に在学中の平成 25 年 3 月 3 日に自殺した亡 A の母であり、その遺
産全部を相続した控訴人が、本件高校の教員らにおいて、不適切な指導に
よって A を追い詰め、指導後も A を放置するなどして、安全配慮義務に違
反し、これにより本件自殺を回避することができなかったなどと主張して、
被控訴人に対し、国家賠償法 1 条 1 項ないし在学中の債務不履行に基づき、
損害賠償を請求したものであるところ、「A は医師から精神疾患の指摘を受
けたことや自殺未遂歴はなく、本件自殺より前に自殺をほのめかしたことも
ほとんどなかった……A 所属の部活の顧問である M 教諭らにおいて、3 月 2
日指導ないしそれ以前の段階で、A の自殺を予見することは困難であった
……M 顧問の 3 月 2 日指導は、その指導方法が適切とはいえず、A に対し
て教育的効果を発揮するどころか、かえって A を混乱させる指導になって
しまった……M 顧問において 3 月 2 日指導の指導方法が適切とはいえない
と認識し得たとしても、3 月 2 日指導の時点までに A の自殺を予見するこ
とは困難であったことを踏まえると、……その指導によって A に自殺の危
険を生じさせ又はこれを高めると認識することは困難であった……M 顧問

の行った 3 月 2 日指導が自殺を回避すべき義務（安全配慮義務）の違反に当たると認めることはできない」として、上記控訴人の控訴を棄却している。

（D）大学

　福岡地判平成 31・2・5（LEX/DB25570088、2019WLJPCA02056001）の事案は、防衛大学校に 2 学年時まで在校し、その後退校した原告が、同項の学生であった被告らに対し、在校中、それぞれ暴行、強要、いじめ等の行為を受け、精神的苦痛を被ったとして、不法行為あるいは共同不法行為に基づき、損害賠償を請求したというものであって、裁判所は、原告が、平成 25 年 4 月、防衛大に入校したが、平成 26 年 8 月 31 日から防衛大を休学し、平成 27 年 3 月、退校願を提出したところ、同月 30 日付けで退校命令が発令されたこと、この間、原告は平成 26 年 3 月 31 日までは、第 1 大隊 J 中隊 K 小隊に所属し、そのうち平成 25 年 8 月 24 日までは、第 1 号学生舎 a 号室、同月 25 日から同年 12 月 27 日までは第 1 号学生舎 b 号室で生活し、同 2 学年であった平成 26 年 4 月 1 日から平成 27 年 3 月 30 日まで、第 L 大隊 M 中隊 N 小隊に所属して、そのうち平成 26 年 4 月 1 日から同年 5 月 27 日まで、第 L 号学生舎 c 号室で生活していたこと、防衛大内では、学生間指導の一環として、従前から中隊及び小隊の各学生長等の上級生が同室の 1 学年生に対し、常日頃、部屋の整理整頓やベッドメイキングの方法等を指導する一方で、従来から、学生のベッド、ロッカー、机の上の物などの整理整頓ができていない場合には、あえて、これを散らかして荒らす、「飛ばし」あるいは「台風」と呼ばれる行為が行われていたこと、被告 Y_1 は、平成 25 年 4 月から同年 8 月頃まで、Y_1 ほか 1 名の 4 学年、2 名の 3 学年及び原告ほか 5 名の 1 学年が共に生活する a 号室で、副室長を務める中、下級生に対し、掃除ができていないなどの落ち度について、「粗相ポイント」と称する点数をつけ、一定程度点数が累積すると、当該下級生に対し、何らかの罰ゲームをさせるようにする取扱いを行っており、原告に対して、同年 4 月から同年 6 月頃までの間、罰ゲームとして、カップ麺を硬いまま食べさせたり、風俗

店に行くことを指示したこと、Y_1 は、平成 25 年 6 月 14 日、a 号室の自習室において、罰ゲームとして原告の陰毛に消毒用アルコールを吹きかけ、ライターで着火したこと、Y_1 は、平成 27 年 3 月 11 日、上記陰毛着火行為について、暴行罪で起訴され、罰金 20 万円の略式命令（確定）を受けたこと、被告 Y_2 は、平成 25 年 10 月上旬ころ、b 号室において、左手拳で原告の右頬を 1 回殴ったこと、Y_2 は、平成 27 年 3 月 11 日、同殴打行為について、暴行罪で起訴され、罰金 10 万円の略式命令（確定）を受けたこと、Y_2 は、原告と同室であった間、b 号室で原告の陰部に掃除機を当てて吸引する行為を複数回行ったこと、被告 Y_3 は、平成 26 年 5 月 6 日、原告に対し、その顔面を右掌で殴打し、その腹部を右手拳で殴打し、同月 7 日、d 号室において、胸部を右掌で押し、左足首をける暴行を加えたこと、Y_3 は、平成 27 年 3 月 11 日、上記行為につき、暴行罪で起訴され、罰金 10 万円の略式命令（確定）を受けたこと、被告 Y_4 及び Y_5 は、平成 26 年 5 月 8 日、集会室及び d 号室において、原告に対し、その胸部を 2 回手拳で叩き、その胸ぐらをつかみ、胸についている名札をはぎ取ろうとする暴行を行ったこと、原告は、平成 26 年 5 月 13 日ころから体調を崩し、発熱、下痢、胃痛等の症状が続き、同月 27 日には、防衛大を出て、福岡の実家に帰省したこと、原告は、同年 6 月 3 日、P 病院において、引き続き 2 週間の療養を要するとされる抑うつ状態と、同月 5 日には、同年 7 月 4 日まで自宅療養及び通院加療を要する抑うつ反応兼自律神経失調症と、同年 6 月 20 日には、同年 7 月 5 日から 1 ヵ月間の静養加療を要するストレス反応とそれぞれ診断されたこと、被告 Y_6 は、平成 26 年 6 月 30 日、c 号室の自習室のホワイトボードに立てかけてある原告の写真の枠を黒いビニールテープで囲んだものに、自ら「夏季休暇に移行。報告書今日中に出せじゃろ」との吹き出しを付けて、写真（本件写真）を撮影し、中隊の 2 学年全員がメンバーとなっている LINE グループに送信したこと、被告 Y_7 は、同日、Y_6 による写真送信行為がされ、本件グループ内で本件写真を見ることができる状態となっていることを知り、本件グループから自主的に退会しない者を強制的に退会させ、メンバーが原告と

Y₇のみとなった状況で、本件グループに、短時間のうちに、嘔吐、薬人形、怒り等の絵柄のスタンプを724個程度送信したことなどの各事実を認定の上、被告らによる不法行為の成否について、「被告Y₁の罰ゲーム指示行為は、およそ指導といい得るものではなく、……故意に原告の身体を傷害し、精神的苦痛を与えたものとして違法性を有し不法行為に当たる……Y₁の陰毛着火行為は、極めて危険な態様であり、……原告にとって屈辱的な内容であって、……故意に原告の身体を傷害し、精神的苦痛を与えたものとして違法性を有し、不法行為に当たる……被告Y₂の暴行行為は、危険なもので、指導として正当化されるものではなく、違法性を有し不法行為に当たる……Y₂の陰部吸引行為は、上級生としての立場を利用して、理由なく、原告に屈辱感や羞恥心を抱かせて興じていたものというほかなく、違法性を有し不法行為に当たる……Y₃の暴行等の行為は、指導として適切な範囲を逸脱したといわざるを得ず、中隊の中で最も指導的立場である中隊学生長であったY₃からこのような行為を受けた原告は、相当な精神的苦痛を受けた者と認められ、Y₃のかかる行為はいずれも違法性を有し不法行為に当たる……被告Y₆の上記写真送信行為は、……仲間内で、療養中の原告を嘲笑の対象とし、その人格をいわれなく中傷する陰湿かつ幼稚ないじめ行為というほかなく……本件写真送信行為は、上記いじめの延長上にある……療養中の原告は、本件写真を見て、自身が同室の同期学生の間でさえも嘲笑の対象とされていることに精神的苦痛を感じたことが明らかであり、学生間の悪ふざけとして許容されるものではないから、違法性を有し、不法行為に当たる……被告Y₇のスタンプ送信行為等は、その客観的態様からも、療養中の原告を本件グループから排除する趣旨のものと認められ、……絶え間なく執拗に不快感を与えるような絵柄のスタンプを送り続け、退会を迫るような行為は、療養中の原告に対して、同期生の輪から締め出されそうであるとの精神的苦痛を与えるものであって、違法性を有し不法行為に当たる……なお、本件が、被告らが共謀して意図的に原告に対して暴行、嫌がらせ等を行った集団的ないじめ事件であるとの原告の主張は採用することができない」旨判示し、Y₁

～Y₇ に対し、原告に対する慰謝料として 5 万円ないし 40 万円の支払を命じ、原告のその余の請求を棄却した。すなわち、Y₁、Y₂、Y₃、Y₆、Y₇ の不法行為については、独立した単独の不法行為と認め、Y₄ 及び Y₅ の行為についてのみ共同不法行為として原告に慰謝料を連帯して支払うよう命じている。裁判所は、被告らの不法行為と原告の抑うつ状態と診断されたこととの因果関係は認めていない。

　那覇地判令和元・12・24（LEX/DB25565028、2019WLJPCA12246008）の事案は、被告大学（国立学校法人琉球大学）の設置する大学院医学研究科の講座の講師である原告が、同研究科の教授であり同講座の講座長の地位にある被告 Y₁ 及び同研究科の他講座に所属する教授である被告 Y₂ から、違法な退職勧奨を含むパワーハラスメントを受け、精神的損害を被ったと主張して被告個人らに対しては、不法行為に基づく慰謝料の損害賠償、被告大学に対しては、主位的に、被告個人らの使用者責任又は国家賠償法 1 条 1 項に基づき、予備的に、信義則上の安全配慮義務違反の債務不履行に基づき、慰謝料等の損害賠償を請求したものであるところ、裁判所は、関係証拠により、原告は、平成 24 年 11 月 9 日ころ、「若年期の高脂肪食や甘味料曝露による食の嗜好性構築／記憶化（学習）メカニズムの解明」と題する研究（本件研究）について、自らを研究代表者、被告個人らを研究分担者として、平成 25 年度基盤研究の科研費（学術研究助成基金助成金）に応募（本件科研費応募）したこと、本件科研費応募は、日本学術振興会（学振）による審査を経て採択され科研費の交付が内定したこと、被告 Y₁ と Y₂ は、平成 26 年 1 月 14 日、連名の文書により、被告大学大学院医学研究科長に対し、原告が、①研究計画調書の下書き文書の提出要請を拒否したまま無断で本件科研費応募をしたこと、②その際に添付した本件研究計画調書に無断で被告個人らを研究分担者に加えたこと、③被告個人らが研究分担者となる承諾文書に関しても被告個人らに一切通知や打診をしなかったこと、④本件科研費応募の採択が内定した後に、被告 Y₁ を研究分担者から独断で削除したことなどが重大な不正に当たるとして、内部通報（被告大学の「不正調査取扱規程」に基づく通報）

を行い、被告大学の学長は、同月15日、原告の本件科研費の執行を停止したこと、被告大学学長は、本件通報を受けて医学部に設置された予備調査委員会の調査結果を踏まえて、同年4月16日、不正調査委員会を設置したところ、調査結果を、平成27年3月17日付けで本件不正調査報告書を取りまとめたこと、本件不正調査報告書においては、「承諾を得ていない記載研究分担者の業績を利用して本件科研費が受給されたこと、……本件は科研費制度への背信行為であるとともに、被告個人らに対する冒涜行為でもあるが、本件科研費の不正使用はなかったと判断されたこと」、被告大学は、本件調査委員会による調査結果を文科省及び学振に報告したところ、平成28年2月29日、科研費の支給を停止するまでの不正には該当しないとの判断が示されたため、学長は、同年3月1日、本件科研費の執行停止を解除したこと、他方で原告は、平成26年1月下旬ころ、被告大学内部のハラスメント相談室に赴き、相談室員に対し、被告個人らによるハラスメントがあった旨を相談し、これを受けて学長は、同年8月初めまでに、ハラスメント調査委員会を設置し、同委員会は、平成27年3月13日付けで、調査報告書を取りまとめてハラスメント防止対策委員会に提出したこと、ハラスメント防止対策委員会は、審議・検討の結果、同年8月5日付けで、①平成26年1月10日、原告がY₁から教授室に呼出しを受け、被告個人らが、原告に対し、事務職員2名の同席する場で、本件科研費応募等における原告の行為は犯罪行為に当たり、原告は懲戒免職になるとか、多額の損害賠償義務を負うことになるなどと発言したことや、②同月頃、同年4月1日及び同年7月11日、被告Y₁が本件講義の組織図に原告が退職予定である旨を記載したり、組織図から原告の名前を削除したりしたこと、③同年1月26日、同年3月11日及び14日並びに同年4月11日、被告Y₁が原告が詐欺行為を働いたとか職務停止処分となり本件講座のすべての活動は全面的に停止（部署異動）になる見込みである旨のメールを本件講座のメンバー等に送信したことは、被告大学のハラスメント防止対策に関する指針に定めるパワーハラスメントに当たるとする一方、原告がそのほかに申し立てたことはこれに当たらない旨を

4 **いじめ問題**

認定したこと、同委員会はその上で、Y₁については被告大学職員就業規則に定める懲戒事由に該当するものの、懲戒処分に付するのが相当とまではいえないが、懲戒等規程により厳重注意とすべきであり、Y₂については、懲戒事由に該当する余地はあるものの、懲戒処分に付するのが相当とまではいえず、訓告又は厳重注意は行わないのが相当である旨、学長に答申したこと、学長は、その後間もなく、上記答申内容に沿って、Y₁に対し厳重注意をする一方、Y₂に対しては何らの措置を行わなかったこと、が、各認められるとした上、裁判所は、被告個人らが国賠法上の公共団体の公権力の行使に当たる公務員であるか否かについて、「国立大学法人は、国賠法1条1項にいう『公共団体』に当たる……『公共団体の公権力の行使に当たる公務員』である国立大学法人の教員が、その職務を行うについて、故意又は過失によって違法に他人に損害を与えた場合には、公共団体である国立大学法人がその被害者に対し国賠法1条1項に基づき賠償の責めに任ずべきもの……教員個人が民法709条に基づく損害賠償責任を負わないのみならず、その使用者である国立大学法人も同法715条に基づく損害賠償責任を負うものではない……被告個人らの一連の行為は、被告Y₁については、原告の所属する本件講座の講座長の立場ないし権限に基づき、被告Y₂についても、本件研究の研究分担者又は動物実験施設長としての地位に基づき、原告の研究活動に対して行った干渉行為であり、いずれも国立大学法人の教員としての職務の執行についてなされた公権力の行使というべきであるから、……原告の被告個人らに対する民法709条に基づく損害賠償請求及び被告大学に対する使用者責任に基づく損害賠償請求は、いずれも理由がない」旨判示し、被告個人らによる違法なハラスメント行為の有無等については、被告Y₁による当該発言は、「コミュニケーションの延長としての注意・指導とは異質のものと評価するのが相当であって、被告大学が原告の本件科研費応募等に非違があったことを指摘して原告に反省を求めた機に乗じ、原告に対する叱責・指導の名分に籍口して、Y₁の意に沿わない原告を、正規の人事上の手続に拠ることなく学外に排除することを意図した違法なハラスメント行為というべ

きである。原告の被告大学に対する主位的請求は、国賠法 1 条 1 項に基づき、慰謝料及び弁護士費用の合計 100 万円と遅延損害金請求の限度で理由がある。原告の予備的請求については、被告大学に安全配慮義務違反行為があったとしても、上記限度を超えて原告に損害が生じたとは認められない」旨判示し、被告大学に対する請求を上記の限度でのみ認容している。

　宇都宮地判令和 3・9・9（LEX/DB25590782）の事案は、被告国立大学法人山形大学が運営する山形大学の学生であった A の父親である原告が、同大学に所属する准教授被告 Y の A に対するアカデミックハラスメント行為により同人が自殺したとして、被告大学法人及び被告 Y に対し、連帯して損害賠償を求めたものであるところ、「大学における学部生とその所属する研究室の指導教員かつその受講する必修科目の担当講師という A と被告 Y との関係性を考慮しても、本件各行為（チャットワークにおけるメッセージ投稿など）はいずれも被告がその立場あるいは権限を濫用又は逸脱して行ったものとはいえず、違法とはいえない」とし、関係証拠として K 医師作成の A は、学業上の心理的負荷、特に被告 Y との関係に起因する心理的負担が原因となって、平成 29 年 1 月下旬ころから 2 月初旬ころまでにうつ病エピソードを発症し、その結果、自殺に至った」旨の意見書が提出されたことに対しては、A は最終的に自殺に至っていることから、その直前において、その精神が究極的に追い詰められていたことは容易に想像できるとしても、本件各行為によって A がうつ病エピソードが発症したことの因果関係については何ら説得的な検討がされていないから、同意見書の意見は採用できない（仮に本件各行為の違法性を前提としても、本件各行為と A の自殺との因果関係を認めることはできない）として、原告の請求を棄却している。

(E) 職場

　名古屋地判令和 2・2・17（LEX/DB25564974、2020WLJPCA02176006）の事案は、名古屋市交通局に嘱託職員として勤務していた A の母親であり唯一の相続人である原告が、A は交通局における勤務中に受けたいじめ等に

より中等症うつ病エピソードを発病して平成 27 年 4 月 13 日に自殺したので
あり、交通局には安全配慮義務違反があったなどと主張して、被告名古屋市
に対し、債務不履行又は国家賠償法 1 条 1 項に基づく損害賠償を請求したも
のであり、関係証拠から、A は平成 25 年 4 月 1 日、若年嘱託職員として交
通局に採用され、約 1 ヵ月間の研修の後、交通局藤が丘工場の修車係台車 B
班に配属となり、本件自殺に至るまで、台車 B 班で勤務をしていたこと、
台車 B 班は、チーフ 1 名、サブチーフ 2 名及び班員 6 名で構成されていた
ところ、C サブチーフは、A が配属されて少ししたころから、A に対し、
「お前なんかあっち行っとれ」、「いつまでこの職場にいるんだ」、「まだいる
のか」、「辞めろ」などと発言して厳しく当たるようになったこと、台車 B
班の M チーフは C サブチーフが A に対してそのような言動をしていること
を他の職員から聞いていたこと、A は同年 8 月 12 日、職場において C か
ら、「早くしろ」と大声で怒鳴られ、仕事を終えて帰宅すると、「もう嫌だ」
といって机に突っ伏すなどし、発熱していたため、病院で点滴を受けるなど
したが翌日になっても体力が回復しないので、同日から休暇をとり、藤が丘
工場に出勤しなくなったこと、A は同月 19 日、藤が丘工場の管理係長らと
面談し、仕事を辞めるかどうか悩んでいるなどと述べ、M チーフから辞め
ないように説得され、A は、同月 21 日、勤務を再開したこと、A は平成 26
年 4 月以降も、C から職場において、「辞めろ」「こんなふうでは正規の職
員にはなれないぞ」などと嫌味を言われることがあったこと、A は、同年 7
月、従前から使用しているものとは別のツイッターアカウント（本件裏アカ
ウント）を利用して、ツイッターへの投稿を開始し、「心の痛みが。逃げた
い」、「苦しい」、「このまま消えたい」など弱気な内容を含む投稿をしていた
こと、同年 10 月 1 日、台車 B 班のチーフが M から N に定例の異動により
代わったところ、同年 11 月頃、C が A に大きな声で注意しているのを聞い
て、C に対し、若い職員にきつく怒らないように注意したこと、A は平成
27 年 4 月 10 日、N チーフ、O サブチーフ及び C と面談した際、N チーフ
が C と O に A へのアドバイスを尋ねたのに対し、C は A に対し、A の仕

事上、不注意からピニオン蓋を変形させてしまった件について、「その損害は 60 万円である、副主任に頭を下げさせた、A とはみんな一緒に仕事をしたくないと思っている」などと述べ（実際の損害額は 10 万円から 15 万円ほどであった）、その後、N チーフは A に対し、「やる気があるなら話を続けるが、ないなら続けても仕方がない」などと述べたこと、A は、同日の帰宅後、原告（母）に対し、職場で叱られたこと、N チーフと C サブチーフから正規職員にはなれないと嫌味をいわれ、相変わらず辞めろといわれたことを告げたこと、A は、同月 13 日午後 9 時ころ帰宅し、その後原告が気づかないうちに自宅を出て、名古屋市内の公園路肩に停車した自動車内で練炭を燃焼させ、一酸化中毒により死亡したこと（本件自殺）の各事実が認められるとした上、安全配慮義務、国家賠償法上の違法及び相当因果関係については、「A は、C のおよそ指導として正当化する余地のない強圧的な言動により継続的かつ長期間にわたり加重な心理的負荷を受け続け、M チーフが異動した後にはもはやこれに耐え切ることができなくなってうつ病エピソードの症状を顕在化・進行させていた一方、被告は、C サブチーフによるこのような言動を認識することが十分可能であり、ひいては A が相当強度の心理的負荷を感じていたことを認識できる状況にあったのであるから、遅くとも平成 27 年 4 月 10 日の面談の時点で、A に対して業務上の指導を行うに当たり、さらに相当性を逸脱した言動により心理的負荷を生じさせ、これにより A が精神障害を発病し、あるいは既に発病している精神障害の影響を強く受け、その結果として自殺に及ぶことのないよう配慮すべき義務があったのにこれを怠り、業務上の指導として相当性を逸脱した態様による本件面談が行われた……A は、本件面談によりさらに心理的負荷を受けたことで本件自殺に至ったものであるから、被告の上記義務違反と本件自殺との間には相当因果関係が認められる……原告本人に過失相殺や信義則上の減額すべき事情があったとは認められない」として、弁護士費用を含めて 7300 万円を超える損害賠償金の支払を認容している。

宇都宮地判令和 2・5・20（LEX/DB25566011、2020WLJPCA05206004）の事

案は、被告である一般財団法人 T 協会（被告協会）が運営する N 自動車学校に勤務していた A が自殺した事について、原告ら（A の相続人ら及び実母）が、A の自殺は N 自動車学校の組織的なパワーハラスメントや長時間労働により精神疾患を発症したことに起因するとして、被告らに対し、被告協会については民法 715 条 1 項又は雇用契約上の付随義務としての安全配慮義務違反、その余の被告らについては民法 709 条に基づき、A 及び原告らに生じた損害の賠償を請求したというものであって、被告 B は N 自動車学校の校長職、被告 C は教頭職、被告 D は指導課課長職の地位にあった。裁判所は、① A の勤務状況について、A の労働時間は、平成 28 年 4 月が合計 204 時間（時間外労働 37 時間 56 分）、同年 3 月は合計 260 時間 20 分（時間外労働 92 時間 20 分）、同年 2 月は合計 249 時間 57 分（時間外労働 89 時間 57 分）であること、A は平成 24 年 10 月、被告協会に正職員として勤務を開始したところ、夜間覚醒を訴え、同年 11 月、病院を受診し、不眠症と診断され、ユーロジンの処方を受けつつ通常通りの勤務を継続したこと、A は被告協会に勤務して 1 年弱経過した冬頃、ノロウィルスに感染して仕事を休むことがあったが、体調が回復して職場に復帰したころから、他の職員と距離を置くようになって、この頃から誰かに問いかけるような独り言をいうようになり、平成 26 年ころからは教習生からの苦情が増加し、A の割当てを拒絶する教習生も増えたこと、N 自動車学校は、平成 28 年 3 月、前校長、C 教頭、D 指導課長の判断に基づき、平成 29 年 2 月までの間、従前担当していた技能検定員から A を外す措置を採ったこと、また、複数の教習生からの意見・要望により、A をこれらの教習生に対する学科教習の担当からも外す措置を採ったこと、平成 28 年 4 月に就任した B 校長は、A の指導方法が前校長の注意指導にもかかわらず改まっていないと判断し、「N 自動車学校の業績を伸ばす方針に逆行するのであれば去ってもらっても構わない」などと注意・指導を行ったこと、A は同年 5 月 21 日付けで、教習生に対する不適切な言動について猛省し、今後は二度とこのようなことがないよう注意する旨の誓約書を提出したこと、A は同年 10 月、教習生に対し教習内容を間違えて教習させるミスを犯し、か

つこれを隠ぺいしたことが発覚し、同月 9 日、B 校長から口頭指導を受けて始末書を提出したこと、同年 11 月 20 日、A に対する勤務評定が行われ、総合評定は「D」で、校長以外の上司の指導は聞き流す点があるので継続した指導を要するものとされたこと、B 校長は平成 29 年 2 月 11 日、A をミーティングルームに呼び出して強い口調で叱責したところ、A は、「もう教える自信がなくなりました。それじゃ私辞めます」といって、B の制止を振り切ってそのまま帰宅したことなどの各事実を認定し、② A の自殺に至るまでの家庭内における状況について、A は原告 X₁（A の妻）に対し、平成 27 年 4 月頃から、職場で自分の話を聞いてもらえないなどと愚痴をこぼすようになり、平成 28 年 4 月ころ、「今度の校長は怒鳴る校長だ」、「もう行きたくないんだよ」などと苦しい胸の内を話したこと、A は平成 28 年 8 月頃になると、家庭内で、「死にたい」などというようになり、同年 11 月ころから、家庭内で、「死にたい」、「何をいっても誰も聞き入れてくれない」、「怒鳴られる」などと頻繁につぶやくようになったこと、A は、平成 29 年 1 月、被告協会会長あてに、N 自動車学校の B 校長は A の言い分を一切聞かず、「すぐに辞表を持ってこい」などと A を怒鳴って叱責したことなどにより、生きていく自信を完全になくしてしまい、うつ状態になってしまったことなどを記した内部通報文書を作成したこと、A は、同年 2 月 13 日、自宅敷地内倉庫にて、練炭を焚いた上、ロープで首を吊って自殺したこと、A の家族あての遺書に、上記内部通報文書を被告協会あてに郵送してほしいと書き残していたため、原告 X₁ がこれを被告協会に郵送したこと、平成 30 年 7 月と 10 月に開催された栃木県労働局地方労災医員協議会精神障害専門部会で A に係る精神障害の業務起因性の医学的意見が検討され、自殺と業務との因果関係については、個体側要因としてパーソナリティ障害を有していたものと推察され、平成 28 年 4 月下旬ころ発病の気分変調症の発病要因、更には自殺の要因もパーソナリティの偏りによる要素が強いと考えられ、業務における心理的負荷の強度は「中」であるから、亡 A の自殺による死亡は業務に起因するものとは認められないとされたことなどの各事実を認定した。その上で、不法行為（パワー

ハラスメント）の成否については、「B 校長の A に対する平成 28 年 4 月 10 日
の口頭指導の真意は、N 自動車学校の教習・検定業務の不統一を是正し、教
習生からの信頼を繋ぎとめることにあったというべきで、その職務上の地位
や人間関係などの職場内における優位性を背景として、A に対し、業務の適
正な範囲を超えて有形・無形の圧力を加えることを目的として行ったもので
はなく、また、その内容・程度も、……適正な指導の範囲を逸脱するもので
あったとはいえないから、これにより A の内面に相当の心理的負荷が生じた
としても、客観的には B の上記口頭指導には不法行為といえるほどの違法性
は認められず、パワーハラスメント（不法行為）には当たらない……B の同年
10 月 9 日の口頭注意も、A が犯したミスは……指導員としての基本的な過誤
に属するものである上、これを上司に報告せず、……事実上これを隠ぺいし
ようとしたと言われても仕方のない行為に及んでいたものというべきである
から……、B 校長が、これを厳しく叱責し、始末書の提出を求めることは……
客観的にみて適正な指導の範囲を逸脱するものであったとまではいえない
……B の平成 29 年 2 月 11 日の指導も……適正な指導の範囲を逸脱するもの
であったとまではいえないから、……パワーハラスメント（不法行為）には当
たらない」旨判示し、本件雇用契約上の安全配慮義務については、「疾病の発
症直前 6 か月の平均時間外労働時間は 58 時間程度であるから、まず量的にみ
て、恒常的に 8 時間を超える長時間労働が行われていたものとは認められな
い……A の労働実態は、量的にはもとより質的にも長時間労働を強いるよう
なものであったとは認められない……本件疾病の発症それ自体は、亡 A の個
体側要因としてパーソナリティ障害等が影響した可能性が高いことを合わせ
考慮すると、……安全配慮義務に違反したとはいえない」旨判示し、原告ら
の請求をいずれも棄却している。

Ⅲ　民事手続における被害者の救済

5──民事裁判手続における被害者への配慮

（1）提訴の準備

（A）公判記録の閲覧謄写

　従来から、刑事被告事件の終結（確定）後であれば、何人でも訴訟記録の閲覧が可能であったところ（刑事確定訴訟記録法53条1項）、それ以外に被害者等に訴訟記録の閲覧・謄写を認める制度はなかった。しかし、犯罪被害者保護法により、受訴裁判所は、第1回公判期日後から被告事件の終結までの間においても、被害者等から公判記録の閲覧・謄写の申出があれば原則として閲覧・謄写を認めることとし、理由が正当でないと認める場合又は相当でない場合に限って、これを認めないことができることとされた（犯罪被害者保護法3条）。また、犯罪被害者保護法の平成19年改正により、その範囲は拡大され、裁判所は、いわゆる同種余罪の被害者等についても、損害賠償請求権の行使のために必要がある場合であって相当と認めるときは、公判記録の閲覧・謄写を認めることとされた（同法4条）。

　東京地決平成28・7・11（LEX/DB25543583）は、保管記録閲覧請求に対する検察官がした閲覧不許可処分に対する準抗告の事案である。本件被告事件は、交通違反で取締りを受けた被告人が交通事件原票等を引き裂いたという公用文書毀棄事件（刑法258条）であり、申立人は無関係の第三者であるところ、検察官が犯人の改善及び更生を著しく妨げることとなるおそれや関係人の名誉又は生活の平穏を著しく害することとなるおそれとして述べるところは、いずれも抽象的な可能性に過ぎず採用できないとして、閲覧不許可処分を取り消し、申立人に本件事件記録（一部を除く）を閲覧させるべき旨を決定した。

＜民事裁判手続における被害者への配慮＞

公判記録の閲覧・謄写 （犯罪被害者等保護法3条、4条） 不起訴記録の閲覧・謄写		証人付添制度（民訴法203条の2） 遮蔽措置（同法203条の3） ビデオリンク方式（同法204条） 尋問に代わる書面の提出（同法205条）

　ところで、刑訴法 281 条の 4 は、被告人若しくは弁護人又はこれらであった者は、検察官において被告事件の審理の準備のために閲覧又は謄写の機会を与えた証拠に係る複製等を目的外利用してはならない旨を規定し、同法 281 条の 5 は、被告人又は被告人であった者が、閲覧・謄写の機会を与えられた証拠に係る複製等を目的外利用として第三者に提供する行為を処罰することとしている。ちなみに、**東京高判平成 26・12・12**（LEX/DB25506245）は、事件審理の準備のため実況見分調書について謄写の機会を与えたところ、被告人が複製等をインターネット上の動画投稿サイトの YouTube に掲載したことで刑訴法 281 条の 5 第 1 項の罪に問われ、原審において有罪として執行猶予の判決を言い渡した事案であるところ、被告人からの控訴に対し、本件掲載行為は、訴訟手続における防御活動とはいえず、審理準備目的による使用でないことは明らかである、として控訴棄却としている。

（B）不起訴記録

　不起訴事件の記録については、原則として非公開であるが、被害者等が民事訴訟において損害賠償請求権その他の権利を行使するために実況見分調書等の客観的証拠が必要と認められる場合等には、検察官は、関係者のプライバシーを侵害するなど相当でないと認められる場合を除き、これらの証拠の閲覧・謄写を許可している。また、平成 20 年 12 月以降は、被害者参加制度の対象事件については、被害者等が事件の内容を知ること等を目的とする場

合であっても、不起訴事件の記録中の客観的証拠については、原則として、閲覧が認められている[76]。

（2）証拠調べにおける証人への配慮

　民事裁判における証拠調べについても刑事裁判の場合（刑訴法157条の4以下）と同様に、例えば、証人への付添制度、遮蔽措置、ビデオリンク方式などが認められている。すなわち、裁判長は、証人の年齢又は心身の状態その他の事情を考慮し、証人が尋問を受ける場合に著しく不安又は緊張を覚えるおそれがあると認めるときは、その不安又は緊張を緩和するのに適当であり、かつ、裁判長若しくは当事者の尋問若しくは証人の陳述を妨げ、又はその陳述の内容に不当な影響を与えるおそれがないと認める者を、その証人の陳述中、証人に付き添わせることができる（民訴法203条の2第1項）。また、裁判長は、事案の性質、証人の年齢又は心身の状態、証人と当事者本人又はその法定代理人との関係（証人がこれらの者が行った犯罪により害を被った者であることを含む。）その他の事情により、証人が当事者本人又はその法定代理人の面前において陳述するときは圧迫を受け精神の平穏を著しく害されるおそれがあると認められる場合であって、相当と認めるときは、その当事者本人又は法定代理人とその証人との間で、一方から又は相互に相手の状態を認識することができないようにするための措置をとることができる（同法203条の3第1項）。さらに裁判長は、傍聴人と証人との間でも、同様の措置をとることができる（同条2項）。加えて、裁判所は、事案の性質、証人の年齢又は心身の状態、証人と当事者本人又はその法定代理人との関係その他の事情により、証人が裁判長及び当事者が証人を尋問するために在席する場所において陳述するときは圧迫を受け精神の平穏を著しく害されるおそれがあると認める場合であって、相当と認めるときは、映像と音声の送受信によって相手の状態を相互に認識することができる方法によって、証人の尋問

をすることができる（同法 204 条 2 号）。

　さらに裁判所は、相当と認める場合において、当事者に異議がないときは、証人の尋問に代え、書面の提出をさせることもできる（同法 205 条）。

　最一判平成 17・4・14（刑集 59 巻 3 号 259 頁、判時 1904 号 150 頁、LEX/DB 28105150、2005WLJPCA04140002）は、遮へい措置（刑訴法 157 条の 5）・ビデオリンク方式（刑訴法 157 条の 6）による証人尋問は、審理が公開されていることには変わりはないから、これらの規定は、憲法 82 条 1 項、37 条 1 項に違反するものではなく、また、被告人は、証人の姿を見ることはできないけれども、供述を聞くことはでき、自ら尋問することもでき、さらに、この措置は弁護人が出頭している場合に限り採ることができるのであって、弁護人による証人の供述態度等の観察は妨げられないのであるから、憲法 37 条 2 項前段に違反するものでもない旨を判示する。

（3）人事訴訟における当事者尋問等の公開停止

　人事訴訟法 22 条は、人事訴訟における当事者本人若しくは法定代理人又は証人が当該人事訴訟の目的である身分関係の形成又は存否の確認の基礎となる事情であって自己の私生活上の重大な秘密に係るものについて尋問を受ける場合においては、裁判所は、裁判官の全員一致により、その当事者等又は証人が公開の法廷で当該事項について陳述することにより社会生活を営むのに著しい支障を生ずることが明らかであることから当該事項について十分な陳述をすることができず、かつ、当該陳述を欠くことにより他の証拠のみによっては当該身分関係の形成又は存否の確認のための適正な裁判をすることができないと認めるときは、決定で、当該事項の尋問を公開しないことができる旨を規定している。

6──まとめ

　行政情報公開法は、「何人も、行政機関の長に対し、行政文書の開示を請求することができる」旨を規定する。文書の不開示を決定するには理由が必要であり、不開示にできる場合というのは文書が存在しないか、不開示理由に該当する場合だけである。

　手続は、欲しい行政文書を保有する官庁の情報公開窓口に行き、行政文書を特定した開示請求書を提出する。不開示部分があって不服であればその官庁に不服申立てをして、情報公開・個人情報保護審査会の判断を仰ぐこともできるし、直ちに国を被告として行政訴訟を提起することもできる。情報開示請求は、ある分野についての一般的な情報をひとまず得て下調べするといった初期段階での情報収集に向いている。国の行政機関の保有する個人情報の開示を求める場合は、「行政機関個人情報保護法」に基づいて個人情報開示請求を行う。

　理不尽なクレームに対しては、弁護士が内容証明などによって相手方に警告を発し、それでも理不尽なクレームが継続する場合には、紛争処理の方法として、正攻法である債務不存在確認の訴えを提起することを考慮すべきである。警告は単なる脅しに止まるものではなく、実際に警告が破られた場合には、実際に予告してある法的手段として裁判所に提訴するのが肝要である。債務不存在確認の訴えは、海外の裁判所に訴訟提起された場合に、わが国で反訴の意味合いで、債務不存在確認の訴えを起こすということが考えられる。

　民事介入暴力は、平穏な市民生活や健全な企業活動を妨害して破壊するにとどまらず、被害者の人権自体を否定する悪質な人権侵害といえる。民事介入暴力への対応は、基本的に正攻法によるのがよい。民事介入暴力は、暴力を背景とした威嚇が全く通じない裁判所、検察庁、警察を一番恐れている。

また、紛争を検察庁や裁判所に持ってゆく能力と資格を持つ弁護士をも非常に恐れているといえる。対応として、話合いの交渉をする場合は、リスクを考えて相手の事務所には行かないで、ホテルなど公共の場か、自社の応接室・会議室などを利用する。また、組織的対応が肝要であり、同時並行的に弁護士、警察などとの連携が望ましい。証拠保全のために録音、録画も活用すべきである。

　いじめは加害者と被害者に加え、かれらを取り巻く周囲の子供たちによって構成される。この周囲の子は、いじめを喜んで見ている者（観衆）と見て見ぬ振りをする者（傍観者）に分けられる。これは、いじめの 4 層構造といわれる。無関心層は見て見ぬふりをする。多数の無関心層は被害を免れている点で恩恵を受けており、被害者を助けることなく見て見ぬふりをすることによって、ある意味秩序が安定しているという。市民的空間であれば友を選択して自由に生きられるのに、学校では友だちを選ぶ自由がない。いじめ空間では二者択一を迫られる。すなわち、①コンタクトをシャット・アウトして不登校で引きこもるか、②権力へ迎合して被害者がボスに「性格を直すから仲間に入れて」と懇請するかである。「人権」、「人間の尊厳」といった目に見えない概念に対する生理的嫌悪を覚える体質が醸成され、残念ながら学校教育は理性ある市民社会を作るための教育機関にはなっていない。問題の解決は容易ではないが、大人たちが模範を示しつつ、子どもたちに「人権」、「人間の尊厳」といった目に見えない概念の大切さを、法教育などを通して体得させてゆくしかない。いじめに起因する被害者の自殺も大きな社会問題であり、裁判例は、広く小学校、中学校、高校、大学、職場を通じて数多く存在する。

　民事裁判手続における被害者の提訴の準備として、犯罪被害者保護法により、受訴裁判所は、第 1 回公判期日後から被告事件の終結までの間においても、被害者等から公判記録の閲覧・謄写の申出があれば原則として閲覧・謄写を認めることとしている。不起訴事件の記録については、原則として非公開であるが、被害者等が民事訴訟において損害賠償請求権その他の権利を行

Ⅲ　民事手続における被害者の救済

使するために実況見分調書等の客観的証拠が必要と認められる場合等には、検察官は、関係者のプライバシーを侵害するなど相当でないと認められる場合を除き、これらの証拠の閲覧・謄写を許可している。

　民事裁判における証拠調べについても刑事裁判の場合と同様に、例えば、証人への付添制度、遮蔽措置、ビデオリンク方式などが認められている。人事訴訟法においても、当事者尋問等の公開停止が認められる。

Ⅳ　サイバー犯罪の捜査手法

1 ──デジタルデータの取得・保全

　刑事事件における差押えの対象は「証拠物又は没収すべき物と思料するもの」（刑訴法 222 条 1 項、99 条 1 項）であって、有体物に限られる。ところがコンピュータやインターネットの発展により、現在では電磁的記録（データ）は証拠として欠かせない状況となっている。データは有体物ではないが、サーバ、ハードディスク、USB メモリといった、さまざまな記録媒体に記録される。こうした記録媒体は有体物であるから、これを差し押さえることができる。

　こうしたデータが幅広く利用されるようになった結果、捜索・差押えの場面においてさまざまな困難が新たに生じるようになってきている。例えば、USB メモリの内部にあるデータは外部からは認識することができないから、「差し押さえるべき物」に該当するかどうかが分からない。また、クラウド・サービスが普及し、捜索・差押えの現場にあるコンピュータを差し押さえても、当該コンピュータにはデータが記録されていないこともある。こうした困難に対応するため、刑訴法の平成 23 年改正により、電磁的記録の差押えに関する新しい処分が認められている[77]。

　電磁的記録自体は無形の情報であるため差押えの対象とはならないが、それが記録された記録媒体（電子計算機、磁気ディスク、CD-R など）は、令状に

77　吉開ほか・前掲注（36）56 頁。

より差し押さえることができる。ここで**最二決平成 10・5・1**（刑集 52 巻 4 号 275 頁、判時 1643 号 192 頁、LEX/DB28035217、1998WLJPCA05010001）は、捜索差押許可状に基づいて差し押さえたフロッピーディスクの中には何も記録されていないものがあり、被疑事実との関連がなかった上、捜索現場で申立人からの協力の申出を断ってその内容を確認することなく行われた無差別な差押えは憲法 35 条に反するとして特別抗告を申し立てた事案であるところ、「差し押さえられたパソコン、フロッピーディスク等は、本件の組織的背景及び組織的関与を裏付ける情報が記録されている蓋然性が高いと認められた上、申立人らが記録された情報を瞬時に消去するコンピュータソフトを開発しているとの情報もあったことから、捜索差押えの現場で内容を確認することなく差し押さえられたもので……前記のような事実関係の認められる本件において、差押え処分を是認した原決定は正当である」とした。

　デジタル・フォレンジック（DF）とは、犯罪の立証のためのデータの解析技術及びその手続をいい、コンピュータやスマートフォン等の電子機器に保存されているデータを証拠化するために、電子機器からデータを抽出してコピーを作成した上で、文字や画像等の人が認識することができる形に変換するとともに、その抽出・変換手続を正確に記録し、事後的な検証を可能にすることで適正化を図り、証拠能力・証明力の確保を図ろうとするものである[78]。DF の技術には消去されたデータの復元もあるから、一見すると何もデータが残っていない電子機器であっても、データ復元のために差押えをすべき場合があり得る。また、事案によっては捜索・差押え時には内容確認をすることで電子機器への最終アクセス日時等が自動的に更新され、データの現状が損なわれて証拠としての信用性が争われるおそれもある。こうした点からも上記**最二決平成 10・5・1**の結論は支持することができるであろう。

　今後は内容確認をしないで外部的事情に基づいて蓋然性が認められるとして、電子機器を差し押さえる場合が増加することも予想される。一方で、処

78　吉開ほか・前掲注（37）81 頁。

分を受ける者の不利益が大きくならないよう、できるだけ早期に電子機器の
データのコピーを作成するなどして、証拠品たる現物を早急に還付すると
いった配慮が必要となろう[79]。

2 ── リモート・アクセス（刑訴法218条2項）

　差し押さえるべき物が電子計算機であるときは、当該電子計算機に電気通
信回線で接続している記録媒体であって、当該電子計算機で作成若しくは変
更した電磁的記録又は当該電子計算機で変更若しくは消去することができる
とされている電磁的記録を保管するために使用されていると認めるに足りる
状況にあるものから、その電磁的記録を当該電子計算機又は他の記録媒体に
複写した上、当該電子計算機又は当該他の記録媒体を差し押さえることがで
きる（刑訴法218条2項）。これは、差押対象物であるコンピュータで作成し
たメールを保管しているメールサーバや、当該コンピュータで作成した文書
ファイルを保管しているストレージサービスのサーバなどからデータを複写
して差し押されるものである。これをリモート・アクセスという[80]。令状に
は、差し押さえるべき物である電子計算機のほか、「差し押さえるべき電子
計算機に電気回線で接続している記録媒体であって、その電磁的記録を複写
すべきものの範囲」を記載しなければならない（刑訴法219条2項）。

　刑訴法218条2項の処分の対象となる記録媒体は、司法審査を経て、令状
において特定・明示されているから、憲法35条1項の要請を満たすものと
解されている。

79　吉開ほか・前掲注（37）81頁。
80　吉開ほか・前掲注（36）58頁。

3── 記録命令付差押え（刑訴法 218 条 1 項）

（1）総説

　電磁的記録を保管する者その他電磁的記録を利用する権限を有する者に命
じて必要な電磁的記録を記録媒体に記録させ、または印刷させた上、当該記
録媒体を差し押さえることをいう。検察官、検察事務官又は司法警察職員
は、犯罪の捜査をするについて必要があるときは、裁判官の発する令状によ
り、記録命令付差押えをすることができる（刑訴法 218 条 1 項）。これは、プ
ロバイダー等をしてサーバコンピュータ等から必要なデータを CD-R、プリ
ンタ用紙等に記録・印刷させて、差し押さえるものである。記録命令付差押
えは強制処分であるものの、その名宛人として電磁的記録の記録・印刷を命
じられた者の義務違反に対して罰則は設けられていない。これは、元々、通
信事業者の協力的な者を想定した制度であるからである。対象者の協力が期
待できないときは、通常の記録媒体の差押え処分によることになる[81]。

（2）電磁的記録に係る記録媒体の差押えに代わる処分

　「差し押さえるべき物」が「電磁的記録に係る記録媒体」であるときは、
捜査機関は、その差押えに代えて、①当該記録媒体に記録された電磁的記録
を他の記録媒体に複写し、印刷し、又は移転した上、当該他の記録媒体
（CD-R や印刷物）を差し押さえ、又は、②差押えを受ける者に当該記録媒体
に記録された電磁的記録を他の記録媒体に複写させ、印刷させ、又は移転さ
せた上、当該他の記録媒体を差し押さえることができる（刑訴法 222 条 1 項、
110 条の 2）。これを電磁的記録に係る記録媒体の差押えに代わる処分とい

81　吉開ほか・前掲注（36）57 頁。

う[82]。これは、差押えの対象となっている記録媒体が大容量のサーバである
などの場合に、捜査上必要な電磁的記録のみを複写等した上で、差し押さえ
るものである。差し押さえるべき物が電磁的記録に係る記録媒体であるとき
は、捜査機関は、処分を受ける者に対し、「電子計算機の操作その他の必要
な協力を求める」ことができる（刑訴法222条1項、111条の2）。

（3）通信履歴の電磁的記録の保全要請

　検察官、検察事務官又は司法警察員は、差押え又は記録命令付差押えをす
るため必要があるときは、電気通信を行うための設備を他人の通信の用に供
する事業を営む者又は自己の業務のために不特定若しくは多数の者の通信を
媒介することのできる電気通信を行うための設備を設置している者に対し、
その業務上記録している電気通信の送信元、送信先、通信日時その他の通信
履歴の電磁的記録のうち必要なものを特定し、30日を超えない期間を定め
て、これを消去しないよう、書面で求めることができる。この場合におい
て、当該電磁的記録について差押え又は記録命令付差押えをする必要がない
と認めるに至ったときは、当該求めを取り消さなければならない（刑訴法
197条3項）。消去しないように求める期間については、特に必要があるとき
は、30日を超えない範囲内で延長することができるが、通じて60日を超え
ることができない（同条4項）。これは、プロバイダやLAN設置者などが業
務上保管している通信履歴（通信内容は含まない。）のデータについて、暫定
的に残しておくように求めるものであり、当該データを入手するためには、
別途、裁判所の令状が必要である。この要請を行う場合において、必要があ
るときは、みだりにこれらに関する事項を漏らさないよう求めることができ
る（同条5項）。

82　吉開ほか・前掲注（36）57頁。

Ⅳ　サイバー犯罪の捜査手法

4 ── 検証

(1) 電話検証

最三決平成 11・12・16（刑集 53 巻 9 号 1327 頁、判時 1701 号 163 頁、LEX/DB28045259、1999WLJPCA12160002）は、覚せい剤取締法違反被疑事件について検証許可状により 2 台の電話傍受を実施した事案であるところ、「電話傍受は、通信の秘密を侵害し、ひいては、個人のプライバシーを侵害する強制処分であるが、……被疑者が罪を犯したと疑うに足りる十分な理由があり、かつ、当該電話により被疑事実に関連する通話の行われる蓋然性があるとともに、電話傍受以外の方法によってはその罪に関連する重要かつ必要な証拠を得ることが著しく困難であるなどの事情が存する場合」に検証許可状による電話傍受は許される。その場合、「傍受すべき通話、傍受の対象となる電話回線、傍受実施に方法及び場所、傍受ができる期間をできる限り限定すべき」旨を判示する。

　平成 11 年に「犯罪捜査のための通信傍受に関する法律」（以下、「通信傍受法」と略称。）が制定された。通信傍受法が制定された現在では、検証許可状による電気通信の傍受はもはや許されないと解されよう。傍受の対象となる通信には、固定電話、携帯電話はもとより、ファックス、さらには電子メールなども含まれる（通信傍受法 2 条 1 項）。対象犯罪は、制定当初、薬物関連犯罪、銃器関連犯罪、集団密航に関する罪、及び組織的殺人の罪の 4 種に限定されていたが、平成 28 年改正により、殺傷犯関係、逮捕・監禁、略取・誘拐関係、窃盗・強盗、詐欺・恐喝関係、児童ポルノ関係の罪が追加された。傍受令状は、検察官又は司法警察員の請求により、地方裁判所の裁判官が発付する（通信傍受法 4 条、5 条）。

　通信傍受法は、電気通信を用いないで行われる口頭の会話の傍受は規制対

象としていない。口頭会話の傍受については、電気通信の傍受よりも法益侵害性が類型的に高いこと、対象の特定が既存の検証が予定している方式に合致し得るか疑問であることから、消極的に解すべきものとされている[83]。

（2）携帯電話等の移動体端末の位置探索

　総務省において、「電気通信事業における個人情報保護に関するガイドライン」（令和 4 年 3 月 31 日版。以下、単に「ガイドライン」という。）が策定され、電気通信事業者が個人情報の適正な取扱いに関して遵守すべき基本的事項が定められている。携帯電話を含む移動体端末の位置情報については、ガイドライン 41 条 4 項において、「電気通信事業者は、捜査機関からの要請により位置情報の取得を求められた場合においては、裁判官の発した令状に従うときに限り、当該位置情報を取得することができる」と規定され、同条 2 項において、「電気通信事業者は、あらかじめ利用者の同意を得ている場合、裁判官の発した令状に従う場合その他の違法性阻却事由がある場合に限り、位置情報について、他人への提供その他の利用をすることができる」と規定する。

　なお、ガイドライン 41 条 5 項は、「電気通信事業者は、前項のほか、救助をする者を捜索し、救助を行う警察、海上保安庁又は消防その他これに準ずる機関からの要請により救助を要する者の位置情報の取得を求められた場合においては、その者の生命又は身体に対する重大な危険が切迫しており、かつ、その者を早期に発見するために当該位置情報を取得することが不可欠であると認められる場合に限り、当該位置情報を取得することができる」旨を規定する。

　東京地立川支決平成 28・12・22（LEX/DB25544851、2016WLJPCA12226003）は、「本件 GPS 捜査は強制処分であると解するのが相当であり、……少なくとも検証の性質を有する……令状の発布を受けることなく行われており、違

83　長沼ほか『刑事訴訟法（第 5 版）』（有斐閣、2017）129 頁。

法である……その実施に当たり、警察官らに令状主義の諸規定を潜脱する意
図があったとまでは認め難いというべきで……その証拠能力は否定されな
い」とする。

　最大判平成 29・3・15（刑集 71 巻 3 号 13 頁、判時 2333 号 4 頁、LEX/DB254
48527、2017WLJPCA03159001）は、X が複数の共犯者とともに自動車で広域
を移動して行ったと疑われる連続窃盗事件につき捜査を進めていた警察官ら
が、組織性の有無・程度や組織内における X の役割を含む犯行の全容を解
明するため、GPS 位置情報通知サービスの利用者として GPS 端末を借り受
けた上、X、共犯被疑者 3 名のほか、X の知人女性も使用する蓋然性のあっ
た自動車やバイク計 19 台に X らの承諾なく、かつ、令状を取得することな
くその端末を取付けて、約 6 ヵ月半の間、上記サービスを利用して各車両の
GPS 情報を断続的に取得しつつ、その追尾等を行った事案について、GPS
捜査は「個人のプライバシーを侵害し得るものであり、……公権力による私
的領域への侵入を伴う……憲法 35 条……の保障対象には、『住居、書類及び
所持品』に限らずこれらに準ずる私的領域に『侵入』されることのない権利
が含まれる……GPS 捜査は、……刑訴法上、特別の根拠規定がなければ許
されない強制の処分に当たる……GPS 捜査が今後も広く用いられ得る有力
な捜査手法であるとすれば、その特質に着目して憲法、刑訴法の諸原則に適
合する立法的な措置が講じられることが望ましい」旨を判示する。

5──協力要請・保全要請（刑訴法 197 条 3〜5 項）

　上述のガイドライン 38 条 1 項は、「電気通信事業者は、通信履歴（利用者
が電気通信を利用した日時、当該電気通信の相手方その他の利用者の電気通信に
係る情報であって当該電気通信の内容以外のものをいう。以下同じ）について
は、課金、料金請求、苦情対応、不正利用の防止その他の業務の遂行上必要
な場合に限り、記録することができる」旨を規定する。通信履歴のうち、イ

ンターネット接続サービスにおける接続認証ログの具体的な保存期間については、一般に6ヵ月程度の保存が認められ、適正なネットワークの運営確保の観点から年間を通じての状況把握が必要な場合などより長期の保存をする業務上の必要性がある場合には、1年程度保存することも許容されるようである。

　他方、犯罪については発生してから一定期間経過後に被害が届けられることもあるから、所要の捜査を行った上で特定の通信履歴を差し押さえようとする時点では、通信履歴の保存期間が満了する間際になっているという事態が生じ得る。そのため、捜査に必要な通信履歴について、インターネット・サービス・プロバイダなどこれを保管する者に対して、これを消去しないように求め、迅速に保全する必要性は大きい。

　そこで刑訴法197条3項は、「検察官、検察事務官又は司法警察員は、差押え又は記録命令付差押えをするため必要があるときは、電気通信を行うための設備を他人の通信の用に供する事業を営む者又は自己の業務のために不特定若しくは多数の者の通信を媒介することのできる電気通信を行うための設備を設置している者に対し、その業務上記録している電気通信の送信元、送信先、通信日時その他の通信履歴の電磁的記録のうち必要なものを特定し、30日を超えない期間を定めて、これを消去しないよう、書面で求めることができる」旨を規定する。プロバイダ等が保全要請に基づいて通信履歴の電磁的記録を消去せずに保存を継続することは、法令に基づく義務の履行であり、個人情報保護法18条3項において利用目的による個人情報の取扱いの制限の除外事由の1つとされている「法令に基づく場合」（1号）に当たる。もっとも、相手方が正当な理由なくこれを拒否しても、刑罰等の制裁はない。その意味で、保全要請により相手方が負う義務は、捜査関係事項照会（刑訴法197条2項）等における相手方の義務と同様の法的性質を有する[84]。

84　吉開ほか・前掲注（36）57頁参照。

Ⅳ　サイバー犯罪の捜査手法

6 ── まとめ

　コンピュータやインターネットの発展により、現在では電磁的記録（データ）は証拠として欠かせない状況となっている。データは有体物ではないが、サーバ、ハードディスク、USB メモリといった、さまざまな記録媒体に記録される。こうしたデータが幅広く利用されるようになった結果、捜索・差押えの場面においてさまざまな困難が新たに生じるようになってきている。例えば、USB メモリの内部にあるデータは外部からは認識することができないから、「差し押さえるべき物」に該当するかどうかが分からない。また、クラウド・サービスが普及し、捜索・差押えの現場にあるコンピュータを差し押さえても、当該コンピュータにはデータが記録されていないこともある。こうした困難に対応するため、刑訴法の平成 23 年改正により、リモート・アクセス、記録命令付差押えなど電磁的記録の差押えに関する新しい処分が認められている。

　平成 11 年に制定された通信傍受法に基づく傍受の対象となる通信には、固定電話、携帯電話はもとより、ファックス、さらには電子メールなども含まれる。対象犯罪は、制定当初、薬物関連犯罪、銃器関連犯罪、集団密航に関する罪、及び組織的殺人の罪の 4 種に限定されていたが、平成 28 年改正により、殺傷犯関係、逮捕・監禁、略取・誘拐関係、窃盗・強盗、詐欺・恐喝関係、児童ポルノ関係の罪が追加された。

　携帯電話を含む移動体端末の位置情報については、総務省が策定したガイドラインにおいて、「電気通信事業者は、捜査機関からの要請により位置情報の取得を求められた場合においては、裁判官の発した令状に従うときに限り、当該位置情報を取得することができる」と規定し、「電気通信事業者は、あらかじめ利用者の同意を得ている場合、裁判官の発した令状に従う場合その他の違法性阻却事由がある場合に限り、位置情報について、他人への

提供その他の利用をすることができる」と規定する。

　通信履歴のうち、インターネット接続サービスにおける接続認証ログの具体的な保存期間については、一般に6ヵ月程度の保存が認められ、適正なネットワークの運営確保の観点から年間を通じての状況把握が必要な場合などより長期の保存をする業務上の必要性がある場合には、1年程度保存することも許容されるようである。

　他方、捜査に必要な通信履歴について、インターネット・サービス・プロバイダなどこれを保管する者に対して、これを消去しないように求め、迅速に保全する必要性は大きい。そこで刑訴法は、「検察官、検察事務官又は司法警察員は、差押え又は記録命令付差押えをするため必要があるときは、電気通信を行うための設備を他人の通信の用に供する事業を営む者又は自己の業務のために不特定若しくは多数の者の通信を媒介することのできる電気通信を行うための設備を設置している者に対し、その業務上記録している電気通信の送信元、送信先、通信日時その他の通信履歴の電磁的記録のうち必要なものを特定し、30日を超えない期間を定めて、これを消去しないよう、書面で求めることができる」旨を規定する。

Ⅳ　サイバー犯罪の捜査手法

V　サイバー犯罪の実体法

1── 刑法上のサイバー犯罪

(1) 不正指令電磁的記録に関する罪

　刑法典第 19 章の 2「不正指令電磁的記録に関する罪」は、平成 13 年に欧州評議会で採択された「サイバー犯罪条約」に加盟するための国内担保法として刑法の平成 23 年改正により新設されたものである。この罪は、コンピュータウィルスのもたらす被害が、単なる個人に対する業務妨害という性質を超えて、コンピュータネットワークによる情報処理システムという社会的インフラを破壊する危険さえ有していることを重視して設けられた社会的法益に対する罪といえる [85]。

　刑法 168 条の 2（不正指令電磁的記録作成等の罪）は、正当な理由がないのに、人の電子計算機における実行の用に供する目的で、①人が電子計算機を使用するに際してその意図に沿うべき動作をさせず、またはその意図に反する動作をさせるべき不正な指令を与える電磁的記録、あるいは②この不正な指令を記述した電磁的記録その他の記録を作成し、または提供した者は、3 年以下の懲役又は 50 万円以下の罰金に処することとし（刑法 168 条の 2 第 1 項）、正当な理由がないのに、前項 1 号に掲げる電磁的記録を人の電子計算機における実行の用に供した者も、前項と同様に処罰することとし（同条 2

85　西田・前掲注（24）41 頁。

項）、前項の未遂も処罰することとしている（同条 3 項）。

　また、刑法 168 条の 3（不正指令電磁的記録取得等の罪）は、正当な理由がないのに、前条第 1 項の目的で、同項各号に掲げる電磁的記録その他の記録を取得し、または保管した者は、2 年以下の懲役又は 30 万円以下の罰金に処することとしている。

　最一判令和 4・1・20（LEX/DB25571911、2022WLJPCA01209001）の事案の公訴事実の要旨は、インターネット上のウェブサイト B を運営する者である被告人が、「B 閲覧者が使用する電子計算機の中央処理装置に同閲覧者の同意を得ることなく仮想通貨モネロの取引履歴の承認作業等の演算を行わせてそれによる報酬を取得しようと考え、正当な理由がないのに、人の電子計算機における実行の用に供する目的で、平成 29 年 10 月 30 日から同年 11 月 8 日までの間、B 閲覧者が使用する電子計算機の中央処理装置に前記演算を行わせるプログラムコードが蔵置されたサーバコンピュータに同閲覧者の同意を得ることなく同電子計算機をアクセスさせ同プログラムコードを取得させて同電子計算機に前記演算を行わせる不正指令電磁的記録であるプログラムコード（以下「本件プログラムコード」という。）を、サーバコンピュータ上の B を構成するファイル内に蔵置して保管し、……不正な指令を与える電磁的記録を保管した」というものであり、一審は不正性を否定して無罪としたのに対し検察官が控訴したところ、原審（**東京高判令和 2・2・7** 判時 2446 号 71 頁）は、「一般的に、ウェブサイト閲覧者は、ウェブサイトを閲覧する際に、閲覧のために必要なプログラムを実行することは承認していると考えられるが、本件プログラムコードで実施されるマイニングは、ウェブサイトの閲覧のために必要なものではなく、このような観点から反意図性を否定することができる事案ではない。」「本件プログラムコードは、前記のとおり、その使用によって、プログラム使用者（閲覧者）に利益を生じさせない一方で、知らないうちに電子計算機の機能を提供させるものであって、一定の不利益を与える類型のプログラムといえる」から、「反意図性もあり不正性も認められる」旨判示して不正指令電磁的記録保管罪（刑法 168 条の 3）

の成立を認めた。本件最判は、この原判決を破棄して本件控訴を棄却し、一審の無罪判決を支持したものであるところ、本件の「主な争点は、本件プログラムコードが、刑法 168 条の 2 第 1 項にいう『人が電子計算機を使用するに際してその意図に沿うべき動作をさせず、又はその意図に反する動作をさせるべき不正な指令を与える電磁的記録』に当たるか否かである」「不正指令電磁的記録に関する罪は、……電子計算機による情報処理のためのプログラムが、『意図に沿うべき動作をさせず、又はその意図に反する動作をさせるべき不正な指令』を与えるものではないという社会一般の信頼を保護し、ひいては電子計算機に社会的機能を保護するために、反意図性があり、社会的に許容し得ない不正性のある指令を与えるプログラムの作成、提供、保管等を、一定の要件の下に処罰するものである」「（本件は）電子計算機の機能や電子計算機による情報処理に与える影響は、B 閲覧中に閲覧者の電子計算機の中央処理装置を一定程度使用することにとどまり、その使用の程度も、閲覧者の電子計算機の消費電力が若干増加したり中央処理装置の処理速度が遅くなったりするが、閲覧者がその変化に気付くほどのものではなかった……ウェブサイトの運営者が閲覧を通じて利益を得る仕組みは、ウェブサイトによる情報の流通にとって重要であるところ、被告人は、本件プログラムコードをそのような収益の仕組みとして利用したものである上、本件プログラムコードは、そのような仕組みとして社会的に受容されている広告表示プログラムと比較しても、閲覧者の電子計算機の機能や電子計算機による情報処理に与える影響において有意な差異は認められず、事前の同意を得ることなく実行され、閲覧中に閲覧者の電子計算機を一定程度使用するという利用方法等も同様であって、これらの点は社会的に許容し得る範囲内といえるものである」旨を判示した上、「本件プログラムコードの動作の内容、その動作が電子計算機の機能や電子計算機による情報処理に与える影響、その利用方法等を考慮すると、本件プログラムコードは、社会的に許容し得ないものとはいえ」ないと認め、「本件プログラムコードは、反意図性は認められるが、不正性は認められない」として一審の無罪判決を是認したものである。

1　刑法上のサイバー犯罪

本件は典型的なコンピュータウィルスによる攻撃事案ではない。

　仙台地判平成30・7・2（LEX/DB25560905、2018WLJPCA07026002）は、プログラミングの知識・技術を有する被告人が、他人の電子計算機の処理能力を利用して仮想通貨 Zoin の取引に関する決済処理等を行い、その報酬として不正に同仮想通貨を得ようと考え、平成30年1月8日午前7時22分ころ、兵庫県内の自宅で、人の電子計算機における実行の用に供する目的で、電子計算機を用いて、実行者の意図に基づかずに前記決済処理等を行うプログラム「△△−△.exe」を実行する機能を有するプログラム「◇◇.exe」を作成し、もって、正当な理由がないのに、人が電子計算機を使用するに際してその意図に反する動作をさせるべき不正な指令を与える電磁的記録を作成し、同日午前7時25分ころ、自宅において、自己のPCを用いて、前記プログラム「△△−△.exe」及び「◇◇.exe」を含む圧縮ファイル「◇◇.zip」を米国内に設置されたサーバコンピュータの記録装置に不特定多数の者がダウンロード可能な状態で保存した上、同月12日、仙台市内のA方において、情を知らないAに同人が使用するPCに前記圧縮ファイルをダウンロードさせて前記プログラム「◇◇.exe」を実行可能な状態にし、もって、正当な理由がないのに、人が電子計算機を使用するに際してその意図に反する動作をさせるべき不正な指令を与える電磁的記録を人の電子計算機における実行の用に供した事案について、不正指令電磁的記録作成罪（刑法168条の2第1項）と不正指令電磁的記録供用罪（同条2項）の成立を認め、両者は牽連犯（刑法54条1項後段）であると認めた。

　仮想通貨の取引に関する決済処理を行うプログラムを勝手に埋め込んで、決済処理の報酬として仮想通貨を得ようとしてこの種犯行に及ぶ犯行態様のものが散見される。作成罪と供用罪の間にある保存についても、刑法168条の3の保管罪が成立しており、3罪の罪数関係についても牽連犯と解される[86]。本件では被告人は懲役1年、3年間執行猶予に処せられているが、本

86　河村博ほか編『概説サイバー犯罪』（青林書院、2018）27頁＜吉田雅之＞。

罪は個人的法益に対する罪という側面も有しているので、弁護人としては
A と示談交渉ないし被害弁償をする余地があろう。

　他人の PC 等を遠隔操作しようと考え、その PC のユーザーに無断で遠隔
操作プログラムをインストールし、密かに PC 上で実行し、これを使って遠
隔操作可能な状態を作り出した場合は、まさに「不正指令電磁的記録」の
「供用」（刑法 168 条の 2 第 2 項）に当たる。遠隔操作による犯行事例として、
東京地判平成 27・2・4（LEX/DB25505940）は、コンピュータやインター
ネット等による高度な知識・技術を有する被告人が、自らが作成した他人の
パソコンを遠隔操作するためのコンピュータプログラムを用いるなどして、
見ず知らずの第三者のパソコンに指令を送り、その第三者が知らない間にそ
のパソコンを遠隔操作するなどして、犯罪予告文を送信させるという方法に
より、約 2 ヵ月半の間に合計 9 回にわたり、第三者の陰に隠れて自らの検挙
の危険を免れながら、航行中の航空機の針路を変更させたり、教育機関、店
舗、神社や各種イベント等の業務を妨害したり、女優の親族を脅迫するなど
した事案につき、偽計業務妨害、ハイジャック防止法違反、威力業務妨害、
脅迫、不正指令電磁的記録供用の各罪の成立を認め、被告人を懲役 8 年に処
している。

　東京地判平成 29・4・27（判時 2388 号 114 頁、LEX/DB25448853、2017WLJ
PCA04279011）は、被告人がフィッシングメールや遠隔操作ウィルス等を利
用して複数企業のインターネットバンキングの識別符号を不正取得し、不正
ログインやそれに引き続く不正送金を行い、不正送金による財産的損害が
519 万円余に上ったという事案について、不正アクセス禁止法違反、電子計
算機使用詐欺等に問われたところ、被告人が、「パソコンを甲に何度も貸し
ており、甲又はその関係者が犯行を行った可能性がある、被告人の外出中に
第三者がパソコンにアクセスした痕跡がある」などと弁解して無罪を主張し
たのに対し、「甲の証言は、その内容自体に特段不自然不合理な点はないし
……、基本的に信用できる……第三者が（被告人の）パソコンを遠隔操作又
は直接操作して上記一連の犯行に及んだことを疑わせる事情は認められな

い」などとして当該公訴事実につき有罪を認め（一部は無罪）、被告人を懲役8年に処している。

（2）電磁的記録不正作出・供用の罪

　刑法は公証事務や民間の事務処理が大幅にコンピュータ化されたことに伴い電磁的記録の証明機能を刑法的に保護する必要が生じたため、昭和62年刑法改正により、電磁的記録不正作出・供用罪（刑法161条の2）を新設した。すなわち、刑法161条の2第1項は、人の事務処理を誤らせる目的で、その事務処理の用に供する権利、義務又は事実証明に関する電磁的記録を不正に作った者は、5年以下の懲役又は50万円以下の罰金に処する旨を規定する。これが公務所又は公務員により作られるべき電磁的記録に係るときは、10年以下の懲役又は100万円以下の罰金に処せられる（同条2項）。自動車登録ファイルや住民票ファイルは公電磁的記録の例である。同条3項は、不正に作られた権利、義務又は事実証明に関する電磁的記録を、人の事務処理を誤らせる目的で、人の事務処理の用に供した者は、その電磁的記録を不正に作った者と同一の刑に処せられる旨を規定する。その未遂も処罰される（同条4項）。

　東京地判平成31・3・15（LEX/DB25562725、2019WLJPCA03156013）は、インターネット上で流通する仮想通貨であるビットコインの取引所Bを運営していたC社の代表取締役である被告人が、同社の事務処理を誤らせる目的で、平成25年2月14日、C社内において、同所に設置されたPCを使用し、電気通信回線を通じて、サーバコンピュータ内にC社が開設したビットコインの取引の仲介を行う「B取引システム」に接続し、同システム内に設けられた口座ID○○の米ドル口座に50万米ドルが増加され、同口座の残高が50万320.61314米ドルとなる旨の虚偽の情報を作出して前記サーバコンピュータに記録保存させるなどして、もって人の事務処理の用に供する事実証明に関する電磁的記録を不正に作り、C社の事務処理の用に供したなどという事案であって、弁護人が、「被告人は、C社の唯一の包括的業務

執行権限を有する取締役として、（C 社と被告人は）人格的に同一と扱われる
べきであるから、被告人の行為は C 社の意思に合致していたこと、被告人
は内容虚偽の電磁的記録を作成していないこと等から、電磁的記録を『不正
に』作ったものではない」と主張したのに対し、「本件取引システムの口座
残高は、利用者に対し、ブロックチェーン上に存在するビットコインに裏付
けられたものであることを保証しており、利用者もそのように認識していた
と認められる。したがって、C 社の意思は、本件取引システム上の利用者
の口座残高に相当するビットコインが C 社管理のブロックチェーン上にも
存在すべきであり、C 社管理のビットコインアドレスにおけるビットコイ
ンの受送付等による裏付がある場合に限って、本件取引システム上の利用者
の口座残高を増加させるべきであるというものであり、被告人に与えられた
権限もこの範囲に限定されていた」旨を判示し、私電磁的記録不正作出、同
供用罪（刑法 161 条の 2 第 1 項・第 3 項）の成立を認める。本件では、併せて
被告人が、多数の利用者がビットコインの売買のための資金として、株式会
社 E 銀行 F 支店に開設された C 社名義の普通預金口座（以下、「本件 E 口
座」という。）等に入金していた現金を利用者のため業務上預かり保管中、自
己の生活費等に充てる目的で、本件 E 口座から被告人名義の普通預金口座
に 500 万円を振込送金するなどして横領したとの訴因でも起訴されていたと
ころ、裁判所は、「利用者が C 社の指定する銀行口座に送金した金銭は、C
社に帰属すると認められる……本件各振込送金は、C 社の被告人に対する
貸付として行われたものであり、返済の現実的可能性があると認めるのが相
当である」ことを理由として、業務上横領罪の公訴事実については無罪とし
ている。利用者は被告人によってビットコイン残高を無断で増減させられて
おり、本件 E 口座から被告人個人名義の銀行口座に振込送金がされている
ものの、利用者ないし C 社に実害ないし実害発生の危険が生じたことにつ
いては、検察官から十分な立証がないとされている。この点は、銀行預金と
比べて仮想通貨（暗号資産）がハイリスクであることの証左ともいえよう。

最二決平成 19・8・8（刑集 61 巻 5 号 576 頁、判時 1987 号 159 頁、LEX/DB2

1　刑法上のサイバー犯罪

8135395、2007WLJPCA08089007）は、不正アクセス行為（不正アクセス禁止法3 条違反、同法 11 条）を手段として私電磁的記録不正作出の行為（刑法 161 条の 2 第 1 項）が行われた場合、犯罪の通常の形態として手段又は結果の関係にあるものとは認められず、牽連犯の関係にはない旨を判示する。両罪は併合罪（刑法 45 条）の関係にあることになる。

　東京地判平成 9・5・9（判時 1613 号 157 頁、LEX/DB28025296）は、被告人が、パソコン通信サービス「ニフティサーブ」を提供するニフティ株式会社の事務処理を誤らせる目的で、平成 8 年 3 月 27 日ころ、A 方で、被告人所有の PC を操作し、富士通株式会社情報処理システムラボラトリ内のコンピュータに、電話回線を通じて、ニフティ会員 C の住所が「埼玉県…○○番地」から「東京都…△△号室」に、電話番号が「0429 −○○―○○○○」から「03 −○○○○―○○○○」にそれぞれ変更された旨の虚偽の情報を送信し、その旨の情報をニフティ株式会社経営情報誌システム部内に設置されたコンピュータの記憶装置内の「顧客データベースファイル」に記憶させ、事実証明に関する電磁的記録を不正に作出した事実につき、私電磁的記録不正作出罪の成立を認める。本件は、被告人が「ニフティサーブ」の電子掲示板に他人名義で虚偽の情報を書き込むなどし、偽造の申込書を用いて開設した他人名義の預金口座に同情報を閲覧した者からパソコン部品の売買代金名下に振込送金を受けてこれを詐取し、さらに同詐欺事犯の発覚を免れるために、パソコン通信のホストコンピュータ上に登録された他人の住所等を無断で変更したという事案であるところ、上記事実に併せて、私文書偽造・同行使・詐欺の事実についても起訴され、有罪とされている。裁判所は量刑の理由として、本件はパソコン通信の匿名性とその弱点を利用した手口巧妙な犯行であって、犯人の特定を非常に困難にし、模倣性が高い犯行であって一般予防の見地から重い処罰が必要としつつ、詐欺の被害者に対して被害弁償が済み、多くの被害者から嘆願書が提出されていることなども考慮するとして、保護観察付執行猶予の判決を言い渡している。

V　サイバー犯罪の実体法

(3) 電磁的記録毀棄の罪

　刑法の昭和62年改正は、コンピュータ犯罪に対応するための改正の一環として、公用文書等毀棄罪（刑法258条）、私用文書等毀棄罪（同法259条）に電磁的記録を加えることとした。刑法258条は、公務所の用に供する文書又は電磁的記録を毀棄した者は、3月以上7年以下の懲役に処する旨を規定し、同法259条は、権利又は義務に関する他人の文書又は電磁的記録を毀棄した者は、5年以下の懲役に処する旨を規定している。もっとも、これらの罪に当たるとした裁判例は見当たらないようである。

　東京高判平成24・3・26（LEX/DB25481161、2012WLJPCA03266007）は、被告人が、各被害者のPCでコンピュータウィルスファイル（通称「イカタコウィルス」）を受信、実行させ、それらパソコン内蔵のハードディスクに記録されていたファイルを使用不能にし、事後新たに記録されるファイルも使用不能となる状態にしたという事案について、器物損壊罪の成否が争われたところ、「本件各ハードディスクは、本件ウイルスにより、保存していた大量のファイルが読み出せなくなり、新たに書き込んだファイルもそのまま保存しておくことができない状態になったものであるところ、初期化の操作を行った場合、書き込み機能は復旧するが、保存していたファイルについては本件ウイルスによって使用不能となったものを含めて全て消失するというのである。そうすると、本件ウイルスによって本件各ハードディスクの効用が害されたことは明白であ」るとして、ハードディスクを客体とする器物損壊罪（刑法261条）の成立を認める。本件に係るファイルを使用不能にさせる行為は、当該ファイルが他人の権利又は義務に関するものであれば当該ファイルを客体とする刑法259条の罪が成立していると解されよう。本件では、各ファイルを毀棄の客体としてとらえることなく、各ファイルが記録されているハードディスクを毀棄の客体としてとらえている。この判例は被害の実態を適切にとらえたものとして相当であろう。

（4）電子計算機損壊等業務妨害の罪

　刑法の電子計算機損壊等業務妨害罪は、コンピュータ犯罪立法に係る昭和62年刑法改正の1つとして新設されたものである。すなわち、高度情報化社会の到来に伴い、金融、製造、通信、交通、医療等の様々な社会生活の分野において、業務の処理におけるコンピュータへの依存性が飛躍的に増大したため、コンピュータ・システムの損壊等が業務の遂行を阻害する度合いも深刻・重大なものとなっている。本罪は、このような結果の重大性を考慮して刑を加重するとともに、コンピュータが人による業務を代替するものであることから、コンピュータに対する対物的加害行為を類型化している。本罪は、電子計算機に対する加害行為により、電子計算機の動作阻害を生ぜしめ、その結果として当該電子計算機による業務を妨害するという3段階の構成をとっている[87]。

　すなわち刑法234条の2第1項は、人の業務に使用する電子計算機若しくはその用に供する電磁的記録を損壊し、若しくは人の業務に使用する電子計算機に虚偽の情報若しくは不正な指令を与え、又はその他の方法により、電子計算機に使用目的に沿うべき動作をさせず、又は使用目的に反する動作をさせて、人の業務を妨害した者は、5年以下の懲役又は100万円以下の罰金に処する旨を規定する。未遂も処罰される（同条2項）。

　具体的には、コンピュータウィルスの投与、放送社のホームページの天気予報画像を消去してわいせつ画像に置き換えるなどの犯行態様が考えられる。

　福岡高判平成12・9・21（判時1731号131頁、LEX/DB28065043、2000WLJPCA09210001）は、被告人が、ほか4名と共謀の上、パチンコ遊技台に取り付けられた電磁的記録である通称「ロム」を被告人らが用意したロムに交換し、後刻パチンコ台を不正に操作してパチンコ玉を取得しようと企て、深

87　西田・前掲注（24）143頁。

夜、宮崎県内のパチンコ店に侵入し、ロムを交換して「大当たり」を人為的に発生させることを可能にする虚偽の情報を各主基板に与えたことが、電子計算機損壊等業務妨害罪に当たるか否かが問題とされた事案であるところ、裁判所は「電子計算機損壊等業務妨害罪にいう『業務に使用する電子計算機』とは、それ自体が自動的に情報処理を行う装置として一定の独立性をもって業務に用いられるもの……であることを要する……本件各パチンコ遊技台に取り付けられた電子計算機は、刑法 234 条の 2 における加害の対象である『業務に使用する電子計算機』に該当するとはいえないのみならず」いわゆる動作阻害も認めがたい旨判示して消極に解し、「しかしながら、このようなロムやフラットハーネスの取り替えにより、これらのパチンコ遊技台を営業の用に供することが相当期間不可能になり、それにより各パチンコ店の営業が一部妨げられたことは明らかである」として検察官が予備的訴因として追加した偽計業務妨害罪（刑法 233 条後段）の成立を認めた。偽計とは、人を欺罔し、または人の不知、錯誤を利用することをいい、詐欺罪における欺罔行為の概念よりも広いと解されている[88]。偽計業務妨害罪を業務活動の自由に対する罪ととらえる見解からは、偽計は人の意思に対する働きかけでなくてはならず、対物的加害行為をも含めることは不当とする学説上の見解がある。これに対し判例は、端的に「業務の円滑な遂行」を保護するものと解しているようであり、偽計業務妨害罪（刑法 233 条後段）と威力業務妨害罪（同法 234 条）との区別も本質的な意義を失い、単に業務妨害の手段が公然か非公然かという差異でしかなくなっている[89]。本件は対物的加害行為であって非公然の手段といえるから、偽計業務妨害罪の成立を認めたのは判例の立場からすれば妥当な結論といえようか。

大阪地判平成 9・10・3（判タ 980 号 285 頁、LEX/DB28035700、1997WLJPCA10030002）は、被告人が朝日放送のホームページ内の天気予報画像をわいせつ画像に置き換えて、同社の業務を妨害するとともにわいせつな図画を公

---

[88]　西田・前掲注（24）140 頁。
[89]　西田・前掲注（24）142 頁。

然陳列したという事案につき、電子計算機損壊等業務妨害罪及びわいせつ図画公然陳列罪（刑法175条1項）の成立を認め、両者の罪数関係は観念的競合（同法54条1項前段）であるとした。本件では、加害行為、動作阻害、業務妨害の3要素が認められるから電子計算機損壊等業務妨害罪の成立を認めたのは相当であろう。なお、本件所為は偽計業務妨害罪（刑法233条後段）をも構成すると解されるが、法定刑は刑法234条の2第1項のほうが重いから、「特別法（電子計算機損壊等業務妨害罪）が一般法（偽計業務妨害罪）に優先する」という一般原則により、罪数論としては、刑法234条の2第1項の罪のみが成立するものと解される。

(5) 支払用カード電磁的記録に関する罪

(A) 総説

　刑法典第2編第18章の2「支払用カード電磁的記録に関する罪」は、平成13年の刑法の一部改正により新設された。立法の背景として、クレジットカード、プリペイドカード等、コンピュータ処理のための電磁的記録を構成要素とする支払用カードが普及し、支払手段として社会的機能を有するに至ったところ、これらカードを偽造するなどの犯罪が増加し、しかも、組織的に又は国際的な規模で行われるものも少なくない状況がみられたことなどから、これに適切に対処するために法整備が行われたものである。

　本章では、支払用カードを構成する電磁的記録の不正作出（163条の2第1項）、不正作出に係る支払用カードを構成する電磁的記録の供用（同条2項）、同電磁的記録を構成部分とするカードの譲り渡し・貸し渡し及び輸入（同条3項）、同電磁的記録を構成部分とするカードの所持（163条の3）のほか、支払用カード電磁的記録不正作出の予備的な行為のうち、不正作出の遂行にとって類型的に不可欠であって特に重要なものとして、支払用カードを構成する電磁的記録の情報の取得、提供及び保管、器械又は原料を準備する行為（163条の4）について処罰することとしている。なお、支払用カード電磁的

記録不正作出・同供用の罪は、電磁的記録不正作出及び供用の罪（161 条の2）の支払用カードを構成する電磁的記録に係る特則である。

　これらの罪の保護法益は、支払用カードを構成する電磁的記録の真正、ひいては支払用カードを用いた支払決裁システムに対する社会的信頼を保護することにあり、通貨偽造罪、有価証券偽造罪と並ぶ偽造罪と位置付けられる。

(B) 支払用カード電磁的記録不正作出・供用・譲り渡し等の罪

　刑法 163 条の 2 第 1 項は、人の財産上の事務処理を誤らせる目的で、その事務処理の用に供する電磁的記録であって、クレジットカードその他の代金又は料金の支払用のカードを構成するものを不正に作った者は、10 年以下の懲役又は 100 万円以下の罰金に処する旨規定し、預貯金の引出用のカードを構成する電磁的記録を不正に作った者も、同様とする旨を規定する。

　次に、同条 2 項は、不正に作られた前項の電磁的記録を、同項の目的で、人の財産上の事務処理の用に供した者も、同項と同様とする旨を規定し、同条 3 項は、不正に作られた第 1 項の電磁的記録をその構成部分とするカードを、同項の目的で、譲り渡し、貸し渡し、または輸入した者も、同項と同様とする旨を規定する。これらの罪の未遂も処罰する（刑法 163 条の 5）。

　支払用カードを構成する電磁的記録は、当該カードが使用される支払決済システムにおいて電子計算機による事務処理に用いられることで初めて支払手段としての機能を果たすのであるから、当該カードが使用される一定のシステムにおける事務処理の用に供して、その事務処理を誤らせる目的をもった行為に限って処罰の対象としたものである。

　刑法 163 条の 2 第 1 項に規定する「不正作出」とは、人の財産上の事務処理を誤らせる目的で、支払用カードを構成する電磁的記録を不正に作ること、つまり電磁的記録不正作出罪（刑法 161 条の 2）と同様に、権限なく又は権限を濫用して、記録媒体上に電磁的記録を存在するに至らしめることをいう。機械処理が可能な形状を有するカード板と一体となった状態の電磁的

① 刑法上のサイバー犯罪

記録を作ることが必要である。新たに全部作り出す場合のほか、既存の記録を改変することも含まれる。

　同条 2 項の「供用」とは、人の財産上の事務処理を誤らせる目的で、不正に作られた支払用カードを構成する電磁的記録を、人の財産上の事務処理の用に供することをいう。支払用カードを構成する電磁的記録を、当該カードを用いた支払決済システムにおける電子計算機において用い得る状態に置くことがこれに当たる。

　同条 3 項の不正電磁的記録カード「譲り渡し・貸し渡し・輸入」とは、不正に作られた電磁的記録を構成部分とするカードを、人の財産上の事務処理を誤らせる目的で、譲り渡し、貸し渡し、輸入することである。

　福岡高判令和 2・11・6（LEX/DB25571185、2020WLJPCA11069001）は、氏名不詳者らと共謀の上、南アフリカ共和国所在の R バンク発行のデビットカードを構成する人の財産上の事務処理の用に供する電磁的記録を不正に作出して構成された不正電磁的記録カード 46 枚を使用して現金を窃取しようと考え、更に多数の者と共謀の上、783 回にわたり、コンビニ 72 店舗において、人の財産上の事務処理を誤らせる目的で、本件不正カード 46 枚を各コンビニエンスストアに設置された現金自動預払機に挿入し、本件不正カードの電磁的記録を読み取らせて同機を作動させ、それらの電磁的記録を人の財産上の事務処理の用に供するとともに、同機から現金合計 7830 万円を引き出して窃取したという事案について、原審が共謀を否定して無罪としたのに対し、共謀の成立を認めて破棄自判とし、不正作出支払用カード電磁的記録供用及び窃盗罪の成立を認めて懲役 10 年に処している。供用罪と窃盗罪との罪数関係は、本件不正カードをコンビニの ATM に挿入するという実行行為が重なるので観念的競合（刑法 54 条前段）としている。なお供用の前に行われている不正作出罪と供用罪とは牽連犯の関係となる[90]。

90　西田・前掲注（24）374 頁。

V　サイバー犯罪の実体法

（C）不正電磁的記録カード所持罪

　刑法163条の3は、前条1項の目的で、同条3項のカードを所持した者は、5年以下の懲役又は50万円以下の罰金に処する旨を規定する。刑法の他の偽造罪では、偽造された物の所持を罰する規定はなかったが、電磁的記録を構成部分とする支払用カードについては、反復使用が可能であり、その所持による法益侵害の危険性が特に高いこと、当該カードの所持段階で発覚しても、実際に使用されるまで検挙ができないことによる不都合を避けること等から、所持も罰することとしたものである。

　広島高判平成18・10・31（LEX/DB28135024、2006WLJPCA10319002）は、被告人が、人の財産上の事務処理を誤らせる目的で、カード会社が発行したクレジットカードの外観を備え、他人名義のカード会員情報が不正に印磁された電磁的記録をその構成部分とするカード4枚を福岡市内において所持し、山口市内のショッピングセンターの食品売場及び化粧品売場で、店員に対し上記カードのうち1枚を交付し、店員をして同カードを情報読み取り端末機に挿入させてその電磁的記録を読み取らせ、もって不正に作出された支払用カード電磁的記録を供用するとともに、同カードが真正なものであると誤信した店員から缶ビール7箱及び化粧水2本を詐取したという事案であって、原審で上記4枚のカードのうち3枚の偽造カード所持については、すでに使用停止措置がとられていたことから「不正電磁的記録カード」には該当しないとして無罪とされ、検察官控訴がされたものであるところ、3枚の「各カードについては、たまたま使用停止措置がとられていたことから、上記各カードと同一のデータが書き込まれた本件偽造カードを使用することができなかったものの、その措置が解除されれば使用可能であったことなどにもかんがみると、本件偽造カードが不正使用目的で所持されたことにより、上記法益に対する実質的危険が生じていた」として原判決を破棄し、上記3枚の偽造カードについても不正電磁的記録カード所持罪（刑法163条の3）の成立を認めている。

（D）支払用カード電磁的記録不正作出準備罪

　刑法163条の4は、支払用カード電磁的記録不正作出の予備的な行為のうち、支払用カードを構成する電磁的記録の情報を取得し、提供し又は保管する行為及び器械又は原料を準備する行為を処罰するものである。

　これは、クレジットカードの偽造の手口が、他人のカードの磁気ストライプ部分の電磁的記録をコピーしてカード情報を読み取り（スキミング）、調達した生カードにその情報を印磁して偽造クレジットカードを作成するものであり、その過程に多数の関係者が介在することもあるという実状に照らし、カード情報の取得、生カードの調達等、カード偽造の準備行為の段階から犯罪化しておく必要性が考慮されたものである。

　取得・提供・保管の対象となる情報は、電磁的記録を不可欠の要素とするカードによって支払を行うための支払決済システムにおける情報処理の対象となるひとまとまりの情報を意味し、支払用カードの磁気ストライプ部分に記録されているものが典型例である。

　東京高判平成16・6・17（LEX/DB28115051、2004WLJPCA06170005）は、「被告人が……クレジットカード会社の財産上の事務処理を誤らせる目的で、その事務処理の用に供する電磁的記録であって、クレジットカードを構成するものを不正に作出する目的で、ほしいままに、平成15年2月24日、千葉市内のY給油所において、……ハンディスキマー内に不正に取得されたクレジットカードの電磁的記録情報134件を保管した」と認めた原判決に対し、本罪の客体となるクレジットカードを構成する電磁的記録の情報の数が問題とされ、控訴審では、本件スキマーに保管された「クレジットカードを構成する電磁的記録の情報」と認められるのは、34件であるとしつつ、「本件のように、1個のスキマーに複数の電磁的記録が保管されている場合には、電磁的情報の1件ごとに本罪が成立するのではなく、保管されている電磁的情報全部について、包括して1個の本罪が成立すると解すべきである」とした。34件の保管行為の罪数関係は併合罪ではなく、包括一罪であ

ると解したものである。

（6）電磁的公正証書原本不実記録・同供用罪

（A）総説

　刑法の昭和62年改正で同法157条（公正証書原本不実記載罪）の客体として公正証書の原本として用いられる電磁的記録が追加された。すなわち、公務員に対し虚偽の申立てをして、権利若しくは義務に関する公正証書の原本として用いられる電磁的記録に不実の記録をさせた者は、5年以下の懲役又は50万円以下の罰金に処せられる。ここでいう電磁的記録には、自動車登録ファイル、特許原簿ファイル、住民基本台帳ファイルが含まれる。不動産登記ファイル、商業登記ファイルなども含まれると解してよい[91]。

　また、刑法158条は、157条1項の電磁的記録を公正証書の原本としての用に供する行為（供用）を処罰することとしている。

（B）自動車登録ファイル

　自動車は、自動車登録ファイルに登録を受けたものでなければ、これを運行の用に供してはならないものとされており（道路運送車両法4条）、かつ、登録を受けた自動車の所有権の得喪は、登録を受けなければ、第三者に対抗することができないとされ（同法5条1項）、不動産と類似の取扱いとされている。このような道路運送車両法による登録を受けている自動車については、登録が所有権の得喪並びに抵当権の得喪及び変更の公示方法とされており、民法192条の適用はないものと解されている（**最二判昭和62・4・24**判時1243号24頁、LEX/DB27800204、1987WLJPCA04241001）。今日では、電子情報処理組織によって全登録事項等の証明書を作成交付することによりこれを公開する自動車登録ファイル制度が導入されており、自動車は不動産登記簿

91　西田・前掲注（24）389頁。

によって公示される不動産と同様の性質をもつに至っているから、民法192条の適用を否定した最高裁判例の立場は是認されよう。

（C）商業・法人登記

　商業登記は、会社（株式会社、合名会社、合資会社、合同会社及び外国会社）等について、法人登記は、一般社団法人・一般財団法人、特定非営利活動法人（NPO法人）、社会福祉法人など会社以外の様々な法人について、その名称、所在地、役員の氏名等を公示するための制度である（商業登記法1条参照）。株式会社登記簿等各種の会社・法人の登記簿のほか、商号登記簿等が登記所（法務局）に備え付けられている（同法6条）。

　商業・法人登記について公正証書原本不実記載罪の成否が問題となることがあるところ、株式会社の設立又は増資における株式引受人による払込みについて本罪の成立が問題となった事例も少なくない。株式の仮装払込みの類型としては、a 会社設立又は新株発行に当たり、発起人等が払込取扱機関と通謀してその機関から金員を借り入れ、これを株式払込金として会社の預金に振り替え、その借入金を返済するまではその預金を引き出さないことを約するもの（預合い―会社法965条）、b 発起人や新株引受人等が払込取扱機関以外の者から借財し、これを払込みに充てて会社を設立又は新株発行し、その後直ちにこれを引き出して借入先に返済することによって行うもの（見せ金）、c 株式引受人が会社から資金を借り受けて払込みをするなどの会社資金による仮装払込みがあるとされている[92]。預合いについては、会社法965条が罰則を設けており、見せ金については、判例上、払込みは無効とされており、株金の払込みが仮装のものであることを秘して設立又は増資をした旨の登記申請をして商業登記簿にその旨の記載をさせる行為は、公正証書原本不実記載罪を構成するという解釈が確立している（**最一決昭和40・6・24**刑集19巻4号469頁、LEX/DB27801068、1965WLJPCA06240010、**最三判昭和41・10・**

---

[92]　最高裁判所判例解説刑事篇平成17年度（法曹会、2008）697頁以下〔山田耕司〕。

V　サイバー犯罪の実体法

11 刑集 20 巻 8 号 817 頁、LEX/DB27801070、1966WLJPCA10110006 等)。

最一決平成 17・12・13（刑集 59 巻 10 号 1938 頁、判時 1919 号 176 頁、LEX/
DB 28115009、2005WLJPCA12130002・東京相和銀行不正増資事件）は、E 銀行
の取締役会長ないし取締役であった被告人らが、銀行法 26 条に基づく早期
是正措置[93]の発動を回避するため、資本の増強を図る必要が生じ、第三者割
当増資の方法による新株の発行を決定し、その第 1 回増資及び第 2 回増資を
行ったが、その際、発行総株式数合計 1 億 7150 万株のうち合計 5086 万
4000 株については、消費者金融業者及びその関連会社の協力の下に、例え
ば F 社は、平成 9 年 9 月 18 日、第 1 回増資に際して引き受けた新株 2250
万株分の申込証拠金として 90 億円を E 銀行に払い込んだところ、その金員
は E 銀行が消費者金融業者である G 社の関連会社の I 社に 42 億円を融資
し、I 社は、この資金で関連会社の L 社に対する 40 億円の債務を返済し、
その返済によって得た 50 億円を L 社が F 社に融資したことによって得られ
たものであったなどという事案について、各払込みは株式としての効力を有
しないとして、電磁的公正証書原本不実記録、同供用の罪の成立を認めた原
審判断に対し、被告人らが上告したものであるところ、F 社などが「払い込
んだ分だけ E 銀行において資本が増えて新たに利用できる資産が増加した
かのようであるが、その実質をみると、E 銀行が、……各消費者金融業者又
はその関連会社を通じて、F 社等に対し間接的に融資したものであり、E 銀
行の資金が回り回って F 社等に移動しただけであって、本件各払込みは、E
銀行の資金によりされたものにほかならない。……E 銀行は、各消費者金融
業者等に対し貸金債権を有することになったとはいえ、その債権は、上記の
とおり、F 社等が各消費者金融業者等に返済しなければ、E 銀行が各消費者
金融業者等に返済を求められないものであり、かつ、F 社等において各消費
者金融業者等に対する債務を弁済する能力がなかったと認められるから、E

93　経営の健全性を確保し、経営悪化を未然に防ぐため、金融監督庁（当時）が金融機関
　　に対し、自己資本の充実、店舗の統廃合や業務改善など経営の是正を指導する措置であ
　　り、1998 年 4 月に導入された。

銀行が取得した上記各貸金債権は、実質的な資産と評価することはできない。そうすると、本件各払込みは、いずれも株式の払込みとしての効力を有しないものといわざるを得」ない旨判示して、上告を棄却している。

　本件は払込みが仮装であり、株式払込みとしての効力を有しないものとされた事例である。新株発行によって登記事項である「資本金の額」（会社法911条3項5号）や「発行済株式の総数」（同項9号）などに変更が生じた場合、会社の代表取締役は、遅滞なく、変更の登記をしなければならない（会社法909条）。これを新株発行による変更の登記という。上述のとおり、従来から見せ金[94]による払込みの効力について学説上見解の対立があったところ[95]、最高裁は「当初から真実の株式の払込として会社資金を確保するの意図なく、一時的の借入金を以て単に払込の外形を整え、株式会社設立の手続後直ちに右払込金を払い戻してこれを借入先に返済する場合の如きは、右会社の営業資金はなんら確保されたことにはならないのであつて、かかる払込は、単に外見上株式払込の形式こそ備えているが、実質的には到底払込があつたものとは解し得ず、払込としての効力を有しないものといわなければならない」旨判示し（**最二判昭和38・12・6**民集17巻12号1633頁、LEX/DB27001967、1963WLJPCA12060001）、無効説を採ることを明らかにしてこの論争に終止符をうった。本件は、「発行済株式の総数」、「資本の額」について内容虚偽の変更登記の申請をし、商業登記簿原本である電磁的記録に不実の記録をさせたとして電磁的公正証書原本不実記載罪の成立を認めたものである。

　本件は迂回融資を利用した手口であって、従来の見せ金の定義に当てはまらないように思われ、そのさらなる脱法とも見られる。

---

[94]　見せ金とは、発起人が払込取扱機関以外の者から借り入れた金銭を株式の払込みにあて、会社の成立後にそれを引き出して借入金の返済にあてることをいう（神田秀樹『会社法（第24版）』（弘文堂、2022）57頁参照）。
[95]　本江威憙監修『民商事と交錯する経済犯罪III』（立花書房、1997）379頁＜鈴木實ほか＞。

V　サイバー犯罪の実体法

（D）不動産登記

　不動産登記制度[96]は、不動産に関する物権の権利関係を公示し、もって取引の安全、円滑に資するものであるが、そのためにはまず権利の客体である不動産の物理的状況を公示する必要がある。そこで、不動産登記法は、「権利に関する登記」とは別に、「表示に関する登記」の制度を設けている。

　最一判平成 28・12・5（刑集 70 巻 8 号 749 頁、LEX/DB25448306、2016WLJPCA12059001）は、暴力団員が真実の土地の買主であることを隠蔽しようとしたとして電磁的公正証書原本不実記録、同供用罪で起訴された事案について同罪の成立を否定している。検察官は、A 社の代表取締役である被告人が、指定暴力団○○総長 B が不動産の所有者等になることを隠蔽するため不実の登記をしようと企て、B 及び不動産仲介業者 C と共謀の上、4 筆の土地の真実の買主は B であるのに、平成 24 年 2 月 14 日、A 社を名目上の買主として、売主 D との間で上記各土地の売買契約を締結した上、同日、△法務局において、上記各土地のうち 3 筆につき、売買を原因として、所有権が売主 D から A 社に移転した旨の内容虚偽の登記申請をするとともに、残りの 1 筆につき、売買予約を原因として、権利者を A 社とする内容虚偽の所有権移転請求権仮登記の申請をして、いずれも虚偽の申立てをし、その頃、情を知らない登記官をして、公正証書の原本として用いられる電磁的記録である登記簿の磁気ディスクにそれぞれその旨不実の記録をさせ、即時、これを同所に備え付けさせて、公正証書の原本としての用に供したという事実で起訴している。原審が、被告人は本件各土地に関する契約に立ち会っているものの、契約に至るまでの間の必要な交渉、手続等は、B の意向に沿う形で、主に C 等が行っており、被告人は一切関与しなかったもので、その実態は買受名義人を偽装した名義貸しに過ぎず、本件各土地の所有権は、本件売主らから A 社が買主となって本件各売買契約を締結した時に、被告人

とBとの間の名義貸しの合意によって、本件売主らからA社の名を借りたBに直接移転したものと認めるべきであることから、A社名義の本件各登記の申請は虚偽の申立てであり、当該登記は不実の記録であるとして電磁的公正証書原本不実記録罪の成立と認めたのに対し、本判決は、「電磁的公正証書原本不実記録罪及び同供用罪の保護法益は、公正証書の原本として用いられる電磁的記録に対する公共的信用であると解されるところ、不動産に係る物権変動を公示することにより不動産取引の安全と円滑に資するという不動産登記制度の目的を踏まえると、上記各罪の成否に関し、不動産の権利に関する登記の申請が虚偽の申立てに当たるか否か、また、当該登記が不実の記録に当たるか否かについては、登記実務上許容されている例外的な場合を除き、当該登記が当該不動産に係る民事実体法上の物権変動の過程を忠実に反映しているか否かという観点から判断すべきものである。そうすると、本件各登記の申請が虚偽の申立てに当たるか否か、また、本件各登記が不実の記録に当たるか否かを検討するにあたっては、本件各土地の所有権が本件売主らから、Bに直接移転したのか、それともA社に一旦移転したのかが問題となる。原判決は、本件は、Bの存在を秘匿して、買受名義人を偽装した名義貸しであるとし、その実態を踏まえて、本件各土地の所有権がA社の名を借りたBに直接移転したものと認めるべきであるとした。しかし、本件事実関係によれば、本件各売買契約における買主の名義はいずれもA社であり、被告人がA社の代表者として、本件売主らの面前で、売買契約書等を作成し、代金全額を支払っている。また、被告人がBのために本件各売買契約を締結する旨の顕名は一切なく、本件売主らはA社が買主であると認識していた。そうすると、本件各売買契約の当事者は、本件売主らとA社であり、本件各売買契約により本件各土地の所有権は、本件売主らからA社に移転したものと認めるのが相当である。原判決は、被告人とBとの間の合意の存在を重視するが、本件各売買契約における本件売主らの認識等を踏まえれば、上記合意の存在によって上記の認定が左右されるものではない。また、本件事実関係の下では、民法が採用する顕名主義の例外を認める

などの構成によって本件各土地の所有権が B へ直接移転したということもできない。以上によれば、本件各土地の所有権が本件各売買を原因として A 社に移転したことなどを内容とする本件各登記は、当該不動産に係る民事実体法上の物権変動の過程を忠実に反映したものであるから、これに係る申請が虚偽の申立てであるとはいえず、また、当該登記が不実の記録であるともいえない」旨判示して、電磁的公正証書原本不実記録罪の成立を否定した。

（E）戸籍事項

　戸籍は、人の出生から死亡に至るまでの親族関係を登録公証するもので、日本国民について編製されるものである。戸籍の記載は、人の身分関係を形成あるいは確定するものではないが、一応真実との推定力、公証力を有する。しかし、虚偽届は可能であり、戸籍事務を処理する市区町村長には実質的審査権がないため、虚偽の記載がされる可能性があり、推定は真実の立証をもって覆し得るので、戸籍の記載に公信力はない。

　いわゆる偽装結婚をした男女の間に生まれた嫡出子として出生届が提出された事案について公正証書原本不実記載罪の成立を認めた裁判例として、**大阪高判平成 30・4・12**（LEX/DB25564771）がある。事案は、中国人女性が在留資格取得のため当該日本人男性との間で偽装結婚をして虚偽の婚姻届けを提出し、さらに、別の中国人男性との間に生まれた子を日本人男性の嫡出子として虚偽の出生届を提出したというものであるところ、原審が、虚偽の婚姻届の提出は、刑法 157 条 1 項所定の「虚偽の申立て」に該当するものの、嫡出子の出生届については、戸籍法 49 条 1 項が規定する出生の届出は 14 日以内にしなければならないという義務を履行したに過ぎないとして刑法 157 条 1 項所定の「虚偽の申立て」に該当しないとしたのに対し、「戸籍は、我が国における、親族的身分関係を登録・公証する最も基本かつ重要な公文書であり、日本国籍を有することを公証する機能も有するから、その記載は常に真実の身分関係と合致していることが要請される……出生届の提出

が『虚偽の申立て』に当たるか否かについては、当該出生届が実体法上の身分関係を正確に反映しているか否かという観点から判断すべきものである。……なるほど、戸籍事務担当者には形式的審査権限しかなく、後でみるような手続が別途取られない限り、被告人Aの子としての出生届以外の出生届は受理されない状況であったといえる。しかし、そのような状況になったのは、そもそも、被告人3名が共謀して内容虚偽の被告人Aと被告人Bの婚姻届を提出し、実体法上の身分関係とは異なる夫婦関係についての戸籍上の記載を作出したからにほかならない。このように、届出義務者が内容虚偽の婚姻届を提出したことで、自ら、真実に合致した出生届を提出することが困難な状況を作出したにもかかわらず、そのような状況にあるという理由で、出生届の届出義務の内容を、その時点の戸籍簿の記載に応じて、受理される形式であれば、たとえ、その内容が真実の身分関係と異なるものであったとしても構わないと変容させ、新たな法益侵害を生じさせる本件出生届の提出を適法視するのは、本末転倒というべきである。上記手続を別途取る場合、届出義務者は、戸籍法上の届出義務を直ちに履行することは困難となり、場合によっては過料の制裁を受けるかもしれないが、それは自らそのような状況を作出した者として甘受すべきものなのであって、そのような不利益を理由に、積極的に内容虚偽の出生届を提出させることを合法化させるという、法の趣旨を没却するような解釈をするのは相当ではない。」として、本件における出生届を「虚偽の申立て」に該当しないと判断した原審を破棄し、電磁的公正証書原本不実記録、同供用罪の成立を認めている。

　本件の事案の詳細は不明であるが、このような事案では、民法上妻が婚姻中に懐胎した子は嫡出子として推定され、夫による嫡出否認の訴えによらないと嫡出推定を覆すことができない（民法772、774、775条）とされ、嫡出推定を受けないのは特別の事情がある場合に限られるところ、例えば、妻がその子を懐胎すべき時期に、既に夫婦が事実上の離婚として夫婦の実態が失われ、又は遠隔地に居住して、夫婦間に性的関係を持つ機会がなかったことが明らかであるなどの事情が存在する場合には推定を受けないこと（**最一判昭**

和 44・5・29 民集 23 巻 6 号 1064 頁、LEX/DB27000814、1969WLJPCA05290001、**最一判平成 26・7・17** 民集 68 巻 6 号 547 頁、LEX/DB25446515、2014WLJPCA 07179002）に留意すべきである。事実認定上、偽装結婚のように婚姻の実態がないと認められる場合には、刑法上嫡出推定の効果は及ばないと考えられるが、刑法 157 条 1 項にいう「虚偽の申立て」に該当するか否かを見極める上で、被告人・弁護人から嫡出推定を受ける旨の主張がされることをも念頭において捜査を遂げる必要があるということであろうか。

(7) わいせつ電磁的記録記録媒体頒布罪等

　近時、問題となっているサイバーポルノに対応するため平成 23 年の刑法改正により、刑法 175 条が改められた。すなわち、同条 1 項前段のわいせつな「文書」、「図画」に「電磁的記録に係る記録媒体」が追加され、これを頒布し、又は公然と陳列した者は、2 年以下の懲役若しくは 250 万円以下の罰金若しくは科料に処し、又は懲役及び罰金を併科することとしている。頒布とは、不特定又は多数の者に有償または無償で交付することをいう[97]。これによりわいせつ情報を蔵置するコンピュータのハードディスク等がわいせつ物に当たるという最高裁判例（**最三決平成 13・7・16** 刑集 55 巻 5 号 317 頁、LEX/DB28065176、2001WLJPCA07160001）が維持されたことになる。今後は、コンピュータのハードディスクなどは、「電磁的記録に係る記録媒体」に含まれることとなろう[98]。

　また、同条 1 項後段は、電気通信の送信によりわいせつな電磁的記録その他の記録を頒布した者も、同様とする旨を規定する。これは、その他のサイバーポルノに対処するための規定である。

　同条 2 項は、有償で頒布する目的でわいせつ物を所持する行為、及びわいせつな電磁的記録を保管する行為を同様に処罰することとしている。ここで当然予想される対向的な共同行為の一方について処罰規定は置かれていな

97　西田・前掲注（24）420 頁。
98　西田・前掲注（24）420 頁。

い。論理的には刑法総則の共犯規定の適用を肯定することも可能であるが、通説は立法に当たり当然予想される関与行為につき処罰規定を設けなかったことは、これを不可罰とする立法者の意思の現われであるとして、必要的関与行為を不可罰と解しており、判例もこの結論を認めているようである[99]。そうすると、わいせつ物を売ってくれと頼んだ購入者は、一般に不可罰となる。

　最一判令和2・7・16（刑集74巻4号343頁、LEX/DB25570954、2020WLJPCA07169001）は、漫画家兼芸術家である被告人が、被告人の作品制作に資金を提供した不特定の者6名に自己の女性器をスキャンした三次元形状データファイル（以下、「本件データ」という。）をインターネットを通じて送信して頒布し、被告人が販売する商品を購入した不特定の者3名に本件データが記録されたCD-R（以下、「本件CD-R」という。）を郵送して頒布したという事案であるところ、弁護人が「芸術性・思想性が認められるから、本件データは刑法175条のわいせつな電磁的記録に該当せず、本件CD-Rは同条のわいせつな電磁的記録に係る記録媒体に該当しない」と主張したのに対し、「芸術性・思想性等による性的刺激の緩和の有無・程度をも検討しつつ、同条〔刑法175条〕のわいせつな電磁的記録又はわいせつな電磁的記録に係る記録媒体に該当するか否かを判断するに当たっては、電磁的記録が視覚情報であるときには、それをコンピュータにより画面に映し出した画像やプリントアウトしたものなど同記録を視覚化したもののみを見て、これらの検討及び判断をするのが相当である。……本件データがわいせつな電磁的記録に該当し、本件CD-Rがわいせつな電磁的記録に係る記録媒体に該当するとした第1審判決の認定、評価を是認した原判決の判断に誤りがあるとはいえない」旨を判示して、上告棄却とし、わいせつ電磁的記録等送信頒布罪（刑法175条1項後段）とわいせつ電磁的記録記録媒体頒布罪（同条1項前段）の成立を認めている。ここで、データファイルの「頒布」は、相手方のコンピュータの記録

99　西田・前掲注（24）422頁。

Ⅴ　サイバー犯罪の実体法

媒体に記録された段階で既遂に達するから、「頒布」の状態に達するために
は、被告人がデータファイルを配信サイトにアップロードするだけではなく、
顧客がダウンロード操作することが不可欠であるとされる[100]。

　京都地判平成29・3・24（LEX/DB25448598、2017WLJPCA03249002）は、
大阪市に本店を置き、インターネット・ホームページの企画、立案、制作並
びにインターネットでのサーバの設置及びその管理業務等を目的とし、アメ
リカ合衆国所在のC社（代表者D）とともにインターネットサイト「E」を
管理・運営するF社の実質的相談役である被告人A及び、F社の代表取締
役である被告人Bが、①D及びGらと共謀の上、平成25年6月19日、被
告人らがC社とともに管理するE内の投稿サイト「E動画アダルト」のサー
バコンピュータに、Gが大阪市内のG方からインターネットに接続した携
帯電話機を使用して送信した男女の性器を露骨に撮影したわいせつな動画
データを記録・保存させるなどし、インターネットを利用する不特定多数の
者が前記動画データを閲覧することができる状態を設定し、同月28日ない
し平成26年12月8日、前記動画データにアクセスしてきた不特定の者に対
してこれを閲覧再生させたという事実について、わいせつ電磁的記録記録媒
体陳列罪（刑法175条1項前段）の成立を認め、②前記D及びEに事業者と
してエージェント登録していたH及びパフォーマー登録していたIと共
謀の上、平成25年12月25日午後1時50分ころから同日午後2時8分ころ
までの間、京都市内のI方において、Iがウェブカメラで露骨に撮影した同
女の性器の影像を、E内の配信サイト「Eライブアダルト」の映像配信シス
テムを利用して、電気通信回線を通じて無修正で即時配信し、不特定の視聴
者らに観覧させたという事実について、公然わいせつ罪（刑法174条）の成
立を認めている。

　弁護人はこの有罪判決に対し、警察官がリモートアクセス（コンピュータ
を用いてこれと電気通信回線で接続している記録媒体にアクセスすることをいう。）

100　西田・前掲注（24）423頁。

をして記録媒体から電磁的記録を複写するなどして収集した証拠の証拠能力を争い、控訴棄却（**大阪高判平成30・9・11**LEX/DB25449705、2018WLJPCA09119002）に対して上告した。

　本件捜査の経過は、警察官が、平成26年9月30日、被告人A及び被告人Bらが共謀の上、インターネットサイト「E」において公然わいせつ幇助、風営法違反の各犯行に及んだことを被疑事実とする捜索差押許可状に基づき、F社事務所及び付属設備において捜索差押えを開始したところ、「警察官は、上記捜索差押えの実施に先立ち、F社ではアメリカ合衆国に本社があるC社の提供するメールサービス等が使用されている疑いがあり、令状に基づきメールサーバ等にアクセスすることは外国の主権を侵害するおそれがあると考えられたことから、日本国外に設置されたメールサーバ等にメール等の電磁的記録が蔵置されている可能性があることが判明した場合には、令状の執行としてのリモートアクセス等を控え、リモートアクセス等を行う場合には、当該パソコンの使用者の承諾を得て行う旨事前に協議して」おり、「警察官はこの方針に基づき、被告人両名を含むF社の役員や従業員らに対し、メールサーバ等にリモートアクセスしてメール等をダウンロードすること等について承諾するよう求め、アカウント及びパスワードの開示を受けるなどしてリモートアクセスを行い、メール等の電磁的記録の複写を行ったパソコンについては、被告人Bから任意提出を受ける手続をとった（以下、この証拠収集手続を「手続ア」という。）。「上記捜索等が開始された同日以降、F社事務所において、メール等を使用者のパソコンに複写する作業等が続いたが、なお相当の時間を要すると見込まれ、終了のめどが立っていない状況において、F社は、警察官に対し、よりF社の業務に支障が少ない方法」につきF社幹部と警察官との間で協議が行われ、F社が、警察のパソコンでメールサーバ等にアクセスできるアカウントを付与するなどしてF社事務所以外の場所でダウンロード等ができるようにする提案を行い、「最終的に被告人Bが同年10月3日付けで承諾書を作成し、警察官は、これに基づき、F社事務所以外の適宜の機器からリモートアクセスを行い、電磁的記

録の複写を行った（以下、この証拠収集手続を「手続イ」という。）。」という事実経過をたどったものと認められ、手続アと手続イの各リモートアクセスの対象である記録媒体は、日本国外にあるか、その蓋然性が否定できないものであった。弁護人は上告して、「日本国外に所在するサーバへのリモートアクセスによる電磁的記録の取得行為は、現行刑訴法によっては行うことができず、あくまで国際捜査共助によるべきものであるところ、警察官が、これらの点を認識した上、国際捜査共助を回避し、令状による統制を潜脱する意図の下に手続ア、手続イを実施した行為は、サーバ存置国の主権を侵害するものであり、重大な違法があるから、各手続によって収集された証拠は違法収集証拠として排除すべきである」旨主張したのに対し、最高裁（**最二決令和 3・2・1**LEX/DB25571273、2021WLJPCA02019001）は、「刑訴法 99 条 2 項、218 条 2 項の文言や、これらの規定がサイバー犯罪に関する条約（平成 24 年条約第 7 号）を締結するための手続法の整備の一環として制定されたことなどの立法の経緯、同条約 32 条の規定内容等に照らすと、刑訴法が、上記各規定に基づく日本国内にある記録媒体を対象とするリモートアクセス等のみを想定しているとは解されず、電磁的記録を保管した記録媒体が同条約の締約国に所在し、同記録を開示する正当な権限を有する者の合法的かつ任意の同意がある場合に、国際捜査共助によることなく同記録媒体へのリモートアクセス及び同記録の複写を行うことは許されると解すべきである。……手続アは、実質的には、司法審査を経て発布された前記捜索差押許可状に基づく手続ということができ、警察官は、同許可状の執行と同様の手続により、同許可状において差押え等の対象とされていた証拠を収集したものであって、同許可状が許可する処分の範囲を超えた証拠の収集等を行ったものとは認められない。……警察官が任意の承諾に基づく捜査である旨の明確な説明を欠いたこと以外に F 社関係者の承諾を強要するような言動をしたとか、警察官に令状主義に関する諸規定を潜脱する意図があったとも認められない」から、「手続アについて重大な違法があるということはできない」。本件捜査の経過によれば、「手続イについての F 社関係者の承諾の効力を否定すべき理

1 刑法上のサイバー犯罪

由はないとした原判断が不合理であるとはいえず、上記で説示したところに
も照らすと、手続イについて重大な違法があるということはできない。……
以上によれば、警察官が手続ア、手続イにより収集した証拠の証拠能力は、
いずれも肯定することができ」る旨判示して、弁護人からの上告を棄却して
いる。

　東京地判平成 24・10・23（刑集 68 巻 9 号 1058 頁、LEX/DB25506104、2012
WLJPCA10236008）は、被告人両名が、氏名不詳者らと共謀の上、①平成 23
年 7 月 21 日ころ、不特定の者である A に対し、あらかじめアメリカ合衆国
に設置された「a 社」が管理するサーバコンピュータに記録・保存させた男
女の性交性戯場面等を露骨に撮影したわいせつな動画データファイル合計
10 ファイルを、同人がインターネット上の動画配信サイト「Miracle オリ
ジナル素人 SM 無修正動画配信」を利用して同サーバコンピュータにアク
セスした千葉県内の同人方に設置された同人使用のパソコンに送信させる方
法により、同パソコンに記録・保存させて再生・閲覧可能な状況を設定させ
た事実について、わいせつ電磁的記録等送信頒布罪の成立を認め、②有償で
頒布する目的で、平成 24 年 5 月 29 日、東京都内の株式会社 DDA 事務所に
おいて、記録媒体である DVD20 枚に男女の性交性戯場面等を露骨に撮影し
たわいせつな動画データファイルを記録した電磁的記録を保管した事実につ
いて、わいせつ電磁的記録有償頒布目的保管罪（刑法 175 条 2 項）の成立を
認め、③有償で頒布する目的で、同日、同所において、記録媒体であるパソ
コンのハードディスクに男女の性交性戯場面等を露骨に描写したコンピュー
タ・グラフィックス画像を記録したわいせつな電磁的記録を含むゲームソフ
トのデータファイルを記録した電磁的記録を保管した事実について、わいせ
つ電磁的記録有償頒布目的保管罪（刑法 175 条 2 項）の成立を認めている。
「有償の頒布目的の保管」とは、有償の頒布目的でわいせつ物を自己の支配
下に置くことをいい、有償頒布罪の予備を罰するものといえる[101]。本件の

101　西田・前掲注（24）421 頁。

V　サイバー犯罪の実体法

上告審である**最三決平成 26・11・25**（刑集 68 巻 9 号 1053 頁、LEX/DB254467 85）は、上告した弁護人が、「サーバコンピュータから顧客のパーソナルコンピュータへのデータの転送は、データをダウンロードして受信する顧客の行為によるものであって、被告人らの頒布行為には当たら」ない旨主張したのに対し、「刑法 175 条 1 項後段にいう『頒布』とは、不特定又は多数の者の記録媒体上に電磁的記録その他の記録を存在するに至らしめることをいうと解される。……被告人らが運営する前記配信サイトには、インターネットを介したダウンロード操作に応じて自動的にデータを送信する機能が備え付けられていたのであって、顧客による操作は被告人らが意図していた送信の契機となるものにすぎず、被告人らは、これに応じてサーバコンピュータから顧客のパーソナルコンピュータへデータを送信したというべきである。……不特定の者である顧客によるダウンロード操作を契機とするものであっても、その操作に応じて自動的にデータを送信する機能を備えた配信サイトを利用して送信する方法によってわいせつな動画等のデータファイルを当該顧客のパーソナルコンピュータ等の記録媒体上に記録、保存させることは、刑法 175 条 1 項後段にいうわいせつな電磁的記録の『頒布』に当たる」旨判示している。顧客の本件介在行為は、被告人らが配信サイトを開設する段階ですでに織込み済みの事情であったといえるから、故意の点でも問題はなく、間接正犯理論などを持ち出すまでもなく、被告人らの行為に基づくものといえるから、妥当な結論といえよう。

(8)　電子計算機使用詐欺罪

(A)　総説

　電子計算機使用詐欺罪（刑法 246 条の 2）は、コンピュータ・システムを悪用する新たな財産侵害行為に対処するために昭和 62 年刑法改正により設けられたものである。本罪は基本的には 2 項詐欺（刑法 246 条 2 項）の補充類型であり、「機械は錯誤に陥らない」という詐欺罪不成立の根拠を立法

的に除去したものである[102]。

　本罪は、人の事務処理に使用する電子計算機に虚偽の情報若しくは不正な指令を与えて財産権の得喪若しくは変更に係る不実の電磁的記録を作り、又は財産権の得喪若しくは変更に係る不実の電磁的記録をつくり、又は財産権の得喪若しくは変更に係る虚偽の電磁的記録を人の事務処理に供して、財産上不法の利益を得、又は他人にこれを得させた場合に成立する。

　本罪は「財産上の利益」を取得した行為のみを対象としており、他人のキャッシュカードを不正に使用して ATM から現金を引き出すなど、「財物」をその占有者からその意に反して奪う類型の行為は、窃盗罪によって処罰される（**東京高判昭和 55・3・3** 判時 975 号 132 頁、LEX/DB27916975、1980WLJPCA03030004）。また、外見上電子計算機使用詐欺罪に当たる行為であっても、例えば欺罔された銀行係員が錯誤に基づき預金データ入力を行っていると認められるような場合は、事務処理過程に人が介在するため、これを被欺罔者とする詐欺罪が成立することとなろう。結局、電子計算機使用詐欺罪は、人に対する欺罔行為も財物の占有移転も認められない不法利得行為に限って適用されることになる[103]。

（B）テレ為替の悪用による銀行口座への不正入金

　大阪地判昭和 63・10・7（判時 1295 号 151 頁、商事 1166 号 7 頁、LEX/DB27917236、1988WLJPCA10070001・第一勧銀事件）は、電子計算機使用詐欺罪の初適用事案であるところ、判決は、甲銀行乙支店に勤務し、預金・為替業務に従事していた被告人 A 女が、①同支店のオンライン・システムの預金端末機を操作して、甲銀行東京事務センターに設置され同銀行の預金の残高管理、受入れ、払戻し等の事務処理に使用されるオンライン・システムの電子計算機に対し、実際には振替入金の事実がないにもかかわらず、自己の同支店預金口座に 20 万円、30 万円、20 万円の振替入金があったとする虚偽の情

102　吉開多一『経済犯罪と民商事法の交錯 II』（民事法研究会、2021）28 頁。
103　吉開・前掲注（102）29 頁。

報を与え、同電子計算機に接続されている記憶装置の磁気ディスクに記録された同口座の預金残高を 4 万 7527 円、17 万 1445 円、4 万 9582 円として財産権の得喪、変更に係る不実の電磁的記録を作り、よって、合計 70 万円相当の財産上不法の利益を得るなどした行為に電子計算機使用詐欺罪（刑法 246 条の 2 前段）の成立を認めたほか、②親密な交際をしていた B 男らと共謀の上、偽造した振込依頼書を用い、甲銀行乙支店から、あらかじめ開設しておいた丙銀行丁支店 C 名義普通預金口座に振込名下に入金させて利得しようと考え、A 女方において、B 男らが、行使の目的をもって、ほしいままにあらかじめ入手しておいた甲銀行乙支店備付けの振込依頼書用紙 1 枚の振込先欄に「丙」銀行「丁」支店、受取人欄に「C」、金額欄に「45,000,000」等と記載するなどした上、依頼人欄に「D 証券（株）E 支店」と冒署し、もって、D 証券株式会社 E 支店作成名義の金額 4500 万円の振込依頼書 1 通を偽造し、甲銀行乙支店において、被告人 A 女が、同支店為替担当係員に対し、上記偽造に係る振込依頼書 1 通をあたかも真正に成立したもののように装い他の正規の振込依頼書とともに回付して行使し、同係員 Y をしてその旨誤信させ、よって、Y をして同支店為替端末機を操作させて全国銀行データ通信システムを通じ同支店から丙銀行丁支店 C 名義普通預金口座に金 4500 万円を振込送金させ、もって同額の財産上不法の利益を得た行為に 2 項詐欺罪の成立を認めている。

　①の事実は架空振込事案であって、刑法 246 条の 2 前段の「人の事務処理に使用する電子計算機に虚偽の情報若しくは不正な指令を与えて財産権の得喪若しくは変更に係る不実の電磁的録を作」る行為類型にあたる。ここでは、甲銀行東京事務センターに設置され、同銀行の預金の残高管理、受入れ、払戻し等の事務処理に使用されるオンライン・システムの電子計算機が「人の事務処理に使用する電子計算機」に当たる。被告人 A 女は、顧客 X が預金通帳等を同支店の貸金庫に預けたままにしていることに乗じ、X 名義の預金通帳を新たに作成した上、これを使用して、同オンライン・システムの預金端末機を操作して、自己の普通預金口座に振替入金があったとする真実

に反する情報を上記電子計算機に入力したのであり、この行為をもって「虚偽の情報を与え」たとみることができる。本件では、上記電子計算機に接続された磁気ディスク（元帳ファイル）の記録が「財産権の得喪、変更に係る電磁的記録」に当たり、この元帳ファイル中の自己の口座残高を増額させた記録を作出した行為が、「財産権の得喪、変更に係る不実の電磁的記録を作り」に該当する。被告人 A 女は、本件行為によって民法上預金債権を取得するわけではない（顧客 X が民法上預金債権を失うこともない。）が、一定の預金債権があるものとしてその引き出し、振替等を行うことができる地位を得ており、事実上財産を自由に処分できるという利益を得ているので、「財産上不法の利益を得」たことになる。判決は、本件の実行の着手時期は上記電子計算機に振替入金があったとする虚偽の情報を入力する行為を開始した時点であり、元帳ファイルに記録された預金残高が増額変更されたと同時に財産上不法の利益を得たことになって、犯罪が既遂となると解しているが、異論はなかろう。なお、本件で 20 万円、30 万円、20 万円と虚偽の入金情報を与えていながら、その結果として口座残高の記録が 4 万 7527 円、17 万 1445 円、4 万 9582 円と低いのは、いずれも元の残高が当座貸越[104] の状態にあったためである。

　②の事実はテレ為替[105] による利得事案であって、同様に電子計算機の端末機の操作により他行の電子計算機に接続された元帳ファイルに記録された受取人口座の預金残高を不正に増額させたものであるところ、為替担当 Y による振込入金行為が介在するため、情を知らない Y を利用した電子計算機使用詐欺罪の間接正犯が成立するのか、Y を被欺罔者とする 2 項詐欺罪が成立するのかが問題となる。これは、Y が当該財産的処分行為を行ったと解

104　当座勘定取引に付随してなされる契約で、銀行が当座預金の取引先に対して、一定の限度額まで当座預金の残高を超過して取引先の振り出した小切手・手形の支払に応ずることを約する取引をいう（金子ほか編集代表・前掲注（3）923 頁）。
105　全銀システムを通じて為替通知を 1 件ごとにオンラインリアルタイムで発受信するもので、振込み、送金、代金の取立、その他の金融機関間における資金の付替えなど、複数の通信種目がある（本江威憙監修『民商事と交錯する経済犯罪 II』（立花書房、1995）319 頁＜峯正文ほか＞）。

Ⅴ　サイバー犯罪の実体法

されるかどうかで決まり、この点が積極であれば2項詐欺罪が、この点が消極であって同罪が成立しない場合にのみ電子計算機使用詐欺罪が成立することになる。

　本件では、為替担当係員であるYに他の行員の照査の手続を経ないで送信を行うダイレクト送金の権限が与えられており、Yは、単なる機械的送信労務に当たっていたとは見られず、その職責として同銀行内部規定に従い自己の判断に基づいて振込送信に係るデータ入力を行う権限を有していたと認められる。また、他行振込手続においては、振込依頼人は、仕向銀行に対し、振込依頼書を提出するとともに、振込資金として現金の提供又は預金の払戻しを求めることが必要であるところ、現金の提供による場合は、窓口係員において振込依頼書に出納印を押印し、預金の払戻しによる場合には、通常、振込依頼人から提出された預金通帳及び払戻請求書に基づいて預金担当係員が預金端末機を操作して預金の払戻手続を行った上、振込依頼書に振替印を押捺することとされており、出納印又は振替印の押された振込依頼書は為替担当係員の下に回付されるので、同係員において同振込依頼書に基づきオンラインの為替端末機を操作して振込の送信を行い、全銀システムを通じて自動的に被仕向銀行の受取人口座に入金処理が行われるという仕組みになっている。本件では、為替担当係員Yにおいて、本件偽造に係る振込依頼書には資金提供の事実を裏付ける現金の出納印や預金の振替印がないことに気付きながらも、振込資金の提供のある正規の依頼書に単に印を押し忘れたものにすぎず、資金の裏付けのあるものと誤信したことから振込入金の手続をとったものであり、Yが錯誤により処分行為を行ったと認められるから、2項詐欺罪の成立を認めたのは妥当な結論といえる。

東京地裁八王子支判平成2・4・23（判時1351号158頁、LEX/DB27917263、1990WLJPCA04230002・青梅信金事件）は、O信用金庫本部事務集中部において内国為替業務等の事務に従事していた被告人A女と同女と親密な関係にあった被告人B男の両名が共謀の上、被告人A女において、昭和62年12月14日から昭和63年11月10日まで、前後5回にわたり、O信用金庫

オンラインシステムの端末機を操作して、同信用金庫本部電算部に設置され預金残高管理、受入れ、払戻し、為替電文の発・受信等の事務処理に使用されている電子計算機に対し、実際には振込依頼を受けた事実がないのにもかかわらず、被告人B男がM銀行R支店ほか一行に設けていたCほか3名名義の各普通預金口座に各振込があったとする虚偽の情報を与え、全国信用金庫データ通信システムの電子計算機、これに接続されている同システムおよび全国銀行データ通信システムの電子計算機、これに接続されている全国銀行データ通信センター東京センター又は大阪センターに設置されている同システムの電子計算機、さらにこれに接続されている電子計算機に接続されている記憶装置の磁気ディスクに記憶された上記各普通預金口座の預金残高を〇〇の金額として財産権の得喪・変更に係る不実の電磁的記録を作り、よって財産上不法の利益を得たなどの事実について、電子計算機使用詐欺罪の成立を認めている。本件は、被告人らが共謀し、O信用金庫から、約3年5ヵ月の間に、のべ73回にわたり合計9億7000万円もの巨額を被告人Bが設けた銀行口座に振り込ませて、同信用金庫に損害を与えたという事案であって、不正振込みがなされた9億7000万円のうち、9億1000万円が現実に口座から引き出されてその大部分が費消され現存していたのは1700万円足らずであった。被告人両名は別訴因の背任と併せて有罪となり、被告人Aは懲役5年、被告人Bは懲役10年に処せられた。

　不正振込みによって刑法246条の2の犯罪は既遂となるが、その後振込みがあった各預金口座から預金残高に見合う金額を引き出した行為は、私法上預金債権を有していない者による無権限による現金の引出しであるから、別途、詐欺罪（銀行窓口での払戻請求の場合）または窃盗罪（ATM機からの引出しの場合）が成立する。事後による引出行為は本罪の不可罰的事後行為にすぎないと解すべきではない。先行する電子計算機使用詐欺罪と詐欺罪（または窃盗罪）との罪数関係は、包括一罪と解すべきとされている[106]。このよう

106　米澤慶治篇『刑法等一部改正法の解説』（立花書房、1988）138頁＜的場純男＞。

V　サイバー犯罪の実体法

に 2 罪の成立を認めるべきものとしても、結局は同一の財産的利益の保護に他ならない場合には、併合罪ではなく包括一罪として扱うのは、最高裁の立場でもある（**最一決昭和 61・11・18** 刑集 40 巻 7 号 523 頁）。本件の詐欺または窃盗については、不可罰的事後行為ではなく、いわゆる共罰的事後行為[107]と見るのが相当であろう。

<事例>　不正の振込送金による預金残高の水増しと払戻し（名古屋地判平成 9・1・10 判時 1627 号 158 頁、LEX/DB28035195、1997WLJPCA01100001）

[1] 事案の概要

1　X、Y の共犯者 C は東海銀行の行員で同行のコンピュータ管理部門に所属していたところ、サラ金から借金をして困っておりその立場を利用して金を作ることを考えていた。共犯者 D は暴力団組長で株式会社 M を経営しており、株式会社 M 名義の N 信用金庫の口座を不正送金の受け皿として確保することとした。

2　本件犯行に利用された T パソコンサービス（アンサー利用型）とは、NTT データ通信株式会社が提供している自動照会システムである銀行アンサーシステムを利用して行われるエレクトロニック・バンキングサービスの 1 つである。顧客はこの契約をすれば、パソコン端末を利用して銀行のコンピュータにアクセスして、残高照会、振込、振替等のサービスを受けることができる。このうちの都度指定方式による振込サービスは、3 種類の暗証番号をパソコンに入力すれば、顧客以外の者でも、顧客の契約している店番、口座番号、暗証番号等のデータを入手して、この暗証番号等を解析できれば、その顧客の口座の資金を移動することができた。

3　X、Y は C に必要なデータを流すように求め、C は同僚にうそを言って借り出したアンサー契約マスターに関する磁気テープのコピーから、指定

107　西田・前掲注（24）191 頁。

された企業の口座の暗号変換処理された固定暗証番号及び確認暗証番号等が印字されたダンプリストなどを X らに渡した。X らは C から渡されたスクランブル処理された暗証番号の解析に成功した。

4　（罪となるべき事実）

　　X、Y は共謀の上、平成 6 年 12 月 9 日午後 5 時 32 分ころ、株式会社 M 事務所でパソコンを操作し、実際には振込送金の事実がないのに株式会社 V が東海銀行支店に開設している普通預金口座から株式会社 M が N 信用金庫に開設している普通預金口座に 1 億 4000 万円の振込送金があったとする虚偽の情報を与え、同月 12 日午前 9 時ころ、東京銀行協会全国銀行データ通信センターに設置されている全国銀行通信システムの電子計算機、しんきん情報システムセンターに設置されている全国信用金庫データ通信システムの電子計算機を介して、信用金庫第三次オンライン・システムの電子計算機に接続されている記憶装置の磁気ディスクに記録された株式会社 M 名義の普通預金口座の預金残高を 1 億 4000 万円増加させた。同様の手口で別の受け皿口座の預金残高を 14 億 9000 万円増加させた。

5　X らは、上記 1 億 4000 万円について預金口座から引き出してその現実の利益を取得したが、14 億 9000 万円については早期に発覚して預金口座からの引出しに失敗している。

[2] 結論

刑法 246 条の 2 前段の電算詐欺罪成立（X は懲役 8 年、Y は懲役 6 年）

[3] 検討

　　本件振込送金は、人に対する欺罔行為を伴っておらず、V の処分行為（振込送金の意思表示）でもないから、V 会社に対する詐欺罪は成立しない。

　　私法上の法律関係についてみると、V は本件不正振込みによって口座から減少した額の預金を失わない。本件は仕向銀行である東海銀行にとって、民法 478 条にいう弁済受領者としての外観を有する者に対する弁済と見られ

る行為ではないから、銀行免責の理由はない。現実問題として東海銀行が V の口座の預金残高を原状回復しない場合（払戻請求に応じない場合）には、V は T 銀行に対し、訴えを提起して預金払戻請求訴訟を提起することになる。V にとって、本件振込送金が無原因であって V の意思に基づくものではないことを主張することにより、勝訴することがそれほど困難ではなかろう。仮に、預金払戻しが認められない場合は、東海銀行を相手方として、東海銀行の従業員である共犯者 C の使用者責任（民法 715 条 1 項）としての損害賠償を請求することになる。本件では被告人らは 1 億 4000 万円は現実に引き出している。仮に、本罪がないとした場合、この引出行為をとらえて、真実は 1 億 4000 万円の預金がなく払戻請求の権限がないのに、あるように誤信させて N 信用金庫の窓口係員から 1 億 4000 万円を詐取したとみて詐欺罪で訴追することも可能である（ATM 機からの不正引出であれば、詐欺罪ではなく窃盗罪が成立する）。電子計算機使用詐欺罪と詐欺罪との関係は包括一罪となるが、検察官はこの引出行為を起訴しないでのんでいる。両罪は併合罪ではないから処断刑に変わりはなく、事後の引出行為は量刑事情として考慮すれば足りるものと考えているのであろう。

（C）電子マネーの不正取得

＜事例＞　電子マネー[108]の不正取得が虚偽の情報を与えて不実の電磁的記録を作ったといえるかが問題となった事例（最一決平成 18・2・14 刑集 60 巻 2 号 165 頁、LEX/DB28115120、2006WLJPCA02140001）

[1]　事案の概要

1　X は路上で仮眠中の A からクレジットカード在中のバッグを窃取した。

108　電子マネーとは、一般に、「現金をデータ化して、決済をすること」をいう。電子的なデータのやり取りで、現金と同じようにモノを買ったり、サービスを受けたりすることができる。支払方法は、「先払い型（プリペイド式）」、「即時払い型（デビット型）」と「後払い型（ポストペイド型）の 3 つに分けられる。

1　刑法上のサイバー犯罪

2　X は自己の携帯電話を使用してインターネットを介し、5 回にわたり、カード決済を代行する B 社の電子計算機に接続し、名義人氏名、カード番号及び有効期限を入力送信し、A が自己名義のカードを使用して合計 11 万 3000 円相当の電子マネーを購入するという虚偽の申込み情報を与え、そのハードディスクに財産権の得喪に係る不実の電磁的記録を作成した。

[2] 結論

電子計算機使用詐欺罪が成立する―上告棄却（懲役 5 年）

[3] 理由

　本件事実関係の下では、名義人本人が電子マネーの購入を申し込んだとする虚偽の情報を与え、名義人本人がこれを購入したとする財産権の得喪に係る不実の電磁的記録を作り、電子マネーの利用権を取得して財産上不法の利益を得たというべきである。

[4] 検討

　立法担当者によれば、「虚偽」とは「当該システムの目的に照らし、その内容が真実に反すること」をいう。名義冒用によるなりすましは刑法 246 条の 2 にいう「虚偽」に当たるかが問題となる。仮に、父親のカードの利用などであって、カード名義人本人が同意していれば、電子マネー販売のシステムから見て「虚偽」といえるかは疑問である。そうすると名義人の承諾がない越権を「虚偽」ととらえるのは不当ではないかという見解も成り立つ。この立場から、虚偽を利益横領の類型に及ぼすこととなり、補充性を超えてしまうという批判もある。

　なりすましによる情報サービスの利用と本罪の成否という観点からみると、本件で取得した電子マネーは、単なる情報取得ではなく、財物（プリペイドカードの取得）に見合う性質のものと考えることにより、「虚偽」でよい

と解することもできようか。なお、後述のとおり、ネット上のなりすまし自体は、不正アクセス禁止法が規制している。

　本件は「ネットワーク型電子マネー」である。電子マネーの購入の対価は、Aのクレジットカードによりその預金口座から引き落としがされよう。銀行口座から引き落とした一定の通貨価値を自らの体内にいったん貯えておくという意味で一種のプリペイドカードである。この支払を事実上Xは免れることになる。この場合、名義人のAは銀行に対し、引き落としにつき無効を主張して預金債権を主張することができるであろうか。あるいは銀行は免責されるであろうか。ここでは、クレジットカード詐欺の問題と同様の問題が潜んでいる。

　なお、本事例の控訴審である**大阪高判平成 17・6・16**（LEX/DB28115306、2005WLJPCA06160010）は、電子計算機使用詐欺罪（刑法 246 条の 2 後段）の成立を認めた原判決を正当として控訴を棄却している。

（D）暗号資産の不正取得

　名古屋地判平成 31・2・6（LEX/DB25562491、2019WLJPCA02066002）は、被告人が、不正に入手した、インターネット上で流通するビットコイン等の仮想通貨（暗号資産）の交換業を営むC株式会社が運営する取引システムに設けられたV名義のユーザー口座に係るパスワード等を用いて、財産上不法の利益を得ようと考え、平成 29 年 7 月 3 日、岐阜県内の自宅に置いて、自己のスマートフォンを操作して、インターネットを経由し、C株式会社が仮想通貨の送信等の事務処理に使用する電子計算機であるサーバコンピュータに対し、V名義のユーザー口座のパスワード等を用いて、同口座内のビットコイン 0.46BTC を前記取引システムに設けられた被告人が管理する被告人名義のユーザー口座に送信する旨の虚偽の情報を与え、同サーバコンピュータに記録された同口座の残高を 0.46BTC 増加させて、財産上の得喪及び変更に係る不実の電磁的記録を作り、よって、ビットコイン 0.46BTC 相当の財産上不法の利益を得た事実について、電子計算機使用詐

欺罪（刑法 246 条の 2 前段）の成立を認める。

（E）　国際通話料金の不正免脱

　東京地判平成 7・2・13（判時 1529 号 158 頁、LEX/DB28025065、1995WLJP CA02130002）は、被告人が、当時の国際電信電話株式会社（KDD）の電話交換システムに対し、料金着信払等の通話サービス（IODC サービス）を使用する旨の番号を送出した上、「ブルーボックス」と称するコンピュータソフトを使用して作出した不正信号を送信することによって、KDD、IODC 対地国（スペイン又はグアム）及び着信国（ドイツ等）のいずれの電気通信事業者の電話料金課金システムでも課金されなくなることを利用して、着信国の着信人と国際通話を行い、KDD の電話料金課金システムに IODC サービス利用の通話である旨の虚偽の通話情報を送信させ、これに基づきその旨の不実のファイルを作出させて、前記国際通話の通話料金に相当する合計約 37 万円の財産上不法の利益を得たという事案について、電子計算機使用詐欺罪の成立を認めている。ここでは、料金着払いサービスを利用する意思がないのに、これを利用する旨の番号を送出したことが「不正の指令」にあたり、KDD の課金システムに料金着信払いの通話である旨のファイルを作出させた点が、「不実の電磁的記録を作り」にあたるとされている。本件は刑法 248 条の 2 前段の行為のうち、債務免脱型の例といえる。

（F）　自動改札機に対するキセル乗車

　名古屋高判令和 2・11・5（LEX/DB25567115、2020WLJPCA11056009）は、自動改札機を介したキセル乗車の事案である。すなわち、「被告人は、平成 29 年 8 月 30 日、名古屋市所在の C 株式会社の名古屋駅（C 名古屋駅）から 150 円区間有効の乗車券を使用して同駅に入場して、同駅で C 名古屋線伊勢中川行き急行列車に乗り、C 伊勢中川駅で C 山田線宇治山田行き普通列車に乗り換え、三重県松阪市所在の C 松阪駅に到着した際、必要な精算手続を行わないまま、C 松阪駅が JR ○○松阪駅と共同利用している JR ○○

松阪駅の改札口に設置してある旅客の乗車事実に関する事務処理に使用する電子計算機である自動改札機に対し、Ｃ高田本山駅からＣ松阪駅までの間又はJR○○多気駅からJR○○松阪駅までの間の有効な定期券を投入し、自己がＣ高田本山駅からＣ松阪駅までの間またはJR○○多気駅からJR○○松阪駅までの間から乗車してＣ松阪駅で下車するとの虚偽の情報を読み取らせて同自動改札機を開閉させることにより同改札口を通過して出場し、よって、Ｃ名古屋駅からＣ松阪駅までの正規運賃との差額790円の支払を免れ、もって虚偽の電磁的記録を人の事務処理の用に供して財産上不法の利益を得た」旨の犯罪事実につき、電子計算機使用詐欺罪（刑法246条の2後段）の成立を認める。本件の審理経過をみると原審が、被告人が投入した本件定期券の有効区間内には、実際に被告人が入場したＣ名古屋駅は含まれてはいないものの、本件定期券は、有効期間内であり、有効区間内に出場駅である松阪駅が含まれていたから、真実に反する情報が含まれていたとは認められず、「虚偽の電磁的記録」には該当しない旨判示して電子計算機使用詐欺罪の成立を否定したのに対し、事実誤認を理由に検察官が控訴したところ、「本件定期券は、被告人が、Ｃ高田本山駅からＣ松阪駅までの間又はＤ多気駅からＤ松阪駅までの間の駅から乗車したことを前提にしたものであるが、被告人は、その有効区間外の駅から入場・乗車し、未精算の運賃について精算手続をせずに本件自動改札機に本件定期券を投入し、あたかも有効区間内から入場・乗車したかのごとき真実に反した情報を同機に読み取らせたものである。これは、乗車駅と下車駅との間の正規の運賃が支払われた正当な乗車か否かを判定して出場の許否を決するという事務処理の目的に照らして内容虚偽の情報を供したというべきである。……被告人の行為が、虚偽の電磁的記録を人の事務処理の用に供したと認められる」として、原判決を破棄し、自判により上記のとおり電子計算機使用詐欺罪の成立を認める。「虚偽」性の判断については、電磁的記録の内容自体（本件では磁気定期券の情報）に限定して判断するべきとする立場もあるが、これまでの裁判例では、それ以外の事実（被告人が入場駅で正規運賃に足りない乗車券によって入場

していること）も含めて、実質的・合理的に真実と異なる情報が含まれているかどうかを判断する立場が有力といえよう[109]。本判決は、「虚偽の情報」に関する一般的理解及び前掲**最一決平成18・2・14**の趣旨に沿うものといえる（**東京地判平成24・6・25**判タ1384号363頁、LEX/DB25500237、2012WLJPCA06257001、その控訴審である**東京高判平成24・10・30**LEX/DB25506043、2012WLJPCA10306003も本判決と同旨）。

（9）詐欺罪の成否が問題となるネット犯罪等

（A）オークション詐欺

仙台高判平成30・12・11（LEX/DB25562338）は、芸能人等のサイン入りの商品について、実はそのサインは自らが書いたものであるのに、芸能人等の本人が書いたものであるかのように装ってオークションサイトに出品し、その旨誤信した落札者から代金をだまし取ったという事案について、詐欺罪の成立を認める。

神戸地判平成19・4・23（LEX/DB28135328、2007WLJPCA04239003）は、「被告人は、A株式会社がインターネット上で主催する「Aオークション」を利用して、電化製品の販売をしていたものであるが、同オークションを利用して、電化製品の販売名下にインターネット利用者から金員を詐取しようと企て、平成16年11月17日から同年12月23日までの間、多数回にわたり、販売に供する商品を発送する確実なめどがないのに、これを秘し、パソコンを使用して、A株式会社が管理するサーバーに、商品名、開始価格、数量、発送期日等の競売による売却情報を送信、掲示して購入者を募り、掲示を閲覧して競売に参加し落札した者に電子メールで連絡するなどし、……各落札者をして、被告人が管理する前記預貯金口座に合計600万4140円を入金させ、もって、それぞれ、人を欺いて財物を交付させたものである」と

---

[109]　吉開・前掲注（101）77頁。

いう公訴事実に対し、被告人は、「落札者から落札代金等を詐取する意思は
なく、落札された商品を仕入れて発送するつもりであった」旨主張して故意
を否認したところ、「被告人は、平成 16 年 7 月頃以降 A オークション取引
が赤字になっていること自体は認識しつつ、同年 11 月中旬以降、オーク
ションへの出品数を増加させて、それまでに出品した落札者に対する仕入資
金を得ようとしたものとは認められるものの、当時の自己の財政状況に関
し、おおまかにせよその客観的な赤字額を認識していたものとは認められな
い。そうすると、その当時、被告人が、赤字の補填についてデザイン関係等
による収益で賄うことができると思っており、A オークション以外のそれ
らの収益で補填して、オークションに出品した商品を仕入れて落札者に対し
て発送することができると考えていたとの可能性が相当程度残るものといわ
ざるを得ず、落札者に対して掲示したとおりに商品を発送することができな
いかもしれないことを認識しながら、それでもかまわないと思ってあえて出
品したものと認めるには未だ合理的疑いが残る」旨判示して、無罪としてい
る。この種の事案では故意を否認されることが少なくないところ、未必の故
意を認定するのはそれほど容易ではない。被疑者の弁解を丹念に聴取してそ
の裏付けをとり、その弁解が排斥できるものかどうかを慎重に吟味すること
が必要となる。

　民事救済に係る裁判例として、**名古屋地判平成 20・3・28**（判時 2029 号 89
頁、LEX/DB28141417、2008WLJPCA03289006）は、被告の提供するインター
ネットオークションサイトを利用して、商品を落札し、その代金を支払った
にもかかわらず、商品の提供を受けられないという詐欺被害に遭った原告ら
が、被告の提供するシステムには契約及び不法行為上の一般的な義務である
詐欺被害の生じないシステム構築義務に反する瑕疵があり、それによって原
告らは詐欺被害に遭ったとして、被告に対し、債務不履行、不法行為、使用
者責任を根拠として、損害賠償金等を請求した事案であるところ、「エスク
ローサービスを利用すれば、業者が介在することから、本件サービスを利用
した詐欺被害に遭うことはない」ものの、「エスクローサービス[110] を利用

　　　　　　　　　　　　　　　　　　　1　刑法上のサイバー犯罪

者間の全ての取引に義務付けることは、被告の営利事業としての本件サービスの運営に困難を強いることになる……被告は、利用者間のトラブル事例等を紹介するページを設けるなど、詐欺被害防止に向けた注意喚起を実施・拡充してきており、時宜に即して、相応の注意喚起措置をとっていたものと認めるのが相当である」として被告に注意義務の違反を認めることはできない旨判示して原告らの請求を棄却している。

（B）　無断譲渡目的での携帯電話機の購入

　東京高判平成24・12・13（判タ1408号274頁、LEX/DB25445706、WLJPC A12139006）は、被告人らが、携帯電話機販売店の店長Vに対し、真実は、交付されるプリペイド式携帯電話機を第三者に無断譲渡する意図であるのにこれを秘し、交付されるプリペイド式携帯電話機を自ら利用するように装って、自己を契約者とする通信サービス契約の締結及びプリペイド式携帯電話機の購入を申し込み、もって人を欺いて財物を交付させたという公訴事実の事案につき、「本当は第三者に無断譲渡する意図であるのに、その意図を秘しているのかどうかという点は、申込みを受けた携帯音声通信事業者あるいはその代理店が携帯電話機を販売交付するかどうかを決する上で、その判断の基礎となる重要な事項といえる」とし、「第三者に無断譲渡する意図を秘して自己名義で携帯電話機の購入等を申し込む行為は、その行為自体が、交付される携帯電話機を自ら利用するように装うものとして、詐欺罪にいう人を欺く行為つまり欺罔行為に当たる」旨判示し、「欺罔行為（実行行為）」があったことを認めた。ただし、被告人らが大量の携帯電話機を購入していたことなどから、Vは、被告人らが第三者に無断譲渡する意図であることに薄々感づいていながら、たとえそうであったとしても構わないとの意思でプリペイド式携帯電話機を販売交付したのではないかとの合理的疑いを払拭で

110　エスクローサービスとは、物品などの売買に関し、信頼のおける「中立的な第三者」が契約当事者の間に入り、代金決済等取引の安全性を確保するサービスのことをいう。

きないとして、本件欺罔行為により被害者が「錯誤」に陥ったことを認定せ
ず、詐欺未遂罪の成立にとどまるとした。詐欺罪は、欺罔→錯誤→処分行為
→詐取という因果系列を予定するものであるところ[111]、本件では錯誤が認
定できないことから、欺罔行為と処分行為との間の因果関係が否定され、既
遂が認定されなかったものである。

　これと類似の事例として、転売目的を秘した電子チケットの購入が詐欺に
なるかが問題とされたものがある。**神戸地判平成 29・9・22**（LEX/DB
25547424、2017WLJPCA09226002）は、被告人が、営利目的での転売を禁止
されているコンサートチケットについて、営利目的での転売意思を有してい
るのに、これがないかのように装って販売会社にチケットの購入を申し込
み、電子チケット及び紙チケットを購入したという事案について、2 項詐欺
罪（電子チケットにつき）及び 1 項詐欺罪（紙チケットにつき）の成立を認め
ている。判決は、2 項詐欺罪等の成否につき、「被告人は、本件各犯行の際、
各チケットの購入代金を支払っているが、コンサートチケットは、その性質
上販売数が限定されているものであり、営利目的転売を企図した購入が横行
すると、真にコンサートに参加したい一般客の機会が奪われ、又は一般客が
適正価格を著しく超過した暴利価格を支払うことを余儀なくされ、最終的に
音楽業界全体に大きな不利益が生じることによれば、購入者が営利目的転売
の意思を有しているかどうかは、販売会社にとって販売の判断の基礎となる
重要な事項と認められる。そして、……営利目的転売が禁止されていること
が利用規約に明示され、被告人も、各サイトを利用する際、その利用規約に
同意していたことによれば、被告人による各チケットの抽選販売予約申込み
は、営利目的転売の意思を有していないとの意思表示を含むものであり、各
販売担当者らを欺く行為に該当する」としている。詐欺罪は個人的法益に対
する罪であるが、本件における違法性のとらえ方は、法益侵害より、社会的
相当性に反するかどうかを重視していることがうかがわれる。

111　西田・前掲注（24）208 頁。

（C）　ネットワークビジネスとしての投資詐欺

　名古屋地判平成 29・3・17（LEX/DB25545584、2017WLJPCA03176002）は、投資スクール会員を募集するネットワークビジネスの主催者である被告人 X が、投資スキームを構築し、投資金の管理等を行っていた被告人 Y と共謀の上、会員のみが FX 取引によって過去に係属して月利 3％程度の運用利益を上げている I ファンドと称する投資ファンドでの投資ができるなどと称して不特定多数の者を会員として募集し、投資金名下に、「振り込まれた金員は……各会員名義の普通預金口座に送金された上、同口座から会員らが指定した金額が支出されて I ファンドが購入されて運用に充てられる」旨うそをいい、5 年以上の間にわたって、被害者 162 名から合計 19 億 3773 万円余を被告人らが管理する銀行預金口座に振込入金させて詐取したという事案につき、「I ファンドが FX 取引を行っておらず、それによって複利で月利 3 パーセント程度の運用益を上げる実績を有していたことがないことや、会員の投資金のうち手数料を除いた全額が I ファンドの運用に充てられることがないことなどを知りながら、ネットワークビジネスグループを利用して会員にこれらがあるかのような説明をしていた。会員が投資をするか否かを決める上で投資先の運用実績や現に投資金が当該投資先で運用されているのかは極めて重要な事実であり、これらの点について虚偽の事実を告げることが欺罔行為にあたることは明らか」として、詐欺罪の成立を認める。

　高松高判平成 24・9・27（LEX/DB25482895）は、運用益による利益配当が不可能であるのに、配当意思及び能力があると装って、投資名目で 2 名から合計 2000 万円をだまし取ったという事案について、詐欺罪の成立を認めているところ、情状として、いわゆる FX 取引による利益の配当をうたって金員をだまし取った 2 件の詐欺の手口は巧妙かつ計画的犯行であるほか、動機の点も、詐欺の犯行に至る段階では、FX 取引への投資もできず、実質上破たん状態にあった会社の延命をはかるために被害者らを騙して投資を募ったものであって酌量の余地はないと指摘している。

V　サイバー犯罪の実体法

（D）テレ為替の下での誤振込の払戻し

　振込依頼人が受取人を誤って振込を行った場合、自分の口座に誤って振り込まれた金を勝手に引き出すとどうなるかという問題がある。従来は、このような誤振込の場合、受取人の被仕向銀行に対する預金債権は成立しないというのが民事の下級審判例であると理解されており、刑法のほうでもそれを前提として、受取人は預金債権を取得しないのだから、誤振込によって入金記帳がされていても、口座の誤振込された金に対して正当な払戻権限はなく、誤振込された金を銀行窓口で引き出すと詐欺罪、ATM から引き出すと窃盗罪が成立すると考えられていた[112]。

　ところが、**最二判平成 8・4・26**（民集 50 巻 5 号 1267 頁、LEX/DB28010504、1996WLJPCA04260008）は、誤振込された受取人の口座を差し押さえた債権者に対し、誤振込をした振込依頼人が第三者異議の訴えを提起した事案について、「振込みがあったときは、振込依頼人と受取人との間に振込みの原因となる法律関係が存在するか否かにかかわらず、受取人と銀行との間に振込金額相当の普通預金契約が成立し、受取人が銀行に対して右金額相当の普通預金債権を取得する」から、「振込依頼人は受取人に対し、右同額の不当利得返還請求権を有することがあるにとどま」るとして第三者異議の訴えを排斥した。これにより誤振込と知ってする受取人の払戻請求は正当な預金債権の行使として許されるか否かが大きな問題となったが、刑法学者も無罪とまでは考えていない[113]。その後の刑事判例は、「銀行実務では、振込先の口座を誤って振込依頼をした振込依頼人からの申出があれば、受取人の預金口座への入金処理が完了している場合であっても、受取人の承諾を得て振込依頼前の状態に戻す、組戻しという手続が執られている。また、受取人から誤った振込みがある旨の指摘があった場合にも、自行の入金処理に誤りがなかったかどうかを確認する一方、振込依頼先の銀行及び同銀行を通じて振込依頼人に対し、

112　佐伯仁志＝道垣内道人『刑法と民法の対話』（有斐閣、2001）34 頁。
113　西田・前掲注（24）256 頁。

当該振込みの過誤の有無に関する照会を行うなどの措置が講じられている……受取人においても……自己の口座に誤って振込みがあることを知った場合には、銀行に上記の措置を講じさせるため、誤った振込みがあった旨を銀行に告知すべき信義則上の義務がある」として詐欺罪の成立を認めた（**最二決平成 15・3・12** 刑集 57 巻 3 号 322 頁、LEX/DB28085274 以下、「15 年決定」という。）。この 15 年決定は刑法学者から概ね支持されている[114]。

　その後、受取人の払戻請求は原則として権利濫用にならないとする民事判例が登場した（**最二判平成 20・10・10** 民集 62 巻 9 号 2361 頁、LEX/DB28142080、2008WLJPCA10109001）。15 年決定の事案は民事で直ちに権利濫用になるケースとはいえないとしても、銀行の損害賠償リスクを回避する利益などを考慮すれば、無罪説は相当ではなく、15 年決定は支持できると思われる。すなわち、民法上の理論としては預金債権の成立を認めてしまうと振込依頼人の保護をストレートに図ることが困難になるわけであるが、その代わり払戻行為を刑罰によって抑止することにより振込依頼人の優先回収の利益を間接的に保護していることにもなり、その意味で民法との目的整合性も図られていると思われる[115]。

　なお、誤振込について預金の占有という考え方をこの場合にも認めるとすれば、受取人の払戻行為は詐欺罪ではなく、占有離脱物横領罪ということになる。しかし、預金の占有という考え方は、委託物横領罪についてのみ認めうると解するならば、誤振込された金銭の占有は銀行にあると考えるべきであろう[116]。

　令和 4 年 4 月 8 日、山口県阿武町が新型コロナ臨時給付金の総額約 4600 万円を誤って一人の町民 T 氏の M 銀行宇部支店の銀行口座に全額振り込んでしまったという問題が発生し、社会の耳目を集め大きく報道された。町

114　西田・前掲注（24）256 頁。
115　須藤純正「ワークショップ 4　財産犯における民事との交錯」刑法雑誌 51 巻 3 号（2012）434 頁。
116　西田・前掲注（24）255 頁。

Ｖ　サイバー犯罪の実体法

は、4 月 8 日のうちに誤振込に係る預金を T 氏の口座から山口銀行阿武支店
の阿武町の口座に戻す「組戻し」の手続を T 氏に要請し、いったん T 氏の
同意が得られたものの一転拒否され、誤振込に係る預金は同月 19 日までに
34 回にわたり国内の決済代行会社の口座などに出金されたという。ここま
でで阿武町と T 氏と T 氏の口座のある M 銀行との間の私法上の法律関係に
ついてみると、誤振込に係る約 4600 万円の預金債権は判例上、阿武町では
なく T 氏が取得する。したがって、T 氏の当該預金を T 氏の同意なしに阿
武町の口座に組み戻すことはできないことになる。もっとも、T 氏は棚から
牡丹餅、つまり法律上の原因なくして町の預金 4600 万円を取得して町に同
額の損失を及ぼしたのであるから、民法 703 条に基づき阿武町は T 氏に対
して約 4600 万円の不当利得返還請求権を取得する。そうすると町としては
T 氏の当該預金の出金（払戻し、振替、第三者口座への支払のための振込）を
阻止するためには、一刻も早く、当該不当利得返還請求権を被保全権利とし
て、T 氏の M 銀行（第三債務者）に対して有する当該預金債権の仮差押え
（民事保全法 20 条 1 項）を裁判所に申し立てるのが相当であったと思われる。
その上で、T 氏に対する不当利得返還の本訴請求を提起すれば、勝訴判決を
得ることにより、仮差押えの効力として処分禁止とされている約 4600 万円
の預金債権を差し押さえて取り立てることができた。

　なお、受戻しの交渉をするのと並行して、一刻も早く保全処分の申立てを
することが肝要である。あるいは、町が誤振込に気づいたのが、T 氏の気づ
く前であれば、T 氏に口座からの不正出金をさせないためには、むしろ T
氏と受戻しの交渉などしないまま、秘密裏に裁判所に対し仮差押えの申立て
をするのが相当であろう。民事救済の手段として、真っ先に T 氏の口座の
当該預金を仮差押えにより保全しておかないと、仮に、町の T 氏に対する
不当利得返還請求の訴えが裁判で認容されたとしても、T 氏の財産が流出し
た後では手遅れなのである。

（10）横領罪の成否が問題となるネット犯罪

（A）預金の占有

　他人の金銭の保管者がこれを銀行に預金し、これが委託の趣旨に反しない場合、預金者が銀行に預金されている金銭について刑法上占有を有するといえるか否かが問題となるが、通説・判例は肯定説の立場に立つ[117]。

　民法上の占有は、物に対する事実上の支配を意味するところ（民法180条）、民法が規定する占有の規定は、自己のためにする意思をもって財産権の行使をする場合について準用される（民法205条）。すなわち、「自己のためにする意思をもって財産権を行使すること」を準占有という[118]。通説はこの準占有の成立を債権についても認める[119]。

　刑法の立場で考えると、本罪における占有の重要性は濫用のおそれのある支配力にあり、その占有は法律上支配する場合を含むところ、預金を自由に処分できる立場にある者は、金融機関が事実上支配する不特定物である金銭について預金額の限度で法律上の支配を有すると見ることができる（なお、預金債権そのものは銀行に対する払戻請求権にすぎず、横領罪の客体としての財物ではない。）から、肯定説が妥当である。肯定説に立てば、払い戻した金銭について横領を認める点では否定説と同じであるが、預金債権のまま振替をした場合でも横領罪が成立することになる[120]。

　肯定説の立場から預金者に預金の占有が認められる預金の種類としては、継続して入出金が自由な普通預金、当座預金などが考えられる。普通預金については、主として会社が顧客である場合には、普通預金口座が開設され、

117　大塚仁ほか編『大コンメンタール刑法 13 巻（第 2 版）』（青林書院、2000）339 頁＜吉本徹也＞。

118　田中嗣久ほか『民法がわかった（改訂第 5 版）』（法学書院、2019）128 頁。

119　川島武宣＝川井健編『新版注釈民法（7）物権（2）』（有斐閣、2007）294 頁〔水辺芳郎〕。

120　西田・前掲注（24）255 頁。

個人の顧客の場合には、総合口座が開設される。総合口座は、「普通預金取引、定期預金取引および定期預金を担保とする当座貸越取引を一冊の通帳に組み合わせた取引である」[121]。

　当座貸越とは、「銀行に当座勘定を有する銀行顧客がその銀行における当座預金残高を超過して小切手を振り出した場合、銀行は一定の限度（極度額）までその小切手に対して支払をなすことをあらかじめ約束するもの」[122] である。総合口座における定期預金等を担保とする当座貸越の意義は、当座勘定を伴わず、小切手を振り出すこともないため、厳密にいえば純然たる当座貸越とは異なるが、取引の類似性から、当座貸越と呼ばれている[123]。すなわち、総合口座においては、貸越しは、普通預金残高が払戻請求権又は口座振替による引落し額に比して不足するときに、不足相当額について行われ、その貸付額は自動的に普通預金口座に入金される。普通預金の振替入金額は、同時に、普通預金の払戻しに充てられる。貸越限度額（例えば、定期預金の額の90%）までは、貸越しは反復継続して行われる。

　総合口座に普通預金として50万円、定期預金として100万円が入っている状態で、預金者としては、90万円の限度で貸越しを受けられる場合には、口座から合計140万円の引き出しが可能である。預金者が実際に140万円の払戻しを受けたときには、これを「銀行から90万円の融資を受け、これによって普通預金が140万円に増加し、預金者が占有する預金額が140万円となった以後に、その140万円の払戻しを受けた」と観念すればよい。したがって、通帳表示にかかわらず払戻しを行う時点では、その請求金額に見合う140万円が既に普通預金として口座に入金がされていると解されるので、140万円について預金者の占有を認めてよい。

121　小山嘉昭『銀行法精義』（金融財政事情研究会、2018）125頁。
122　神田秀樹ほか『金融法講義』（岩波書店、2013）133頁。
123　神田ほか・前掲注（122）32頁。

（B）預金の占有と横領罪の成否

　横浜地裁相模原支判平成 10・7・10（判時 1650 号 160 頁、LEX/DB 280357 25、1998WLJPCA07100003）は、A 電気株式会社の取締役財務部長であった被告人が、同社資金を用いて同社の代表取締役 B の承認を得て B の妻 C 名義で定期預金口座 2 口を開設し、これを預かり保管中、平成 3 年 9 月、自己の用途に流用すべく上記定期預金口座のうち 1 口を解約し、その解約払戻金を自己の用途に費消する目的で手元に保留し、他の 1 口を解約し、自己の用途に費消する目的で自己が開設した普通預金口座に振込入金していずれも着服横領したという事案について、弁護人が、当該定期預金は昭和 57 年 11 月、被告人が D 銀行から 1500 万円を借り入れるに際し被害会社に無断で平成元年 3 月まで質権設定し、その後質権設定を解除した上で、本件に及んだものであり、本件解約と払戻金の着服は不可罰的事後行為である旨主張したのに対し、「いったん所有権侵害行為（横領行為）があったとしても、これを元の状態に回復させた上、従前の所有権侵害行為（横領行為）とは全く無関係に新たな領得行為が行われた場合には、後の領得行為はいわゆる不可罰的事後行為には該当せず、新たな法益侵害が生じたとして別罪を構成する」旨判示して業務上横領罪の成立を認める。

　東京地判平成 14・9・12（LEX/DB28135219）では、ヤクルトの取締役副社長である被告人が、ヤクルト本社の 100％出資により設立された香港所在の現地法人 M 社の取締役会長でもあった平成 5 年 12 月から同 6 年 6 月までの間、M 社の名義を利用して合計 5 本の株価指数デリバティブ取引（オプション取引）を契約し、当該取引により取得したプレミアム（オプション料）合計 7 億円余について M 社名義の預金口座に預け入れて業務上預かり保管中、これを自己の用途に費消する目的で被告人の仮名口座等に送金したという事案について、弁護人が、本件は会社名義を利用して「ヤクルト本社の信用を利用して行った被告人個人による取引であり、これによって得られたプレミアム（オプション料）は被告人自身に帰属するから」無罪である旨主張

したのに対し、「被告人は、本件オプション取引を行うに当たり、取引で生じた利得は自らが取得するが、損害が生じた場合にはM社に負担させる意思であったと認められ、それは、本件オプション取引をM社の計算で行い、その利得を領得する意思に他ならない」旨判示して弁護人の主張を排斥し、業務上横領罪の成立を認めている。

　預金通帳、印鑑、キャッシュカードを預金債権者から単に安全保管のために預かっている者については、預金に対する占有までは認められず、事実上払戻しを受けることが可能であっても横領罪は成立しない[124]。さらに、単なる使者として一定の金額の払戻しを依頼されて預金通帳、印鑑、キャッシュカードを預かったにすぎない者も、当該預金を自由に処分できる立場にないから、いまだ当該預金についての占有者とはいえず、このような者が委託の範囲を超えてほしいままに預金の払戻しを受けたような場合は、銀行に対する詐欺罪（窓口）又は窃盗罪（ATM）の成立が考えられる[125]。

　金融機関の役職員（例えば、銀行支店長）については、一般に、当該金融機関において現実に保有管理する手持現金に対する占有が認められる。次に、これらの者について、手持ち現金以外の形態で同店が有する資金等に対してまで、いわば法律上の占有が認められるか否か、認められるとしてその範囲いかんが問題となる。「濫用のおそれのある支配力」に着目すれば、一見これを当然に認めてよさそうではあるが、こうした金額としても特定されていない観念的な資金は、横領罪の客体としての財物性を認め難いから、「濫用のおそれのある支配力」を根拠として、これに対する刑法上の占有を認めることはできない[126]。

124　大塚ほか編・前掲注（117）340頁＜吉本徹也＞。
125　的場純男「銀行預金をめぐる犯罪」経営刑事法研究会編『経営刑事法Ⅲ』（商事法務研究会、1986）140頁。
126　本江威憙監修『民商事と交錯する経済犯罪Ⅰ』（立花書房、1994）20頁。

[1]　刑法上のサイバー犯罪

（C）　預金の払戻し

　普通預金のキャッシュカードによる払戻しが広く利用されているところ、顧客が銀行にキャッシュカードの発行を申し込む際は、暗証番号を定めてその届出を行い、銀行は所定の手続を経てキャッシュカードを発行し、これに「キャッシュカード規定」を添えて顧客に交付する。この「キャッシュカード規定」には、「当行の支払機又は振込機により、カードを確認し、支払機又は振込機操作の際使用された暗証と届出の暗証との一致を確認して預金の払戻しをした上は、カード又は暗証につき偽造、変造、盗用その他の事故があっても、そのために生じた損害については、当行は損害を負いません。提携先の支払機により払い戻した場合の当行及び提携先の責任についても同様とします。」という趣旨の定めがある。

　キャッシュカードによる不正な払戻しについては、このキャッシュカード規定の条項が有効であるか、民法 478 条の適用があるかが問題とされるところ、**最三判平成 15・4・8**（民集 57 巻 4 号 337 頁、判時 1822 号 57 頁、LEX/DB 28081117、2003WLJPCA04080001）は、無権限者が預金通帳又はキャッシュカードを使用し、暗証番号を入力して ATM から預金の払戻しを受けた場合につき、民法 478 条の適用があることを明らかにし、その際、銀行が無過失であったというには、銀行において、前記方法により預金の払戻しが受けられる旨を預金者に明示すること等を含め、ATM を利用した預金の払戻しシステムの設置管理の全体について、可能な限度で無権限者による払戻しを排除しうるよう注意義務を尽くしていたことを要するとした。

　免責特約の効力については、「銀行の設置した現金自動支払機を利用して預金者以外の者が預金の払戻しを受けたとしても、銀行が預金者に交付していた真正なキャッシュカードが使用され、正しい暗証番号が入力されていた場合には、銀行による暗証番号の管理が不十分であったなど特段の事情がない限り、銀行は、現金自動支払機によりキャッシュカードと暗証番号を確認して預金の払戻しをした場合には責任を負わない旨の免責約款により免責さ

れるものと解するのが相当である」旨を判示してその適用を肯定している（**最二判平成 5・7・19** 判時 1489 号 111 頁、LEX/DB27815731、1993WLJPCA0719 0001）。

(11) インターネットバンキングシステムを利用した 背任

東京高判平成 29・2・10（LEX/DB25546830、2017WLJPCA02106010）は、被告人が、静岡県の A 漁連本場の場長として、A 漁連が運営する本場及び B 分場を統括し稚鮎等の飼育、管理、出荷、売却等の業務に従事していたところ、稚鮎等の売却を行った場合には、その売上明細書を A 漁連本部に送付して売上げを報告するなどして、A 漁連がその売上代金の支払を受けられるようにすべき任務を有していたのに、その任務に背き、自己の利益を図り A 漁連に損害を加える目的で、平成 25 年 3 月 4 日及び 4 月 8 日、株式会社 C に対し A 漁連のために B 分場において保管中の稚鮎合計約 550kg を売却した代金合計 112 万 7750 円を、同年 5 月 7 日、株式会社 C 代表取締役をして、インターネットバンキングシステムを介して、株式会社 D 銀行 E 支店に開設された株式会社 C 名義の当座預金口座から株式会社 F 銀行 G 支店に開設された被告人名義の普通預金口座に振り込ませ、もって A 漁連に同額の財産上の損害を与えたという犯罪事実を認定して背任罪の成立を認める。

(12) インターネットと恐喝

東京地裁立川支判平成 31・2・26（LEX/DB25562760、2019WLJPCA022660 09）は、暴力団 A 組組長であって株式会社 a を実質的に支配している「被告人が、株式会社 M に対して 4600 万円の債権を有している旨の口実で、M 社代表取締役を既に辞任していた V（当時 62 歳）に現金の支払を請求していたところ、前記債権回収の名目で現金を脅し取ろうと考え、前記 A 組組員の B 及び同 C らと共謀の上、平成 27 年 5 月 12 日頃、神戸市内の郵便局

から『本書到達から 1 週間以内に誠意ある返答がなき場合は、N ホームページに投稿します。株式会社 a』『節操のない V 一家の下半身。節操のない被害者一家が、つくづく乱れた家族として世間を騒がせている。一家全員が男女関係のスキャンダル話題でしか注目されない。』などと記載した文書を同封した封筒 1 通を配達証明郵便で被害者方に郵送し、同月 13 日頃、同人方に到達させて同人にこれを閲読させ、もってこの要求に応じなければ、同人やその家族の名誉等にいかなる危害をも加えかねない旨を告知して同人を怖がらせ、同人から現金を脅し取ろうとしたが、同人が警察に届け出たためにその目的を遂げなかった」という事案について、恐喝未遂罪の成立を認めて被告人を懲役 2 年の実刑に処している。被告人は B 及び C との共謀の点を争ったものの、被告人名義のメールアドレスから C への送信メール、B 名義のメールアドレスから C への送信メール、C から被告人名義のメールアドレスへの送信メール、B から被告人名義のメールアドレスへの送信メールなどメールのやりとりから共謀の成立を認めている。

　名古屋地判平成 26・4・14（LEX/DB25503668）は、被告人が、①平成 25 年 9 月 21 日午後 11 時ころから 22 日午前 0 時ころまでの間、愛知県内の集合住宅敷地内において、被害者（当時 17 歳）に対し、その顔面を拳で複数回殴打し、さらにその顔面を膝で蹴り上げるなどの暴行を加え、②被害者が被告人を恐れているのに乗じて、被害者から現金を脅し取ろうと考え、同月 24 日から同月 26 日までの間、愛知県内において、アプリケーションソフト「LINE」を利用し、自己の携帯電話機から被害者の携帯電話機にあてて、「全部で 20 万！」「明日までに金用意しろよ　自分のやったことどんだけのもんかわかっとるやんな？　とりあえず明日か明後日までに 50000 な」「明日の夜の 10 時までに持ってこい」「最悪四万」「後はまた直ぐ払え」などのメッセージを送信して現金を要求し、もしその要求に応じなければ、被害者の身体にいかなる危害を加えかねない気勢を示して同人を怖がらせ、同人から現金を脅し取ろうとしたが、同人が同月 27 日に自殺したことから、その目的を遂げなかったという事案について、暴行及び恐喝未遂の成立を認め、

被告人は、懲役 2 年、5 年間執行猶予の刑に処せられている。裁判所は量刑の理由として、「本件各犯行によって被害者が受けた精神的苦痛は、自殺に追い込まれるほど甚大であったと考えられ、被害者の遺族らが、被告人に対する厳しい処罰感情を抱くのも十分理解できるところである。当刑事裁判は、被害者の死亡について被告人の責任を問うものでないことを踏まえても、被告人の刑事責任は、相当に重い」と判示しつつ、被告人にとって酌むべき諸事情を考慮するとして執行猶予の温情判決を言い渡している。

　仮にこのような事案の被害者の死亡について、犯罪として刑事責任を問うには、立法政策として「脅迫致死」あるいは「恐喝致死」といった新しい犯罪類型を設ける必要があろう。現行法上死亡についての結果的加重犯[127] が規定されているのは、強制わいせつ等致死（刑法 181 条）、傷害致死（同法205 条）、過失致死（同法 210 条）、不同意堕胎致死（同法 216 条）、遺棄致死（同法 219 条）、逮捕監禁致死（同法 221 条）、強盗致死（同法 240 条）などであるが、脅迫（同法 222 条）、強要（同法 223 条）、恐喝（同法 249 条）には、死亡についての結果的加重犯は規定されていない。もっとも、仮に結果的加重犯が規定されたとしても、自殺は被害者の意思によるものであるから、一般に死亡との因果関係を立証するのは容易ではない。ちなみに、強制わいせつ等致死につき、学説は、被害者が羞恥心から自殺した場合は含まないと解している[128]。

　加害者の民事責任についてみると、事案によっては恐喝（未遂）とともに、合わせて過失致死が成立している事案もあり得るように思われる。その場合、過失相殺（民法 722 条 2 項）は免れないとは思われるが、遺族から加害者への損害賠償請求が認められる余地はある。

　東京地判平成 16・10・5（LEX/DB28105190）は、被告人が、A らと共謀の上、B 株式会社の内部資料である顧客情報を入手したことを奇貨として、

127　ある基本的な犯罪から、行為者の意図しないより重い結果が発生したとき、基本的犯罪よりも加重された刑で処罰される罪をいう（金子ほか編・前掲注（3）297 頁）。
128　西田・前掲注（24）108 頁。

同社の親会社である C 社から金員を喝取しようと企て、平成 16 年 1 月 21 日、東京都中央区内の B 社会議室内において、C 社法務部長 D らに対し、B 社から流出した顧客情報を印字した書面を示しながら、「全部で 471 万 6788 名ある。顧客情報が流出したことが外部に公表されたら、大変なことになる。C 社は顧客の信頼を裏切ったことになる。C の株価は暴落する。台湾にある格付会社に、中国人グループが C 社の顧客データを持ち込んできた。そのために、その格付会社では、C をランク外にしたが、まだ公表していない。C の顧客データの流出を止めるには、その台湾の格付会社に、月数百万円を支払えばよい。その格付会社を紹介してあげますよ。今後、C のコンピュータに外部から侵入されないようにするには、日本の会社が特許を持っているセキュリティシステムを使えばよい。その特許の権利を一括で買い取るには、10 億円、20 億円という金が必要である。その会社を照会できますよ。」などと執拗に申し向けて暗に金員の交付を要求し、要求に応じなければ、B 社の顧客情報を他に流出して、C 社の信用・業務等に危害を加える旨脅迫して D らを畏怖させ、金員を喝取しようとしたが、同人らが警察に届け出たためその目的を遂げなかったという事案について、恐喝未遂の成立を認め、懲役 4 年の実刑に処している。量刑事情として、「本件被害にあった C 社は、B 社等の関連会社を含めて約 7000 名の従業員を抱え、高速大容量のインターネット通信サービスとして著名な E を運営するなどしている IT 情報関連企業であり、E の顧客情報がそのサーバーコンピュータから外部に流出したなどということは、個人情報の保護に社会の関心が高まっている中にあって、C 社の社会的信用を大きく失墜させ、そのブロードバンドインフラ事業の存続にも甚だしい影響を及ぼすおそれがあった。被告人らは、B 社の約 470 万人分の顧客情報が流出している旨を告げ、被害会社の存続に大きな影響を及ぼす旨を示唆する一方、合法的商取引を装って多額の金員交付を求めて狡猾かつ執ように脅迫を加えたのであって、本件はまことに卑劣かつ悪質な犯行である」旨を指摘している。

V　サイバー犯罪の実体法

(13) インターネットの自殺サイトを巡る犯罪

　熊本地判平成 20・6・12（LEX/DB25420388）は、「被告人は、インターネット上の、いわゆる自殺サイトの掲示板を介して知り合った、いずれも自殺の意思を有する A（当時 20 歳）及び B（当時 21 歳）と一緒に自殺しようと決意し、練炭及び睡眠導入剤等を準備するなどした上、平成 19 年 5 月 21 日午後 10 時ころ、熊本市内の駐車場に駐車中の、軽自動車内において、同人らに多量の睡眠導入剤を服用させ、練炭に着火して燃焼させるなどし、よって、同月 22 日未明ころ、同所において、同人らをそれぞれ急性一酸化中毒により死亡させ、もって、人を幇助して自殺させた」という犯罪事実につき、自殺ほう助罪（刑法 202 条）の成立を認め、被告人を懲役 2 年 6 月、4 年間執行猶予に処している。本件は 3 名による集団自殺において、一人だけ未遂に終わった被告人が、死亡した 2 名に対する自殺ほう助の責任を問われた事案である。裁判所は量刑の理由として、①自殺が、残された家族らに与える悲しみや苦しみには絶大なものがあり、被害者両名の遺族らは、捜査公判を通じて、愛する息子や娘を集団自殺により失った無念と、今日に至るまでのやりきれない心情を切々と語っており、遺族らの、被告人に対する処罰感情が誠に厳しいこと、②自殺サイトを媒介とした本件犯行の社会的影響は軽視することができず、集団自殺を助長、誘発しかねないこの種の事案を、被告人に対する処罰を通じて一般的に抑止する必要もあることを指摘する一方、③被害者両名の自殺意思は相当に強固であり、被告人と被害者両名は、いわば対等の立場にある者として、相互に自殺の手助けをした側面があることは否めず、その中で未遂に終わった被告人に本件の責任を一身に背負わせることは躊躇されること、④被告人は本件当時うつ病に罹患していたことなども指摘している。

　このような場合、被害者らの遺族は被告人に対し、慰謝料等損害賠償を請求する余地がある。ちなみに、**新潟地判平成 5・1・26**（判タ 813 号 252 頁、LEX/DB27815223、1993WLJPCA01260002）は、被告が A 子（当時 18 歳）と

1 刑法上のサイバー犯罪

心中を図り、平成 3 年 10 月 31 日、新潟県内の農道上に駐車中の乗用車内に排気管からビニールホースを引き込み、ビニールテープ等で窓ガラスに目張りをし、エンジンを始動させて排気ガスを社内に充満させ、A 子が一酸化炭素中毒により死亡したという心中事件が発生し、被告は先に同心中事件について、刑事事件において自殺幇助で懲役 2 年に処せられているところ、A 子の父親が原告となり被告に対し A 子を自殺させた行為につき、損害賠償として A 子の逸失利益と慰謝料及び原告固有の慰謝料を請求した事案について、裁判所は、「被告は未成年者の A 子を心理的に心中を決意させるまでに追い込んだ責任があるものの、A 子はその決行に至るまで被告から逃避する機会があったのに逃避せず、結局、被告との心中に同意していたものであるから、A 子の損害については A 子自身が 7 割、被告が 3 割の各責任割合と見るのが相当である。しかし、娘をなくしたことによる原告固有の損害についての被告の責任を考えるに当たり、A 子の落ち度を斟酌することは相当でない」として、合計 1114 万円余の請求を認容している。

　大阪地判平成 19・3・28（LEX/DB28135192、2007WLJPCA03289009）は、被告人は、かねて人が窒息して苦悶する表情をみることで性的快感を得ていたものであるが、インターネットのいわゆる自殺サイトに投稿している者を欺いて誘い出し、同人を緊縛するなどして抵抗を排除した上窒息死させることでさらに強い性的快感を得ようと企て、①自殺サイトに投稿していた被害者 A（当時 25 歳）に対し、一緒に練炭を使用した一酸化中毒自殺をするかのごとく装って同女を誘い出し、平成 17 年 2 月 19 日午後 8 時 30 分ころ、大阪府河内長野市内の駐車場まで同女を同行させ、同所に駐車中の普通貨物自動車内において、殺意をもって、同女に対し、その手足を緊縛するなどした上、多数回にわたって、その鼻孔等を手で塞ぐなどして同女を苦悶させた挙句失神させることを繰り返し、さらに、上記車両を使用して失神中の同女を同市内路上に連行し、同日午後 10 時ころ、同所に駐車中の上記車両において、その鼻孔及び口を手で塞ぐなどし、そのころ、同所において、同女を窒息死させて殺害し、②平成 17 年 5 月 14 日から 20 日までの間、数回にわ

たって、堺市内のインターネットカフェほか1ヵ所から、自殺サイトに投稿していた、神戸市内に居住するBの長男C（当時14歳）に対し、メールを送信するなどの方法で、真実は、同人を緊縛するなどして抵抗を排除した上窒息死させる意図であるのにこれを秘し、一緒に練炭を使用した一酸化炭素中毒自殺をするかのごとく申し向けて、同人をしてその旨誤信させ、よって、同月21日午後2時ころ、同人を上記B方から大阪市内の南田辺駅前まで誘い出した上、同駅付近路上に駐車中の普通貨物自動車に乗車させて、同車を大阪府泉南郡方面に向けて発進させ、Cを自己の実力支配の下に置いて未成年者である同人を誘拐し、③平成17年5月21日午後3時ころ、大阪府泉南郡内路上に駐車中の上記車両内において、殺意をもって、同人に対し、その手足を緊縛するなどした上、多数回にわたって、その鼻孔等を手で塞ぐなどし、そのころ同所に置いて、同人を窒息死させて殺害し、④自殺サイトに投稿していた被害者D（当時21歳）に対し、一緒に練炭を使用した一酸化炭素中毒自殺をするかのごとく装って同人を誘い出し、平成17年6月10日午後5時30分ころ、大阪府河内長野市内空き地に駐車中の普通貨物自動車内において、殺意をもって、同人に対し、その手足を緊縛するなどした上、多数回にわたって、その鼻孔等をポリエチレン製袋片を張り付けたタオルで塞ぐなどして同人を苦悶させた挙句失神させることを繰り返し、さらに、同日午後7時ころ、同車両内において、その鼻孔および口を同タオルで塞ぐなどし、そのころ、同所において、同人を窒息死させて殺害した事実ほか4つの犯罪事実によって、殺人3件、未成年者誘拐などの罪の成立を認めている。被告人の性的サディズムと責任能力との関係については、「性的サディズム等の障害も、一般的な症状の範囲内であり、被告人の責任能力に影響を与えるようなものではない……本件犯行動機たる被告人の性癖は、自己の行動の制御に困難ないし不能を来すような病的要因に基づくものではなく、被告人が十分な事理弁識能力及び行動制御能力を備えた上で本件各犯行に及んだ」旨判示して完全責任能力を認めている。量刑については、結論として「被告人が、人を窒息させて殺害することによる性的興奮を得たいがた

めに各犯行を実行に移す決意をし……4か月間に若年の被害者3名を次々殺
害した連続殺人等事件であり、その証拠隠滅のために死体を山中に遺棄する
などしているのであって、3名の尊い人命を奪ったその結果が極めて重大で
ある……各犯行の計画性、巧妙性のいずれにおいても悪質といわざるを得
ず、遺族の被害感情も峻烈で、社会的影響も大きいこと、被告人の性癖が根
強く、その改善が困難であることなどを総合的に考慮する」として死刑判決
が下されている。

（14）オンラインカジノ

（A）グローバル経済の下での賭博規制

　海外における賭博そのものの規制からみていくと、英国は1963年賭博の
合法化が図られて現在に至っている。例えば、私人であるブックメーカーに
ついても、免許による営業が公認されており、競馬、サッカー、ドッグレー
スなどを対象とした賭けが行われている。EUは、現時点では統一的賭博規
制の必要性は明確に認めていない。アメリカでは賭博について基本は州法に
よる規制が行われている。合衆国連邦政府は、非合法な賭博を犯罪として取
り締まっている。アメリカの賭博規制の1つの戦略は、従来非合法の賭博と
考えられていた一定の行為について経済振興等の見地から厳格な規制の下に
合法化するとともに、残された非合法の賭博（illegal gambling）は組織犯罪
（organized crime）であると位置づけて連邦政府が積極的に取り締まるとい
うものであろう。

　インターネット賭博を禁ずるか否かについては論争がある。禁止論者はア
メリカ経済への悪影響として以下の点を指摘する。まず、既存の合法的な賭
博営業に打撃を与え、それが税収減を招くと共に、営業に伴う正規雇用を不
安定なものにする。第2に、インターネット賭博参加者へ信用を供与する銀
行やクレジットカード会社の経営を不安定にするおそれがある。第3に、犯
罪の増加、家計の破産、ギャンブル依存症の増加という家庭と社会への悪影

響が懸念されるというのである。一方、解禁論者は、100 年以上前に生じた冒険的行為を二分し、「投資としての投機」は社会的に望ましい行為とみて合法と扱った上で規制し、「ギャンブルとしての投機」は社会的に望ましくない行為とみて法律で禁止するという考えは、論理的なものではなく、同種の行為は同じように規制するのが合理的であるとして、投資としての投機と同様に、インターネット賭博も解禁すべきとする。加えて 30 年程前から数多くのタイプの賭博が州法で合法化されてきているのに、連邦政府がインターネット賭博のみを禁止することに、仮に、儲かるか儲からないかという国内経済保護以上の理由がないとすれば不合理な差別的取扱いではないかというのである。ちなみに、アンティグアとバミューダは 2003 年、アメリカがインターネット賭博を連邦法で禁止していることについて、サービスの貿易に関する一般協定（GATS）に違反しているとして WTO に提訴している。

（B）わが国の賭博取締りの実情

　海外で合法的に運営されているオンラインカジノに日本から参加して賭博行為をした場合、わが国の刑法の賭博罪（刑法 185 条）が適用されるのであろうか。そもそも刑法は、日本国内において罪を犯したすべての者に適用される（刑法 1 条 1 項）。これを国内犯というが、国内犯とは、犯罪地が日本国内にあるものをいう。

　次に、刑法の賭博罪は日本国外でする賭博行為には適用されない。例えば、日本人がラスベガスでお金をかけてスロットマシーンやポーカーをしても賭博罪は成立しない（刑法 2 条、3 条参照）。

　犯罪地の決定においては、犯罪行為を基準とする説、犯罪結果の発生地を基準とする説もあるが、構成要件該当事実の一部でも日本国内で発生すればよいとする遍在説が判例・通説である[129]。そうすると、海外で合法的に運営されているオンラインカジノに X が日本においてこれに参加して賭博行

129　西田典之『刑法総論（第 3 版）』（弘文堂、2019）472 頁。

為をした場合、海外で合法的に運営されているオンラインカジノに日本から参加して賭博行為をした場合には、特定複合観光施設区域の整備の推進に関する法律（通称 IR 推進法）などの特別法により賭博罪の適用除外を定めているわけではないので、形式的には賭博罪が適用されて違法であるということになる。しかしながら、わが国の取締当局は、賭けマージャンの取締りなどと類似しているかもしれないが、一般に、海外で公認されている営業主体が開帳するオンラインカジノへの日本国内からの参加行為に対し賭博罪を適用して取り締まることには熱心ではないようである。法解釈としては違法であっても、警察は目くじらを立てず一般には黙認に近い実情かもしれない。

　しかしながら、万一、取締当局が海外オンラインカジノ参加客を黙認して事実上賭博罪で検挙しない運用を続けながら、ある日恣意的あるいは象徴的に賭博罪を適用して検挙するようなことがあるとすれば、一般には、憲法14条及び憲法31条に違反する権限濫用的暴挙であって、これを安易に有罪とするのは正義に反するであろう。犯罪の成立そのものを否定するには、実質違法論や違憲論を持ち出すことも可能かもしれない。

(15) まとめ

　刑法上のサイバー犯罪であって、昭和62年改正以後に新設されたものとして、不正指令電磁的記録に関する罪（168条の2、168条の3）、電磁的記録不正作出・供用の罪（161条の2）、電磁的記録毀棄の罪（259条）、電子計算機損壊等業務妨害の罪（234条の2）、支払用カード電磁的記録に関する罪（163条の2〜163条の5）、電磁的公正証書原本不実記録・同供用罪（157条、158条）、わいせつ電磁的記録記録媒体頒布罪（175条）、電子計算機使用詐欺罪（246条の2）があるほか、サイバー犯罪という犯行手段によって敢行される詐欺、横領、恐喝など伝統的財産犯もある。インターネットの自殺サイトを巡る犯罪として自殺ほう助罪、殺人罪が適用される事例もみられる。

2── 不正アクセス禁止法違反

　コンピュータ・システムに対する不正なアクセスとハッキング行為は、コンピュータ社会の安全性にとって深刻な脅威となっている。このような事態に対処するために不正アクセス行為の禁止等に関する法律（以下、「不正アクセス禁止法」という。）が設けられている。例えば、ネットワークを通じて、他人の ID 番号やパスワードなどの識別符号を不正に入力して、他人になりすましてコンピュータを利用できる状態にする行為、あるいは逆に、コンピュータの弱点を突いて不正にアクセスし、他人のコンピュータを利用できる状態にする行為を禁止するものである[130]。データの改ざんの有無にかかわらず、不正アクセス行為自体が処罰対象にされている。さらに平成 24 年改正により、識別符号を不正に取得する行為やフィッシング行為なども処罰されることになった（同法 4 条、7 条参照）。

　東京高判平成 15・6・25（判時 1846 号 155 頁、LEX/DB28095131、2003WLJ PCA06250008）は、被告人が、他人の識別符号を使用して不正アクセス行為をすることを企て、法定の除外事由がないのに、①平成 14 年 3 月 18 日午前 3 時 50 分ころ、東京都品川区所在の株式会社 A において、同社に設置されたパソコンから、電気通信回線を通じて、C が同都大田区の C 方に設置し管理するアクセス制御機能を有する特定電子計算機であるサーバに、B を利用権者として付された識別符号であるユーザー ID ○○およびパスワード△△を入力して上記特定電子計算機を作動させ、アクセス制御機能により制限されている特定利用をし得る状態にさせ、②同日午前 7 時 7 分ころ、埼玉県内の被告人方において、同所に設置されたパソコンから、電気通信回線を通じて、前記 C が設置し管理するアクセス制御機能を有する特定電子計算機

130　西田・前掲注（24）145 頁。

であるサーバに、前記 B を利用権者として付された識別符号であるユーザー
ID ○○およびパスワード△△を入力して上記特定電子計算機を作動させ、
アクセス制御機能により制限されている特定利用をし得る状態にさせたとい
う公訴事実について、原審が不正アクセス禁止法違反罪（同法 8 条 1 号（当
時）、3 条 1 項）の成立を認め、懲役 6 月、2 年間執行猶予の有罪判決とした
ことから、弁護人が被告人には不正アクセスの故意がない旨主張して控訴し
たのに対し、「被告人は、勤務先の株式会社 A において親会社の M 社が開
発する『着ボイス』と呼ばれる携帯電話の受信を知らせる音声のプログラム
の開発担当者であったが、業務上使用していたサーバ内に、従前の着ボイス
プログラムの開発担当者 B が使用していたと思われるサーバからのアクセ
ス履歴が残っているのを発見し、その解析したログにあったドメイン名、
ユーザー名を利用して B が利用権者となっている本件サーバへのアクセス
を試み、パスワードを適当に入力し、ユーザー名と同一のパスワードを入力
した際にログインすることができた……着ボイスに関するファイルや B が
プライベートに収集したファイルを含め、多数のファイルを自分のパソコン
のハードディスクにダウンロードしたことが認められ、被告人が、勤務先や
親会社の上司、担当者から、本件サーバへアクセスすることの許可を予め得
たとか ID やパスワードを教示してもらったという事実はなかった」……被
告人は、「アクセスが制限されていることを知りながら、管理者の承諾を得
ずに入手した ID と勝手に推測したパスワードを使用してアクセスしている
のであるから、被告人の不正アクセスの故意に欠けるところはない」旨判示
して控訴を棄却している。量刑については、「被告人の行為は、コンピュー
タ・ネットワークが社会の基盤としての役割を果たすようになった高度に発
達したネットワーク社会において、いわば鍵の掛かった他人の家を勝手に開
けて入り込む行為でありネットワークの秩序を乱し、ひいては高度情報通信
社会の健全な発展を阻害しかねない悪質な行為である。」とした上、被告人
は、コンピュータ・ネットワークと密接に関連する業務に従事していたが、
「その業務の性質から、他の企業の機密情報に触れたり、コンピュータに保

存されている各種の情報に接する機会もあるはずであり、情報管理やアクセ
ス制御に最も注意を払わなければならない立場の被告人が、敢えて不正アク
セスを行ったのであるから、これを一般的なパソコンマニアがいたずら半分
で行った行為などと同視することはできず……不正アクセスによりファイル
が改変されるなどの被害はないが、……サーバ内に侵入された方の立場から
見れば、不正アクセスによって、プライバシーが侵害されたり、プログラム
のノウハウ等が盗まれたのではないかとの危惧を抱くのは当然であり、結果
が軽微とはいい切れない」などと指摘している。

　東京地判平成 17・3・25（判時 1899 号 155 頁、LEX/DB28105321、2005WLJ
PCA03250007）は、被告人が、法定の除外事由がないのに、平成 15 年 11 月
6 日午後 11 時ころから同月 8 日午後 3 時ころまでの間、合計 7 回にわたり、
京都市内外数ヵ所において、パソコンから電気通信回線を通じて、アクセス
管理権者である大阪市内の M 社が大阪市内に設置したアクセス制御機能を
有する特定電子計算機であるサーバコンピュータに、当該アクセス制御機能
による特定利用の制限を免れることができる指令を入力して上記特定電子計
算機を作動させ、上記アクセス制御機能により制限されている特定利用をし
得る状態にさせたという事案につき、不正アクセス禁止法違反罪の成立を認
め、被告人を懲役 8 月、3 年間執行猶予に処している。量刑の理由として
は、「被告人は、プライバシー関係の情報を検索していた際、ACCS の
ASKACCS のページを閲覧するなどして本件アクセスが可能となるセキュ
リティホール[131]を発見し、……本件各不正アクセス行為に及んだのであっ
て、このような犯行の経緯や動機に酌量の余地はない。……本件犯行の手口
は、本件 CGI が HTML ファイルが改変されないことを前提としてプログ
ラムされていたことに乗じ、HTML ファイルを巧みに改変し、本件 CGI を
本来とは異なる動作をさせて、本件 CGI のソースコード及び 1180 名以上も

131　セキュリティホールとは、コンピュータの OS やソフトウェアにおいて、プログラ
　ムの不具合や設計上のミスが原因となって発生した情報セキュリティ上の欠陥のことを
　いう。

の大量の個人情報を含む本件ログファイルを閲覧したものであって、巧妙かつ悪質な犯行である。本件犯行により、アクセス制御機能に対する社会的信用は、大きく傷付けられた上、ACCS は ASKACCS のページの閉鎖を余儀なくされ、……被害者らの被ったダメージは著しい」などの点を指摘している。

　不正アクセス禁止法違反の裁判例は、不正アクセス行為を犯行の手段として、電子計算機使用詐欺、窃盗その他の犯罪を目的とする事例も少なくない。

東京高判平成 31・3・28（LEX/DB25563539、2019WLJPCA03286024）は、フィッシング詐欺の事例であり、被告人は、A 銀行のインターネットバンキングサービスのアクセス制御機能を有する特定電子計算機を特定利用するための他人の識別符号を取得しようと考え、平成 26 年 2 月 20 日午前 3 時 2 分ころ、茨城県内の B 事務所内に設置されたパソコンに、A 銀行からの通知を装って、「A ダイレクト」と題するフィッシングサイトの閲覧を促す電子メールを送信し、同日午前 8 時 30 分ころ、同メールを閲覧した B 従業員をして、B 名義の通常貯金口座に係る識別番号等を同サイト上に入力させるなどして、その識別番号を取得し（第 1 事実）、同日午前 11 時 37 分ころから同月 21 日午前 9 時 20 分ころまでの間、3 回にわたり、A 銀行の上記特定電子計算機である認証サーバコンピュータに、上記のとおり取得した B の識別符号を入力して不正にアクセスし（第 2 事実）、そのうち 3 回目の不正アクセス状態を利用して、同日午前 9 時 22 分ころ、B によって登録されていたメールアドレスが変更された旨の虚偽の情報を送信して上記サーバコンピュータに記憶させ、私電磁的記録を不正に作出、供用し（第 3 事実）、さらに、同日 9 時 23 分ころ、2 回にわたり、A 銀行が管理する電子計算機に対し、虚偽の振込送金情報を与えて、B 名義の通常貯金口座から、D 名義の通常貯金口座に合計 87 万円を不正送金し、電子計算機使用詐欺をした（第 4 事実）ほか、11 個の公訴事実につき有罪とされている。第 1 事実は不正アクセス禁止法 4 条違反の罪（同法 12 条 1 号）、第 2 事実は不正アクセス禁止

法 3 条違反の罪（同法 11 条）、第 3 事実は私電磁的記録不正作出・同供用罪
（刑法 161 条の 2 第 1 項、同条第 3 項）、第 4 事実は電子計算機使用詐欺罪（刑
法 246 条の 2）が各成立するとされている。被告人は一審ですべて有罪とさ
れたことに対し事実誤認を理由として控訴し、被告人と犯人との同一性を争
い、第三者による遠隔操作の可能性等を主張したのに対し、①犯行に使用し
た 1 号パソコンが被告人が購入したものであること、②被告人方では被告人
以外の家族が 1 号パソコンを使用することはなかったこと、③被告人方から
押収された 5 号パソコン及び 6 号外付けハードディスクの各ファイル内に B
など被害会社のメールアドレスが保存されていたこと、その他多数の情況証
拠の積み上げにより、裁判所は「原判決の前記認定、判断は、原審証拠及び
論理則、経験則等に照らして不合理なところはなく、被告人を各事件の犯人
と認めた結論は正当……第三者が遠隔操作により本件各犯行に及んだ合理的
な疑いは生じない」として控訴棄却としている（確定）。

　不正アクセス禁止法違反罪が顧客データが記録された CD-R を窃取した
という窃盗罪と併合罪とされた事例として、**東京高判平成 22・3・9**（LEX/
DB25462849）は、被告人が、システム開発に係る企画立案、推進及び運営
管理等の業務を担当するという地位と専門的知識を悪用して関係者を欺き、
不審を招かないようにするための様々な工作を施した上で、勤務先のパソコ
ンを操作し、不正アクセス行為により、勤務先会社の顧客情報を盗み出して
売却したという事案であるところ、量刑不当の控訴に対し、裁判所は、「被
告人が被害者に対して巨額の損害賠償責任を負う立場にあり、……その支払
の見込みもない」ことなどを考慮して、懲役 2 年の実刑に処した原判決は量
刑が重すぎるとはいえないとして、控訴棄却としている。

　不正アクセス禁止法違反罪が著作権法違反罪と併合罪とされた事例とし
て、**東京地判平成 17・9・12**（LEX/DB28135296）は、他人のログイン ID や
パスワードをだまし取るいわゆるフィッシングサイトに興味をもった被告人
が、自分でもフィッシングサイトを作製することができるか試してみようと
して、A 株式会社が開設したホームページ画面タイトル部分を書き換える

2　不正アクセス禁止法違反

などしたホームページ画面を複製して、これをインターネット上で公開して著作権を侵害し、ほかにも携帯電話用の偽サイトを作り、誤ってこれらのサイトを閲覧した者がログイン ID 及びパスワードを入力するのを待ち、その結果だまし取ったログイン ID とパスワードを使用して不正アクセス行為をし、他人のメールをのぞき見るなどしたという事案について、被告人は著作権法違反及び不正アクセス禁止法違反により有罪とされたが、量刑は、ログイン ID をだまし取られてメールをのぞき見された被害者 5 名に対し、全員との間でそれぞれ被告人が 30 万円を支払って示談が成立していることなどから、執行猶予の判決とされている。

　東京地判平成 15・8・21 （LEX/DB28095229）は、被告人がまんが喫茶等の PC に仕掛けたキーロガーなるソフトウェアにより入手した他人の金融機関口座番号、パスワード等の個人情報を利用し、インターネット通信販売を通じた商品の詐取、窃取、窃取したキャッシュカードを用いて行った ATM からの現金窃取、不実の口座間送金に関する記録作出による財産上不法利益の取得などの犯行を反復した不正アクセス禁止法違反、私電磁的記録不正作出、同供用、電子計算機使用詐欺、有印私文書偽造、同行使、詐欺、窃盗の各罪に係る事案であって被害総額が 2100 万円以上と多額に上るところ、被告人は初犯であるが懲役 4 年の実刑に処せられている。

Ｖ　サイバー犯罪の実体法

第2部

犯罪被害者等の救済

(各論)

第 1 章

ネットワーク利用犯罪と弁護活動

I ストーカー規制法

1 ── 公的援助の措置

（1）行政措置

（A）警告

　ストーカー行為等の規制等に関する法律（以下、「ストーカー規制法」とい
う。）は、ストーカー行為等に対して、警告、禁止命令等の行政措置による
対応と、犯罪として捜査し、検挙するという対応を被害者が選択できるよう
になっているなど新しい仕組みが盛り込まれている[132]。

　つきまとい等が行われてその被害者が不安を覚えている場合に、これをそ
のまま放置すると、次第にストーカー行為その他の犯罪にまで発展し、被害
者に深刻な被害が生ずるおそれがある。そこで、被害者の身体、自由及び名
誉に対する危害の発生を防止し、合わせてその生活の安全と平穏を確保する
観点から、1つには警告の行政措置が設けられている。すなわち、警視総監
若しくは道府県警察本部長又は警察署長は、つきまとい等をされたとして当
該つきまとい等に係る警告を求める旨の申出を受けた場合において、当該申
出に係る同法3条違反の行為が行われていると認められる段階で、当該行為
者に対し、更に反復して当該行為をしてはならない旨を警告することができ

---

[132] 桧垣重臣『ストーカー規制法解説（改訂版）』（立花書房、2006）5頁。

＜ストーカー規制＞ストーカー規制法の条文付記

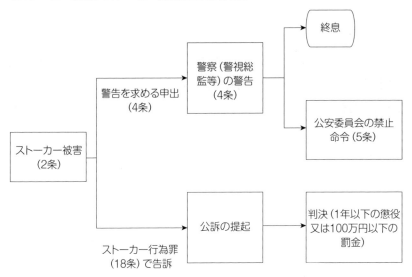

る（ストーカー規制法 4 条 1 項）。

（B）禁止命令

　公安委員会は、警告を受けた者が当該警告に従わずに当該警告に係る違反行為をした場合において、当該行為をした者が更に反復して当該行為をするおそれがあると認めるときは、当該行為をした者に対し、①更に反復して当該行為をしてはならないこと、②更に反復して当該行為が行われることを防止するために必要な事項を命ずることができる（ストーカー規制法 5 条 1 項）。①を禁止命令といい、②と合わせて「禁止命令等」という（同条 2 項）。公安委員会が禁止命令等をしようとする場合には、その名宛人となるべき者について、意見陳述のための手続として弁明の機会を与えるとともに、聴聞を行う必要がある（同条 2 項）。

　東京地判令和元・10・30（LEX/DB25581628、2019WLJPCA10308011）は、X が、平成 30 年 5 月 9 日付けでストーカー規制法 5 条 3 項による同条 1 項

［1］　公的援助の措置

1 号の禁止命令を受け、処分の取消しを求めたところ、請求棄却となったものである。被害者 P5 は平成 29 年 8 月 31 日湾岸警察署長に警告を求める申出をし、9 月 14 日付けで反復してつきまとい等をしてはならない旨の警告が発せられ、P5 は平成 30 年 3 月 30 日亀有警察署にストーカー被害の被害届を提出し、被疑者 X は同日通常逮捕され、送検されている。P5 は同年 4 月 3 日、亀有署に禁止命令等を求める申出をし、X は 4 月 19 日不起訴処分となっている。本件禁止命令の理由として、警告に従わず、同年 3 月 29 日午後 8 時 20 分ころから同日午後 8 時 27 分ころまでの間、葛飾区内路上から同区内店舗 2 階フロアーまで、P5 の後方を自転車及び徒歩で追尾し（本件つきまとい行為）、かつ、更に反復してつきまとい等をするおそれがあると認められるほか、P5 の身体の安全、住居等の平穏、名誉が害され、又は行動の自由が著しく害されることを防止するため緊急の必要があると認められる旨禁止等命令書に記載されている。「X による本件つきまとい等は、本件警告の理由とされた各つきまとい等の後に更に繰り返されたつきまとい等であり、しかも、それまでの本件会社付近におけるつきまとい等とは異なり、本件会社以外の場所において、夜間、X と P5 が直接に接近する態様で行われた……」として本件処分はストーカー規制法 5 条 3 項の要件を満たす適法なものとして、請求棄却の判決となった。

（C）仮の命令

　禁止命令等を発するには告知・聴聞の手続を経る必要があるが（ストーカー規制法 5 条 2 項）、緊急に必要がある場合には、警告、聴聞の手続を経ることなく、仮に命令をすることができることとし、事後的に行為者に意見陳述の機会を与えた上で、正式な禁止命令等に移行できることとし（同法 6 条）、申出をした被害者に対する危害の発生の防止を図ることにしている。

$\boxed{2}$——被害者への公的支援

（1）警察本部長等の援助

　ストーカー被害を効果的に防止するためには、警察の取締りだけではなく、その被害者に対して自衛策や対応策等の防犯指導を行うことが必要である。また、こうした行為が既知の間柄で行われることが多いことを踏まえると、当事者間での問題解決を図ろうとする場合もあると考えられ、そのような場合でも、警察としてできるだけの支援をすることが求められる[133]。そこで、警察本部長等は、ストーカー行為等の相手方から当該ストーカー行為等に係る被害を自ら防止するための援助を受けたいとの申出があり、その申出を相当と認めるときは、当該相手方に対し、当該ストーカー行為等に係る被害を自ら防止するための措置の教示その他必要な援助を行うものとしている（ストーカー規制法7条1項）。

　高松地判平成 22・1・13（LEX/DB25442488、2010WLJPCA01139004）の原告は、自らが香川県警から受けたストーカー行為規制法に基づく警告について、申告者 A の虚偽情報に基づくものであることを明らかにするため、平成 19 年 3 月 16 日、A が県警に対して行った原告に関する警察総合相談の内容が分かる情報について、香川県個人情報保護条例 14 条に基づき情報開示請求をしたところ、一部不開示の処分がされたのでその取消しを求めた事案であるところ、「A が県警に対して行った原告に関する警察総合相談の内容がわかる情報について開示請求を拒否し、その他の本件各情報について不開示とした本件処分は違法であるとは認められ」ない旨判示し、原告の請求は棄却された。

133　桧垣・前掲注（132）67 頁。

(2) 国、地方公共団体等による支援

　ストーカー行為を防止するとともにその被害者の救済を図るためには、警察のみならず、国、地方公共団体、関係事業者等が一体となって対策に取り組む必要がある。そこで国、地方公共団体は、ストーカー行為等の防止に関する啓発及び知識の普及、ストーカー行為等の相手方に対する支援並びにストーカー行為等の防止に関する活動等を行っている民間の自主的な組織活動の支援に努めなければならない（ストーカー規制法8条1項）。

　また、訓示的規定ではあるが、関係事業者も、被害者からの求めに応じて、防止のための措置を講ずることに努めなければならず（同条2項）、当該ストーカー行為等が行われている地域の住民も、被害者に対する援助に努めるものとされている（同条3項）。

3──罰則

(1) ストーカー行為罪

　ストーカー規制法13条は、ストーカー行為をした者は、6月以下の懲役又は50万円以下の罰金に処する旨を規定する。この罪は親告罪である。

　福岡地判令和2・2・19（LEX/DB25565261、2020WLJPCA02196005）の事案においては、インターネット上の掲示板へのAの個人情報等の書き込みなどAに対するストーカー行為をし、書き込みの際には犯人特定防止のため、使い捨てのSIMカードを使用したなど、ストーカー規制法違反、邸宅侵入、公務員職権濫用等事件に問われた被告人が有罪（懲役3年、3年間執行猶予、保護観察付）とされている。量刑理由として、今後は専門的治療機関で性障害について治療を受ける旨述べて更生に意欲を示していることが指摘されている。

福岡高判平成 30・9・20（刑集 74 巻 4 号 509 頁、判時 2463 号 62 頁、LEX/DB25449751、2018WLJPCA09206001）は、GPS 機器を用いて元妻の位置情報を探索した被告人の行為は、ストーカー規制法 2 条 1 項 1 号の見張りには該当しないとした。すなわち、「通常所在する場所」付近における「見張り」には該当しないとされ、懲役 8 月の実刑となった。本件刑事裁判係属中に被告人は元妻と和解して、離婚となった。刑事和解のような機能が発揮された事例といえる。

福岡高判平成 29・9・22（LEX/DB25563407、2017WLJPCA09226015）は、「行為者が、対象者に対して、ストーカー規制法に該当する態様で、不貞行為の調査をしたり、不貞関係解消を働きかけたり、慰謝料請求をしたりする行動に出た場合、行為者は、正当行為として違法性が阻却されるような特殊な事情がある場合は格別、ストーカー規制法による処罰を免れない」と判示し、別居中の配偶者とその交際相手の自動車に GPS 機器を取り付けたり、その住居等付近をビデオカメラで撮影したりした行為がストーカー規制法 2 条 1 項 1 号の「見張り」に該当するとした。

東京地判平成 16・7・8（刑集 59 巻 9 号 1822 頁、LEX/DB28115244、2004WLJPCA07086002）は、被害女性と交際していた被告人が、同女から交際を拒絶されるようになると同女が被告人との接触を避けようとしているのを知りながら、交際中に被告人が支出した金員の支払請求等の名目で通信手段の確保などを執拗に要求し、あるいは被害女性の裸体画像を含むプリントを送るなどのストーカー行為を行った事案であるところ、同棲中金銭負担の面で被害者がいささか身勝手とも思われる態度をとっており、比較的悪質ではない事例と認められた。被告人は数十万円程度の和解金を支払う意向を示したが、四百数十万円を要求する被害者と金額が折り合わず、刑は懲役 3 月、2 年間執行猶予に処せられている。

岐阜地判平成 31・4・24（LEX/DB25563373）は、原告（男性）が平成 28 年 6 月 21 日下呂署にストーカー規制法違反で通常逮捕されたことにつき、逮捕の違法を主張し、国賠法 1 条 1 項に基づき精神的苦痛を被ったとして

330 万円の損害賠償を請求した事案であるところ、本件逮捕に先立ち、原告に対し、ストーカー規制法 4 条に基づく警告や 5 条に基づく禁止命令等は出されておらず、原告は勾留、勾留延長を経て平成 28 年 7 月 11 日、岐阜県迷惑条例違反の罪で略式起訴され、同日罰金 30 万円の略式命令を受け釈放された。原告がストーカー規制法違反ではなく条例違反で略式起訴されたことなどを指摘して下呂署警察官の判断の誤りを主張する点については、検察官は、起訴や不起訴の処分に当たって広範な裁量を有し、本件逮捕当時の条例違反とストーカー規制法違反の法定刑が異ならなかったことなどに照らし、下呂署警察官が、恋愛感情等を充足する目的の要件の判断を誤ったことを窺わせる事情には当たらないとし、警告等をしていれば C との接触を十分に避けることができたから逮捕の必要性はなかったとの原告の主張に対しては、警告等を前置すべきことはストーカー規制法において要件として定められていない上、現に C が原告に対し明確に連絡拒否の意思を表示しているにもかかわらず、その後も原告らは C に対して頻繁にラインによるメッセージ送信を続けており、かつ、原告と C は同僚であって警告等では物理的な隔離が難しかったことなどから、本件逮捕が逮捕の必要性を欠くものであったともいえないとした。

（2）禁止命令等違反罪

　禁止命令等に違反してストーカー行為をした者あるいは、禁止命令等に違反してつきまとい等をすることによりストーカー行為をした者は、いずれも 1 年以下の懲役又は 100 万円以下の罰金に処せられる（ストーカー規制法 14 条 1・2 項）。禁止命令等に違反しただけでも 50 万円以下の罰金に処せられる（同法 15 条）。

4 ── 民事救済

（1）面会等禁止の仮処分

　東京高判平成 15・3・5（判時 1860 号 154 頁、LEX/DB28095662、2003WLJP
CA03050003）はストーカー禁止法違反事件であって被告人 X は、昭和 47 年
ころ結婚し、長女をもうけ親子 3 人暮らしであったところ、平成 3 年ころ取
引先勤務の独身の B 男に好意をもち肉体関係をもつに至り、半年ほどして
B に自分には夫や子供がいると打ち明け、平成 5 年ころ B は別れ話を持ち
出し、以後連絡を取らないこととなった。X は平成 10 年ころ B に複数回電
話をかけて会うことを求め、会って食事をして、平成 12 年夏ころもう会う
つもりはないといった。なお X は平成 12 年 6 月に夫と離婚し、B は平成 13
年 6 月、東京弁護士会の仲裁センターに仲裁の申立てをするも、不成立と
なった。B は同年 10 月、X を相手方としてさいたま地裁川越支部に面会等
禁止の仮処分を申請し、同年 11 月 26 日、申請を認める仮処分決定がされて
いた。X はその後も押しかけ、架電、手紙により面会を求めるので、B は千
葉県千葉西警察署に相談し、警察は平成 14 年 2 月 15 日、X に対しストー
カー規制法 4 条 1 項に基づく警告をしたのに、その後もつきまといを繰り返
していたので本罪で起訴され、裁判所は、B の携帯には X の携帯からの電
話につき着信拒否の設定がされており、被害者は着信履歴を見て犯人が執拗
に電話をかけてくることを知り得るから、同法 2 条 1 項 5 号の「電話をか
け」に該当すると判示して、X の控訴を棄却とし、ストーカー規制法 18 条
の罪の成立を認めた。

（2）家事調停

　家庭裁判所は、人事に関する訴訟事件その他家庭に関する事件について調

停を行うことができ（家事事件手続法 244 条）、これを家事調停という。事案
によっては家事調停により面会禁止を求めることも考えられる。

5 —— 行為類型と弁護活動

（1）離婚後のストーカー行為

　名古屋高判平成 31・1・31（判時 2413・2414 合併号 41 頁、LEX/DB255701
25、2019WLJPCA01316001）の事案では、X は平成 18 年 9 月 21 日 A と婚姻
し、翌年両者の間に長女 B が出生したものの、A は平成 24 年に B を連れて
別居を開始し、平成 30 年 9 月 25 日 X と裁判離婚して、B の親権者と定め
られた。A は面会交流審判に基づいて X の B の学校行事への参加や B に対
する手紙や贈り物の送付について、これを許す義務を負っていたのに、これ
を免れるため虚偽の事実を申告して住民基本台帳事務における支援措置の申
出を行い、X に住民票等の閲覧等を困難にさせた上で転居し、X と B との
面会交流を妨害するなどしたとして不法行為及び債務不履行に基づく損害賠
償請求として 330 万円を A に請求し、愛知県に対して、A による本件支援
措置の申出について、D 警察署長が支援措置の要件を満たしていないこと
を認識したにもかかわらず、支援措置の要件を満たす旨の意見を付し、その
後も撤回しないことが違法であるとして、330 万円の連帯支払を求めた事案
であるところ、原審とは異なり、A の行った本件支援措置申出は違法なも
のとは認められず、愛知県が付した意見も国家賠償法上違法なものとは認め
られないとして、X の請求をいずれも棄却した。

　B は平成 27 年 X の授業参観以後、X に対して不安感や忌避感を抱くよう
になり、A に「X が学校に来ないでほしい、来ると嫌だ」と伝えるように
なったところ、カウンセラーから警察に相談するように助言された A は、F

警察官に相談し、更に女性相談センターの相談員から、転居するとXが捜索願を出すだろうから、それを警察に不受理にしてもらう手続を取っておいた方がいいと言われ、D署を訪れた。Aは、E警察官から援助申出書の提出を求められ、受けたい援助内容として、住所又は居所を知られないようにする措置と、行方不明届の不受理であることを記載した。また、「支援を求めるもの」欄に「住民基本台帳の閲覧、住民票の写し等の交付」であることを記載したところ、本件援助申出はD署に受理された。AはD市役所に対し、警察の意見書とともに本件支援措置の申出をし、平成28年4月4日、支援措置実施決定がされた。AはBを連れてD市のアパートから転居して、Bは転校した。Xは平成28年4月11日本件支援措置決定を知り、5月18日、C市長に対し同決定への審査請求をしたところ、不適法であるとして却下された。XはBの転校先を調査するためD市教育委員会を訪れたものの、仮に情報公開請求がされても応じられないと伝えられた。XはD署を訪れて意見の撤回を求めたのに対しこれに応じてもらえず、名古屋家裁D支部は、平成28年12月22日、面会交流審判で定められた内容を変更する審判をし、「平成29年1月以降、Aに対し、Xへ月1回程度、Bの近況を撮影した写真の送付を命ずる内容」に変更した。裁判所は、AはDV防止法1条1項にいう暴力を受けた者であると一応認めることができ、面会交流は子の利益を最も優先して行わなければならないところ、本件支援措置申出当時、Xについて本件面会交流審判に基づいて通学先の学校を把握する権利があったと認めることはできない。DV防止法の趣旨が配偶者からの身体に対する暴力を受けた被害者について、関係機関の連携の下に必要な措置を講じ、又は援助を行い、もって被害者を迅速に保護することにあることに鑑みれば、同法8条2項についても、被害者に対する関係での関係機関の行為規範ないし努力義務を定めたものであり、警察が同条にいう援助を行うに当たり、加害者とされる他方配偶者に対して、何らかの職務上の法的義務を負担するものとは認めるに足りない旨判示し、Xの請求をいずれも棄却した。

5　行為類型と弁護活動

（2）一方的ストーカー行為

　東京地判平成31・1・31（LEX/DB25562632、2019WLJPCA01316008）は、ストーカー規制法違反被告事件であって、被告人がAに対する恋愛感情又はそれが満たされなかったことに関する怨恨の感情を充足する目的で、①平成30年4月28日、Aの出演するミュージカルを上演中の○○館ホール出入口で、「私は、Aのストーカー警告を受けた者ですが、チケットを売ってくれますか」などといって、Aが通常所在する場所に押しかけ、②○月○日、被告人方で、PCを使用し、ツイッターの投稿欄に、「Aに告ぐ。P1に対してストーカー規制法違反をねつ造して訴えたことに関して、所属事務所○の意思を考慮せず、自分の意思において速やかに謝罪せよ」と投稿し、Aにこれを閲読させ、Aに義務のないことを行うことを要求し、ストーカー行為をしたという事案である。被告人は平成23年9月頃Aのファンになり、以後、毎日のようにファンレターを送るようになったところ、分量があまりに多かったため、所属芸能事務所はAに渡さずに処分し、被告人は自身のブログにAに関する書き込みをし、その内容はAの関係者やファンに対する誹謗中傷と受け取られるものを含んでいた。被告人は、平成25年11月、イベントに参加し、当時中学生のAに対し、直接「7年後くらいに結婚してほしい」などといって求婚し、Aは「本当にそういうのやめてください。迷惑なんで」などといって泣き崩れてしまい、被告人はイベントへの参加を禁止された。被告人は、平成○年○月○日、自身のブログに、Aの母親について、殺したいなどと書き込みをし、Aの母親は原宿警察署に相談し、警察官らはXに、Aやその親族が怖がるような書き込みをしないよう口頭で警告した。さらにAからストーカー被害につき相談を受け、警察官はXにストーカー行為の禁止などを警告し、これに対しXは警告内容を遵守する旨の上申書を作成した。しかるに被告人は平成30年4月28日、ブログにAの性的羞恥心を害する内容を掲載し、イベント会場に押しかけて、法4条1項による警告書を交付され、その後①の犯行に及び、受付担当者は

いったん X にチケットを販売し、後から事情を知って払い戻しを求め、こ
れに応じて立ち去ったところ、警察官は同年 6 月 8 日、法 5 条 2 項による聴
聞を行う旨の聴聞通知書を交付し、次いで②の犯行に及んだことから、裁判
所は、本件ストーカー行為に係る公訴事実につき有罪と認めて懲役 4 月、3
年間執行猶予、保護観察付に処した。量刑の理由として再犯の危険を指摘す
るも、相当長期間の身柄拘束（未決勾留）を考慮して実刑にはしなかった。

(3) 別れの意思表示後のストーカー行為

　大津地判令和 2・2・17（LEX/DB25570847、2020WLJPCA02179003）は、
被告人が A に対する恋愛感情又はそれが満たされなかったことに対する怨
恨の感情を充足する目的で、①令和元年 8 月 27 日、10 回にわたり、LINE
を使用して A の携帯電話に「悪になる」「晒す」などと記載したメッセージ
を送信し、A に閲覧させ、A の名誉等に危害を加える旨告知して脅迫し、
②同年 9 月 2 日と同月 5 日、電話をかけて脅迫するとともに、つきまとい等
を反復して行いストーカー行為をしたという事案であって、裁判所は別件過
失運転致死傷罪（2 名死亡、14 名傷害の観念的競合）と併せて、有罪を認定
し、被告人を禁錮 4 年 6 月に処すこととした。A とは出会い系サイトを通
じて知り合ったが、A から別れを切り出されると、関係の継続を狙って犯
行に及んだケースである。

　東京高判平成 30・6・7（LEX/DB25566864、2018WLJPCA06076009）は、
中国人女性の X がロシア人男性に対する恋愛感情又は怨恨の感情を充足す
る目的で、被害者から直接交際拒絶の意思を告げられ、それを認識したにも
かかわらず、①平成 28 年 11 月 24 日から 29 年 1 月 9 日までの間、7 回にわ
たり、自己の携帯から LINE を使用してメッセージを送信し、同人に閲読さ
せ、その行動を監視していると思わせるような事項を告げ、又は面会、交際
その他義務のないことを行うことを要求し、②28 年 11 月 29 日から 29 年 1
月 9 日までの間、3 回にわたり被害者方前道路に行くなどし、同人方に押し
かけ、もってつきまとい等を反復して行い、ストーカー行為をした事案であ

るところ、裁判所は、「本件における被告人の LINE メッセージの送信は、所論指摘のような短時間に複数回送信する方法によるものではなく、約 1 か月半の間にそれぞれ日を違えて 7 回送信したという態様であるから、これらに加えて 3 回の被害者方への押し掛けが併せて行われたことも考慮し、本件各行為が反復して行われたとした原判決の判断に、何ら誤りはない。」と判示して控訴を棄却している。なお原審では、遮蔽措置による被害者の証人尋問がされている。

6 ── まとめ

　ストーカー規制法は、ストーカー行為等に対して、警告、禁止命令等の行政措置による対応と、犯罪として捜査し、検挙するという対応を被害者が選択できるようになっている。行政措置として警視総監若しくは道府県警察本部長又は警察署長は、つきまとい等に係る警告を求める旨の申出を受けた場合において、当該行為者に対し、更に反復して当該行為をしてはならない旨を警告することができる。公安委員会は、当該行為をした者に対し、①更に反復して当該行為をしてはならないこと、②更に反復して当該行為が行われることを防止するために必要な事項を命ずることができる。

　被害者は、告訴をして犯人の厳重処罰を求める対応を採ることもできる。すなわちストーカー規制法 13 条は、ストーカー行為をした者は、6 月以下の懲役又は 50 万円以下の罰金に処する旨を規定する。この罪は親告罪である。また、禁止命令等に違反してストーカー行為をした者あるいは、禁止命令等に違反してつきまとい等をすることによりストーカー行為をした者は、いずれも 1 年以下の懲役又は 100 万円以下の罰金に処せられる。禁止命令等に違反しただけでも 50 万円以下の罰金に処せられる。

　民事救済としては、面会等禁止の仮処分を求めることができる。家庭裁判所は、人事に関する訴訟事件その他家庭に関する事件について調停を行うこ

とができるから、事案によっては家事調停により面会禁止を求めることも考えられる。

II　DV 防止法

1── 総説

　配偶者からの暴力の防止及び被害者の保護等に関する法律（以下、「DV 防止法」という。）は、主として、①配偶者暴力相談支援センターの設置、②被害者の保護、及び③保護命令の制度について定めている。

　まず定義として、「配偶者からの暴力」（DV）とは、配偶者からの身体に対する暴力（身体的暴力）、又はこれに準ずる心身に有害な影響を及ぼす言動（精神的暴力又は性的暴力）をいう。婚姻中に暴力を受け、離婚後引き続き元配偶者から受ける暴力も配偶者からの暴力に含まれる（DV 防止法 1 条 1 項）。また、平成 25 年改正により、生活の本拠を共にする交際をする関係にある相手方からの暴力についても、DV 防止法が準用されることとなった（同法 28 条の 2）。

2── 公的援助

(1) 警察の援助

　警察官は、通報等により配偶者からの暴力が行われていると認めるときは、法令の定めるところにより、暴力の制止、被害者の保護その他の配偶者からの暴力による被害の発生を防止するために必要な措置を講ずるよう努め

＜ DV 被害の規制・救済＞　DV 防止法の条文付記

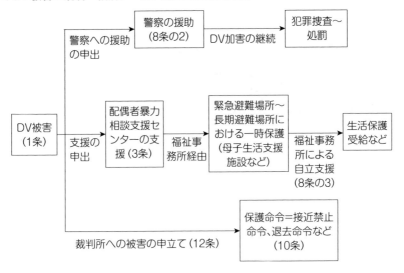

なければならない（DV 防止法 8 条）。

　警視総監若しくは道府県警察本部長又は警察署長は、配偶者からの暴力を受けている者から、配偶者からの暴力による被害を自ら防止するための援助を受けたい旨の申出があり、その申出を相当と認めるときは、当該配偶者からの暴力を受けている者に対し、国家公安委員会規則で定めるところにより、当該被害を自ら防止するための措置の教示その他配偶者からの暴力による被害の発生を防止するために必要な援助を行うものとされている（同法 8 条の 2）。

(2) 配偶者暴力相談支援センターの設置

　配偶者暴力相談支援センターは、被害者の保護及び支援を行う中核的な機関であり、その設置は、都道府県においては必要的であり、市町村においては努力義務となっている（DV 防止法 3 条 1 項・2 項）。同支援センターは、被害者の相談、心身の健康を回復させるためのカウンセリング、被害者の一

時保護、被害者の自立のための援助、保護命令制度や保護施設の利用についての情報提供などをその所掌業務としている[134]。

(3) 生活保護

　生活保護は、世帯ごとに厚労大臣が定めた基準により算定した生活費が世帯の収入を下回る場合にその不足分を扶助するものである。離婚前で夫がいたとしても実際には同居不可能であり、身を隠している事情がある場合には受給可能である。生活保護の手続は一般には住民票が必要であるが、DVケースの場合には住民票を移すと所在が発覚するおそれがあるので、賃貸借契約書や間借りの事実を証明すればよいとされる[135]。

　なお、経済面での援助制度として、生活保護のほか、児童扶養手当、児童育成手当も離婚前後にかかわらず受給可能な制度である。

3 ── 保護命令

　保護命令とは、配偶者から一定の暴力又は脅迫を受けた被害者が、配偶者からのさらなる暴力によりその生命又は身体に重大な危害を受けるおそれが大きいときに、裁判所が、被害者の申立てにより、その生命又は身体に危害が加えられることを防止するため、当該配偶者に対し、一定の期間、被害者へのつきまとい等の禁止や住居からの退去を命ずるものである。

　このうち①接近禁止命令は、加害者に対し、6ヵ月間、被害者の住居その他の場所において、被害者の身辺につきまとい、又は被害者の住居、勤務先その他の通常所在する場所の付近を徘徊することを禁止するものである（DV防止法10条1項1号）。もう1つの②退去命令は、加害者に対し、2ヵ月間、

134　川出＝金・前掲注（1）481頁。
135　東京弁護士会両性の平等に関する委員会編『ドメスティック・バイオレンス　セクシュアル・ハラスメント』（商事法務研究会、2001）30頁。

被害者と共に生活の本拠としている住居からの退去を命じるとともに、その付近を徘徊することを禁止するものである（同条1項2号）。

①の接近禁止命令と併せて、裁判所は、電話等による接触禁止命令、被害者の子への接近禁止命令、被害者の親族などへの接近禁止命令も発することができる（同条2〜5項）。

DV防止法29条は、保護命令に違反した者は、1年以下の懲役又は100万円以下の罰金に処する旨を規定する。

大阪地判平成27・5・28（LEX/DB25540668）の公訴事実の要旨は、Xは①平成25年10月1日、大阪地裁から、DV防止法10条に基づき保護命令決定の送達を受けた日から6ヵ月間、被告人の前妻Bに対し、緊急やむを得ない場合を除き連続して電話をかけるなどの行為をしてはならない旨の保護命令を受けていたのに、同年10月11日から同年12月3日までの間、20回にわたり、Bの勤務先の固定電話に連続して電話をかけ、前記保護命令に違反した、②平成26年5月1日、Bを殺害するための道具として包丁2本を自動車内に準備してBの勤務先の店へ赴いて殺害の機会をうかがった、③同月2日、スナックの店員であったE（当時38歳）に対し、包丁で腹部を突き刺すなどし、Eを失血により死亡させて殺害した、④包丁を不法携帯した、というものであるところ、裁判所は有罪を認定し被告人を懲役30年に処している。殺人の事実については刑種として無期懲役を選択するも、酌量減軽（刑法66条）で有期懲役として最も重い刑を宣告している。ちなみに刑法14条1項は、無期懲役を減軽によって有期の懲役とする場合の上限は30年としている。

横浜地裁横須賀支判平成30・1・15（LEX/DB25549223、2018WLJPCA01156001）の原告はCの配偶者であり、Cは原告と逗子市内に居住していたところ元交際相手であるDからストーカー行為の被害を受けており、被告（逗子市）の住民基本台帳事務におけるDV等支援措置の対象者となっていたところ、Dにその住所を特定され、Dによって殺害されたものである。本件はCを相続した原告が、被告に対し、担当者がその職務上知り得た情報で

あるＣの住民登録上の住所を、被害者の夫を装った者に電話で伝えたことにより、Ｃがそのプライバシーを害され精神的苦痛を受けたとして 1100 万円を請求した事案に対し、裁判所は 110 万円の限度で請求を認容した。探偵業者であるＥは平成 24 年 11 月 5 日、Ｃの夫を装って逗子市の本件担当者に電話をかけ、本件担当者はＥにＣの住所を伝えている。ＤはＥを通じてＣの住所を突き止め、翌 6 日、ＤによりＣは自宅で刺殺されたのであった。

$\boxed{4}$──── **DV からの避難場所**

（1）緊急避難場所

　実際に暴力を振るわれている場合には、被害者の身の安全を確保し、また離婚手続を開始するためにも、別居することが必要である。実家や友人宅に身を寄せることも考えられるが、執拗に追跡する夫らの場合には適当ではなく、公的緊急避難場所や民間シェルターを利用する方が安全である。

　公的緊急避難場所として、東京都の場合には、女性相談センターが単身の女性と母子のための緊急一時保護所を運営しており、道府県では婦人相談所が緊急一時保護所を運営している。利用手続は住所地の市区町村の福祉事務所を通じて行われる[136]。

　民間シェルターは、NGO や NPO によって運営されている緊急一時避難施設である。全国に 124 ヵ所（令和 2 年調査）の民間シェルターがあるが、所在場所は明らかにされていない。利用料金は 1 日 2000 円程度であるが、所持金が十分でなくても、入所後速やかに生活保護の手続を申請して利用料金を支払うことも可能である[137]。

136　東京弁護士会編・前掲注（135）26 頁。
137　東京弁護士会編・前掲注（135）27 頁。

（2）長期的な避難場所

　長期的な避難施設としては、児童福祉法に基づく母子生活支援施設がある。単身女性や 18 歳未満の子を持つ母が利用できる。離婚前にも利用可能である。

　あるいは、住所が東京都であれば都営住宅の母子アパートに入居申込みができる。民間のアパートを借りての生活も考えられる。

　厚生労働省においては、児童相談所・婦人相談所の一時保護所や、婦人相談所が一時保護委託先として契約している母子生活支援施設、民間シェルター等において一時保護を実施している。また、犯罪被害女性等を加害者の追及から逃れさせるため、都道府県域を超えた広域的な一時保護・施設入所を行っている。配偶者からの暴力や人身取引の被害女性等を含めた一時保護人数は、平成 30 年度で 7588 人（要保護女性本人 4052 人、同伴家族 3536 人）となっている[138]。

5 ── 離婚後の DV

　和歌山地判平成 29・6・30（判時 2375・2376 号 189 頁、LEX/DB25561143、2017WLJPCA06306015）は、原告が橋本市長（被告市長）に対し、住民基本台帳法 20 条 4 項に基づき B が記録されている戸籍の附票の写しが必要であるとの申出をしたところ、交付しないとする処分を受けたので、その取消しを求めた事案であるところ、請求が認容された。原告は A の代理人として、A と B との離婚事件を受任した弁護士であるところ、原告は裁判上の和解による離婚成立後、同和解に基づく協議をするため B の住所を知る必要があったことから、平成 26 年 7 月 23 日、本件申出をしたところ、26 年 8 月 8

138　警察庁『令和 3 年版犯罪被害者白書』第 2 部第 1 章 3（2）。

日、本件不交付の処分がされた。原告は8月28日、異議の申立てをした
が、9月30日棄却決定となり、10月22日和歌山県知事に対し審査請求をし
たが、27年1月8日棄却の裁決がされた。原告は27年6月24日、本件訴
えを提起した。原告はBの代理人であったC弁護士と協議していたとこ
ろ、Aの自宅にあるBの特有財産について協議がまとまらなかったことか
ら、26年7月頃、C弁護士からB代理人としての任務が終了したので今後
はB本人と直接連絡を取ってほしいとの連絡があった。しかるにBはAの
代理人弁護士である原告からの連絡すら受けることを拒否しており、Bの住
所が分からないので本件申出に至ったところ、裁判所は、Aは住基法20条
3項1号の「自己の義務を履行するために戸籍の附票の記載事項を確認する
必要がある者」に該当し、交付を受ける必要性は高かったといえ、交付する
ことについて相当性が認められる可能性の高い事案であると解され、また、
原告は弁護士であり、Bの住所をAに伝えないよう誓約させる等の方法に
より被害者保護に支障が生じないようにして交付の目的を達することも可能
であった、などとして請求を認容した。

名古屋高判平成27・2・26（民集70巻7号1754頁、判時2256号11頁、LEX
/DB25505905、2015WLJPCA02266001）は、控訴人Aが控訴人弁護士会に所
属するH弁護士に対し、訴外Dとの間の裁判上の和解に基づいてDの財産
に強制執行することについて委任した。H弁護士は、同弁護士会に対し、D
あての郵便物について①転居届の提出の有無、②転居届の届出年月日、③転
居届記載の新住所、④電話番号について、被控訴人（日本郵便株式会社）に
弁護士法23条の2第2項に基づく照会をするように申し出た。控訴人弁護
士会は同申出を適当と認め、被控訴人に対し23条照会をしたのに対し、本
件照会に応じない旨の回答をした。裁判所は、本件照会事項①ないし③につ
いては、23条照会に対する報告義務が郵便法8条2項の守秘義務に優越し、
本件拒絶について被控訴人に過失があったと認め、控訴人弁護士会の損害に
ついては1万円と認めるのが相当、と判示して、控訴人弁護士会に対する1
万円の慰謝料請求を認容した。

Ⅱ　DV防止法

6 ── まとめ

　DV防止法は、主として、①配偶者暴力相談支援センターの設置、②被害者の保護、及び③保護命令の制度について定めている。

　まず定義として、「配偶者からの暴力」（DV）とは、配偶者からの身体に対する暴力（身体的暴力）、又はこれに準ずる心身に有害な影響を及ぼす言動（精神的暴力又は性的暴力）をいう。婚姻中に暴力を受け、離婚後引き続き元配偶者から受ける暴力も配偶者からの暴力に含まれる。また、平成25年改正により、生活の本拠を共にする交際をする関係にある相手方からの暴力についても、DV防止法が準用されることとなった。

　配偶者暴力相談支援センターは、被害者の保護及び支援を行う中核的な機関であり、その設置は、都道府県においては必要的であり、市町村においては努力義務となっている。同支援センターは、被害者の相談、心身の健康を回復させるためのカウンセリング、被害者の一時保護、被害者の自立のための援助、保護命令制度や保護施設の利用についての情報提供などをその所掌業務としている。

　生活保護は、世帯ごとに厚労大臣が定めた基準により算定した生活費が世帯の収入を下回る場合にその不足分を扶助するものである。離婚前で夫がいたとしても実際には同居不可能であり、身を隠している事情がある場合には受給可能である。生活保護の手続は一般には住民票が必要であるが、DVケースの場合には住民票を移すと所在が発覚するおそれがあるので、賃貸借契約書や間借りの事実を証明すればよいとされる。

　保護命令とは、配偶者から一定の暴力又は脅迫を受けた被害者が、配偶者からのさらなる暴力によりその生命又は身体に重大な危害を受けるおそれが大きいときに、裁判所が、被害者の申立てにより、その生命又は身体に危害が加えられることを防止するため、当該配偶者に対し、一定の期間、被害者

へのつきまとい等の禁止や住居からの退去を命ずるものである。

　このうち①接近禁止命令は、加害者に対し、6ヵ月間、被害者の住居その他の場所において、被害者の身辺につきまとい、又は被害者の住居、勤務先その他の通常所在する場所の付近を徘徊することを禁止するものである。もう1つの②退去命令は、加害者に対し、2ヵ月間、被害者と共に生活の本拠としている住居からの退去を命じるとともに、その付近を徘徊することを禁止するものである。①の接近禁止命令と併せて、裁判所は、電話等による接触禁止命令、被害者の子への接近禁止命令、被害者の親族などへの接近禁止命令も発することができる。DV防止法29条は、保護命令に違反した者は、1年以下の懲役又は100万円以下の罰金に処する旨を規定する。

Ⅱ　DV防止法

Ⅲ　児童虐待防止法

1──総説

　児童虐待の防止等に関する法律（以下、「児童虐待防止法」という。）は、児童虐待の予防及び早期発見等に関する国及び地方公共団体の責務、虐待を受けた児童の保護及び自立支援のための措置等を定めるものであり、平成 12 年に制定された。児童虐待を含む児童福祉一般については、基本法である児童福祉法において定められており、児童虐待防止法は、児童福祉法を補う特別法として制定された [139]。

　法律上の児童虐待とは、①児童の身体に外傷が生じ、又は生じるおそれのある暴行を加えること（身体的虐待）、②児童にわいせつな行為をすること又は児童をしてわいせつな行為をさせること（性的虐待）、③児童の心身の正常な発達を妨げるような著しい減食又は長時間の放置、保護者以外の同居者による①又は②にあたる行為と同様の行為の放置その他の保護者としての監護を著しく怠ること（ネグレクト）及び④児童に対する著しい暴言又は著しく拒絶的な対応、児童が同居する家庭における配偶者に対する暴力（生命身体に危害を及ぼすもの及びこれに準ずる心身に有害な影響を及ぼす言動）その他の児童に著しい心理的外傷を与える言動を行うこと（心理的虐待）の 4 種の行為を指すものと定義されている（児童虐待防止法 2 条）。

139　川出＝金・前掲注（1）474 頁。

2──児童虐待の発見とその安全確認

　児童虐待の早期発見と通告に関し、従来、児童福祉法にも、要保護児童を発見した者による児童相談所等への通告義務が定められていたが（児童福祉法25条）、児童虐待防止法では、児童虐待を直接の対象とした通告義務を定めるとともに（児童虐待防止法6条）、職務上虐待を発見しやすい立場にある学校の教職員、児童福祉施設の職員、医師、歯科医師、保健師、看護師、弁護士などに対して、児童虐待の早期発見の努力義務を課している（同法5条）。なお、刑法の秘密漏示罪その他の守秘義務が通告を妨げるものではない旨を明確にし（同法6条3項）、さらに通告を受けた児童相談所等の守秘義務を規定している（同法7条）。

　児童相談所等が児童虐待に係る通告を受けたときは、児童の安全を確認するための措置を講じなければならない（同法8条）。児童相談所の職員等には、児童の住所・居所に立ち入り、必要な調査・質問をさせることができる（同法9条1項）。保護者が正当な理由なく立入り調査を拒否するなどした場合には、裁判所の発布する許可状により、当該児童の住所・居所について、実力行使を伴う臨検・捜索を行うこともできる（同法9条の3）。

3──被虐待児の保護

　虐待が明らかになった場合には、子どもと親を引き離すことによって、子どもを虐待から保護する必要がある。保護の方法には、一時保護と社会的養護がある。一時保護は、児童相談所長が、児童を一時保護所等に一時的に保護する措置である（同法8条2項1号）。その期間は原則として2ヵ月以内で

ある（児童福祉法33条3項）。社会的養護とは、児童を里親に委託したり、児童養護施設等の児童福祉施設に入所させたりする措置をいう（同法27条1項3号）。

　一時保護や社会的養護の下にある児童の保護のために必要がある場合、児童相談所長等は、保護者について、当該児童との面会又は通信を制限することができる（児童虐待防止法12条）。また、特に必要があるときは、都道府県知事又は児童相談所長は、6ヵ月以内の期間を定めて、保護者に対し、当該児童の身辺につきまとい、又は当該児童が通常所在する場所の付近をはいかいしてはならないことを命ずることができる（同法12条の4第1項─接近禁止命令）。同命令に係る期間は、特に必要があるときは、6ヵ月以内の期間を定めて更新することができる（同条2項）。これらの命令に違反した場合には、罰則の適用がある（同法17条）。

　里親制度は、何らかの事情により家庭での養育が困難又は受けられなくなった子ども等に、温かい愛情と正しい理解を持った家庭環境の下での養育を提供する制度である。里親委託ガイドライン（厚生労働省雇用均等・児童家庭局長通知、最終改正平成30年3月30日付）は、保護者による養育が不十分又は養育を受けることが望めない社会的養護のすべての子どもの代替的養護は、家庭養護が望ましく、養子縁組里親を含む里親委託を原則として検討することとしている。

　里親委託とは、児童相談所で保護した子どもを、養育することが適当であると判断した里親等に養育してもらうことをいう。里親家庭で暮らす子どもが満年齢で18歳になり、自立能力が確認されると委託措置が解除される。もっとも現在では20歳までの措置延長の制度が設けられている。さらに平成29年に「社会的養護自立支援事業」が設立されており、措置解除された者のうち、自立のための支援を継続して行うことが適当な場合には、原則22歳の年度末まで、ここの状況に応じて引き続き必要な支援を受けることができる。

　養育里親による児童虐待と措置委託の解除についての事例として、**横浜地**

3　被虐待児の保護

判平成 31・3・13（判例地方自治 462 号 70 頁、LEX/DB25566657、2019WLJPC
A03136021）の原告である夫婦は、相模原市長から児童福祉法 6 条の 4 が規
定する養育里親として登録を受けた夫婦であり、A（平成 23 年 8 月生まれの
女児）及び B（平成 26 年 12 月生まれの男児）の 2 児について、児童福祉法 27
条 1 項 3 号に基づき、里親委託措置を受けて、これらの児童を養育していた
者であるところ、本件は、被告である相模原市児童相談所長が、平成 28 年
5 月 B（平成 30 年 3 月に死亡）について、また、平成 29 年 4 月 A について、
それぞれ原告らに対し、里親に関する措置委託解除をしたことに対し、被告
が原告らによる A 及び B に対する虐待の事実が存在しないのに、それがあ
ることを前提としてした A に対する里親委託措置の解除処分の取消しを求
めるとともに、A 及び B に対する里親委託措置の解除等をしたことがいず
れも違法であると主張して国家賠償請求をした事案である。里親委託措置の
解除に至る経緯であるが、被告相模原市児童相談所長（処分行政庁）は、平
成 28 年 4 月 25 日付けで、B について原告らを里親とする里親委託措置を
行ったが、同年 5 月 16 日、B は原告らの自宅において意識を消失するとい
う出来事に遭遇し、C 大学病院に搬送されたため、処分行政庁は、同日 B
について里親委託措置を停止した上、同月 18 日、A について一時保護を
し、同月 19 日付けで A の里親委託措置を停止した。C 大学病院での調査の
結果、原告らによる B 虐待を否定することができないとの結論に至り、B
の実母は原告らへの里親委託措置への同意を撤回し、一時保護が長期化して
いる A についても原告らへの里親委託措置への同意を撤回したことを受け
て、処分行政庁はそれぞれ原告らに対し、里親に関する措置委託解除をして
いるところ、裁判所は、本件措置解除は原告らを名宛人とする行政処分では
ないことから、原告らは本件措置解除に係る処分の取消しを求める法律上の
利益を有しているとはいえないから本件訴えは不適法であるとして却下し、
国家賠償請求はいずれも理由がないとして棄却している。

4 ── 虐待を行った親に対する指導

　一時保護や社会的養護は、いずれも当面の保護措置であるから、子どもの利益を考えた場合、できる限り子供が親との愛着関係を再構築できるように、親子再統合の促進に向けた支援をすることが必要である[140]。

　児童福祉法に基づき、児童福祉司などによる保護者に対する指導（カウンセリングや心理療法）が行われる場合、保護者はこの指導を受ける義務がある（児童虐待防止法 11 条 3 項）。保護者が指導を受けないときは、都道府県知事が指導を受けるよう勧告することができる（同条 4 項）。さらに、保護者が勧告に従わず、当該児童に対して親権を行わせることが著しくその福祉を害する場合には、児童相談所長が、必要に応じて、親権喪失又は親権停止の審判請求（児童福祉法 33 条の 7）を行うものとされている（児童虐待防止法 11 条 6 項）。なお、児童福祉法の平成 29 年改正により、家庭裁判所が、社会的養護措置の承認の申立てがあった場合に、都道府県に対して、保護者に対する指導措置をとるように勧告することができるものとされ（同法 28 条 4 項）。勧告が行われた場合には、その旨を保護者に通知するものとされた（同条 5 項）。これにより、児童相談所による指導措置が、家庭裁判所の勧告に基づくものであり、これへの対応により申立ての結果が変わり得ることを保護者が認識することになるから、これも間接的に指導措置の実効性を担保する機能をはたすものといえよう[141]。

140　川出＝金・前掲注（1）476 頁。
141　川出＝金・前掲注（1）477 頁。

5 ── まとめ

　児童虐待防止法は、児童虐待の予防及び早期発見等に関する国及び地方公共団体の責務、虐待を受けた児童の保護および自立支援のための措置等を定めるものであり、平成12年に制定された。児童虐待を含む児童福祉一般については、基本法である児童福祉法において定められており、児童虐待防止法は、児童福祉法を補う特別法として制定された。

　児童虐待の早期発見と通告に関し、児童虐待防止法では、児童虐待を直接の対象とした通告義務を定めるとともに、職務上虐待を発見しやすい立場にある学校の教職員、児童福祉施設の職員、医師、歯科医師、保健師、看護師、弁護士などに対して、児童虐待の早期発見の努力義務を課している。

　児童相談所の職員等には、児童の住所・居所に立ち入り、必要な調査・質問をさせることができる。保護者が正当な理由なく立ち入り調査を拒否するなどした場合には、裁判所の発布する許可状により、当該児童の住所・居所について、実力行使を伴う臨検・捜索を行うこともできる。

　虐待が明らかになった場合には、子どもと親を引き離すことによって、子どもを虐待から保護する必要がある。保護の方法には、一時保護と社会的養護がある。一時保護や社会的養護の下にある児童の保護のために必要がある場合、児童相談所長等は、保護者について、当該児童との面会又は通信を制限することができる。また、特に必要があるときは、都道府県知事又は児童相談所長は、6ヵ月以内の期間を定めて、保護者に対し、当該児童の身辺につきまとい、又は当該児童が通常所在する場所の付近を徘徊してはならないことを命ずることができる。これらの命令に違反した場合には、罰則の適用がある。

　里親制度は、何らかの事情により家庭での養育が困難又は受けられなくなった子ども等に、温かい愛情と正しい理解を持った家庭環境の下での養育

を提供する制度である。里親委託とは、児童相談所で保護した子どもを、養育することが適当であると判断した里親等に養育してもらうことをいう。里親家庭で暮らす子どもが満年齢で 18 歳になり、自立能力が確認されると委託措置が解除される。

　児童福祉法に基づき、児童福祉司などによる保護者に対する指導（カウンセリングや心理療法）が行われる場合、保護者はこの指導を受ける義務がある。保護者が指導を受けないときは、都道府県知事が指導を受けるよう勧告することができる。保護者が勧告に従わず、当該児童に対して親権を行わせることが著しくその福祉を害する場合には、児童相談所長が、必要に応じて、親権喪失又は親権停止の審判請求を行うものとされている。

IV　児童買春・児童ポルノ処罰法

　児童買春、児童ポルノに係る行為等の規制及び処罰並びに児童の保護等に関する法律（以下、「児童買春・ポルノ処罰法」という。）は、児童ポルノの提供や製造だけではなく、その単純所持をも処罰することとしている（同法 7条 1 項）。その処罰根拠は児童の保護にあるとされる[142]。

1──児童ポルノ製造罪

　津地判令和 2・5・29（LEX/DB25566261）は、被告人が通信アプリ（LINE）を通じて知り合って交際を始めた被害児童（当時 11 歳）が 18 歳に満たない児童であると知りながら、令和 2 年 1 月 3 日、同児童方において、同児童に被告人と性交している姿態をとらせ、これを自己の携帯電話機で動画として撮影し、電磁的記録に係る記録媒体に描写した児童ポルノを製造したという事案について、児童ポルノの製造罪（児童買春・ポルノ処罰法 7 条 4 項）の成立を認める。

2──児童買春罪

　前橋地判令和 2・4・16（LEX/DB25565983）は、被告人が、① A（当時 15歳）が 18 歳に満たない児童であることを知りながら、平成 31 年 2 月 23 日、

142　川出＝金・前掲注（1）126 頁。

藤岡市内のアパート居室において、A に現金 5000 円の対償を供与する約束
をして A と性交し、もって児童買春をし（児童買春・ポルノ処罰法 4 条）、②
前記日時場所において、C に児童ポルノを提供する目的で、A に被告人と
性交する姿態をとらせ、これを自己の携帯電話で撮影し、その電磁的記録で
ある画像データを同携帯電話機内蔵の電磁的記録媒体に記録して保存し、
もって児童ポルノを製造し（同法 7 条 4 項）、③同日、高崎市内の E 店駐車
場に駐車中の自動車内において、C に対し、自己が使用する携帯電話機か
ら、通信アプリ（LINE）を用いて、児童を相手方とする性交に係る児童の
姿態及び衣服の全部又は一部を着けない児童の姿態であって、殊更に児童の
性的な部位が露出され又は強調されているものであり、かつ、性欲を興奮さ
せ又は刺激するものを視覚により認識することができる方法により電磁的記
録に係る記録媒体に描写した前記児童に係る画像データ 20 点を C が使用す
る携帯電話機にそれぞれ送信して受信させ、もって電気通信回線を通じて児
童ポルノを提供した（同法 7 条 2 項）という事実ほかの訴因について起訴さ
れて有罪となり、懲役 4 年に処せられた事案である。なお児童買春は対償の
供与が必要であるところ、18 歳未満の児童との性交につき対価の約束がな
い場合は処罰されないのであろうか。平成 11 年に公布・施行された児童買
春・ポルノ処罰法は附則 2 条により、「地方公共団体の条例の規定で、この
法律で規制する行為を処罰する旨を定めているものの当該行為に係る部分に
ついては、この法律の施行と同時に、その効力を失うものとする」旨を規定
する。ちなみに、群馬県青少年健全育成条例 35 条 1 項は、「何人も、青少年
に対してみだらな性行為又はわいせつな行為をしてはならない」旨を規定
し、同 53 条は、「35 条 1 項の規定に違反した者は、2 年以下の懲役又は 100
万円以下の罰金に処する」旨を規定するが、児童買春・ポルノ処罰法に規定
する児童買春の罪の「上乗せ条例」であって許容されるかが問題となるが、
上述の同法附則 2 条に照らせば、失効したとみる余地があろう[143]。しかし

143　西田・前掲注（129）50 頁。

ながら、本件で被告人は17歳のBと性交した事実についても条例違反で起訴されて併せて有罪とされている。同種裁判例として、**広島地判平成30・5・18**（刑集74巻3号329頁、LEX/DB25566853、2018WLJPCA05186012）は、被告人が平成28年5月8日、徳島市内のホテルで、D（当時14歳）が18歳に満たない青少年であることを知りながら、同人に被告人の陰茎を口淫させるなどし、もって青少年にいん行した事実につき、弁護人が「いん行に該当しない」として争ったのに対し、「何人も、青少年に対し、いん行又はわいせつな行為をしてはならない」旨を規定する徳島県青少年健全育成条例14条1項違反（同条例24条1号）として、有罪としている（確定）が、同条例の効力については上述のとおり疑問の余地がある。

　東京高判平成24・7・17（LEX/DB25482259）は、原審が群馬県青少年健全育成条例違反で有罪としたことに対し、弁護人が、「18歳未満の者との性行為については、国法である児童買春・児童ポルノ等処罰法のみで全国一律に有償の場合のみを規制する趣旨であるとして、同法の施行により条例の淫行処罰規定は当然に失効した」と主張して控訴したのに対し、「児童買春・児童ポルノ等処罰法が、対償を伴う児童との性交等のみを児童買春として処罰することとし、対償を伴わない児童との性交等を規律する明文の規定を置いていないのは、後者につき、いかなる規制をも施すことなく放置すべきものとする趣旨であるとは解されず、それぞれの普通地方公共団体において、その地方の実情に応じて、別段の規制を施すことを容認する趣旨であると解される。そうすると、青少年に対するみだらな性行為等を禁止し、これに違反した者を処罰することとした条例35条1項、53条のいわゆる淫行処罰規定は、児童買春・児童ポルノ等処罰法の施行によって、児童買春に該当する行為に係る部分についてのみ効力を失ったが、それ以外の部分については、なお効力を有するものと解される（平成11年法律52号附則2条1項参照）。したがって、児童買春に該当しない原判示第1、第5、第7及び第11の各所為に対して原判決が上記条例の規定を適用したことに誤りはない」とした。しかし、福岡県青少年育成条例の淫行処罰規定につき、「本条例……の規定

にいう『淫行』とは、広く青少年に対する性行為一般をいうものと解すべきではなく、青少年を誘惑し、威迫し、欺罔し又は困惑させる等その心身の未成熟に乗じた不当な手段により行う性交又は性交類似行為のほか、青少年を単に自己の性的欲望を満足させるための対象として扱つているとしか認められないような性交又は性交類似行為をいうものと解するのが相当」と判示して、限定解釈をとることによりかろうじて憲法 31 条との関係で合憲とした**最大判昭和 60・10・23**（刑集 39 巻 6 号 413 頁、判時 1170 号 3 頁、LEX/DB278 03700、1985WLJPCA10231050）との関係で問題の余地がある。すなわち、条例にいう「みだらな性行為又はわいせつ行為」は罪刑法定主義の派生原則と解される明確性の原則に反しないかが問われるのではないか。最判と明確性の原則を踏まえた場合、附則 2 条の解釈として、「対償を供与し、又はその供与の約束をしてする」性交等以外の性交等について処罰する条例の規定は、失効したと解するのが相当ではなかろうか。同条例が最判を踏まえて条文の手直しをする場合には、「みだらな」という文言をもう少し明確なものにする必要があるのではないか。

3──児童ポルノ単純所持の罪

　静岡地裁浜松支判令和 2・2・21（LEX/DB25565260、2020WLJPCA02216006）は、被告人が、自己の性的好奇心を満たす目的で、平成 30 年 7 月 18 日、浜松市内の自宅で、児童を相手方とする又は児童による性交又は性交類似行為に係る児童の姿態、他人が児童の性器等を触る行為又は児童が他人の性器等を触る行為に係る児童の姿態であって性欲を興奮させ又は強調されているものであり、かつ、性欲を興奮させ又は刺激するものを視覚により認識することができる方法により描写した電磁的記録である動画データを記録した児童ポルノである DVD14 枚を所持したという事案について、児童買春・ポルノ処罰法 7 条 1 項前段の罪（単純所持）の成立を認める。

　刑法では、わいせつ物の所持や購入は処罰されておらず、処罰の対象は、その頒布や販売、公然陳列である（刑法 175 条）。にもかかわらず児童ポルノについて単純所持が処罰されるのはなぜであろうか。その処罰根拠は児童の保護にあり、児童ポルノの所持（需要）を規制することによりその提供や製造（供給）を抑止するという考え方が背景にあろう。

　山形地判平成 29・7・4（LEX/DB25546439、2017WLJPCA07046001）は、被告人が、被害児童（当時 13 歳）が 18 歳に満たない児童であることを知りながら、同児童が実母 A の要求を拒めないことに乗じ、実母 A に対し現金等を対償として供与する旨約束して、平成 27 年 11 月 16 日、山形市内のホテル客室で、A 立会いの下、被害児童の臀部に自己の陰茎を擦りつけるなどして、被害児童に、自己を相手に性交類似行為をさせ、もって児童買春をするとともに、児童に淫行させる行為をした事案について、児童買春の罪のほか、児童福祉法 34 条 1 項 6 号違反の罪（同法 60 条 1 項）の成立を認める。

V　リベンジポルノ被害防止法

　私事性画像記録の提供等による行為等の防止に関する法律（以下、「リベンジポルノ被害防止法」という。）3 条 1 項は、第三者が被写体を特定できる方法で、電気通信回線を通じてプライベートとして撮影された性的画像記録を不特定又は多数の者に提供した者は、3 年以下の懲役又は 50 万円以下の罰金に処する旨を定める。

　横浜地判平成 27・6・12（LEX/DB25447325、2015WLJPCA06129002）は、リベンジポルノ被害防止法違反事例である。被告人が元交際相手である A の裸体等が撮影された画像データを保管していたところ、平成 27 年 1 月 2 日午前 11 時 43 分から同日午後 1 時 40 分ころまでの間、10 回にわたり、X 方において、PC を用いてインターネットを利用し、A の顔を撮影した画像データや A の氏名等が記載された「合格通知書」と題する書面を撮影した画像データなどとともに、A の顔や陰部を撮影した画像データ及び A が被告人の陰茎を口淫する場面を撮影した画像データ等 10 点を C 社が管理する米国内に設置されたサーバコンピュータに送信して記憶・蔵置させ、不特定多数のインターネット利用者に対し、同画像の閲覧が可能な状態を設定し、もって第三者が撮影対象者の特定することができる方法で、性交又は性交類似行為に係る人の姿態及び衣服の全部又は一部をつけない人の姿態であって、殊更に人の性的な部位が露出され又は強調されているものであり、かつ、性欲を興奮させ又は刺激するものである私事性的画像記録物を公然と陳列した事案であるところ、別件脅迫 2 件、わいせつな電磁的記録媒体陳列罪（刑法 175 条 1 項前段）と併せて、懲役 2 年 6 月、4 年間執行猶予、保護観察付の刑に処せられた。被告人が自慰行為を見せるように被害者に要求して拒

絶され、立腹して犯行に及んだ事案であって、認知のゆがみを解消するプログラムを受けさせ、今後の更生及び再犯防止に資することを専門機関に期待して保護観察に付するとしたとしている。その旨を保護観察における特別遵守事項として定めることになろう。

福島地裁郡山支判平成 27・5・25（LEX/DB25540674）は、被告人 X には妻子がいるにもかかわらず不倫関係にあった被害者から別れを告げられた後も納得せず、被告人が被害者から「あなたのしていることはストーカーです。」と言われたことなどを逆恨みして、困らせてやろうと考え、被害者の胸等が写っている写真を、駐車場に 2 回にわたり、73 枚、58 枚を置いて被害者が特定できる方法で、公然と陳列したという事案であって、リベンジポルノ被害防止法 3 条 2 項、1 項の罰条が適用されている。量刑の理由として、被害者は勤務先から退職を余儀なくされ、処罰感情も強いところ、被告人が 2 度とつきまとわないことを誓約し、父親が今後の指導監督を誓約していることなど考慮し、懲役 1 年 6 月、3 年間執行猶予の刑に処している。

Ⅵ　出会い系サイト規制法違反

　インターネット異性紹介事業を利用して児童を誘引する行為の規制等に関する法律（以下、「出会い系サイト規制法」という。）6条は、「何人も、インターネット異性紹介事業を利用して、①児童を性交等の相手方となるように誘引すること、②人を児童との性交等の相手方となるように誘引すること、③対償を供与することを示して、児童を異性交際の相手方となるように誘引すること、④対償を受けることを示して、人を児童との異性交際の相手方となるように誘引すること、及び⑤以上のほか、児童を異性交際の相手方となるように誘引し、又は人を児童との異性交際の相手方となるように誘引することをしてはならない」旨を規定し、これに違反した者を100万円以下の罰金に処することとしている（同法33条）。

　東京地判平成22・12・16（LEX/DB25502937）は、被告人が、公安委員会に届出をしないで、平成21年1月9日から同年5月25日までの間、千葉県内の自宅において、同所に設置してあるサーバコンピュータにＣと称する電子掲示板を蔵置して、異性交際希望者の求めに応じ、その者がインターネットを利用して同電子掲示板に入力することによって、その異性交際に関する情報につきインターネットを利用して公衆が閲覧することができる状態に置いてこれを伝達した上、同電子掲示板に設定された機能を用いて、当該情報の伝達を受けた異性交際希望者が電子メール等を利用して当該情報に係る異性交際希望者と相互に連絡することができるようにする役務を提供する事業を行い、もって届出をしないでインターネット異性紹介事業を行ったという公訴事実につき、弁護人が「本件は、インターネット異性紹介事業に該当しない」旨主張したのに対し、「本件サイトの記載内容やその利用状況自

体から、被告人が、本件サイトの対象者を異性交際を希望する者とする運営方針をとっていたものと十分推認される」旨判示して本罪の成立を認め（出会い系サイト規制法32条1号、7条1項）、量刑の理由につき「被告人は、本件サイトにつき、児童による利用禁止の明示や児童でないことの確認などのインターネット異性紹介事業者に求められている措置を講じないまま、4か月余にわたり運営しており、その態様は悪質である」として罰金50万円に処している。

　なお出会い系サイト利用による犯行として、**大阪高判平成22・9・7**（刑集65巻5号932頁、LEX/DB25480940、2010WLJPCA09076004）は、出会い系サイトを利用して誘客を募る派遣型の風俗業を経営している被告人が、売春を前提に女性従業員を雇い入れていたほか、女性の送迎等をする男性従業員を雇い入れ、売春周旋をしたという事案について、売春防止法6条1項違反の罪の成立を認める。

Ⅶ　知的財産権の侵害

1── 著作権法違反

(1) 総説

　1986 年の著作権法の改正により「データベース」（著作権法 2 条 1 項 10 号の 3）、すなわち論文、数値、図形その他の情報の集合物であって、それらの情報を電子計算機を用いて検索することができるように体系的に構成したものであって、「その情報の選択又は体系的な構成によって創作性を有するものは、著作物として保護する」と定められた（同法 12 条の 2 第 1 項）。また、1985 年改正によりコンピュータ・プログラムが著作物として著作権法の保護を享受しうることとされた（著作権法 10 条 1 項 9 号）。

(2) インターネットと著作権

　インターネットに流す目的で、ホームページのファイルをサーバー送信する行為についてはどのように評価すればよいのだろうか。そもそも、インターネットに流す目的がある以上、既にファイル作成の時点でファイル内の著作物に関する複製権や翻案権を侵害していると解されよう[144]。

　ファイルを受け取ったプロバイダー等がこれをサーバにアップロードする行為は、ファイル内の著作物に関する複製禁止権の対象となる。ネット上に

144　田村善之著『知的財産法（第 3 版）』（有斐閣、2003）419 頁。

流す行為は公衆送信禁止権の対象となるであろう[145]。ところで、2001年に成立したプロバイダー責任制限法は、技術的に送信を防止する措置を講じることが可能な場合であって、かつ、権利が侵害されていることを知っていたか、問題の情報の流通を知っていた場合であって、さらに権利侵害を知ることができた相当な理由がある場合でなければ、プロバイダー等は権利者に対する損害賠償責任を負わない旨を定めた（プロバイダー責任法3条1項）。

　また、他人のホームページにリンクを張る行為についてはどのように評価すればよいのだろうか。リンクが便利な道具として機能していることに疑いはなく、むやみにリンクの自由を委縮させるような解釈論は相当ではないから、公衆送信の主体はあくまでもリンク先であるとする立場を堅持するとともに、あたかも自己のホームページの一部であるかのように装う形で他人のホームページにリンクを張る行為に対して著作権侵害で対処したり、あるいは、その場合に限り公衆送信の主体がリンク先ではなくリンクを張った方となると解釈することにより、問題解決を図るべきとの見解がある[146]。

　福岡地判令和2・3・18（LEX/DB25570860、2020WLJPCA03189003）は、「被告人は、Aら3名と共謀の上……著作権者の許諾を受けないで、平成29年5月11日頃、東京都内のA方で、パーソナルコンピューターを使用しインターネットを介して、Mが著作権を有する著作物である漫画の画像データ……を、インターネットに接続されたサーバーコンピューターの記録装置に記録保存し、その頃から同月17日までの間、インターネットを利用する不特定多数の者に自動的に公衆送信し得る状態にし、もって上記著作権（同法23条1項）を侵害した」という公訴事実につき著作権法違反（同法119条1項）に問われた事案であるところ、懲役1年10月、3年間執行猶予及び罰金100万円の刑に処せられている。本件は被告人らが、他のウェブサイト上に違法にアップロードされていた多数の漫画や雑誌の画像データにつきインターネットを通じて収集し、共犯者が開設した「K」と称するウェブサイト

145　田村・前掲注（144）419頁。
146　田村・前掲注（144）421頁。

Ⅶ　知的財産権の侵害

上に、アフィリエイト（インターネット広告の仕組みの 1 つ）による収益を目的として、その画像データを対価なく閲覧する目的で K にアクセスする者が目当ての著作物を検索しやすいように体系化して、権利者に無断でアップロードすることを反復継続する中で敢行された事案である。

　大阪高判令和元・11・1（LEX/DB25564530、2019WLJPCA11016002）は、上記と同種事案につき、原審が、被告人 3 名は、B ら 15 名と共謀の上、平成 28 年 3 月 2 日から平成 29 年 7 月 18 日までの間、48 回にわたり、パソコンを使用してインターネットを介し、44 名が著作権を有する著作物である漫画等 68 点の各書籍データを、インターネットに接続された自動公衆送信装置であるサーバコンピュータの記録媒体に記録・蔵置した上、上記期間、48 回にわたり、パソコンを使用してインターネットを介し、前記各書籍データを記録・蔵置した場所を示す URL を本件サイトのサーバコンピュータ内の記録媒体に記録・蔵置し、不特定多数のインターネット利用者に前記著作物 68 点の各書籍データを自動公衆送信可能な状態にし、もってそれぞれ著作権者の著作権を侵害した、という事実につき著作権法違反を認めたのに対し、弁護人が、「書籍データを記録・蔵置した場所を示す URL を本件サイトのサーバコンピュータ内に記録・蔵置した行為は、公衆送信権の侵害には当たらない」などと主張して控訴したところ、「B ら投稿者によるアップロード行為は、それ自体において、公衆の用に供されている電気通信回線に接続している自動公衆送信装置の公衆送信用記録媒体に情報を記録すること（著作権法 2 条 1 項 9 号の 5 イ）に該当するものではある。しかし、アップロード行為があったとしても、各書籍データはいわゆるストレージサービスに記録・蔵置されているにすぎないから、一般に検索することが難しく、公衆は、書籍データを記録・蔵置した場所を示す URL を知らない限り、事実上、書籍データにアクセスすることは極めて難しい」。そうすると、「B ら投稿者が行うアップロード行為は、これに加えて、URL 記録行為が行われることにより、公衆においてその URL を介して書籍データにアクセスすることが実質的に可能となると認められる。そうすると、B ら投稿者は、これら

1 　著作権法違反

2 つの行為を一体として行うことによって、情報を記録する行為により自動公衆送信し得るようにすること（著作権法 2 条 1 項 9 号の 5）に当たる行為を行ったというべきである。以上のとおり、アップロード行為と URL 記録行為の双方を一体として行うことにより公衆送信権が侵害されたといえるから」、原判決の法令の適用に誤りはない旨を判示して控訴棄却としている。

＜事例＞　ウィニー事件（最三決平成 23・12・19 刑集 65 巻 9 号 1380 頁、判時 2141 号 135 頁、LEX/DB25444057、2011WLJPCA12199001）

[1] 事案の概要

　X は、ファイル共有ソフト Winny を開発し、その改良を重ねながら順次ウェブサイト上で公開し、インターネットを通じて不特定多数の者に提供していたところ、正犯者 2 名が、これを利用して著作物であるゲームソフト等の情報をインターネット利用者に対し自動公衆送信し得る状態にして、著作権者の有する著作物の公衆送信権（著作権法 23 条 1 項）を侵害する著作権法違反の犯行を行ったことから、正犯者らの各犯行に先立つ X による Winny の最新版の公開、提供行為が正犯者らの著作権法違反の幇助に当たるとして起訴された。

　Winny は、情報発信主体の匿名性を確保する機能（匿名性機能）とともに、クラスター化機能 [147]、多重ダウンロード機能、自動ダウンロード機能といったファイルの検索や送受信を効率的に行うための機能を備えており、それ自体は多様な情報の交換を通信の秘密を保持しつつ効率的に行うことを可能とし、様々な分野に応用可能なソフトであるが、本件正犯者がしたように著作権を侵害する態様で利用することも可能なソフトである。

---

[147]　クラスターとは、アプリケーションの可用性を高めるために一体となって機能する個々のコンピュータ・システムのグループをいう（http://www.ibm.com）。クラスター化とは、同じ構成の複数のコンピュータを相互接続し、外部に対して全体で 1 台のコンピュータであるかのように振舞わせることをいう。

　Xは、平成14年4月Winnyの開発に着手し、同年5月、自己の開設したウェブサイトでWinnyの試用版を公開し、その後も改良を加えたWinnyを順次公開し、同年12月Winny1.00を公開し、平成15年4月、Winny1.14を公開してWinny1の開発に一区切りつけた。その後、Xは、P2P技術を利用した大規模BBS（電子掲示板）の実現を目的として、そのためのソフトであるWinny2の開発に着手し、同年5月、最初の試用版を公開し、9月には、本件正犯者2名が利用したWinny2.0 β 6.47やWinny2.0 β 6.6（以下、併せて「本件Winny」という。）を順次公開した。

　Xは公開に当たり、ウェブサイト上に「これらのソフトにより違法なファイルをやり取りしないようにお願いします。」などの注意書きを付記した。

　本件正犯者甲は、平成15年9月3日ころ、Xが公開していた本件Winnyをダウンロードして入手し、同月11日から12日の間、プログラムの著作物である「スーパーマリオアドバンス」ほか25本のゲームソフトの各情報が記録されているハードディスクと接続したPCを用いて、インターネットに接続された状態の下、Winnyを起動させ、同コンピュータにアクセスしてきた不特定多数のインターネット利用者に上記各情報を自動公衆送信し得るようにし、著作権者が有する著作物の公衆送信権を侵害する著作権法違反の犯行を行った。

　Winnyのネットワーク上を流通するファイルの4割程度が著作物で、かつ、著作権者の許諾が得られていないと推測されるものであった。

　一審判決は、Winnyの技術そのものは価値中立的であり、価値中立的な技術を提供すること一般が犯罪行為となりかねないような、無限定な幇助犯の成立範囲の拡大は妥当でないとしつつ、本件Xの所為は、幇助犯を構成するとして罰金150万円に処した。

　二審判決は、著作権侵害の用途のみに又はこれを主要な用途として使用させるようにインターネット上で勧めて本件Winnyを提供していたとは認められないとの理由で幇助犯の成立を否定した。

1　著作権法違反

[2] 結論

帯助犯不成立で無罪（上告棄却）（なお、5人中1人の反対意見あり）

[3] 理由

「帯助犯の成立を提供者において外部的に違法使用を勧めて提供する場合のみに限定する」旨の二審判断は、刑法62条の解釈を誤っている。

しかし、Xの行為は、ソフトの開発方法として特異なものではなく、合理的なものと受け止められているところ、かかるソフトの開発行為に対する過度の萎縮効果を生じさせないためにも、単に他人の著作権侵害に利用される一般的可能性があり、それを提供者において認識・認容しつつ当該ソフトの公開、提供をし、それを用いて著作権侵害が行われたというだけで、直ちに著作権侵害の帯助行為に当たると解すべきではない。

Xは、現に行われようとしている具体的な著作権侵害を認識、認容しながら本件Winnyの公開、提供を行ったものではない。

客観的に見て例外的とはいえない範囲の者がそれを著作権侵害に利用する蓋然性が高い状況の下で公開、提供行為であったことは否定できない。

Xは例外的とはいえない範囲の者がそれを著作権侵害に利用する蓋然性が高いことを認識、認容していたとまでは認めることは困難である（提供を受けた者の中には本件Winnyを著作権侵害のために利用する者がいることを認識していた。）。

Xは、著作権法違反罪の帯助犯の故意を欠くといわざるを得ず、Xにつき著作権法違反罪の帯助犯の成立を否定した原判決は、結論において正当である。

（大谷反対意見）Xには例外的とはいえない者が著作権侵害に利用する蓋然性が高いことを認識、認容していたと認められるところ、本件Winnyの持つ法益侵害性と有用性は「法益比較」といった相対比較にはなじまないもので、実質的違法性を欠くとはいえない。

VII　知的財産権の侵害

[4]　検討

　本件の場合、他者による違法な利用は当然に予想されたのであるから、少なくとも未必の故意による概括的幇助犯の成立を認めてもよいと思われるという学説上の見解がある[148]。本決定は、Winny の公開、提供が価値中立的な行為であり、かつ、不特定多数人に向けられたものであることを重視して、正犯結果を惹起する具体的な危険性を幇助行為の客観面として要求したものと解されようか[149]。

　著作権法 112 条の差止請求が認められた事例として、**東京高判平成 14・10・29**（LEX/DB28080165、2002WLJPCA10299002）は、Y₁ が設置・管理するウェブサイト「ホテル・ジャンキーズ」には、「サロン・ドゥ・ホテル・ジャンキーズ」という無料の電子掲示板があって、X ら（個人 11 名）は本件掲示板に文章を書き込んだところ、Y₁ 及び Y₂ は、本件電子掲示板に書き込まれた文章の一部を複製（転載）して、書籍『世界極上ホテル術』（著者名「Y₂ とホテル・ジャンキーズ・クラブ」）を作成し、これを Y₃ が出版したという事案であって、X らが、Y₁ らの行為は上記文章について X らの有する著作権を侵害すると主張して、Y₁ らに対して本件書籍の出版等の差止め及び損害賠償を請求したものであるところ、原判決（**東京地判平成 14・4・15** 判時 1792 号 129 頁、LEX/DB28070730、2002WLJPCA04150001）は請求を一部認容したのに対し、Y₁ らが控訴提起したものである。本裁判所は、「著作物性の判断に当たっては、これを広く認めたうえで、表現者以外の者の行為に対する評価において、表現内容に応じて著作権法上の保護を受け得るか否かを判断する手法をとることが、できる限り恣意を廃し、判断の客観性を保つという観点から妥当であるというべきである」本件各転載文は、「基本的には、X 各記述部分の表現を変えずにほとんどそのまま複製したものであり、その

148　西田・前掲注（68）369 頁。
149　矢野直邦『最高裁判所判例解説刑事篇平成 23 年度』（法曹会、2015）390 頁以下参照。

1 　著作権法違反

いわゆるデッドコピーに近いものであると評価すべきものである」旨判示し、Xらの請求を認容している。

また、**東京地判令和元・9・18**（LEX/DB25570566、2019WLJPCA09189013）は、インターネット上で音楽雑貨等を販売している原告会社の代表者が職務上作成し創作性が認められ、自ら運営するウェブサイトに掲載した原告の著作物たる写真について、被告において複製して自身が運営するウェブサイトに掲載して公衆送信したことに対し、原告が著作権及び著作者人格権を侵害したなどと主張して、被告に対し本件各写真のデータの廃棄、改変、公衆送信の差止め等を求めた事案であるところ、「原告の著作権法112条1項、同条2項に基づく請求は、被告に対し、本件各写真等の複製、公衆送信の差止め、本件各写真等のデータの廃棄を求める限度で理由がある」とした。

２──パブリシティ権の侵害

パブリシティ権は、一般に著名人の氏名や肖像を利用することで商品の販売が促進されるなどの経済的効果が生み出されるような場合に、著名人が第三者に対して自己の氏名・肖像の使用を許諾・禁止することによって、その経済的利益を独占的に支配する権利をいうなどと解されている。わが国においてパブリシティ権は、個別の法律で定義や保護がされているわけではないが、裁判例にはこれを法的な権利として認めているものがある。

すなわち**知財高判令和2・2・20**（LEX/DB25570735、2020WLJPCA02209004）は、ファッションデザイナーである一審原告X及びそのマネジメント会社である一審原告会社が、一審被告に対し、被告ウェブサイトにXの氏名及び肖像写真等を掲載した行為は、Xのパブリシティ権を侵害するとともに、不正競争行為に該当し、一審原告らの営業上の利益が侵害されたなどと主張し、損害賠償等を請求した事案であるところ、本裁判所は、両当事者は、平成9年から平成25年までの間、Xの名前の付いた本件ブランドを用いた日本での

婦人服販売事業のための契約関係にあったが、被告各表示の素材となったＸの肖像写真及び紹介文並びに被告写真に複製されたＸ写真は、上記事業における本件ブランドの宣伝広告の目的のために、一審原告側から提供された素材であり、その提供に当たっては、使用の目的、態様及び期間等について文書等による明確な取り決めはされていなかった。一審原告Ｘにはパブリシティ権が成立し、一審被告がこれを使用する目的を有していたと認められるところ、平成25年に両当事者間の契約関係が解消された後においては、原告写真の著作権についての利用許諾という付随的な契約関係が残存するとの合意があったとは認められず、一審原告らによる同意、承諾も認められない。パブリシティ権侵害に基づく使用料相当損害は原判決説示のとおり100万円と評価するのが相当である、とする一方、差止めの必要性については、「一審被告にとって被告写真を被告ウェブサイトに再掲載することによって得られる利益とこれによる法的紛争のリスクとを比較したとき、合理的な経営判断によれば、再掲載は行わないものと推認される」として消極に解している。

　東京地判平成17・9・12（LEX/DB28135296）は、被告人が、① P2株式会社が開設したホームページを利用するために必要な他人のログインID及びログインパスワードを入手するため、被告人が管理する公衆の用に供されている電気通信回線に接続している自動公衆送信装置である株式会社P3所在のサーバコンピュータ上に、P2株式会社が著作権を有する著作物であるホームページのログイン画面を複製しようと企て、法定の除外事由がなく、かつ、著作権者の許諾を受けないで、公衆からの求めに応じて自動的に公衆に直接受信させる目的で、平成17年2月18日ころ、株式会社P3において、前記サーバコンピュータの記録媒体に、前記ログイン画面を複製して記録し、そのころから同月24日ころまでの間、前記複製に係るログイン画面を送信可能化し、もって前記著作権者の著作権を侵害した事実と、②他人の識別符号であるログインID及びログインパスワードを使用して不正アクセス行為をすることを企て、法定の除外事由がないのに、同月19日ころから同月28日ころまでの間、前後9回にわたり、大阪市内の自宅ほか1ヵ所にお

いて、パソコンから電気通信回線を介して、P2 株式会社が東京都千代田区内に設置して管理するアクセス制御機能を有する特定電子計算機である認証サーバコンピュータに、M ほか 4 名を利用権者として付されたログイン ID 及びログインパスワード等をそれぞれ入力して前記特定電子計算機を作動させ、前記アクセス制御機能により制限されている特定利用をし得る状態にさせ、もって不正アクセス行為をしたという事実の成立を認め、執行猶予の有罪判決をした。動機はコンピュータについての豊富な知識を悪用し、P2 のホームページと酷似するフィッシングサイトを設け、非常に重要な個人情報であるログイン ID やログインパスワードをだまし取り、それを利用して不正アクセス行為を行い、個人のプライバシーであるメールをのぞき見するなどしたという事案であるところ、被告人と P2 社との間で示談が成立し、被告人はこの合意に基づいて 300 万円の贖罪寄付をし、被告人が保有しているドメイン○○.jp などを P2 社に譲渡したこと、ログイン ID などをだまし取られてメールをのぞき見された被害者 5 名に対し、全員との間で被告人がそれぞれ 30 万円を支払って示談が成立していることなどを考慮して寛大な判決が得られている。

　映画著作物に係る告訴権は、「著作権者から著作権の一部譲渡を受けたのではなく（著作権法 61 条 1 項参照）、独占的にビデオグラムの形態により複製・頒布・上映することを許諾されたいわゆる独占的ビデオ化権者であっても（同法 63 条 1 項参照）、著作権者の許諾を得ていない者によって当該映画著作物がビデオ化され、著作権が侵害された場合には、刑訴法 230 条にいう『犯罪により害を被った者』に当たり、告訴権を有する」（**最三判平成 7・4・4** 刑集 49 巻 4 号 563 頁、判時 1527 号 152 頁、LEX/DB27826875、1995WLJPCA04040001）。

3 ── 商標法違反

（1）商標権の侵害

　商標権とは、指定商品または指定役務について登録を受けた商標（登録商標）を独占的に使用できる排他的な権利をいう[150]（商標法 2 条 5 項、25 条）。

　名古屋高判平成 25・1・29（LEX/DB25445307、2013WLJPCA01299002）は、被告人が、任天堂株式会社が商標登録を受けている「Wii」及び「Nintendo」の各商標を付した家庭用ゲーム機 Wii について、Wii 専用アプリケーション以外の各種アプリケーションのインストール及び実行も可能になるように内臓プログラム等を改変した上で、上記各商標を付したまま前後 3 回にわたり計 3 名に販売した行為が、任天堂の商標権を侵害する行為として商標法 78 条の罪に該当し、また、自宅においてそのように内臓プログラムの改変をした Wii4 台を譲渡のために所持した行為が、同法 37 条 2 号の商標権侵害とみなされる行為として同法 78 条の 2 の罪に該当するとして原審が有罪としたのに対し、弁護人が、本件各行為に係る Wii は、いずれも任天堂が正規に流通に置いた真正な Wii に対し、その内臓プログラムを改変したにとどまり、本件 Wii は、商標権の出所表示機能を損なうような同一性の欠如は来していないのに、真正品との同一性を失ったと認定し、本件各行為が商標権侵害に当たると認めたのは事実誤認ないし法令解釈適用の誤りがあるとして控訴した事案であるところ、「当初は、商標権者又はその許諾を得た者により、適法に商標が付され、かつ、流通に置かれた真正商品であっても、それら以外の者によって改変が加えられ、かつ、その改変の程度が上記出所表示機能及び品質保証機能を損なう程度に至っているときには、これを転売等して付されて

150　金子ほか編代・前掲注（3）637 頁。

いる商標を使用することにつき、実質的違法性を欠くといえる根拠が失われ
ている」、被告人が書き換えた「ファームウェア[151] は、ハードウェアとして
の Wii と不可分一体かつ不可欠の構成要素であると認められる。そうする
と、その改変は、それ自体において、商品としての Wii の本質的部分の改変
に外ならない」旨を判示し、原判決が商標権侵害を肯定したことは正当であ
るとして、控訴を棄却している。

(2) 商標権のみなし侵害

　商標法 37 条は、指定商品若しくは指定役務についての登録商標に類似す
る商標の使用又は指定商品若しくは指定役務に類似する商品若しくは役務に
ついての登録商標若しくはこれに類似する商標の使用など列挙する 8 つの行
為について、商標権又は商標の専用使用権を侵害するものとみなした上、こ
のみなし侵害行為をした者について、5 年以下の懲役若しくは 500 万円以下
の罰金に処し、又はこれを併科することとしている（商標法 78 条の 2）。
　東京高判平成 29・3・10（判タ 1446 号 169 頁、LEX/DB25560087、2017WLJ
PCA03106011）は、被告人が、「商標の使用に関して何ら権限がないのに、
平成 27 年 3 月 5 日午前 7 時 7 分ころ、自宅において、インターネットに接
続可能な機器を使用して、東京都千代田区内に設置された Z 株式会社が管
理する「Z オークション」のサーバコンピュータの記憶装置に、別表 5-1
（略）記載の標章を付して、認証されていないソフトウェアに不正な認証用
のコードで認証を得ることなどにより制限なく使用可能な「PhotoshopCC
2014」のソフトウェアに関する広告を内容とする情報を記憶・蔵置させ、こ
れを Z オークションのインターネットサイト上に掲載した上、そのころか
ら同日午後 1 時 42 分ころまでの間、インターネット端末を利用する B ら不
特定多数の者に閲覧させるなどして、商品に関する広告を内容とする情報に

---

[151]　電子機器に組み込まれたコンピュータ・システムを制御するためのソフトウェア
　　で、ソフトウェアを ROM 等の集積回路にあらかじめ書き込まれた状態で、機器に組み
　　込んだものをいう（http://www.dospara.co.jp）。

標章を付して電磁的方法により提供し、別表5-2（略）記載のとおりアドビ
―　システムズ　インコーポレイテッドが商標登録を受けている指定商品に
類似する商品について登録商標に類似する商標を使用し（商標法37条1号）、
もってアドビ―　システムズ　インコーポレイテッドの商標権を侵害すると
みなされる行為を行った」という事実を認定して、商標法78条の2の罪の
成立を認めている。同旨の裁判例として**千葉地判平成29・5・18**（判時2365
号118頁、LEX/DB25546111、2017WLJPCA05186004）がある。

(3)　商標権侵害等を理由とする提訴に対する対抗訴訟

　東京地判平成30・6・1（LEX/DB25449589）は、原告らが、被告らの商標
権侵害、著作権侵害及び著作者人格権侵害を主張して、侵害行為の差止め、
損害賠償等を求めた（甲事件）のに対し、被告らが、原告らによる虚偽の事
実の告知又は流布が不正競争防止行為に当たると主張して、告知又は流布行
為の差止め、損害賠償等を求めた（乙事件）という事案であるところ、被告
各著作物による著作権侵害及び著作者人格権侵害を認めるとともに、乙事件
において、原告らの告知行為が虚偽の事実の告知か否かが争点となり、裁判
所は、原告らによる告知行為は、被告各商標が原告商標権を侵害する旨の内
容を含むところ、被告各商標の使用は原告商標権を侵害していないので、商
標権侵害に係る事実の告知は虚偽の事実の告知に当たる、原告Xは本件告知
をするに当たって通常必要とされる事実調査及び法律的検討を行えば、被告
各商標が原告商標権を侵害しないことを容易に知り得たのに、あえて商標権
侵害に当たる旨の告知をしたのであって、原告Xには少なくとも過失があ
り、本件告知行為がやむをえない理由に基づく必要最小限の範囲内の正当行
為ということもできない旨を判示して、原告Xに対し、告知行為の差止めと
損害賠償（被告らの営業上の信用が害されたことによる各50万円の無形損害）
を認めている。

VIII　不正競争防止法違反

　不正競争防止法は、不正競争行為を列挙するとともに、こうした行為に対する差止請求及び損害賠償請求等を認めることにより、不正競争を防止しようとする法律である。同法により違法とされる不正競争行為には、①商品等表示による混同行為、②著名標識の使用、③商品の形態の模倣、営業秘密の不正取得・使用・開示、④技術的制限手段の迂回装置の提供、⑤ドメイン名の不正取得行為、⑥原産地・品質・数量等の誤認表示、⑦虚偽事実の陳述ないし流布による信用毀損などがある（不正競争防止法 2 条 1 項）。

　また、不正競争防止法の平成 15 年改正により、営業秘密に関する刑事的保護を導入することとし、他人の営業秘密を不正に取得、使用又は開示した者に対する処罰規定を新設している[152]。

　商品等表示による混同行為を不正競争と認めた裁判例として、**東京高判平成 13・10・25**（LEX/DB28062216、2001WLJPCA10250014）は、被告 Y が、日本におけるドメイン名の割当てを統括する社団法人日本ネットワークインフォメーションセンター（JPNIC）から、「j-phone.co.jp」のドメイン名（本件ドメイン名）の割当てを受け、「http://www.j-phone.co.jp」をインターネット上のアドレスとしてウェブサイトを開設し、「J-PHONE」等の表示を用いて商品の宣伝等を行ったことに対して、携帯電話による通信サービス提供事業を主たる目的とし、「J-PHONE」等の表示（本件サービス名称）を用いて営業活動を行う株式会社 X（原告）が、被告による上記行為は不正競争防止法 2 条 1 項 1 号所定の不正競争行為に該当するとして、Y に対し、本

152　経済産業省知的財産政策室編『逐条解説・不正競争防止法』（商事法務、2016）15頁。

件ドメイン名等の使用中止及びウェブサイトからの抹消並びに損害賠償を請求した事案であって、一審判決（**東京地判平成 13・4・24** 判時 1755 号 43 頁、LEX/DB28060816、2001WLJPCA04240001）は、被告による本件ドメイン名等の使用中止及びウェブサイトからの抹消の請求を認容し、損害賠償の請求を一部認容し、被告 Y が控訴したものであるところ、本件サービス名称は、「遅くとも、控訴人が本件ドメイン名の割当てを受けた平成 9 年 8 月 29 日の時点では既に X 及びその関連会社の営業を示す表示として全国規模で広く認識されるに到っていた」旨を認定した上、一審判決が被告 Y に対しウェブサイト上からの本件ドメイン名等表示の抹消を命じた点については、「不正競争行為を現にしているもの、あるいは、不正競争行為をするおそれがある者に対し、当該不正競争行為を禁止することが許されるのは当然であり、仮に、そのことによって表現の自由が制約を受けることになったとしても、そのことは何ら憲法に違反するものではない」旨判示して、控訴棄却としている。

　営業秘密侵害罪の成立を認めた裁判例として、**大阪高判平成 29・12・8**（判タ 1451 号 154 頁、LEX/DB25449324、2017WLJPCA12089004）は、株式会社 A の代表取締役である被告人が、A 社の従業員 2 名と共謀の上、株式会社 E が F 形式ファイルにより電子書籍の影像を配信するにあたり、営業上用いている電磁的方法により上記影像の視聴及び記録を制限する手段であって、視聴等機器が、同社が提供する影像表示・閲覧ソフト「G 電子書籍ビューア」による特定の変換を必要とするように上記影像を変換して送信する方式により、ライセンスの発行を受けた特定の上記機器にインストールされた本件ビューア以外では視聴ができないように上記影像の視聴及び記録が制限されているのに、A の業務に関し、不正の利益を得る目的で、法定の除外事由なしに、平成 25 年 9 月 10 日頃及び同年 11 月 23 日頃、本件ビューアに組み込まれている影像等の記録・保存を行うことを防止する機能を無効化する方法で本件技術的制限手段の効果を妨げることにより、上記機器にインストールされた本件ビューア以外でも上記影像の視聴を可能とする機能を

有するプログラム「H3」を、上記用途に供するため、2名の者にそれぞれ電気通信回線を通じてダウンロードさせて提供した」という事実につき、原審が、不正競争防止法2条1項10号に該当する行為であるとして、営業秘密侵害罪（平成27年法律54号による改正前の不正競争防止法21条1項9号）の成立を認めたのに対し、弁護人が、H3は、E社が電子書籍を配信するに当たって施している「技術的制限手段の効果を妨げることにより影像の視聴等を可能とするプログラム」に該当しない、などと主張して同罪の成否を争って控訴したところ、本件ビューアに組み込まれたソフトウェアが行った制御と反対の制御を行うことによって影像のキャプチャを再度可能ならしめるH3は、本件ビューアがインストールされた機器以外の機器ではコンテンツの表示ができないという効果を妨げるものにほかならないプログラムであり、H3が、法2条1項10号の「技術的制限手段の効果を妨げることにより影像の視聴を可能とする機能を有するプログラム」に該当するとした原判決は正当である旨を判示して控訴棄却としている。

Ⅷ　不正競争防止法違反

第2章

精神障害者による犯罪被害等

I　精神障害

1──刑事事件・少年保護事件

(1) 自閉症スペクトラム

　自閉症スペクトラムとは、一部の人たちに共通してみられる心理的・行動的特性であって、その特性とは、臨機応変な対人関係が苦手で、自分の関心、やり方、ペースの維持を最優先させたいという本能的志向が強いことといわれている[153]。自閉症スペクトラムとは、発達障害という大きなくくりの中で論じられてきたもののうち、「自閉症」「高機能自閉症」「アスペルガー症候群」などの仲間の総称とされ、かつては「広汎性発達障害」というグループ名でも呼ばれていた[154]。

　神戸地判平成 26・7・30（LEX/DB25504574）は、被告人が、出会い系サイトで知り合った共犯者に自身の裸体写真を撮らせて金銭を得るなどしていたが、共犯者が被告人相手ではもう金を払う気がないと知るや、金欲しさから、被告人の実の娘（当時 13 歳）や被告人方に寝泊まりさせていた家出少年ら（当時 5 歳から 15 歳）を対象とする児童ポルノを製造し、児童買春の相手方をさせるなどした事案であるところ、「被告人は自閉症スペクトラム障害（ASD）と診断されており、この障害や被告人の成育歴が本件各犯行に通底する被告人の性的認知の歪みや実の子や共犯少年らとの関係等に影響してい

153　本田秀夫『自閉症スペクトラム』（ソフトバンク新書、2013）13 頁。
154　本田・前掲注（153）15 頁。

る可能性は否定することができない」としつつ、かつ、初犯であるも「被告人の刑事責任は重い」として懲役 7 年の実刑に処している。

東京簡判平成 29・8・10（LEX/DB25561092）は、窃盗罪で執行猶予中の被告人がフィギュア 1 個を店から万引きした事案であって、被告人には自閉症スペクトラム障害、脳機能障害など複数の精神障害があるものの、責任能力は争点とはされなかったところ、本件犯行後に精神科医の診断を受け、被告人が抱える精神障害の治療として、内省プログラムへの参加を開始し、今後月 2 回の認知行動療法を行うことなどが計画されていたことから、治療の継続が再犯防止の観点から必要であるとして、再度の執行猶予（刑法 25 条 2項）とされた。今後は、家族の監督とともに、保護観察所や保護司など公的機関による監督・指導も期待されている。

東京地判平成 29・3・3（LEX/DB25561022）は、窃盗の前科が 3 犯あり、保護観察付執行猶予中の被告人が十分な所持金を持っているにもかかわらず裁縫糸欲しさからこれを万引きした事案である。被告人は自閉症スペクトラム障害傾向がみられるほか、DSM-5 のクレプトマニア（窃盗症）の診断基準に該当するとされているが、結論として完全責任能力は認められている。しかし、裁判所は、本件犯行の遠因には精神障害の影響がみられ、保釈後窃盗を繰り返さないよう医療機関で治療に努めており、今後夫や親族の協力を得て治療を継続する意思を示しているなどの事情を指摘して、異例ながら罰金 50 万円に処せられている。窃盗罪につき懲役ではなく罰金が言い渡される場合として、参考となる裁判例である。

水戸家決平成 28・10・14（判タ 1441 号 250 頁、LEX/DB25548159、2016WLJPCA10146004）は、平成 22 年に現住建造物等放火、器物損壊保護事件で医療少年院送致決定を受け、5 年 9 ヵ月にわたりの矯正教育を経て、平成 28年〇月〇日に少年院を仮退院し（更生保護法 41 条）、保護観察に付された少年 X が（更生保護法 42 条、40 条）、その 4 日後に器物損壊 1 件と傷害 2 件の事件を起こした事案である。この事件につき起訴はされなかったものの、「再び犯罪をすることがないよう、又は非行をなくすよう健全な生活態度を

保持すること」という保護観察中の一般遵守事項に違反するとして地方委員会によって戻し収容（更生保護法71条）の申請がなされたのに対し、X本人は、自閉症スペクトラムなどの障害特性によって、物事に柔軟に対処することが苦手で、行動がパターン化されやすい傾向がみられ、共感性の弱さも指摘されるが、親権者である実父に本人の受入れ意思がなく、実母との面会もなく、他に適当な帰住先も見当たらないことから、「矯正教育の期間を1年6か月として第3種少年院に戻して収容する」旨の決定がされた。なお、医療措置終了後は第1種少年院に移送し、社会適応力を養わせることが相当であるので、その旨処遇勧告を付することとされ、併せて、本人の保護環境にかんがみ、別途社会復帰後の帰住先確保に係る環境調整命令が発せられた。

　自閉症スペクトラム症は是非善悪を判断し、行動を制御する能力が著しく制約されていたとはいえないものの、全く健全であったともいえないので、これらの点は犯情として考慮せねばならないとされ（**大阪高判令和元・7・16** LEX/DB25570387、2019WLJPCA07169002）、量刑事情としてある程度被告人に有利に評価される。**高松高判令和元・5・7**（LEX/DB25563449）は、自閉症スペクトラム障害の診断を受けている被告人が、傷害、公務執行妨害被告事件で懲役1年10月の実刑判決を受けたのに対し、弁護人が量刑不当を理由に控訴したところ、初犯であって、被害者に対する母親がしてくれた100万円の被害弁償などを評価して破棄自判とし、懲役2年6月、4年間執行猶予、保護観察付の判決とした。

　ストーカー行為事案である**福岡高決平成31・1・24**（判タ1465号102頁、LEX/DB25564415、2019WLJPCA01246008）は、少年院送致決定に対する抗告事件であり、非行事実は申立人たる少年がイベントで見かけて好意をもったAにつきまとうことにつき、警察官から事情聴取や注意を受けていたところ、禁止されているのにメール送信で「申し訳ありませんでした。警察には言わないでください」などのメッセージを多数送信したというものである。少年は自閉スペクトラム症や軽－中等度精神遅滞であり、要保護性が非常に強く、更生を図るには施設収容が必要とされたことから、第3種少年院送致

は相当とされた。

(2) パーソナリティ障害

　パーソナリティ障害とは、現在、広く受け入れられているアメリカ精神医学会の診断体系 DSM-Ⅳの一領域を構成するカテゴリーであって、要約すると、年齢相応の社会生活ができない状態であり、詳しくみると、社会や現実への認知の仕方が著しく偏っていて、感情調整や衝動コントロールに障害をもち、普通に対人関係を作り、維持することができない人といわれている[155]。

　福岡地判令和2・10・23（LEX/DB25567245、2020WLJPCA10236007）は、中国からの留学生 X が、日本語学校に通っていた A に強い恋愛感情を抱き、その障害となる A の交際相手に嫉妬心や敵意を募らせ、①令和元年8月28日、A の交際相手 B 方に侵入し、B に対し、殺意をもってその胸部等をペティナイフで多数回突き刺し、出血性ショックにより死亡させ、②令和元年5月22日から8月27日までの間、A に対し、自己の携帯からインスタグラム又はラインのメッセージを送信する方法で122回にわたり、同人から拒まれたのに連続してメッセージを送信し、うち28回を A に閲読させ、面会、交際その他の義務のないことを行うことを要求し、著しく粗野又は乱暴な言動をし、③同月12日午後7時5分頃から同日午後7時42分頃までの間、A 方付近を歩き回るなどしてみだりにうろつき、④同日午後10時26分頃、同所付近を歩き回り、みだりにうろつき、⑤同月18日午後1時55分から同日午後2時10分頃まで、A 方付近を歩き回ってみだりにうろつき、もって同人に不安を覚えさせるような方法でつきまとい等を反復して行い、ストーカー行為をしたという事案であるところ、被告人は非社会性パーソナリティ障害と診断され、その特徴である衝動性や行動切迫感が本件各犯行に影響を与えているものの責任能力はあるとされ、裁判所は、いずれの事実も

155　牛島定信『パーソナリティ障害とは何か』（講談社、2012）11頁。

認定して懲役 21 年とした。

2 ── 入院措置

（1）措置入院

　精神保健福祉法は、精神障害者の医療保護及び福祉の増進を目的としている（同法 1 条）。昭和 25 年の制定当初は「精神衛生法」という名称であったが、昭和 62 年改正で「精神保健法」となり、次いで、平成 7 年改正によって「精神保健福祉法」となった。

　精神保健福祉法上の入院形態には、①本人の同意に基づく「任意入院」（同法 20 条、21 条）、②本人の同意がなくても、その家族等のうちいずれかの者の同意があるときにし得る「医療保護入院」（同法 33 条）と③本人、家族等のいずれの同意も必要としない「措置入院」（同法 29 条）の 3 種類がある。

　措置入院の手続についてみると、警察官が、職務を執行するに当たり、精神障害のために自傷他害のおそれがある者を発見したとき（同法 23 条）、検察官が精神障害者又はその疑いのある被疑者について不起訴処分をした場合、又は同種の被告人について自由刑の実刑以外の裁判が確定したとき（同法 24 条）、保護観察所の長が、保護観察に付されている者が精神障害者又はその疑いのある者であることを知ったとき（同法 25 条）、矯正施設の長が、精神障害者又はその疑いのある収容者を釈放、退院又は退所させようとするとき（同法 26 条）などには、その旨を都道府県知事に通報しなければならない。通報を受けた都道府県知事は、通報があった者について、精神保健指定医による診察を受けさせる（同法 27 条）。診察を受けた者が精神障害者であり、かつ、医療及び保護のために入院させなければその精神障害のために「自傷他害のおそれ」があると認められることについて、2 人以上の指定医

の診察を受けた結果が一致したときは、その者を国公立の精神病院その他の指定病院に強制的に入院させることができる（同法 29 条）。

　那覇地判平成 15・11・27（LEX/DB25410525、2003WLJPCA11279016）は、被告人が、平成 9 年 5 月、飲酒酩酊のため心神耗弱の状態で飲み友達の被害者（当時 44 歳）に対し、殺意をもってその胸部を突き刺し失血により死亡させた事案であるところ、当初被告人はいったん不起訴となり措置入院となったが、被害者の遺族が検察審査会に不服申立てをし、不起訴不当の議決が出たことから、検察庁が再捜査し、医師による精神鑑定の嘱託が行われ、本件当時責任無能力ではなかったという鑑定が得られた結果、本件起訴がされた。被告人は、本件犯行当時、飲酒酩酊の影響により精神障害（複雑酩酊）に陥り、是非善悪を弁別し、これに従って行動する能力が著しく減退していたとして心神耗弱が認定された。量刑は、民事裁判で確定した損害賠償責任を果たしておらず、被害者の兄が極刑を望んでいるものの、他方、40 年以上懲役前科がなく、高齢であることなどをも勘案して懲役 5 年に処せられた。かつては、検察官が被疑者を責任能力がないとして不起訴にする場合、被疑者は通報により措置入院とされる扱いであった。本件ではこの処分に不服がある被害者遺族は検察審査会に不服申立てをしたわけである。現在では、平成 17 年 7 月から施行されている「心神喪失等の状態で重大な他害行為を行った者の医療及び観察等に関する法律」（以下、「医療観察法」という。）により、こうした殺人などを行い、心神喪失又は心神耗弱が認められ、それを理由として不起訴処分となった者、裁判で無罪とされた者又は刑が減軽されて懲役・禁錮の執行猶予となった者は、検察官の申立てにより審判が行われ、裁判所において入院・通院の決定などがなされ、精神障害の改善・社会復帰促進のための医療が行われることになる。

（2）緊急入院措置・応急入院

　精神保健福祉法 29 条の 2 第 1 項は、都道府県知事は、急速を要し、措置入院につき法が定める手続を採ることができない場合には、その指定する指

定医に診察させた結果、その者が精神障害者であり、かつ、直ちに入院させ
なければその精神障害のために自信を傷つけ又は他人を害するおそれが著し
いと認めたときは、緊急入院措置を採ることができる旨を定める。

　また、同法 33 条の 7 は、厚生労働大臣の定める基準に適合するものとし
て都道府県知事が指定する精神科病院の管理者は、医療及び保護の依頼が
あった者について、急速を要し、その家族等の同意を得ることができない場
合において、その者が、指定医の診察の結果、精神障害者であり、かつ、直
ちに入院させなければその者の医療及び保健を図る上で著しく支障がある者
であって当該精神障害のために任意入院が行われる状態にないと判定された
もの等であるときは、本人の同意がなくても、72 時間を限り、応急入院さ
せることができる旨を定める。

　東京地判平成 28・6・24（LEX/DB25536217）は、夫婦でマンションに住
み、隣室の住人の飼い犬への対応についてトラブルを抱えていた原告らのう
ち原告 X_1 が、隣室の住人に対して警察官から注意してもらおうとしたとこ
ろ、臨場した警察官らにより異常者扱いされ、警察官職務執行法 3 条 1 項 1
号の保護名下に原告らの子の前で身体を拘束されて警察署に搬送され、その
後改正前の精神保健福祉法により被告知事に通報されて、精神科病院に搬送
され、緊急入院措置を講じられたため精神的損害を被ったと主張し、また、
原告 X_2 は、X_1 が身体拘束された現場で、警察官に暴行など加えていないの
に公務執行妨害罪の現行犯人として逮捕され、身体拘束を受けて精神的損害
を被ったと主張し、国家賠償請求に及んだ事案である。X_1 の緊急入院措置
については、搬送先の精神科病院で指定医 A が X_1 に対する診察結果及び同
人の暴れる状況、警察官からの聴取内容等を踏まえ、同人を情緒不安定性人
格障害と診断し、自傷他害のおそれが高いから緊急入院措置を講ずるのが相
当と判断し、被告知事が X_1 に対して緊急入院措置を講ずることにしたこ
と、その後 X_1 に対する精神保健福祉法 29 条に基づく入院措置の必要性を
判断するため、2 名の指定医が指定されて診察した結果、X_1 には短絡的、
衝動的な部分が見られ、適応障害であることは認められるが、自傷他害のお

それまでは認められないとして入院措置不要である旨を通知したことなどから、本件緊急入院措置が必要であるとした指定医 A の判定に違法はないなどとして原告らの請求を棄却している。

(3) 医療保護入院

医療保護入院に対し、納得できない患者が権利侵害を主張して不法行為に基づく損害賠償を請求することがある。**東京地判平成 30・7・30**（LEX/DB25556677、2018WLJPCA07308007）は、原告が、被告医療法人が開設する病院の医師から統合失調症である旨の誤った診断をされ、本件病院に医療保護入院させられて権利侵害を受けたと主張して損害賠償を請求した事案であって、原告は統合失調症に罹患していると診断され、そのため入院が必要であると判断され、担当医師が原告にその旨を説明するも、原告には病識がなく入院に対する同意を得ることが困難であったことから、原告の夫の同意を得て医療保護入院するに至ったものであるところ、医療保護入院の必要を認める判断が誤りであると認めるに足りる証拠はないとして、請求棄却とされている。

(4) 任意入院

精神保健福祉法 20 条は、精神科病院の管理者は、精神障害者を入院させる場合においては、本人の同意に基づいて入院が行われるように努めなければならない旨を定める。つまり、本人の自己決定権を尊重し、強制入院ではなく任意入院が原則であることを明らかにしている。

(5) 退院請求

退院請求とは、精神科入院中の患者又はその保護者が、入院を不服として都道府県知事に対して、精神科病院の管理者にその患者を退院させるように命ずるよう請求する制度である（精神保健福祉法 38 条の 4）。退院請求は、措置入院、緊急措置入院、応急入院、医療保護入院の患者が行うことが想定さ

れているが、任意入院でも請求の手続を行うことはできる。

　精神医療審査会は、精神保健福祉法12条に基づいて設置されているところ、都道府県知事は退院請求を受けたときは、その内容を精神医療審査会に通知し、その入院の必要性や処遇の妥当性について審査を求めなければならない（同法38条の5第1項）。精神医療審査会は、当該審査に係る者について、その入院の必要があるかどうか、又はその処遇が適当であるかどうかに関し審査を行い、審査結果を都道府県知事に通知する（同法38条の5第2項）。

　入院患者については、精神保健福祉法に基づく退院請求のほか、不当に奪われた人身の自由を回復することを目的として制定されている人身保護法に基づく救済のための人身保護請求をすることができる。同法2条は、「法律上正当な手続によらないで、身体の自由を拘束されている者は、この法律の定めるところにより、その救済を請求することができる」旨を規定し、同法を受けた人身保護規則4条は、「法第2条の請求は、拘束又は拘束に関する裁判若しくは処分がその権限なしにされ又は法令の定める方式若しくは手続に著しく違反していることが顕著である場合に限り、これをすることができる。但し、他に救済の目的を達するのに適当な方法があるときは、その方法によって相当の期間内に救済の目的が達せられないことが明白でなければ、これをすることができない」旨を規定する。

　例えば、医療保護入院している患者は、入院先の病院の管理者を拘束者として人身保護請求の申立てをすることがある（**神戸地決令和2・6・25**LEX/DB25566450 訴訟救助申立事件参照）。**最一判昭和37・4・12**（民集16巻4号833頁、判タ139号66頁、LEX/DB27002165、1962WLJPCA04120001）は、精神衛生法（旧法）の規定に基づいて精神障害者の保護義務者を選任するには、精神障害者の扶養義務者のうちから選任すべきところ、非拘束者たる被上告人の扶養義務者ではない者Aを保護義務者に選任した事案について、その選任をした「家庭裁判所支部の審判は違法であり、その違法は顕著である……上告人（拘束者）が被上告人を拘束するにつき、たとえAの同意を得

た事実があつても、同人はもともと保護義務者となる資格を有しなかつたのであるから、上告人の本件拘束は、精神衛生法 33 条に定める正当な手続によつたものでないことが明らかであり、従つて、被上告人の本件救済の請求は人身保護法 2 条及び人身保護規則 4 条所定の要件に適合する」旨を判示して上告を棄却している。

(6) 入院患者の代理人弁護士との面会の拒絶・制限の当否

　大阪地判平成 10・2・27（判タ 1002 号 267 頁、LEX/DB28041377、1998WLJ02270021）は、医療法人 K 開設に係る O 病院に入院中の男性患者が別の入院患者から受けた暴行により死亡した事件の記事が新聞報道された後、入院患者からの人権センターに面会の依頼が寄せられるようになり、同人権センターに所属する弁護士である原告 X らが患者との面会を求めたところ、医療法人 K の顧問の地位にある被告 A らがこれを違法に妨害した事案について、「原告らは、患者の依頼により患者の代理人となろうとする弁護士として、入院患者と面会する権利を保障されるべきところ、本件各事件の当日、被告らから種々の口実を設けて患者との面会を妨害され、これにより、弁護士としての職務を全うすることができず、あるいは、時間を無駄に費やす結果となり、相応の精神的苦痛を被った……本件各面会妨害行為により原告らがそれぞれ受けた精神的苦痛を慰謝すべき金額は、本件各事件があった日ごとに、原告一人当たり 20 万円をもって相当である」旨を判示して原告らの請求を認容する。

(7) まとめ

　精神保健福祉法上の入院形態には、①本人の同意に基づく「任意入院」、②本人の同意がなくても、その家族等のうちいずれかの者の同意があるときにし得る「医療保護入院」と③本人、家族等のいずれの同意も必要としない「措置入院」の 3 種類がある。ここで精神保健福祉法は、精神科病院の管理

者は、精神障害者を入院させる場合においては、本人の同意に基づいて入院
が行われるように努めなければならない旨を定める。つまり、本人の自己決
定権を尊重し、強制入院ではなく任意入院が原則であることを明らかにして
いる。

　なお精神保健福祉法は、急速を要する場合における例外的措置として、措
置入院につき法が定める手続を採ることができないとき、及び医療及び保護
の依頼があった者につきその家族等の同意を得ることができないときには、
一定の要件の下に緊急措置入院及び応急入院の措置を採ることができる旨を
定める。

　措置入院の手続についてみると、検察官が精神障害者又はその疑いのある
被疑者について不起訴処分をした場合、又は同種の被告人について自由刑の
実刑以外の裁判が確定したような場合、その旨を都道府県知事に通報しなけ
ればならず、通報を受けた都道府県知事は、通報があった者について、精神
保健指定医による診察を受けさせる。診察を受けた者が精神障害者であり、
かつ、医療及び保護のために入院させなければその精神障害のために「自傷
他害のおそれ」があると認められることについて、2人以上の指定医の診察
を受けた結果が一致したときは、その者を国公立の精神病院その他の指定病
院に強制的に入院させることができる。

　退院請求とは、精神科入院中の患者又はその保護者が、入院を不服として
都道府県知事に対して、精神科病院の管理者にその患者を退院させるように
命ずるよう請求する制度である。退院請求は、措置入院、緊急措置入院、応
急入院、医療保護入院の患者が行うことが想定されているが、任意入院でも
請求の手続を行うことはできる。精神医療審査会は、当該審査に係る者につ
いて、その入院の必要があるかどうか、又はその処遇が適当であるかどうか
に関し審査を行い、審査結果を都道府県知事に通知する。

　入院患者については、精神保健福祉法に基づく退院請求のほか、不当に奪
われた人身の自由を回復することを目的として制定されている人身保護法に
基づく救済のための人身保護請求をすることができる。

Ⅰ　精神障害

3 ── 医療観察法

　心神喪失等の状態で重大な他害行為を行った者の医療及び観察等に関する法律（以下、「医療観察法」という。）は、心神喪失等の状態で重大な他害行為を行った者に対し、その適切な処遇を決定するための手続等を定めることにより、継続的かつ適切な医療並びにその確保のために必要な観察及び指導を行うことによって、その病状の改善及びこれに伴う同様の行為の再発の防止を図り、もってその社会復帰を促進することを目的としている（医療観察法1条）。医療観察法が適用される対象者は、一定の重大犯罪を行い、心神喪失又は心神耗弱が認められ、それを理由として、①不起訴処分となった者、②裁判で無罪とされた者、③裁判で刑が減軽されて懲役・禁錮の執行猶予となった者等である。検察官の申立てによって裁判がなされ、裁判所は処遇の要否及び内容を決定する。すなわち、①医療を受けさせるために入院させる旨の決定（入院決定）、②入院によらない医療を受けさせる旨の決定（通院決定）、③不処遇の決定のいずれかを決定する（同法42条1項）。

　医療観察制度は、心神喪失又は心神耗弱の状態で、殺人、放火等の重大な他害行為を行った者の社会復帰を促進することを目的とした処遇制度である[156]。平成30年7月から、保護観察所では、医療観察制度における被害者やその遺族等の権利利益の保護の充実を図るため、その申出に応じて、加害者である医療観察対象者の処遇段階等に関する情報を提供する制度を開始している。情報提供の内容は、①医療観察対象者の氏名、②医療観察対象者の処遇段階（入院処遇、地域社会における処遇、処遇終了）及びその開始又は終了年月日、③医療観察対象者の事件が係属している（係属していた）保護観察所の名称、所在地及び連絡先、④地域社会における処遇中の保護観察所に

156　川出＝金・前掲注（1）443頁。

よる対象者との接触状況（直近 6 ヵ月間の面接等の回数）である。

東京高判平成 29・7・14（刑集 71 巻 10 号 586 頁、判時 2369 号 130 頁、LEX/DB25449274、2017WLJPCA07149002）における対象行為は、「対象者が、平成 28 年 9 月、神奈川県内の書店において、被害女性（当時 52 歳）に対し、突然体当たりしてその場に転倒する暴行を加え、よって、同人に全治 2 か月間を要する仙椎骨折の傷害を負わせた」というものであって、検察官は対象者について心神耗弱者と認めて平成 29 年 2 月、公訴を提起しない処分をするとともに、医療観察法 33 条 1 項の申立てをした事案である。原審は同年 4 月、同法 42 条 1 項 1 号により、対象者を医療を受けさせるために入院させる決定をしたのに対し、付添人がこれを不服として抗告したのが本件事案であるところ、「医師である精神保健審判員と裁判官の合議体は、鑑定の結果を基礎とし、対象者の生活環境等をも考慮した上で、同法 42 条 1 項 1 号所定の要件に該当する事実があると認めたものであり、その認定が……不合理なものとはいえない」旨判示して本件抗告を棄却している。

名古屋高裁金沢支部判令和 2・7・28（LEX/DB25566594、2020WLJPCA07286003）は、殺人未遂・銃刀法違反被告事件であって、被告人 X が平成 29 年 7 月 26 日自動車を運転中指定速度違反をし、交通切符の作成に応じて免許証を警察官に提出したものの、指定日時場所に出頭しなかったため、石川県警金沢東警察署交通課の警察官 P が、同年 8 月 27 日午後 9 時 40 分ころ、免許証の返還のため X 方を訪れ、家人の承諾を得て 2 階の X の部屋の前に上がった際に、X がサバイバルナイフで同警察官を襲うとともに、同所に待機していた警察官 Q にも襲い掛かり、両名に刺創、切創の傷害を負わせたという事案であるところ、7 月 29 日から 8 月 9 日にかけてツイッターで「やっぱり不正の國だった。石川」「悪意が一定基準をこえて出た。石川國で。実体のある。」などとツイートし、8 月 12 日、金沢簡裁への出頭通知書を受け取ると、「石川國の警察が出頭通知書を送ってきた。馬鹿か！！！！！知恵遅れが石川県警に集まったんだな。断言した。」などとツイートし、13 日から 8 月 21 日にかけて、「警察の挑発が気になっていたんだよ。」「霊能者

＜精神障害者による他害行為と医療観察法の審判手続＞　医療観察法の条文付記

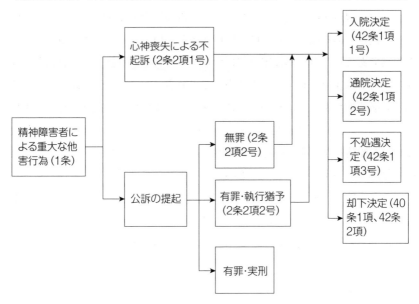

にそんなことやってただですむと思っていたんだな。」「石川県警はやく死ん
でくれ」などとツイートした。X は犯行後自動車に乗り福井県方面に向かう
途中コンビニ駐車場に車を止めて、ツイッターで「武器をもった警察官が2
人裁判所の許可なく無断侵入したので刺した。正当防衛だった」とツイート
した。X は同日午後10時48分ころ、石川県加賀市内で緊急逮捕されたとこ
ろ、裁判所は「妄想型統合失調症の影響により心神耗弱の状態にあった」と
して、懲役3年、5年間執行猶予の刑に処し、医療観察法に基づく医療へつ
なげるのが相当と判示した。

　東京地判平成31・3・27（LEX/DB25580588）は、医療観察法に基づく入
院又は通院処遇申立事件において不処遇決定を受けた原告が、医療行為に
よって原告の病状が改善する余地がないにもかかわらず、検察官において、
医療観察法33条1項による入院又は通院処遇申立事件の審判申立てを行
い、これを受けた裁判所において、同法37条1項による鑑定命令をし、同

命令を適時に取り消さなかったことによって、58日間にわたって原告を精神科病院に収容する鑑定入院が行われ、原告の社会復帰が阻害されたと主張して、被告である国に対し、国家賠償法1条1項によって損害賠償を請求した事案であるところ、本件申立てにつき、検察官に「職務上の注意義務違反があったとは認められず……本件申立ての時点において、医療観察法による医療の必要性が明らかになかったことを認めるに足りる証拠はなく……本件裁判官は、本件鑑定書が提出された平成26年2月4日又はそれに近接した日に、医療観察法による医療の必要性がないことを認識した……本件裁判官の不処遇決定が不当に遅延したものということはできず、……本件裁判官が同月4日の時点において本件命令を取り消さなかったことをもって、それが著しく合理性を欠くものと認めることはできないし、……本件裁判官の措置が違法であるとはいえない」旨判示して、原告の請求を棄却している。

I　精神障害

Ⅱ　精神障害と民事救済

1 ──心神喪失者等に対する民事責任等

（1）捜査の違法

　宇都宮地判平成 20・2・28（判時 2026 号 104 頁、LEX/DB25450212、2008 WLJPCA02286005）は、知的障害を有する原告が、暴行事件及び 2 件の強盗事件で、続けて逮捕、勾留、公訴提起された後、それらの第一審公判中に、上記 2 件の強盗事件につき真犯人が発見され無罪、上記暴行事件につき心神耗弱等により罰金刑が、各言い渡されたことについて、警察官及び検察官が、原告の知的能力が低いことを知りながら、これに配慮せず、その能力の調査も十分にしないまま、逮捕、捜査、勾留に至ったこと、誘導により虚偽の自白調書を作成したこと、公訴を提起したこと等は違法であり、原告は著しい精神的苦痛を被ったとして、地方公共団体及び国である被告らに対し、国家賠償法 1 条 1 項に基づき、損害賠償を請求した事案であるところ、原告は、昭和 47 年、精神薄弱者更生相談所により、障害の程度 A と判定され、栃木県から療育手帳を交付され、更に、平成 14 年 10 月、療育手帳の再交付を受け、精神年齢は 4、5 歳レベルと推察される。原告は、平成 17 年 6 月、宇都宮家裁で後見開始の審判を受け、同後見開始の審判のため平成 17 年 6 月に作成された原告の鑑定書には、重度精神遅滞（IQ レベル 21 ないし 35）などの記載がある。警察官調書記載の事実○○は、取調警察官が、大半を一定の方向に誘導したと推察され、その取調べは裁量の範囲を著しく逸脱する

ものとして違法である。本件強盗事件 1 についての公訴提起は違法である。本件強盗事件 2 についても、原告が有罪との嫌疑を裏付ける証拠資料は、本件強盗事件 1 と同 2 の犯行手口が似ており、同一の犯人による疑いが濃い。検察官が現に収集した証拠資料及び通常要求される捜査を遂行すれば収集し得た証拠資料を総合勘案し合理的な判断過程により原告が有罪と認められる嫌疑があるとはいえないから、本件強盗 2 についての公訴提起も違法である、などと判示し、原告に対する慰謝料 100 万円と遅延損害金を栃木県と国が連帯して支払うように命じている。

（2）労災給付と業務起因性

　名古屋地判平成 18・5・17（労判 918 号 14 頁、LEX/DB28111340、2006WLJPCA05170004）の事案は、中部電力株式会社に勤務していた A が、平成 11 年 11 月 8 日に焼身自殺したことが業務に起因するうつ病によるものであるとして、A の妻である原告が、被告に対し、労災保険法に基づく遺族補償年金及び葬祭料の各支給を請求したところ、被告が、平成 14 年 5 月 31 日、A の自殺は業務上の事由による死亡とは認められないとして、原告の各請求につき不支給処分にしたことから、原告が、その各不支給処分の取消しを求めたものである。裁判所は、関係証拠により、A は昭和 57 年 4 月、中部電力に入社し、平成 11 年 8 月 1 日、環境整備課の主任に昇格したところ、同年 6 月 18 日、中部電力労働組合火力センター支部執行委員に就任したこと、A は、平成 11 年 9 月下旬ころ、うつ病を発病し、その後、同年 11 月 8 日午後 1 時 5 分ころ、愛知県内において自家用車の車内で焼身自殺を図り、焼死したことなどの事実を各認定の上、本件自殺の業務起因性について、総合評価として、「A は、平成 9 年 8 月 1 日に同人が燃料グループに配属された以後、日常的担当業務に従事したこと自体や、上司 B の A に対する業務上の指導等によって、継続的かつ恒常的に心理的負担を募らせていった状況に置かれていたこと、A が、平成 11 年 8 月 1 日、主任に昇格したことによって、相当程度の心理的負荷を受けたこと、平成 11 年度に A が従事した

業務は、業務量や業務の内容だけに着目すれば、さほど困難又は複雑な性質の業務ではなかったが、上記状況に置かれていたことや増加傾向にあった時間外労働と相まって、Aに対し、相当程度の心理的負荷を与えていたと推認できること、平成11年8月以降、時間外労働時間数が顕著に増加したことによって、Aは、精神的・肉体的な疲労を蓄積させ、強い心身的負荷を受けたこと、業務以外の出来事による心身的負荷が強度なものであったとは認められないこと、Aはうつ病に親和的な性格傾向を有してはいたが、通常人の正常な範囲を逸脱したものではなかったことを総合考慮すれば、業務外の要因による心身的負荷はさほど強度のものとは認められず、Aのうつ病は、Aが継続的かつ恒常的に心理的負荷を募らせていった状況の下、時間外労働の増加を伴う業務に従事したこと及び主任に昇格したことによる心身的負荷とAのうつ病に親和的な性格傾向が相乗的に影響し合って発症したものである」。業務起因性を否定する医師の意見は、「いずれも、Aが置かれていた状況や立場について詳細に検討しておらず、また、各意見の前提となる事実自体に誤認があることから」、採用することはできない。「業務等による心身的負荷は、Aに対し、社会通念上、うつ病の発症のみならず憎悪の点でも、一定程度以上の危険性を有するものであったと認められるから、……Aのうつ病の発症及び憎悪との間には相当因果関係が認められる。そして、Aの自殺は、同人のうつ病の症状として発現したものであるから、労災保険法12条の2の2第1項の「故意」には該当しない」旨判示して、原告の請求を認容し、本件各処分を取り消した。

東京地判平成28・4・26（LEX/DB25542864）の事案は、被告会社に勤務していたAが平成21年1月25日に自殺したことに関し、Aの相続人である原告らが、被告には過重労働等によりAをうつ病等ないし非器質性の睡眠障害に罹患させた点、被告の産業医においてAがうつ病に罹患していることを見逃した点及びAがうつ病に罹患し悪化したのを放置した点に注意義務違反（安全配慮義務違反）があり、これによりAに1億5584万円超の損害が発生したと主張して、不法行為又は債務不履行による損害賠償請求権に

1　**心神喪失者等に対する民事責任等**

基づき、損害のうち一部である1億円につき原告らの相続分に応じて、原告X₁については5000万円、X₂〜X₅についてはそれぞれ1250万円の損害金等を請求するというものであり、Aは昭和59年3月に大学を卒業後、複数の勤務先を経て、平成3年2月頃から被告会社の従業員として勤務している中で、平成21年1月25日に自殺したところ、原告X₁はAの妻であり、原告X₂〜X₅はAの子である。裁判所は、関係証拠により、争いがない事実として、Aは平成3年2月頃から被告会社で勤務し、広島県に自宅があったところ、平成19年4月、被告本社営業統括本部流通企画推進部企画グループ（以下、「流通企画推進部」という。）に転勤となり（以下、「本件転勤」という。）、単身赴任することになったこと、Aの流通企画推進部における業務は、本社内で業務を行う内勤業務が中心であったこと、Aは、平成20年10月1日、被告本社営業統括本部流通推進統括部第1推進部（以下、「第1推進部」という。）に異動となった（以下、「本件異動」という。）こと、Aの第1推進部における業務は、会社外で営業活動を行う外勤業務が中心であったこと、Aは、平成21年1月25日午後9時ころ、東京都港区内の社宅の8階ベランダから飛び降り、地上に落下した際の衝撃により死亡したこと、Aは、本件自殺に先立ち、「こんな私でも人間なんです。でも、こんな私は人間じゃないんでしょうね！！部長様々……えらい方々」と記載した遺書を残したこと、また、Aは、本件自殺の前に、自宅の鏡に、「皆んで追求はきびしいです。家族のみんなごめんちょっと眠らせてね。」……「ねむらせて下さいしばらく平日は薬を飲んでません。……ねてません　1/4からですねさせて下さい……」と記載したこと、X₁は、本件自殺後、労働基準監督署に対し、Aの死亡は業務上の事由によるものだとして遺族補償給付及び葬祭料の支給を求めたが、死亡は業務上の事由によるものと認められないとして平成22年8月9日付けで支給をしない旨の処分をしたこと、X₁はこれに対し、審査請求をしたが、平成23年8月5日付けで、棄却されたこと、これに対しX₁は、労働保険審査会に再審査請求をしたが、平成24年5月23日、棄却されたことなどの各事実を認定した。加えて、Aの医療機関等

Ⅱ　精神障害と民事救済

の受診状況について、A は、平成 19 年 5 月 21 日、寝つきが悪いと訴え、クリニックで、入眠剤マイスリー 10 ミリグラム 1 日 1 錠の処方を受け、その後も同年 8 月頃まで同内容の処方を受けたこと、A は、平成 20 年 4 月 4 日、不眠等の症状を訴え、再度クリニックでマイスリー 10 ミリグラム 1 日 1 錠の処方を受け、同年 6 月 6 日まで同内容の処方を受けたが、同日の診断において、1 ヵ月前よりも効果が減弱したなどと訴えたところ、加えて精神安定剤デパス 0.5 ミリグラム 1 日 1 錠を受け、同年 9 月頃まで同内容の処方を受けたこと、A は、平成 20 年 5 月 28 日、被告会社のメディカルルームを訪れ、看護師に対し、不眠症状等を訴えたのに対し、看護師は、メンタルクリニック受診も選択肢にあることを伝えた上、B 医師との面談の日程を設定したこと、A は、同年 6 月 26 日、B 医師を受診し、面談の中で、B 医師に対し、不眠の症状につき入眠が困難で、寝ている途中で覚醒することがあることなどを訴え、同年 7 月 10 日に再面談することとしたこと、A は同日の再面談の中で、現在はマイスリーとデパスが処方されていることなどを伝え、B 医師は A がうつ状態ではないと判断し、夏期休暇明けに再面談することとしたこと、A は同年 8 月 26 日、B 医師を受診し、面談が行われ、その中で A は、睡眠はマイスリーとデパスがないと眠れないことなどを伝え、B 医師は同年 9 月の状態を見て、メンタルクリニック等の受診も考慮することを考えていたこと、A は、その後、受診する病院を C 医院に変え、同年 10 月 25 日から平成 21 年 1 月まで定期的に C 医院を受診し、マイスリー 5 ミリグラム 1 日 1 錠ないし 2 錠の処方を受けていたことなどの各事実を認定し、A の体調等に関する被告関係者の認識について、A は、本件転勤の前、高松市で勤務していたところ、周囲から見て本件転勤当初は体調に問題がある様子はなかったこと、平成 20 年 4 月から同年 9 月の間、流通企画推進部の E 部長、流通推進統括部の F 所属長及び A の同僚は、A の体重減少傾向に気づき、A から睡眠不足である旨を聞いたので、E 部長において被告のメディカルルームに相談し、A は同年 5 月 28 日被告のメディカルルームを訪れたこと、A は、同年 5 月頃、自らが主に担当するイベント業務において

1　**心神喪失者等に対する民事責任等**

連絡ミスがあり、被告の従業員からはクレームのメールや電話が多数される
など、この頃も、平成19年10月ころからと同程度のミスが続いており、F
所属長においても、上記Aの状態を認識していたこと、同年10月の本件異
動に当たって、E部長はF所属長を通して第1推進部長のGにAの勤務状
況について引継ぎをしたこと、Aは本件異動後から単純なミスを繰り返し
ており、上司であるG部長から注意を受けることがあり、また、同年10月
ころ被告の東京第1営業部のH部長から、仕事上のミスについて指導され
たことがあり、その際、Hは自分の机を蹴飛ばし、手帳を机に投げたこと、
被告の第1営業部においては、1月が特に繁忙期であったところ、Aは前任
の同僚が異常に感ずるほど考えられないミスを続けており、他の同僚もA
の異常を感じていたこと、平成21年1月、第1推進部の部長がGからIに
代わったが、同月8日、Aがした仕事上のミスにつき、同僚から叱責され、
落ち込んでいる様子であったところ、I部長は、翌9日、Aに対し、「昨晩
の件、Aにはきつかっただろう！でも全部事実だよ！絶対反省はしろ！で
もへこたれるな！以上」という電子メールを送信したこと、Eは、平成20
年11月及び同年12月にAらから聞いた話やI部長からもAの不眠症が続
いているという話を聞いたため、平成21年1月22日、被告のメディカル
ルームに上記Aの状態を伝えたこと、Aにおいては、同月26日（月）及び
翌27日（火）の期首会議に参加することが予定されており、特に27日は
Aが主に担当する卸売業者の期首会議であったところ、同月23日の段階で
も、翌週の期首会議における資料作成が完了しておらず、I部長もそのこと
を認識していたことなどの各事実を認定した。裁判所は、安全配慮義務違反
の成否に関し、このうち過重労働に係る負荷軽減措置を採るべき注意義務の
点については、「業務の遂行に伴う疲労や心理的負荷等が過度に蓄積すると
認められる程度、亡Aが社会通念上過重な業務に従事していたと認めるこ
とはできない」とし、精神疾患の悪化を防止する措置を採るべき注意義務の
点については、「亡Aの上司は、Aの状態が平成20年までとは異なり、う
つ病性の精神障害であることをうかがわせる事情が数多くみられることを認

識していたと認められ、被告ないし A の上司は、遅くとも平成 21 年 1 月 23 日までには A が自殺念慮を生じ得るうつ病性の精神障害を発症したことを認識可能であった……そうすると、被告においては、平成 21 年 1 月 23 日の段階で、同月 26 日及び翌 27 日の期首会議のための資料作成業務を他の者に委ねるなどして、A の業務の負担を軽減する措置を採るべき注意義務があったというべきである。……それにもかかわらず、被告において上記措置を採ることはなかった。……被告には、上記注意義務違反が認められ」るとし、労働者の健康状態を正確に把握する注意義務の点については、被告は選任した産業医の職務のうち、メンタル疾患に関する職務に付随する業務及び事務を T メディカルサービス株式会社（T 社）に委託し、T 社が上記業務を行う医師として B 医師を充てていたのであって、被告と B 医師との間には指揮監督関係が認められないから、被告が B 医師の過失について不法行為責任を負うと認められるためには、被告において B 医師の選任について過失が認められることが必要であるところ、原告らは上記過失を基礎づける事実の主張立証をしない。仮に、B 医師の過失が認められるとしても、被告の安全配慮義務違反が認められることにはならない、としている。次に、裁判所は、上記安全配慮義務違反と本件自殺との間の相当因果関係を認めた上、亡 A において精神障害を発症したこと自体は、被告に帰責できるものではない。被告が賠償責任を負うべき損害の額については、民法 418 条ないし民法 722 条 2 項の類推適用により、その寄与度に応じた相応の減額を行うのが相当である。被告の責任割合は 2 割と認めるのが相当であるとし、その限度で原告らの請求を認容している。

2 ── 患者の自殺を防止すべき診療契約上の債務不履行

東京高判平成 13・7・19（判時 1777 号 51 頁、LEX/DB28070968、2001WLJP CA07190008）は、平成 5 年 2 月頃から平成 6 年 9 月頃まで控訴人済生会が

経営する精神病院であるＮ病院に通院して精神疾患の治療を受けていたＡ
が、状態が悪化したことにより、平成 6 年 9 月 11 日に家族らに付き添われ
てＮ病院に入院したところ、入院当日の深夜に同病院内で自殺したため、
Ａの妻子である被控訴人らが、「Ａの疾患はうつ病であったにもかかわら
ず、Ｎ病院の担当医師であったＴ医師が診断を誤り、……うつ病治療に必
要な診療をせず、Ａを自殺するに至らしめた」と主張して損害賠償を請求
した事案であるところ、これが認められている。

3 ── 精神障害者の監督義務者等の損害賠償責任

(1) 民法 714 条 1 項に基づく責任

　民法 714 条 1 項は、責任無能力者がその責任を負わない場合において、そ
の責任無能力者を監督する法定の義務を負う者は、その責任無能力者が第三
者に加えた損害を賠償する責任を負う旨を規定する。ただこの規定の反対解
釈は相当ではなく、精神障害者が責任能力を有する場合においても、当該精
神障害者に対する監督義務を負う者の監督義務違反と当該精神障害者の不法
行為によって生じた結果との間に相当因果関係を認め得るときは、監督義務
者につき民法 709 条に基づく不法行為が成立するものと解されている [157]。
　最三判平成 28・3・1（民集 70 巻 3 号 681 頁、判時 2299 号 32 頁、LEX/DB2
5447798、2016WLJPCA03019001）は、認知症にり患したＡ（当時 91 歳）が駅
構内の線路に立ち入り旅客鉄道事業を営む原告の運行する列車に衝突して死
亡した事故（本件事故）に関し、Ａの妻（Y_1）及びＡの長男（Y_2）に対し、
本件事故により列車に遅れが生ずるなどして損害を被ったと主張して、民法
709 条又は 714 条に基づき損害賠償を請求した事案であるところ、「精神上

157　吉村・前掲注（2）175 頁。

の障害による責任無能力者について監督義務が法定されていたものとして
は、平成 11 年改正前の精神保健及び精神障害者福祉に関する法律 22 条 1 項
により精神障害者に対する自傷他害防止監督義務が定められていた保護者
や、平成 11 年改正前の民法 858 条 1 項により禁治産者に対する療養看護義
務が定められていた後見人が挙げられる。しかし、保護者の精神障害者に対
する自傷他害防止監督義務は、平成 11 年改正により廃止された。また、後
見人の禁治産者の対する療養看護義務は、平成 11 年改正による改正後の民
法 858 条において成年後見人がその事務を行うに当たっては成年被後見人の
心身の状態及び生活の状況に配慮しなければならない旨のいわゆる身上配慮
義務に改められた。……そうすると平成 19 年当時において、保護者や成年
後見人であることだけでは直ちに法定の監督義務者に該当するということは
できない。……精神障害者と同居する配偶者であるからといって、その者が
民法 714 条 1 項にいう『責任無能力者を監督する法定の義務を負う者』に当
たるということはできない。……もっとも、法定の監督義務者に該当しない
者であっても、責任無能力者との身分関係や日常生活における接触状況に照
らし、第三者に対する加害行為の防止に向けてその者が当該責任無能力者の
監督を現に行いその態様が単なる事実上の監督を超えているなどその監督義
務を引き受けたとみるべき特段の事情が認められる場合には、衡平の見地か
ら法定の監督義務を負う者と同視してその者に対し民法 714 条に基づく損害
賠償責任を問うことができるとするのが相当で……法定の監督義務者に準ず
べき者として、同条 1 項が類推適用されると解すべきである。……A は、
……アルツハイマー型認知症にり患していたと診断され、……要介護 4 の認
定を受けていた者である」ところ、Y_1 は A の介護にあたっていたものの、
本件事故当時 85 歳で要介護 1 の認定を受けており、A の第三者に対する加
害行為を防止するため A を監督することが現実的に可能な状況にあったと
いうことはできず、その監督義務を引き受けていたとみるべき特段の事情が
あったとはいえない。Y_2 は、A の長男であり、Y_1 による A の介護を補助し
ていたものの、本件事故まで 20 年以上も A と同居しておらず、「A の第三

3 **精神障害者の監督義務者等の損害賠償責任**

者に対する加害行為を防止するためにAを監督することが可能な状況にあったということはできず、その監督を引き受けていたとみるべき特段の事情があったとはいえない」旨判示して、Y₁及びY₂の民法714条に基づく損害賠償請求と、同法709条に基づく損害賠償請求のいずれも理由がないとして、鉄道会社たる原告を敗訴にしている。

東京高判平成15・10・29（判時1844号66頁、LEX/DB28090644、2003WLJPCA10290003）は、精神分裂病に罹患していた控訴人松夫から殺害された竹夫の遺族たる被控訴人らが控訴人松夫とその母である控訴人花子に対して損害賠償を請求した事案であるところ、控訴人花子の損害賠償義務については、花子は松夫の親として、当時47歳ではあったが精神分裂病のため自立した生活を送ることができなかった松夫の面倒を見ていたものである。花子は松夫の扶養義務者ではあるものの、家庭裁判所から精神保健福祉法上の保護者に選任されていなかった。松夫は昭和50年に精神の変調を来して以来、長期にわたる妄想型の精神分裂病の病歴を有し、この間多数回に及ぶ入院歴があり、平成5年ころから竹夫に対する被害妄想を抱き、平成10年ころから直接的な行動を示すようになったが、実際に竹夫の身体に危害を加えたことは本件事件以前にはなかった。精神障害者については誰でもその者について指定医の診察及び必要な保護を都道府県知事に申請することができる（精神保健福祉法23条1項）のであり、独り扶養義務者にのみ加重な義務を負わせることは相当ではない、として、控訴人花子に本件事件について監督義務違反を理由とする損害賠償義務があるものとはいえないとした。

鹿児島地判昭和63・8・12（判時1301号135頁、LEX/DB27802837、1988WLJPCA08120002）の前提となった事故は、精神分裂病で精神病院「緑の園」に入院していたAが、昭和57年6月25日、主治医Bから同月27日までの外泊の許可を受けて自宅に帰り、帰院予定であった27日午後タクシーに乗って一人自宅を出たが緑の園に帰院せず、翌28日午前、鹿児島市内のS内科病院において、患者を装って診察室に入り、隠し持っていた刺身包丁2本をもってS医師に襲いかかり、同医師に対し腹壁切創、腸管損傷等の傷

害を負わせ、同受傷のため S 医師を死亡させたというものであった。本件
は、本件事故当時 A が心神喪失の状態であったことから、A の法定監督義
務者である妻 C に代わって緑の園を開設していた被告医療法人は、本件事
故について責任無能力者の代理監督義務者としての責任（民法 714 条 2 項）
を負う、と主張して、S 医師の相続人である原告ら（S の妻と 4 人の子）が被
告医療法人に対し損害賠償を請求した事案であるところ、A は緑の園に入
院して以来一貫して S 内科病院で投薬された酵素を飲んだときその中に異
物が入っていてそれにより自分と 2 人の子供の内臓が溶けて 3 人の余命は幾
許もないという心気妄想を抱いていたものの、S 内科病院の S 医師に対する
積極的な非難、加害意思を窺わせる言動は医師、看護婦らのみならず、妻
C に対しても全くみられなかった。過去 17 回の外泊では帰院はすべて A が
一人でタクシーに乗って緑の園まで帰っていた。被告は主治医 B を中心と
する緑の園の職員を通じて A の監督を怠らなかったといえる。また、B 医
師には本件事故発生の予見可能性がなかったから、B 医師の過失責任を問う
ことはできず、被告の使用者責任も生じない、旨判示して、原告らの請求を
棄却した。同様の事件につき、主治医の過失を否定した裁判例として、**高松
高判平成 28・2・26**（LEX/DB25544814、2016WLJPCA02266017）がある。

　他方、積極事例として**仙台地判平成 10・11・30**（判時 1674 号 106 頁、
LEX/DB28041041、1998WLJPCA11300005）の前提となる事件は、精神分裂病
により心神喪失の状態にあった A が、平成 8 年 7 月 2 日、宮城県多賀市内
の駐車場で、B の腹部をナイフで刺して死亡させたというものである（本件
殺人事件）。本件は、B の妻と 3 人の子が、加害者 A の父親であって精神保
健法（旧法）20 条に基づく保護者として選任されていた被告に対し、損害賠
償を請求した事案であるところ、A は、平成 6 年 12 月以降は通院しておら
ず、主治医の N 医師が通院治療の前提として A に指示した事項が守られな
い状況となり、平成 7 年 6 月の時点では、被告らは A が 6 ヵ月近くにわたっ
て投薬等の治療を全く受けていないことを知っていたことがうかがわれる。
同年 5 月 29 日ころと同年 6 月 5 日ころには、A は B の勤務先に B への敵意

3　精神障害者の監督義務者等の損害賠償責任

に満ち溢れた内容の文書を送りつけており、水道に B によって毒が入れられているなど入院前に生じていた妄想と同一趣旨の発言を繰り返していたことを勘案すれば、この時点では A の被害妄想は相当に悪化しており、遅くとも五男が最後に東北会病院へ相談に行ってから、相当期間が経過した、平成 7 年 7 月の時点では、自傷他害の危険性が生じていた。そして、平成 8 年 3 月中旬ころまでには、A は B に対してファックスを送り付けたにとどまらず、無関係のアパートの住人にまで水道に毒が入っているといった回覧を回す等の行動にまで及んでおり、A の B に対する被害妄想は、第三者を巻き込むまでに悪化していた。被告が関係機関に相談しさえすれば、適切な対応が採られた可能性が大きい。「平成 8 年 3 月中旬から数えても、なお 4 か月近くの期間があったのであるから、この間に被告ないし五男ら被告の監督義務の履行補助者が、関係機関に状況を相談していれば、精神保健法ないし精神保健及び精神障害者福祉に関する法律所定の手続により、措置入院の前提たる診察の申請、医療保護入院等の手段を用いて A を入院させ、危険の現実化を防止できたと認められる」旨を判示して、被告の損害賠償責任を認める。

(2) 民法 415 条に基づく責任（安全配慮義務違反）

　大津地判平成 12・10・16（判タ 1107 号 277 頁、LEX/DB28080217、2000WL JPCA10160009）は、既往症として精神分裂病で入退院を繰り返していた X が、脳梗塞等の治療とリハビリテーションを受けるため被告 Y 病院の老年病棟 202 号室（8 人部屋）に入院中、自己のベッドの下にあった角材を所持し、同病院に入院して X と同室となり、隣のベッドで就寝中の A（当時 67 歳）に突然襲いかかりその頭部等を殴打し、同暴行に基づく傷害により A を死亡させ（本件事故）、殺人罪で緊急逮捕されたものの、簡易精神衛生診断の結果、本件事故当時 X は、精神分裂病を罹患していることから生じた活発な妄想状態にあり、犯罪を行った実感が全くない状態であって事理弁識能力又は行動制御能力を全く欠いた状態であったと結論付けられたことか

ら、X は本件事故当時心神喪失状態にあった、として不起訴処分にされたことが前提事実となっている。本件は、A の相続人である A の妻と 3 人の子が原告となって、X の主治医甲は、精神分裂病の症状の再燃の可能性を認識した上で、X の病状や治療経過を把握し、向精神薬の服用の継続など適切な措置を採るべきであったのに、同措置を採らなかったため X は本件事故に及んだ、として被告病院に対し損害賠償を請求した事案であるところ、甲医師の右行為は、被告病院の履行補助者として、被告と A との間で締結された診療契約に付随する義務である安全配慮義務に違反するものであり、民法415 条に基づき、本件事故により A が被った損害を賠償する責任がある、として、逸失利益、慰謝料など合計 3000 万円超の損害賠償請求を認めている。

4 ── 民法 713 条ただし書に基づく本人の責任

　神戸地裁尼崎支判平成 10・6・16（判時 1660 号 108 頁、LEX/DB28040622、1998WLJPCA06160002）は、幻覚、幻聴に悩まされていた被告 Y が、自宅に道路を隔てて隣接する原告ら方（本件建物）から聞こえてくる「嫌な声」を排除するため、火炎瓶を本件建物に投げ込んで放火し（本件放火）、これにより原告 X_1 と X_2 が重傷を負ったほか、X_1 の長女が死亡した事件が前提事実としてある。本件は、本件放火行為により逮捕勾留された被告が、本件放火行為当時、心神喪失の状態にあったとして不起訴処分となったのに対し、原告ら（X_1 と X_2）が被告に対し損害賠償を請求した事案であるところ、被告 Y は本件放火行為の前日には、懇意にしている A の勧めに従って、精神科の医師の診断を受けることを了解していたこと、などからすると被告 Y の精神状態が継続的に異常であった、あるいは継続的に心神喪失の状態であったとは認めることができず、本件放火行為は、一時的な心神喪失状態に陥ってなされた。被告は本件放火行為直前の時期には、徐々に頭がおかしく

なってきており、幻聴を改善してよく眠れるようにするために医師の診断を受ける必要性があることを認識していた。幻聴が原因で、正常な判断力を失う可能性があることをこの時期に十分に認識予見できた。この時期を無為に過ごして医師の治療を受けず、心神喪失状態を招来して本件放火行為に及んだことについて、被告には過失があった。被告は、本件放火行為当時心神喪失状態であったが、心神喪失状態は一時的なもので、かつ心神喪失状態を招くについて被告には過失があるから、民法 713 条ただし書により、同法 709 条の不法行為に基づく損害賠償責任を負う旨判示して、原告らの請求を認めた。なおこの行為時に責任無能力であった者の責任を肯定する民法 713 条ただし書の法理論は、刑法における「責任と実行行為の同時存在の原則」を例外的に克服するための「原因において自由なる行為」の理論[158] と共通するものといえよう。

158　西田・前掲注（24）303 頁。

II　精神障害と民事救済

判例索引

最高裁判例

最大判昭和31・7・4（民集10巻7号785頁、LEX/DB27002906）……………………37

最一判昭和34・5・7（刑集13巻5号641頁、LEX/DB27760646、1959WLJPCA05
070007）……………………………………………………………………………72

最一判昭和37・4・12（民集16巻4号833頁、LEX/DB27002165、1962WLJPCA04
120001）…………………………………………………………………………332

最二判昭和38・12・6（民集17巻12号1633頁、LEX/DB27001967、1963WLJPCA1
2060001）………………………………………………………………………212

最一決昭和40・6・24（刑集19巻4号469頁、LEX/DB27801068、1965WLJPCA06
240010）…………………………………………………………………………210

最一判昭和41・6・23（民集20巻5号1118頁、LEX/DB27001181、1966WLJPCA0
6230001）………………………………………………………………………116

最三判昭和41・10・11（刑集20巻8号817頁、LEX/DB27801070、1966WLJPCA10
110006）…………………………………………………………………………211

最一判昭和44・5・29（民集23巻6号1064頁、LEX/DB27000814、1969WLJPCA0
5290001）………………………………………………………………………216

最大判昭和44・6・25（刑集23巻7号975頁、LEX/DB24004915、1969WLJPCA06
250008）……………………………………………………………………………70

最一決昭和53・5・31（刑集32巻3号457頁、LEX/DB27670854、1978WLJPCA05
310015）…………………………………………………………………………106

最一判昭和53・9・7（刑集32巻6号1672頁、LEX/DB27682171）……………………108

最三判昭和56・4・14（民集35巻3号620頁、LEX/DB27000139、1981WLJPCA04
140001）……………………………………………………………………………82

最一判昭和56・4・16（刑集35件3号84頁、LEX/DB27761143、1981WLJPCA041
60010）……………………………………………………………………………68

最二決昭和57・1・28（刑集36巻1号1頁、LEX/DB24005793、1982WLJPCA012
80024）……………………………………………………………………………112

最一決昭和58・11・1（刑集37巻9号1341頁、LEX/DB24005920、1983WLJPCA1
1010005）……………………………………………………………………………49

最大判昭和60・10・23（刑集39巻6号413頁、LEX/DB27803700、1985WLJPCA10
231050）…………………………………………………………………………301

最一決昭和61・11・18（刑集40巻7号523頁）…………………………………………229

最二判昭和62・4・24（判時1243号24頁、LEX/DB27800204、1987WLJPCA04241
001）……………………………………………………………………………209

最二判平成 5 ・ 7 ・19（判時1489号111頁、LEX/DB27815731、1993WLJPCA0719 0001）………………………………………………………………………………249

最三判平成 6 ・ 2 ・ 8 （民集48巻 2 号149頁、LEX/DB27817761、1994WLJPCA02 080001）………………………………………………………………………………93

最三判平成 7 ・ 4 ・ 4 （刑集49巻 4 号563頁、LEX/DB27826875、1995WLJPCA04 040001）………………………………………………………………………………316

最二判平成 8 ・ 4 ・26（民集50巻 5 号1267頁、LEX/DB28010504、1996WLJPCA0 4260008）……………………………………………………………………………241

最二決平成10・ 5 ・ 1 （刑集52巻 4 号275頁、LEX/DB28035217、1998WLJPCA05 010001）………………………………………………………………………………183

最三決平成11・12・16（刑集53巻 9 号1327頁、LEX/DB28045259、1999WLJPCA1 2160002）……………………………………………………………………………187

最三決平成13・ 7 ・16（刑集55巻 5 号317頁、LEX/DB28065176、2001WLJPCA07 160001）………………………………………………………………………………217

最二判平成15・ 2 ・14（刑集57巻 2 号121頁、LEX/DB28085189）………………109

最三決平成15・ 2 ・18（刑集57巻 2 号161頁、LEX/DB28085188、2003WLJPCA02 180001）………………………………………………………………………………107

最二決平成15・ 3 ・12（刑集57巻 3 号322頁、LEX/DB28085274）………………242

最二判平成15・ 3 ・14（民集57巻 3 号229頁、LEX/DB28080936、2003WLJPCA03 140002）…………………………………………………………………………………91

最三判平成15・ 4 ・ 8 （民集57巻 4 号337頁、LEX/DB28081117、2003WLJPCA04 080001）………………………………………………………………………………248

最大判平成15・ 4 ・23（刑集57巻 4 号467頁、2003WLJPCA04230001）…………99

最一判平成17・ 4 ・14（刑集59巻 3 号259頁、LEX/DB2805150、2005WLJPCA041 40002）…………………………………………………………………………………178

最一判平成17・ 4 ・14（刑集59巻 3 号283頁、LEX/DB28105149）…………………99

最一決平成17・ 7 ・19（判時1905号144頁、2005WLJPCA07190003）……………107

最一決平成17・12・13（刑集59巻10号138頁、LEX/DB28115009、2005WLJPCA12 130002・東京相和銀行不正増資事件）……………………………………………211

最一決平成18・ 2 ・14（刑集60巻 2 号165頁、LEX/DB28115120、2006WLJPCA02 140001）………………………………………………………………………231, 236

最二決平成19・ 8 ・ 8 （刑集61巻 5 号576頁、LEX/DB28135395、2007WLJPCA08 089007）………………………………………………………………………………199

最一決平成20・ 3 ・ 5 （判タ1266号149頁、LEX/DB28145307、2008WLJPCA0305 7001）…………………………………………………………………………………140

最二判平成20・10・10（民集62巻 9 号2361頁、LEX/DB28142080、2008WLJPCA1 0109001）……………………………………………………………………………242

最一決平成22・ 3 ・15（刑集64巻 2 号 1 頁、LEX/DB25441889、2010WLJPCA031

59001) ……………………………………………………………………………… 65, 67

最三決平成23・12・19（刑集65巻9号1380頁、LEX/DB25444057、2011WLJPCA1
2199001) ……………………………………………………………………………… 310

最二決平成24・2・13（刑集66巻4号405頁、2012WLJPCA02139002) ……… 101

最一決平成24・2・23（LEX/DB25480570) ……………………………………… 47

最二決平成24・7・24（刑集66巻8号709頁、LEX/DB25444757、2012WLJPCA07
249001) ……………………………………………………………………………… 22

最一判平成26・7・17（民集68巻6号547頁、LEX/DB25446515、2014WLJPCA07
179002) ……………………………………………………………………………… 217

最三決平成26・11・25（刑集68巻9号1053頁、LEX/DB25446785) …………… 223

最三判平成28・3・1（民集70巻3号681頁、LEX/DB25447798、2016WLJPCA03
019001) ……………………………………………………………………………… 346

最三決平成28・3・29（LEX/DB25542736) ……………………………………… 82

最一判平成28・12・5（刑集70巻8号749頁、LEX/DB25448306、2016WLJPCA12
059001) ……………………………………………………………………………… 213

最大判平成29・3・15（刑集71巻3号13頁、2017WLJPCA03159001) ………… 189

最一判令和2・7・16（LEX/DB25570954、2020WLJPCA07169001) ………… 218

最一判令和2・10・1（刑集74巻7号721頁、LEX/DB25571088、2020WLJPCA10
019001) ……………………………………………………………………………… 98

最二決令和3・2・1（LEX/DB25571273、2021WLJPCA02019001) ………… 221

最一判令和4・1・20（LEX/DB25571911、2022WLJPCA01209001) ………… 194

高裁判例

東京高判昭和55・3・3（判時975号132頁、LEX/DB27916975、1980WLJPCA030
30004) ……………………………………………………………………………… 224

大阪高判平成12・2・29（判時1710号121頁、LEX/DB28051582、2000WLJPCA02
290006) ……………………………………………………………………………… 92

福岡高判平成12・9・21（判時1731号131頁、LEX/DB28065043、2000WLJPCA09
210001) ……………………………………………………………………………… 202

東京高判平成13・7・18（判時1751号75頁、LEX/DB28061690、2001WLJPCA071
80001) …………………………………………………………………………… 89, 98

東京高判平成13・7・19（判時1777号51頁、LEX/DB28070968、2001WLJPCA071
90008) ……………………………………………………………………………… 345

東京高判平成13・10・25（LEX/DB28062216、2001WLJPCA10250014) ……… 320

東京高判平成14・10・29（LEX/DB28080165、2002WLJPCA10299002) ……… 313

東京高判平成15・3・5（判時1860号154頁、LEX/DB28095662、2003WLJPCA03
050003) ……………………………………………………………………………… 275

東京高判平成15・6・25（LEX/DB28095131、2003WLJPCA06250008) ……… 259

東京高判平成15・10・29（判時1844号66頁、LEX/DB28090644、2003WLJPCA102
90003）‥‥‥‥‥‥‥‥‥‥‥‥‥‥‥‥‥‥‥‥‥‥‥‥‥‥‥‥‥‥‥‥‥‥‥‥348
東京高判平成16・6・17（LEX/DB28115051、2004WLJPCA06170005）‥‥‥‥‥208
大阪高判平成17・6・16（LEX/DB28115306、2005WLJPCA06160010）‥‥‥‥‥233
広島高裁岡山支判平成18・3・22（LEX/DB28115209）‥‥‥‥‥‥‥‥‥‥‥‥‥‥12
東京高判平成18・5・11（LEX/DB25480639）‥‥‥‥‥‥‥‥‥‥‥‥‥‥‥‥‥‥114
広島高判平成18・10・31（LEX/DB28135024、2006WLJPCA10319002）‥‥‥‥‥207
東京高判平成21・1・30（判タ1309号91頁、LEX/DB25450859、2009WLJPCA013
07001）‥‥‥‥‥‥‥‥‥‥‥‥‥‥‥‥‥‥‥‥‥‥‥‥‥‥‥‥‥‥‥‥‥‥‥‥65
東京高判平成22・3・9（LEX/DB25462849）‥‥‥‥‥‥‥‥‥‥‥‥‥‥‥‥‥‥263
福岡高判平成22・8・5（LEX/DB25470055）‥‥‥‥‥‥‥‥‥‥‥‥‥‥‥‥‥‥28
大阪高判平成22・9・7（刑集65巻5号932頁、LEX/DB25480940、2010WLJPCA
09076004）‥‥‥‥‥‥‥‥‥‥‥‥‥‥‥‥‥‥‥‥‥‥‥‥‥‥‥‥‥‥‥‥‥306
広島高判平成22・12・15（LEX/DB25470943、2010WLJPCA12156006）‥‥‥‥‥140
大阪高判平成23・2・16（LEX/DB25500015）‥‥‥‥‥‥‥‥‥‥‥‥‥‥‥‥‥‥30
大阪高判平成23・10・28（LEX/DB25480227）‥‥‥‥‥‥‥‥‥‥‥‥‥‥‥‥‥‥47
東京高判平成24・3・26（LEX/DB25481161、2012WLJPCA03266007）‥‥‥‥‥201
知財高判平成24・7・4（LEX/DB25444731、2012WLJPCA07049004）‥‥‥‥‥122
東京高判平成24・7・17（LEX/DB25482259）‥‥‥‥‥‥‥‥‥‥‥‥‥‥‥‥‥300
名古屋高判平成24・7・18（LEX/DB25482442）‥‥‥‥‥‥‥‥‥‥‥‥‥‥‥‥‥81
名古屋高判平成24・8・23（LEX/DB25482690）‥‥‥‥‥‥‥‥‥‥‥‥‥‥‥‥‥80
高松高判平成24・9・27（LEX/DB25482895）‥‥‥‥‥‥‥‥‥‥‥‥‥‥‥‥‥240
東京高判平成24・10・30（LEX/DB25506043、2012WLJPCA10306003）‥‥‥‥‥236
東京高判平成24・12・13（判タ1408号274頁、LEX/DB25445706、WLJPCA121390
06）‥‥‥‥‥‥‥‥‥‥‥‥‥‥‥‥‥‥‥‥‥‥‥‥‥‥‥‥‥‥‥‥‥‥‥‥‥238
名古屋高判平成25・1・29（LEX/DB25445307、2013WLJPCA01299002）‥‥‥‥317
大阪高決平成25・10・9（LEX/DB25505378）‥‥‥‥‥‥‥‥‥‥‥‥‥‥‥‥‥‥31
東京高判平成26・12・12（LEX/DB25506245）‥‥‥‥‥‥‥‥‥‥‥‥‥‥‥‥‥176
福岡高判平成27・1・29（LEX/DB25505686）‥‥‥‥‥‥‥‥‥‥‥‥‥‥‥‥‥‥82
名古屋高判平成27・2・26（判時2256号11頁、LEX/DB25505905、2015WLJPCA0
2266001）‥‥‥‥‥‥‥‥‥‥‥‥‥‥‥‥‥‥‥‥‥‥‥‥‥‥‥‥‥‥‥‥‥288
東京高判平成27・9・24（LEX/DB25549325、2015WLJPCA09246008）‥‥‥‥‥‥10
高松高判平成28・2・26（LEX/DB25544814、2016WLJPCA02266017）‥‥‥‥‥349
大阪高判平成28・7・13（LEX/DB25448433）‥‥‥‥‥‥‥‥‥‥‥‥‥‥‥‥‥‥28
広島高判平成29・1・11（LEX/DB25448472）‥‥‥‥‥‥‥‥‥‥‥‥‥‥‥‥‥‥27
東京高判平成29・2・10（LEX/DB25546830、2017WLJPCA02106010）‥‥‥‥‥249
東京高判平成29・3・10（判時1446号169頁、LEX/DB25560087、2017WLJPCA03
106011）‥‥‥‥‥‥‥‥‥‥‥‥‥‥‥‥‥‥‥‥‥‥‥‥‥‥‥‥‥‥‥‥‥318

東京高判平成29・7・14（判時2369号130頁、LEX/DB25449274、2017WLJPCA07
149002）··336
福岡高判平成29・9・22（LEX/DB25563407、2017WLJPCA09226015）·············273
名古屋高判平成29・12・4（LEX/DB25549390）···27
大阪高判平成29・12・8（判タ1451号154頁、LEX/DB25449324、2017WLJPCA12
089004）··321
大阪高判平成30・4・12（LEX/DB25564771）···215
東京高判平成30・6・7（LEX/DB25566864、2018WLJPCA06076009）··············279
大阪高判平成30・6・28（LEX/DB25566672、2018WLJPCA06286003）············51
東京高判平成29・6・29（LEX/DB25448905、2017WLJPCA06296003）············84
大阪高判平成30・9・11（LEX/DB25449705、2018WLJPCA09119002）············220
福岡高判平成30・9・20（判時2463号62頁、LEX/DB25449751、2018WLJPCA092
06001）··273
仙台高判平成30・12・11（LEX/DB25562338）··236
福岡高決平成31・1・24（判タ1465号102頁、LEX/DB25564415、2019WLJPCA01
246008）··326
名古屋高判平成31・1・31（判時2413・2414合併号41頁、LEX/DB25570125、2019
WLJPCA01316001）··276
東京高判平成31・3・28（LEX/DB25563539、2019WLJPCA03286024）············262
高松高判令和元・5・7（LEX/DB25563449）···326
大阪高判令和元・7・16（LEX/DB25570387、2019WLJPCA07169002）············326
東京高判令和元・7・18（LEX/DB25590487）···88
大阪高判令和元・11・1（LEX/DB25564530、2019WLJPCA11016002）············309
大阪高判令和元・11・20（LEX/DB25570615、2019WLJPCA11209001）···········90
高松高判令和元・11・22（LEX/DB25564675）··74
東京高判令和元・11・27（LEX/DB25565386）··39
知財高判令和2・2・20（LEX/DB25570735、2020WLJPCA02209004）·············314
東京高判令和2・3・3（LEX/DB25570907、2020WLJPCA03039002）·············72
東京高判令和2・3・18（LEX/DB25566555、2020WLJPCA03186007）············54
東京高判令和2・3・25（LEX/DB25566660、2020WLJPCA03259010）············90
大阪高判令和2・6・23（LEX/DB25570987、2020WLJPCA06239004）············55
東京高判令和2・6・29（LEX/DB25571010、2020WLJPCA06299001）············85
福岡高判令和2・7・14（判時2495号36頁、LEX/DB25566460、2020WLJPCA071
46001）··159
名古屋高裁金沢支判令和2・7・28（LEX/DB25566594、2020WLJPCA07286003）
··336
名古屋高判令和2・11・5（LEX/DB25567115、2020WLJPCA11056009）··········234
福岡高判令和2・11・6（LEX/DB25571185、2020WLJPCA11069001）·············206

札幌高判令和 2 ・11・13（判例地方自治475号57頁、LEX/DB25568158、2020WLJ
PCA11136002）……………………………………………………………………162

地裁判例

東京地裁判昭和62・7 ・28（LEX/DB27801860）………………………………147
鹿児島地判昭和63・8 ・12（判時1301号135頁、LEX/DB27802837、1988WLJPCA
08120002）……………………………………………………………………………348
大阪地判昭和63・10・7 （判時1295号151頁、商事1166号7頁、LEX/DB27917236、
1988WLJPCA10070001）…………………………………………………………224
東京地裁八王子支判平成 2 ・4 ・23（判時1351号158頁、LEX/DB27917263、1990
WLJPCA04230002）………………………………………………………………227
新潟地判平成 5 ・1 ・26（判タ813号252頁、LEX/DB27815223、1993WLJPCA012
60002）………………………………………………………………………………253
東京地判平成 7 ・2 ・13（判時1529号158頁、LEX/DB28025065、1995WLJPCA02
130002）………………………………………………………………………………234
名古屋地判平成 9 ・1 ・10（判時1627号158頁、LEX/DB28035195、1997WLJPCA
01100001）……………………………………………………………………………229
東京地判平成 9 ・5 ・9 （判時1613号157頁、LEX/DB28025296）……………200
大阪地判平成 9 ・10・3 （判タ980号285頁、LEX/DB28035700、1997WLJPCA100
30002）………………………………………………………………………………203
大阪地判平成10・2 ・27（判タ1002号267頁、LEX/DB28041377、1998WLJ022700
21）……………………………………………………………………………………333
神戸地裁尼崎支判平成10・6 ・16（判時1660号108頁、LEX/DB28040622、1998W
LJPCA06160002）…………………………………………………………………351
横浜地裁相模原支判平成10・7 ・10（判時1650号160頁、LEX/DB28035725、1998
WLJPCA07100003）………………………………………………………………246
仙台地判平成10・11・30（判時1674号106頁、LEX/DB28041041、1998WLJPCA11
300005）………………………………………………………………………………349
大津地判平成12・10・16（判タ1107号277頁、LEX/DB28080217、2000WLJPCA10
160009）………………………………………………………………………………350
東京地判平成13・4 ・24（判時1755号43頁、LEX/DB28060816、2001WLJPCA042
40001）………………………………………………………………………………321
東京地判平成13・8 ・27（判時1778号90頁、LEX/DB28062355、2001WLJPCA082
70008）…………………………………………………………………………………50
東京地判平成13・12・3 （労判826号76頁、2001WLJPCA12030004）…………124
東京地判平成14・4 ・15（判時1792号129頁、LEX/DB28070730、2002WLJPCA04
150001）………………………………………………………………………………313
東京地判平成14・9 ・12（LEX/DB28135219）……………………………………246

東京地判平成15・3・25（判時1831号132頁、LEX/DB28081782、2003WLJPCA03
250007）⋯⋯⋯⋯⋯⋯⋯⋯⋯⋯⋯⋯⋯⋯⋯⋯⋯⋯⋯⋯⋯⋯⋯⋯⋯⋯⋯⋯⋯⋯53

東京地判平成15・8・21（LEX/DB28095229）⋯⋯⋯⋯⋯⋯⋯⋯⋯⋯⋯⋯264

那覇地判平成15・11・27（LEX/DB25410525、2003WLJPCA11279016）⋯⋯⋯⋯329

東京地判平成16・4・13（判時1862号168頁、LEX/DB28091299、2004WLJPCA04
130002）⋯⋯⋯⋯⋯⋯⋯⋯⋯⋯⋯⋯⋯⋯⋯⋯⋯⋯⋯⋯⋯⋯⋯⋯⋯⋯⋯⋯123

東京地判平成16・7・8（刑集59巻9号1822頁、LEX/DB28115244、2004WLJPC
A07086002）⋯⋯⋯⋯⋯⋯⋯⋯⋯⋯⋯⋯⋯⋯⋯⋯⋯⋯⋯⋯⋯⋯⋯⋯⋯⋯273

福井地判平成16・9・7（LEX/DB28095610、2004WLJPCA09079002）⋯⋯⋯154

東京地判平成16・9・28（LEX/DB28105188）⋯⋯⋯⋯⋯⋯⋯⋯⋯⋯⋯⋯⋯35

東京地判平成16・10・5（LEX/DB28105190）⋯⋯⋯⋯⋯⋯⋯⋯⋯⋯⋯⋯251

東京地判平成17・3・25（判時1899号155頁、LEX/DB28105321、2005WLJPCA03
250007）⋯⋯⋯⋯⋯⋯⋯⋯⋯⋯⋯⋯⋯⋯⋯⋯⋯⋯⋯⋯⋯⋯⋯⋯⋯⋯⋯⋯261

大阪地判平成17・9・5（LEX/DB28101757、2005WLJPCA09050003）⋯⋯⋯147

東京地判平成17・9・12（LEX/DB28135296）⋯⋯⋯⋯⋯⋯⋯⋯⋯⋯263, 315

新潟地判平成18・5・11（判時1955号88頁、LEX/DB28130802、2006WLJPCA051
10005）⋯⋯⋯⋯⋯⋯⋯⋯⋯⋯⋯⋯⋯⋯⋯⋯⋯⋯⋯⋯⋯⋯⋯⋯⋯⋯⋯⋯113

名古屋地判平成18・5・17（労判918号14頁、LEX/DB28111340、2006WLJPCA05
170004）⋯⋯⋯⋯⋯⋯⋯⋯⋯⋯⋯⋯⋯⋯⋯⋯⋯⋯⋯⋯⋯⋯⋯⋯⋯⋯⋯⋯340

大阪地判平成19・3・28（LEX/DB28135192、2007WLJPCA03289009）⋯⋯⋯254

神戸地判平成19・4・23（LEX/DB28135328、2007WLJPCA04239003）⋯⋯⋯236

宇都宮地判平成20・2・28（判時2026号104頁、LEX/DB25450212、2008WLJPCA
02286005）⋯⋯⋯⋯⋯⋯⋯⋯⋯⋯⋯⋯⋯⋯⋯⋯⋯⋯⋯⋯⋯⋯⋯⋯⋯⋯⋯⋯339

名古屋地判平成20・3・28（判時2029号89頁、LEX/DB28141417、2008WLJPCA0
3289006）⋯⋯⋯⋯⋯⋯⋯⋯⋯⋯⋯⋯⋯⋯⋯⋯⋯⋯⋯⋯⋯⋯⋯⋯⋯⋯⋯⋯237

熊本地判平成20・6・12（LEX/DB25420388）⋯⋯⋯⋯⋯⋯⋯⋯⋯⋯⋯⋯⋯253

高松地判平成22・1・13（LEX/DB25442488、2010WLJPCA01139004）⋯⋯⋯271

東京地判平成22・12・16（LEX/DB25502937）⋯⋯⋯⋯⋯⋯⋯⋯⋯⋯⋯⋯⋯305

京都地判平成23・4・21（LEX/DB25471643）⋯⋯⋯⋯⋯⋯⋯⋯⋯⋯⋯⋯⋯45

東京地判平成24・1・16（LEX/DB25490890、2012WLJPCA0168009）⋯⋯⋯33

東京地判平成24・6・25（判夕1384号363頁、LEX/DB25500237、2012WLJPCA06
257001）⋯⋯⋯⋯⋯⋯⋯⋯⋯⋯⋯⋯⋯⋯⋯⋯⋯⋯⋯⋯⋯⋯⋯⋯⋯⋯⋯⋯236

東京地判平成24・10・23（刑集68巻9号1058頁、LEX/DB25506104、2012WLJPC
A10236008）⋯⋯⋯⋯⋯⋯⋯⋯⋯⋯⋯⋯⋯⋯⋯⋯⋯⋯⋯⋯⋯⋯⋯⋯⋯⋯222

東京地判平成25・2・7（LEX/DB25510707、2013WLJPCA02078003）⋯⋯⋯144

札幌地判平成25・6・3（判時2202号82頁、LEX/DB25445759、2013WLJPCA060
36001）⋯⋯⋯⋯⋯⋯⋯⋯⋯⋯⋯⋯⋯⋯⋯⋯⋯⋯⋯⋯⋯⋯⋯⋯⋯⋯⋯⋯154

大阪地決平成25・9・3（訟務月報60巻7号1436頁、LEX/DB25505383）⋯⋯⋯31

東京地判平成26・1・23（判時2221号71頁、LEX/DB25517637、2014WLJPCA012
38001）···121
名古屋地判平成26・4・14（LEX/DB25503668）·····························159, 250
那覇地判平成26・7・25（LEX/DB25504624）·································12
神戸地判平成26・7・30（LEX/DB25504574）·································324
福岡地裁久留米支判平成26・8・8（LEX/DB25504586、2014WLJPCA08086001）
···81
東京地判平成26・9・2（LEX/DB25521735、2014WLJPCA09028018）·····9
東京地判平成27・1・20（LEX/DB25524074、2015WLJPCA01208006）·····8
東京地判平成27・1・29（LEX/DB25524664）·································51
東京地判平成27・2・4（LEX/DB25505940）·································197
さいたま地判平成27・4・28（LEX/DB25540491）·······················11
福島地裁郡山支判平成27・5・25（LEX/DB25540674）···············304
大阪地判平成27・5・28（LEX/DB25540668）·······················285
津地決平成27・6・5（LEX/DB25540587）·····································8
横浜地判平成27・6・12（LEX/DB25447325、2015WLJPCA06129002）·····303
さいたま地決平成27・6・25（LEX/DB25542274）·······················83
東京地判平成27・9・17（LEX/DB25531594）·································52
東京地判平成27・9・25（LEX/DB25531264、2015WLJPCA09258007）·····7
東京地判平成28・4・26（LEX/DB25542864）·································341
東京地判平成28・6・24（LEX/DB25536217）·································330
東京地決平成28・7・11（LEX/DB25543583）·································175
東京地判平成28・8・4（LEX/DB25537163、2016WLJPCA08048002）·····94
水戸家決平成28・10・14（判タ1441号250頁、LEX/DB25548159、2016WLJPCA10
146004）···325
東京地判平成28・12・9（LEX/DB25550270、2016WLJPCA12098012）·····145
東京地判平成28・12・16（LEX/DB25550153、2016WLJPCA12168018）·····94
東京地判平成28・12・20（LEX/DB25550313、2016WLJPCA12209006）·····61
東京地立川支決平成28・12・22（LEX/DB25544851、2016WLJPCA12226003）·····188
東京地判平成29・2・15（LEX/DB25553745、2017WLJPCA02156012）·····86
東京地判平成29・3・3（LEX/DB25561022）·································325
名古屋地判平成29・3・17（LEX/DB25545584、2017WLJPCA03176002）·····240
京都地判平成29・3・24（LEX/DB25448598、2017WLJPCA03249002）·····219
横浜地判平成29・3・30（LEX/DB25545633、2017WLJPCA03306009）·····95
東京地判平成29・4・27（判時2388号114頁、LEX/DB25448853、2017WLJPCA04
279011）···197
佐賀地判平成29・4・28（LEX/DB25545856、2017WLJPCA04286002）·····161
千葉地判平成29・5・18（判時2365号118頁、LEX/DB25546111、2017WLJPCA05

186004）……………………………………………………………………………………………319

和歌山地判平成29・6・30（判時2375・2376号189頁、LEX/DB25561143、2017W
　LJPCA06306015）………………………………………………………………………………287

山形地判平成29・7・4（LEX/DB25546439、2017WLJPCA07046001）………302

さいたま地判平成29・7・19（LEX/DB25546806、2017WLJPCA07196008）………156

福井地判平成29・8・28（LEX/DB25547036、2017WLJPCA08286005）…………113

神戸地判平成29・9・22（LEX/DB25547424、2017WLJPCA09226002）…………239

東京地判平成29・9・26（LEX/DB25539598）……………………………………43

大阪地判平成29・9・28（LEX/DB25570118、2020WLJPCA05156007）…………14

東京地判平成29・11・27（LEX/DB25550762、2017WLJPCA11278016）………63, 64

横浜地裁横須賀支判平成30・1・15（LEX/DB25549223、2018WLJPCA01156001）
　……………………………………………………………………………………………………285

東京地判平成30・1・26（LEX/DB25551881、2018WLJPCA01268012）…………97

広島地判平成30・5・18（LEX/DB25566853、2018WLJPCA05186012）…………300

東京地判平成30・6・1（LEX/DB25449589）……………………………………319

東京地判平成30・6・20（LEX/DB25564467、2018WLJPCA06206015）…………90

仙台地判平成30・7・2（LEX/DB25560905、2018WLJPCA07026002）…………196

東京地判平成30・8・8（LEX/DB25557078、2018WLJPCA08088019）…………67

東京地判平成30・10・2（LEX/DB25558031、2018WLJPCA10028006）…………87

大阪地判平成30・12・20（LEX/DB25562205、2018WLJPCA12208001）…………56

さいたま地判平成31・1・23（LEX/DB25565874、2019WLJPCA01236017）………78

東京地判平成31・1・31（LEX/DB25562632、2019WLJPCA01316008）…………278

福岡地判平成31・2・5（LEX/DB25570088、2019WLJPCA02056001）…………163

名古屋地判平成31・2・6（LEX/DB25562491、2019WLJPCA02066002）………233

大阪地裁堺支決平成31・2・22（LEX/DB25566680）……………………………6

東京地裁立川支判平成31・2・26（LEX/DB25562760、2019WLJPCA02266009）
　……………………………………………………………………………………………………249

横浜地判平成31・3・13（判例地方自治462号70頁、LEX/DB25566657、2019WLJ
　PCA03136021）…………………………………………………………………………………293

東京地判平成31・3・15（LEX/DB25562725、2019WLJPCA03156013）…………198

水戸地判平成31・3・20（LEX/DB25563067、2019WLJPCA03206007）…………112

東京地判平成31・3・27（LEX/DB25580588）……………………………………337

東京地決平成31・4・23（LEX/DB25562806）………………………………………86

岐阜地判平成31・4・24（LEX/DB25563373）……………………………………273

東京地判令和元・6・6（LEX/DB25581529）……………………………………144

東京地判令和元・7・3（LEX/DB25581802、2019WLJPCA07038003）…………56

東京地判令和元・7・17（LEX/DB25570434、2019WLJPCA07179002）…………61

東京地判令和元・7・18（LEX/DB25581082）……………………………………60

東京地判令和元・9・18（LEX/DB25570566、2019WLJPCA09189013）················314
東京地判令和元・10・18（LEX/DB25580339、2019WLJPCA10188020）···············39
東京地判令和元・10・30（LEX/DB25581628、2019WLJPCA10308011）··············269
京都地判令和元・12・10（LEX/DB25564827、2019WLJPCA12106004）··············73
那覇地判令和元・12・24（LEX/DB25565028、2019WLJPCA12246008）·············166
名古屋地判令和2・2・17（LEX/DB25564974、2020WLJPCA02176006）···········169
大津地判令和2・2・17（LEX/DB25570847、2020WLJPCA02179003）··············279
福岡地判令和2・2・19（LEX/DB25565261、2020WLJPCA02196005）·········111, 272
静岡地裁浜松支判令和2・2・21（LEX/DB25565260、2020WLJPCA02216006）
···136, 301
東京地判令和2・2・26（LEX/DB25585452、2020WLJPCA02268015）··············114
東京地判令和2・3・11（LEX/DB25585813）··90
福岡地判令和2・3・18（LEX/DB25570860、2020WLJPCA03189003）··············308
神戸地裁姫路支判令和2・3・24（LEX/DB25570896、2020WLJPCA03249011）···79
前橋地判令和2・4・16（LEX/DB25565983）···298
鳥取地判令和2・5・15（LEX/DB25566186、2020WLJPCA05156007）··············13
宇都宮地判令和2・5・20（LEX/DB25566011、2020WLJPCA05206004）···········171
津地判令和2・5・29（LEX/DB25566261）···298
神戸地決令和2・6・25（LEX/DB25566450）···332
仙台地判令和2・6・30（LEX/DB25566479、2020WLJPCA06306005）··············88
東京地判令和2・8・25（LEX/DB25585890、2020WLJPCA08258002）··············69
福岡地判令和2・10・23（LEX/DB25567245、2020WLJPCA10236007）··············327
東京地判令和2・12・21（LEX/DB25571264、2020WLJPCA12216001）··············38
東京地判令和3・7・14（LEX/DB25571694、2021WLJPCA07149001）··············61
宇都宮地判令和3・9・9（LEX/DB25590782）···169

中間判決例

東京地中間判平成19・3・20（LEX/DB28132027）···147

簡裁判例

東京簡判平成29・8・10（LEX/DB25561092）···325

事項索引

【英数】

23 条照会 ………………………… 288
ASD ……………………………… 21
DF ……………………………… 183
DV ……………………………… 289
DV 防止法 ……………………… 282
FX 取引 ………………………… 240
GPS 機器 ……………………… 273
GPS 捜査 ……………………… 189
IP アドレス …………………… 59〜62
IR 推進法 ……………………… 258
PTSD …………………………… 20

【あ行】

アカデミックハラスメント ………… 169
アクセス制御機能 ……………… 260
預合い ………………………… 210
アスペルガー症候群 …………… 324
暗号技術 ……………………… 117
暗号資産 ……………………… 233
安全配慮義務違反 …………… 155, 344
意見等聴取制度 ……………… 139
いじめ ………………………… 180
いじめ防止対策推進法 ………… 152
遺族給付金 …………………… 13
遺族補償給付 ………………… 342
委託措置 ……………………… 293
一時保護 …………………… 287, 292
位置情報 ……………………… 188
違法収集証拠 ……………… 108, 109
違法性阻却 …………………… 63
医療観察法 …………………… 78

医療情報 ……………………… 81
医療保護入院 ………………… 328
威力業務妨害罪 ……………… 203
淫行処罰規定 ………………… 300
インターネット異性紹介事業 ……… 305
インターネット賭博 …………… 256
インターネットバンキング ………… 249
ウィニー（Winny）事件 ………… 310
うつ状態 ……………………… 173
うつ病エピソード …………… 169, 171
営業秘密 …………………… 122, 320
　　——侵害罪 ……………… 321, 322
エスクローサービス …………… 237
えせ右翼 ……………………… 150
えせ同和 ……………………… 150
閲覧不許可処分 ……………… 86
エレクトロニック・バンキング ……… 229
遠隔操作 ……………………… 197
援助申出書 …………………… 277
応急入院 …………………… 330, 331
応報刑 ………………………… 22
オークション詐欺 ……………… 236
オプション取引 ……………… 246
オンライン・システム …………… 224
オンラインカジノ ……………… 256

【か行】

開示関係役務提供者 …………… 60
会社の電子メールの私的使用 …… 126
カウンセリング ………………… 283
顔認証システム ……………… 52
架空振込 ……………………… 225
確定判決と同一の効力 ………… 6, 7

過失相殺 …… 7
仮想通貨 …… 198
仮装払込み …… 210
価値中立的 …… 311
　——な行為 …… 313
家庭裁判所調査官 …… 142
仮名報道 …… 98
仮退院 …… 325
鑑定人 …… 102
監督官庁 …… 121
監督義務違反 …… 346
キーロガー …… 264
偽計業務妨害罪 …… 203
記事の削除 …… 38
キセル乗車 …… 234
偽装結婚 …… 215
起訴便宜主義 …… 99
起訴前の和解 …… 10
起訴前弁護 …… 19, 20
起訴猶予 …… 19
機密保持契約 …… 122
キャッシュカード規定 …… 248
救済判例 …… 100
競業避止義務 …… 122
行政情報公開法 …… 179
共同不法行為 …… 7
共罰的事後行為 …… 229
業務改善命令 …… 121
業務起因性 …… 340
虚偽の情報 …… 236
虚偽の電磁的記録 …… 235
記録媒体の差押えに代わる処分 …… 185
記録命令付差押え …… 185
緊急一時保護所 …… 286
緊急入院措置 …… 330

緊急避難場所 …… 286
禁止命令 …… 269
口封じ …… 53
組戻し …… 241
クラスター化 …… 310
訓示規定 …… 110
刑事確定記録 …… 86
刑事関係記録の閲覧・謄写 …… 6
刑事損害賠償命令 …… 6, 7
刑事和解 …… 8
刑法上の占有 …… 247
経由プロバイダ …… 61
原因において自由なる行為 …… 352
権限濫用 …… 258
検索エンジン …… 58
検察審査会 …… 135, 329
厳重処罰 …… 24
原状回復 …… 37
幻聴 …… 352
権利濫用 …… 242
公開鍵 …… 118
　——基盤 …… 118
公開裁判を受ける権利 …… 140
公共の利害に関する事実 …… 68, 69
公共利害該当性 …… 69
公衆送信禁止権 …… 308
公衆送信の差止め …… 314
公信力 …… 215
公正な論評 …… 51
公務員職権濫用罪 …… 112
公判記録の閲覧・謄写 …… 175
広汎性発達障害 …… 102, 324
公文書開示請求 …… 88
顧客情報 …… 252
国外犯罪被害者 …… 15

──障害見舞金 ……………………… 15
国外犯罪被害弔慰金 ……………… 14
国際捜査共助 ……………………… 221
国選被害者参加弁護士 …………… 131
告訴期間の制限 …………………… 132
告訴権者 …………………………… 105
告訴取消し ………………………… 20
国内犯 ……………………………… 257
告発義務 …………………………… 110
個人情報 …………………………… 116
──開示請求 ……………………… 144
戸籍記載事項証明書 ……………… 76
戸籍謄本 …………………………… 76
戸籍の附票 ………………………… 79
誤送信 ……………………………… 125
誤振込 ……………………………… 241
コンテンツプロバイダ …………… 61
コンピュータウィルス ……… 196, 201

【さ行】

サーバコンピュータ ……………… 222
罪刑法定主義 ……………………… 301
財産権の得喪、変更に係る電磁的記録
 ……………………………………… 226
財産上不法の利益 ………… 225, 234
サイバー犯罪条約 ………………… 193
サイバーポルノ …………………… 217
裁判外の和解 ……………………… 10
裁判上の和解 ……………………… 10
債務不存在確認 …………………… 145
債務名義 …………………………… 10
債務免脱型 ………………………… 234
里親委託 …………………………… 293
支援措置 …………………… 276, 277
死刑 ………………………………… 22

自己決定権 ………………… 105, 334
自殺サイト ………………………… 253
自殺との間の因果関係 …………… 158
自殺幇助 …………………………… 254
自傷他害のおそれ ………………… 328
示談の成立 ………………………… 24
示談の申入れ …………… 17, 18, 24
実名報道 …………………… 92, 94
指定弁護士 ………………………… 135
児童買春 …………………………… 298
児童虐待 …………………………… 291
──防止法 ………………… 291, 296
自動公衆送信 ……………………… 309
自動車登録ファイル ……………… 209
指導措置 …………………………… 295
児童福祉法 ………………… 291, 296
児童ポルノ ………………………… 298
──単純所持 ……………………… 301
児童養護施設 ……………………… 293
支払用カード ……………… 204, 205
自閉症スペクトラム ……… 21, 324
死亡についての結果的加重犯 …… 251
司法面接 …………………………… 136
社会的養護 ………………………… 293
謝罪広告 …………………………… 37
謝罪文 ……………………………… 19
遮へい措置 ………………………… 178
重傷病給付金 ……………………… 13
集団自殺 …………………………… 253
修復的司法 ………………………… 17
住民票 ……………………………… 79
取材協力行為 ……………………… 106
受忍限度 …………………………… 158
守秘義務 …………………………… 111
障害給付金 ………………………… 13

使用者責任……………………231
情状立証………………………18
肖像権…………………………114
使用停止措置…………………207
少年事件記録…………………142
少年保護事件……………17, 103
商標権…………………………317
　　——侵害…………………319
　　——のみなし侵害………318
情報開示請求…………………271
情報公開・個人情報保護審査会……143
情報公開条例…………………143
情報公開請求……………144, 277
私用メールの監視……………127
除籍謄本………………………78
職権濫用罪……………………112
自立支援事業…………………293
信義則上の義務………………242
親権喪失………………………295
親権停止………………………295
親告罪……………20, 101, 132, 272
　　——の告訴の取消し……20
真実性の誤信…………………72
真実性の証明……………68, 75
真実相当性……………………73
心中事件………………………254
人種差別撤廃条約……………41
心情等伝達制度………………139
心神耗弱………………………329
心神喪失………………………329
人身保護請求…………………332
身体的虐待……………………291
身体的暴力……………………289
心的外傷後ストレス障害……20
信用毀損……………………56, 133

心理的虐待……………………291
スキミング……………………208
ストーカー行為………………268
スラップ訴訟…………………53
青少年育成条例………………300
青少年健全育成条例…………300
精神医療審査会………………332
精神鑑定………………………105
精神障害………………………9
精神的苦痛……………………114
精神的暴力……………………289
精神保健福祉法…………334, 348
性的虐待………………………291
性的暴力………………………289
正当業務行為…………………107
正当行為……………………106, 108
責任能力………………………325
責任無能力者…………………346
セキュリティシステム………252
セキュリティホール…………261
セクシャルハラスメント……127
セクハラ………………………128
接近禁止命令…………………284
接触禁止命令…………………285
センシティブ情報……………87
送信防止措置…………………57
訴権の濫用……………………55
措置委託解除…………………294
措置入院………………………328
訴追裁量………………………99
即決和解……………………10, 15
損益相殺………………………8
損害賠償命令…………………5

【た行】

退院請求 331
退去命令 290
対抗言論 63
対価の供与 299
嘆願書 18
単純所持 302
地方更生保護委員会 139
嫡出推定 217
中間判決 147
仲裁センター 275
中止命令 42
懲戒請求 56
超過追徴 29
著作権侵害 319
著作権法 307
——違反 308
著作者人格権侵害 319
著作物に関する複製権 307
著作物の公衆送信権 310
追徴保全 30
——解放金 31, 32
——執行 31
——命令 30
通信傍受法 187
通信履歴 186
付添制度 177
付添人 104
つきまとい 268, 284
出会い系サイト 279, 305
訂正記事 40
訂正広告 39
適応障害 21, 330
デジタル・フォレンジック 183

デジタル署名 118
電子計算機使用詐欺 224
電子証明書 119
電子署名 117
電磁的記録の差押え 182, 191
電子認証 119
——技術 117
電子認証登記所 119
電子マネー 231
伝聞証拠排除の原則 71
同一理由差別的言動 42
道義的非難 22
統合失調症 331
盗撮行為 99
投資詐欺 240
当事者尋問等の公開停止 181
毒樹の果実 109
特定電気通信役務提供者 57
特定発信者情報 59
特別遵守事項 304
匿名掲示板 50
特有財産 288
取消広告 37

【な行】

内部告発 89
内部通報 166
なりすまし 117, 232
二次被害 22
23条照会 288
日弁連委託法律援助 132
日本国外でする賭博行為 257
日本司法支援センター 128
日本投資者保護基金 34
任意入院 328

認知行動療法⋯⋯⋯⋯⋯⋯⋯⋯325
認知症⋯⋯⋯⋯⋯⋯⋯⋯⋯⋯⋯346
ネグレクト⋯⋯⋯⋯⋯⋯⋯⋯⋯291

【は行】

パーソナリティ障害⋯⋯⋯⋯174, 327
配偶者暴力相談支援センター⋯⋯⋯283
パターナリズム⋯⋯⋯⋯⋯⋯⋯105
ハッキング⋯⋯⋯⋯⋯⋯⋯⋯⋯259
発信者情報⋯⋯⋯⋯⋯⋯⋯⋯⋯57
　　──開示請求⋯⋯⋯⋯⋯⋯⋯59
　　──開示命令⋯⋯⋯⋯⋯⋯⋯62
発達障害⋯⋯⋯⋯⋯⋯⋯⋯⋯⋯324
パニック障害⋯⋯⋯⋯⋯⋯⋯⋯⋯21
パブリシティ権⋯⋯⋯⋯⋯⋯38, 314
ハラスメント相談室⋯⋯⋯⋯⋯⋯167
パワーハラスメント⋯⋯⋯⋯166, 172
反SLAPP法⋯⋯⋯⋯⋯⋯⋯⋯⋯54
反意図性⋯⋯⋯⋯⋯⋯⋯⋯⋯⋯195
犯給法⋯⋯⋯⋯⋯⋯⋯⋯⋯⋯⋯13
番号利用法⋯⋯⋯⋯⋯⋯⋯⋯⋯88
犯罪収益⋯⋯⋯⋯⋯⋯⋯⋯⋯⋯26
犯罪少年の匿名性の保護⋯⋯⋯⋯91
犯罪被害財産⋯⋯⋯⋯⋯⋯⋯⋯26
犯罪被害者等給付金⋯⋯⋯⋯8, 13
犯罪被害者保護法⋯⋯⋯⋯⋯⋯⋯4
犯罪利用預金口座⋯⋯⋯⋯⋯⋯34
反訴請求⋯⋯⋯⋯⋯⋯⋯⋯⋯⋯63
被害回復給付金⋯⋯⋯⋯⋯⋯⋯32
被害回復分配金⋯⋯⋯⋯⋯⋯⋯33
被害者遺族⋯⋯⋯⋯⋯⋯⋯⋯⋯22
被害者参加人⋯⋯⋯⋯⋯⋯⋯130
被害者参加制度⋯⋯⋯⋯⋯130, 137
被害者参加旅費等請求書⋯⋯⋯131
被害者支援員⋯⋯⋯⋯⋯⋯⋯133

被害者支援都民センター⋯⋯⋯134
被害者特定事項⋯⋯⋯⋯⋯⋯⋯140
　　──の秘匿⋯⋯⋯⋯⋯⋯⋯139
被害者宥恕⋯⋯⋯⋯⋯⋯⋯12, 25
被害届⋯⋯⋯⋯⋯⋯⋯⋯⋯25, 133
被害弁償⋯⋯⋯⋯⋯⋯⋯⋯⋯⋯11
引きこもり⋯⋯⋯⋯⋯⋯⋯⋯⋯154
非行事実⋯⋯⋯⋯⋯⋯⋯⋯⋯⋯11
非公知性⋯⋯⋯⋯⋯⋯⋯⋯⋯124
ビットコイン⋯⋯⋯⋯⋯⋯⋯⋯198
必要的告訴事件⋯⋯⋯⋯⋯⋯⋯133
ビデオリンク方式⋯⋯⋯⋯⋯⋯178
誹謗中傷⋯⋯⋯⋯⋯⋯⋯⋯57, 278
秘密管理性⋯⋯⋯⋯⋯⋯⋯⋯124
秘密保持契約⋯⋯⋯⋯⋯⋯⋯122
表現の自由⋯⋯⋯⋯⋯⋯⋯⋯⋯51
ファイル共有ソフト⋯⋯⋯⋯⋯310
フィッシング⋯⋯⋯⋯⋯⋯⋯259
　　──サイト⋯⋯⋯⋯⋯⋯⋯263
不可罰的事後行為⋯⋯⋯⋯⋯228
不起訴記録⋯⋯⋯⋯⋯⋯⋯⋯176
不起訴処分⋯⋯⋯⋯⋯20, 135, 335
不支給処分⋯⋯⋯⋯⋯⋯⋯⋯340
不実の電磁的記録⋯⋯⋯⋯⋯225
不処遇決定⋯⋯⋯⋯⋯⋯⋯⋯337
侮辱罪⋯⋯⋯⋯⋯⋯⋯⋯⋯⋯48
不正アクセス⋯⋯⋯⋯⋯⋯⋯120
　　──禁止法⋯⋯⋯⋯⋯⋯⋯197
　　──行為⋯⋯⋯⋯⋯⋯⋯259
不正競争行為⋯⋯⋯⋯⋯⋯314, 320
不正作出⋯⋯⋯⋯⋯⋯⋯⋯⋯205
不正指令電磁的記録⋯⋯⋯⋯193
付帯条項⋯⋯⋯⋯⋯⋯⋯⋯⋯17
附帯保全⋯⋯⋯⋯⋯⋯⋯⋯⋯29
不登校⋯⋯⋯⋯⋯⋯⋯⋯⋯⋯153

プライバシー…………………………52
振り込め詐欺…………………………36
　──救済法…………………………33
ブログ記事……………………………51
プログラムコード…………………194
ブロックチェーン…………………199
プロバイダ責任制限法…………57, 308
フロント企業………………………149
文書開示請求………………………114
文書の不開示………………………143
ヘイト・クライム…………………44
ヘイト・スピーチ…………………40
　──解消法…………………………42
　──禁止条例………………………42
弁護士費用……………………………7
弁護士法23条の2第2項に基づく照会
………………………………………288
遍在説…………………………………257
法教育…………………………………154
傍受令状………………………………187
法秩序全体の精神…………………107
法テラス………………………………130
暴力団対策法………………………148
保管記録閲覧請求…………………175
保護観察所…………………………139
保護処分………………………………11
保護命令……………………282, 284
母子生活支援施設…………………287
保全要請………………………………190
没収保全………………………………28
　──命令……………………………29

【ま行】

見せ金……………………210, 212
未必の故意…………………………237

見舞金支給制度………………………15
民間シェルター……………………286
民刑手続の分離…………………4, 15
民事介入暴力………………………149
民事不介入の原則…………………149
民事法律援助………………………132
明確性の原則………………………301
名誉毀損………………………………51
迷惑条例違反………………………274
迷惑メール……………………………53
面会交流審判………………………276
面会等禁止の仮処分…………275, 280
免責特約………………………………248
免責約款………………………………248
目的外利用…………………………176

【や行】

有用性…………………………………124
養育里親………………………………294
要保護性……………………11, 326
預金の占有…………………………244
抑うつ状態……………………21, 164

【ら行】

濫用のおそれのある支配力………247
リハビリテーション………………350
理不尽なクレーム…………………146
リベンジポルノ……………………303
リモート・アクセス………………184
利用停止措置…………………………53
臨検・捜索…………………………296
臨床心理士…………………………104
労働保険審査会……………………342
ログインID…………………………315
ログインパスワード………………315

ロム ……………………………………202

【わ行】

わいせつな電磁的記録………………218
ワンストップ支援センター……………134

〔著者紹介〕

須藤 純正（すどう・すみまさ）

1951年中野区生まれ、1976年東京大学法学部卒、1978年検事
任官、1983年法務省民事局付検事、1989年大阪地検検事、
1999年検事退官
2006年法政大学法学部教授（刑事法担当）（～2022年）
2022年5月千代田区一番町に須藤純正法律事務所を開設
　URL: https://sum-lawyer.com
現　在　弁護士、法政大学名誉教授
主　著　共著『実務解説株式会社法』上・中・下巻（1991
　　　　～92年、商事法務研究会）、共著『金融商品取引法
　　　　の新潮流』（2016年、法政大学出版局）、『経済犯罪
　　　　と民商事法の交錯Ⅰ』（2021年、民事法研究会）、共
　　　　著『経済犯罪と民商事法の交錯Ⅲ』（2022年、民事
　　　　法研究会）

犯罪被害者救済便覧

2023年1月26日　初版第1刷発行

著　　者　　須　藤　純　正

発　行　者　　石　川　雅　規

発　行　所　　株式会社　商　事　法　務
　　　　　　　〒103-0027　東京都中央区日本橋3-6-2
　　　　　　　TEL 03-6262-6756・FAX03-6262-6804〔営業〕
　　　　　　　TEL 03-6262-6769〔編集〕
　　　　　　　https://www.shojihomu.co.jp/

落丁・乱丁本はお取り替えいたします。　　　印刷／文唱堂印刷㈱
© 2023 Sumimasa Sudo　　　　　　　　　　Printed in Japan
　　　　　　　　　Shojihomu Co., Ltd.
　　　　　　ISBN978-4-7857-3000-0
　　　　　　※定価はカバーに表示してあります。